바가바드 기따

—비움과 채움의 미학

서강학술총서
041

바가바드 기따

비움과 채움의 미학

문을식 지음

서강대학교출판부

문을식
1958년 전남 화순에서 태어나 동국대학교 인도철학과와 같은 대학 대학원을 나왔다. 동국대학교 인도철학과, 호원대학교 요가학과, 원광디지털대학교 요가명상학과 시간강사와 원광대학교 동양학대학원 요가학과 초빙교수를 거쳐 지금은 서울불교대학원대학교 심신통합치유학과 조교수로 재직하고 있으며, 한국요가학회 학술위원장과 남아시아연구소 편집위원을 거쳐 인도철학회와 한국불교학회 일반이사, 한국불교연구원 연구위원, 불교와 심리연구원 편집위원으로 있다. 불이상 · 진각논문대상 · 서강학술상 등을 수상했으며, 저서로는 『인도의 사상과 문화』, 『용수의 중도사상』 등이 있고, 번역서로는 『인도철학의 자아사상』, 『대승불교』, 『힌두교』 등이 있다. 요가 관련 주요 연구논문으로는 「요가 수뜨라에서 이슈바라의 성격과 역할」, 「Gauḍapādīya *Māṇḍūkya-Kārikā*에서 Asparśa-yoga」, 「요가철학에서 법운삼매(dharmamegha-samādhi)의 획득 과정」, 「Bhagavdgītā에서 초월적인 행위의 실현(Naiṣkarmya-siddhi)에 대한 고찰」, 「요가명상을 통한 마음 치유 가능성: 『바가바드기따』 제6장을 중심으로」 등이 있다.

서강학술총서 041
바가바드 기따
—비움과 채움의 미학

초판발행 | 2012년 8월 21일
지 은 이 | 문을식
발 행 인 | 이종욱
편 집 인 | 우찬제
발 행 처 | 서강대학교 출판부
등록번호 | 1978년 9월 28일 제313-2002-170호

주 소 | 서울특별시 마포구 신수동 1번지
전 화 | (02) 705-8212
팩 스 | (02) 705-8612

ISBN 978-89-7273-205-1 94150
ISBN 978-89-7273-139-9(세트)

값 23,000원

* '서강학술총서'는 SK SUPEX 기금의 후원으로 제작됩니다.

책머리에

> 아르주나가 말하였다; 당신의 은혜로 나의 헛갈림이 모두 사라지고 바른 생각을 얻게 되었습니다. 불멸하는 자여! 의심이 사라지고 마음이 확고하게 서 있으니 당신 끄리슈나의 말씀에 따라 전쟁을 수행하겠습니다. (18.73)

아르주나는 『바가바드 기따』에서 이렇게 말하면서 그동안의 모든 번민을 끝냈다.

우리는 이 세상을 살아가면서 많은 번민을 하게 된다. 이 번민이 무언지 확신이 서지 않을 때 더 긴 늪에 빠져들곤 한다. 아르주나의 번민도 이와 같다. 나는 『기따』를 만난 지 30여 년 만에 이제야 아쉽지만 방황을 끝낼 수 있을 것 같다. 『기따』에 대한 맹목적인 사랑은 아주 오래전에 시작되었다. 아니 방황을 하기 위해 인도철학을 전공했는지 모른다. 물론 처음부터 『기따』를 알고 인도철학을 공부한 것은 아니다. 그렇지만 결과적으로 『기따』를 알기 위해 이 분야에 발을 담갔는지 모르겠다는 생각을 해본다. 학부와 대학원에서 그리고 교육현장에서 많은 시간을 『기따』와 함께 보냈기 때문이다. 그런데도 정작 그것이 전하고자 하는 것이 무엇인지를 말하라고 할 때 앞이 막막해졌다. 파내고 파내도 끝이 보이지 않고 아직도 시작과 같았기 때문이다. 21세기 초 요가 열풍이 우리나라에 불어와 세상을 들썩일 때도 그러하였다.

『기따』는 인도인들뿐만 아니라 서방 세계와 우리나라에서 많은 관심을 보였다. 그것은 인도의 문헌 가운데 가장 인기가 많은 문헌이다. 지금도 인도의 수행처를 여행하다 보면 묵직한 낡은 책에서 눈을 떼지 않는 이들이 있었다. 그들은 『기따』의 원문 또는 각 지방어로 번역된 것을 읽고 있었다. 그것은 그 내용 자체가 그들 마음에 위안을 줄 뿐만 아니라 초종파적인데다 어느 관점에서 보느냐에 따라 다양하게 해석될 수 있기 때문인 것 같다. 예컨대 샹까라는 『기따』를 우빠니샤드의 눈으로 바라보았고, 라마누자, 마드바 등은 절대자에 대한 지고한 사랑과 믿음의 눈으로, 간디는 모두를 살리는 통합적 눈으로, 띨락은 영국의 지배로부터 벗어나고자 무장투쟁을 통해서라도 독립의 쟁취를 위한 현실적 지침으로, 오르빈도는 띨락과 달리 현실적인 사건보다는 정신적 또는 종교적인 눈으로, 라다끄리슈난은 힌두 전통의 고양이라는 맹구(盲龜)의 눈으로 바라보았다.

그러나 이러한 관점들은 모두 그 시대의 요청과 맞물려 있다. 무엇이건 시대적 요청에 따라 바뀔 수 있지만, 그것은 『기따』를 있는 그대로 보는 것이 아니다. 아르주나의 입장이 아니라 끄리슈나가 전달하고자 하는 메시지가 무엇인지를 파악하는 것이 『기따』를 가장 정확하게 보는 것이라고 생각한다. 그것은 책의 이름에 반영되어 있다. 만약에 아르주나의 관점에서 본 것이라면 『기따』의 이름도 그와 관련되어 있을 것이다. 나는 『기따』를 요가 논전의 하나로 보고 그 입장을 많이 반영하고자 하였다. 다시 말해 요가인의 입장에서 『기따』를 바라보려고 하였다. 그리고 그에는 다양한 시각이 있음도 인정하며 그것을 반영하고자 하였다.

이 책은 전체 7장으로 구성하였다. 그 가운데 제1, 2장은 『기따』의 일반적인 소개, 제3, 4장은 마음에 가득 찬 집착과 결과에 대한 기대와 같은 번거로움을 내려놓고 비운다는 의미로 '비움'을 주제로 하였고, 제5, 6장은 그런 번거로움을 내려놓고 나면 텅 빈 마음에 청정한 기운이 다시 들어차게 될 내용으로, 이것은 '채움'을 주제로 의도하였다. 그래서 이 책은 부제로 '비움과 채움의 미학'이라고 붙였다. 마지막 제7장은 결론적 성격으로, 자기를 상실한 현대인에게 그것의 회복을 위한 하나의 방법으로 명상을 주제로 하였다.

이 책을 저술하면서 많은 선배와 동료 학자들의 도움을 받았는데, 일일이 그분들의 이름을 여기에 나열할 수 없어 참고문헌에 제시한 것으로 대신하고자 한다. 특히 이 책은 '서강학술총서 기획위원회'에서 추천한 『기따』의 전문 학자 두 분 심사위원들의 진심 어린 지적과 격려가 있었기에 부족한 것이 많지만 세상에 내놓을 수 있게 되었다고 생각하며, 그분들께 마음 깊이 감사의 마음을 전하고자 한다.

끝으로 이 책의 초고를 바쁜 가운데 시간을 쪼개어 세심하게 교정을 해준 김소영 교수와 김미경 선생님에게도 감사하다는 말을 전하고 싶다. 또한 일반 학계에서 소외된 분야인데도 본인의 연구에 흔쾌히 지원을 아끼지 않은 서강대학교의 후의에 대하여 이 자리를 빌려서 깊이 감사드린다.

2012년 7월

隨喜齋에서 不請之友 문을식

차례

일러두기

1. 산스끄리뜨 발음 표기

(1) 장음 ā, ī, ū 등은 단음과 특별하게 구분하지 않았다. 중요한 용어라고 생각되는 경우에는 괄호 안에 원문을 함께 표기하였다.
 * 기따(gītā)

(2) 반모음 va는 '바'와 '와'의 중간 음이고, 자음 앞에서는 '와'에 가깝게 들리지만, 모두 '바'로 표기하였다.
 * 바가바드 기따(bhagavad-gītā)

(3) 무성무기음 ka, ca, ṭa, ta, pa의 경우 경음으로 표기하였고, 유성대기음 gha, jha, ḍha, dha, bha의 경우는 대기음 'h'의 발음을 표기하지 않았다.
 * 까르마(karma), 바가바드 기따(bhagavad-gītā)

(4) 치찰음 śa, ṣa의 경우 후속모음에 따라 쉬, 샤, 슈 등으로 표기하였다.
 예: 쉬바(śiva), 비슈누(viṣṇu), 이슈바라(īśvara), 끄리슈나(kṛṣṇa)

(5) 유성비음 ṅ, ṃ, ṁ 의 경우 후속모음에 따라 ㅇ, ㄴ, ㅁ 등으로 표기하였다.
 * 샹까라(śaṅkara), 상캬(sāṃkhya), 아항까라(ahaṁkāra)

(6) 그밖에는 일반적으로 통용되는 관례에 따라 표기하였다.

2. 용어의 번역, 분철 표시, 원문 수록 등

(1) 인용: 『기따』 원문을 본문에 인용할 경우 그 인용된 원문을 각주에 수록하였지만 원문을 그대로 번역하지 않고 본문에 실은 경우는 시편의 장과 절만 표기하였다. 또 다른 문헌들의 원문 가운데 우빠니샤드, 『요가 수뜨라』, 『상캬 까리까』, 『마하바라따』 등은 원문을 각주에 표기하였으나 다른 원문들은 장과 절만 표기하였다.

(2) 번역: 아뜨만(ātman)은 참된 자아, 뿌루샤(puruṣa)는 '정신원리', 쁘라끄리띠(prakṛti)는 '물질원리', 붓디(buddhi)는 '지성', 아항까라(ahaṅkāra)는 '자아의식', 뜨리 구나(tri-guṇa)는 '세 속성', 마나스(manas)는 '마음' 또는 '의근', 갸나요가(jñāna-yoa)는 '지식의 요가', 까르마 요가(karma-yoga)는 '행위의 요가', 박띠 요가(bhakti-yoga)는 '헌신적인 사랑과 믿음의 요가', 또는 '믿음의 요가', 산야사(saṅnyāsa)는 '포기', 뜨야가(tyāga)는 '단념', 쁘라갸(prajñā)는 '완전한 바른 지식', 스티따 쁘라갸(sthita-prajñā)는 '완전한 바른 지식을 확고하게 지닌 사람' 등으로 번역하였다.

(3) 분철 표시: 산스끄리뜨의 복합어는 '-' 표시로 분철을 하였지만, 번역에서는 복합어 안의 분별 표시를 생략하였다.

(4) 각주와 참고문헌: 각주는 저자(역자, 출판 연도)와 인용한 면수만 표시하였고, 참고문헌은 각주에 원칙적으로 인용된 것만 표기하였다.

(5) 본문에서 원문을 우리말로 번역할 때 ( )는 부연 설명, [ ]은 보충 설명을 할 때 사용하였다.

(6) 본문에서 『기따』의 시편을 인용할 때는 그것의 약호(BG)를 생략하고 장과 절만 표기하였으나, 다른 문헌들을 표기할 때는 문헌의 약호를 사용하였다.

약호

『기따』: 『바가바드 기따』

BG: Bhagavadgītā

Bṛhad: Bṛhadārannṇyaka

Chānd: Chāndogya

CS: Caraka-saṃhitā

GS: Gerandha-saṁhitā

HP: Haṭhapradīpika

Śvetā: Śvetāśvatara

SK: Sāṁkhya Kārikā of Īśvara Kṛṣṇa

Up: Upaniṣad

YSb: Yogasūtrabhāṣya of Vyāsa

대정장: 大正新修大藏經

제1장
서론

1. 인도 사상에서 『기따』의 위치와 가치

『바가바드 기따』(*Bhagavad-Gā tī*, 『기따』로 약칭)는 인도의 힌두교를 대표하는 경전이다. 그 뜻은 '거룩한 이(至高者, Bhagavat)의 노래(Gītā)', 또는 '거룩한 신의 가르침'이다. 고대 인도의 방대한 서사시 『마하바라따』(Mahābhārata) 제6 비슈마 편(Bhiṣma-parvan)의 총 18장(제25~42장)을 차지하고 있다.[1] 『기따』는 깊은 철학과 영성(spirituality)이 체현되어 있는 시편(kārikā)[2]이다. 『기따』의 작자는 『마하바라따』의 편찬자로 알려진 븨야사

1 Vishnu. S, Sukthankar(1948), pp. 23~40.

2 kārikā는 철학적 교설을 기억하기 편리하도록 2연(전연과 후연이 각각 16음절) 32음절(śloka 체인 4×8=32음절)로 정형화된 시구로 설명된 것을 말한다.『기따』는 전편 700시구가 모두 32음절로 되어 있기 때문에 이 규칙에 맞추기 위해 어떤 시구는 접속사라든지 동사 등이 들어간 경우가 있고, 또 어떤 시구는 그것이 빠진 경우도 있기 때문에 번역할 때 모든 단어를 모두 번역할 필요가 없고, 필요에 따라 증감하여 번역해도 무방하다. kārikā로 이름이 붙여진 다른 문헌들도 마찬가지이다. 그 가운데 대표적인 문헌으로 상캬 학파의 『상캬 까리까』(*Sāṁkhya-kārikā*), 『하타쁘라디삐까』(*Haṭha pradīpikā*) 또는 불교의 『중송』(中頌, *Mādhyamika-kārikā*)을 들 수 있다.

(Vyāsa)에게 돌린다.[3] 『마하바라따』는 '위대한 인도 이야기'라는 뜻이다. 그것은 겉으로는 고대 인도의 할아버지 바라따의 후손(Bhārata)들 사이에 일어난 왕권을 둘러싸고 벌이는 전쟁에서 시작되는 대서사시이다.

『기따』는 전사계급(kṣatriya)의 아르주나(Arjuna)와 그의 사촌이자 스승인 끄리슈나(Kṛṣṇa) 사이의 대화 형식의 문헌이다. 그것은 세계적으로 널리 알려진 가장 중요한 문헌이고, 인도의 주요한 모든 언어로 번역된 가장 인기가 있는 단일 문헌이다.[4] 양은 그리 많지 않지만 그 안에 담긴 내용은 우주를 담고도 남을 만큼 포괄적이고 포용적으로, 우리가 어떻게 살아야 하는가를 낱낱이 기록하고 있다.

『기따』는 비슈누(Viṣṇu) 신을 믿고 받드는 비슈누 파(Vaiṣṇva)의 사뜨바따(Sātvata)[5] 파에 속하는 경전이다. 그렇지만 거의 모든 인도 철학에서 그것의 가치를 인정받고 있다. 만약 누구나 읽을 수 있는 인도의 정신이 오롯이 녹아 있는 산스끄리뜨어로 쓰인 한 권의 고전을 들어보라고 하면, 주저 없이 『기따』를 뽑을 정도로 예로부터 지금에 이르기까지 널리 애독되고 있다. 또한 힌두교도(hindu)들에게는 종파를 넘어서 범종파적인 복음서와 같은 가치를 지녔다.[6] 왜냐하면 그것은 종교 · 철학 · 윤리와 문학적 특성이 통합되어 있는 현대인의 정신적 참고서라고 할 만하기 때문이다.

『기따』는 속세를 떠나라고 하기보다는 이 세상에서 가정생활을 살면서 인간이 겪을 수 있는 모든 욕심과 탐욕 등이 극복될 때 진정한 삶(mokṣa)

---

3 Catherine A. Robinson(2006), p. 2. 저자에 대한 논의는 뒤에서 따로 이루어진다.

4 P. M. Thomas(1987), p. 1.

5 Satvat라고도 하며, 끄리슈나(Kṛṣṇa) 신이 속하는 어떤 부족의 이름, 곧 야다바(Yadava)를 가리키고, 추방된 바이샤(Vaiśya) 종성의 후예에 의한 비슈누교의 분파를 말한다.

6 辻直四郎(1980), p. 311.

에 도달할 수 있다고 하는 참여 속의 진정한 삶의 가치를 묘사하고 있다. 인간으로서 어떤 일을 진심으로 열심히 하되, 그 결과에 대해서는 성공이니 실패니 하는 말을 할 필요도 없고, 무엇을 얻겠다는 기대를 하지 말라고 가르친다. 간디(Mohandas Karamchand Gandhi)가 감옥에 갇힌 동안에도 하루도 거르지 않고 항상 곁에 두고 수도 없이 읽었다고 하는, 『기따』는 간결하지만 삶의 진리가 녹아 있는 성전이다.

『기따』는 인도에서 철학과 종교의 거의 모든 파들이 이 성전을 존중하고 있다. 그것은 각자의 입장에 따라 해석하고 많은 사람들이 주석해왔다.[7] 또한 인도사람(hindu)들에게 인도 사상에서 가장 중요한 문헌을 들어보라고 하면, 주저 없이 우빠니샤드(Upaniṣads), 『기따』, 『브라흐마 수뜨라』(*Brahma-sūtra*)의 성전(prasthāna trayaya)을 말한다.[8] 이들 세 성전들이 인도 사상에서 가장 중요한 위치를 차지하는 문헌이라는 의미가 담겨 있다. 그래서 중세의 베단따 학자들, 예컨대 샹까라(Śaṅkara), 라마누자(Rānānuja), 마드바(Madhva), 님바르까(Nimbarka), 발라바(Vallava), 바스까라(Bhaskara) 등은 반드시 이 세 성전에 주석을 시작으로 자신의 사상을 전개하는 것을 공부의 전통으로 삼아왔다.

『기따』의 현대 주석가들은 힌두교에서 차지하는 그것의 위치를 기독교의 신약성경과 동등하게 보고 있다. 그래서 그것은 힌두의 신약성서라고 부르기도 한다. 그것은 베다(Veda)와 우빠니샤드의 완성이다. 야르디는 "『기따』는 우빠니샤드 가르침의 진수를 구체적으로 표현한 가장 뛰어난

---

7 또 네루는 인도사람들이 위기에 처하거나 마음이 회의로 가득 차서 의무의 모순 때문에 혼란에 빠질 때면 무엇보다도 먼저 『기따』에서 광명과 지도를 구하곤 하였다고 하며, 또 까슈미르국의 우드빨라(Udpala) 왕조의 창시자 아반띠 바르만(Avanti Varman) 왕은 임종할 때(883년) 『기따』의 전체 내용을 독송하는 것을 듣고 깊은 신심으로 비슈누 신이 사는 곳을 생각하면서 세상을 떠났다고 한다. 스가누마 아키라(문을식 번역, 2003), pp. 105~106.

8 M. R. Yardi(1991), p. 1.

철학적 시이다"[9]라고 하여 이 의미를 단적으로 표현하고 있다. 그렇지만 신약성서와 달리, 『기따』는 새로운 종교를 필요로 할 만큼 옛 전통과는 극단적으로 다른 것으로 보지는 않는다. 『기따』는 옛 전통 안에서 발전해 왔던 여러 가지 구원의 길들을 수용하고 발전시켰다.[10]

그러나 베다와 우빠니샤드는 비밀스러운 계시문헌(śruti)으로서 상위 계층이자 전문 지식인의 전유물로 생각되었다. 그렇기 때문에 많은 서민 대중들에게 우빠니샤드는 자신들의 삶과 동떨어진 것으로 생각할 수밖에 없었고, 『브라흐마 수뜨라』도 마찬가지이다. 그것은 아주 짧은 경구(sūtra)로 되어 있어 전문 학자들의 주석 없이는 읽을 수 없을 만큼 어렵고 이해하기 힘들다. 이에 비하여 『기따』는 언제나 서민 대중들의 삶 속에서 호흡해온 대중들을 위한 성전이다. 더욱이 우빠니샤드나 『브라흐마 수뜨라』에서는 원천적으로 가로막혀 있던 진정한 삶을 실현하는 길을 가장 낮은 천민들에게까지도 활짝 열어놓고 있다. 예컨대 "쁘리타의 아들 아르주나여! 천한 태생의 사람, 여자, 바이샤 그리고 슈드라 계급이라 할지라도 지고의 목표로 가기 때문이다"(9.34)라고 설파하고 있는 점에서, 우빠니샤드에서 관심을 보이지 않거나 무시해왔던 서민 대중들까지도 감싸 안는 포용성을 지니고 있다.[11] 이런 점에서 『기따』는 남녀노소, 신분의 높고 낮

9 M. R. Yardi(1991), p. 1.

10 존. M. 콜러 지음(허우성 옮김, 1995), p. 294.

11 인도의 종교인 힌두교(hindu-dharma, hinduism)는 관용성 또는 포용성을 지닌 종교이다. 첫째, 힌두교에는 다양한 종파가 있다. 힌두교는 수천 년 동안 계속되면서 여러 종파적 교리를 모두 받아들이고 있다. 그래서 힌두교는 인도에서 생겨나고 성장한 여러 가지 교리나 학설 등을 포함하는 매우 방대하고 복잡한 종교적 · 문화적 구조를 형성하고 있다. 그러나 그 모든 종파들의 교리나 학설들을 다 포함하고 있기 때문에 힌두교를 어느 한 종파적인 입장에서 파악해서는 안 된다. 그렇지만 힌두교에서 공통적으로 숭배하는 신은 비슈누와 쉬바 신이므로 비슈누를 주요 신으로 하는 비슈누교 또는 비슈누 파(Vaiṣṇava)와 쉬바를 주요 신으로 하는 쉬바교 또는 쉬바 파(Śaiva)로 크게 구별한다. 둘째, 사상적으로 포용적이다. 힌두교 안

음에 관계없이 인도 전역에서 함께 지닐 수 있는 성전이고, 다양성을 지닌 인도를 하나로 묶는 역할을 하고 있다.[12] 그렇기 때문에 『기따』는 힌두교의 살아 있는 성전이자 대중들의 경전이라고 부른다.

현대에 들어서면 『기따』는 인도에서 더 큰 의미로 부각된다. 영국 식민지 아래 있던 인도를 독립시키고자 자립운동(swaraj)을 주도한 띨락(Bal Gangadhar Tilak, 1856~1920)은 『기따』를 인도 독립운동의 행동철학을 제공해주는 원천이라고 생각하였다.[13] 또한 현대 인도의 사상과 행동의 지도자들 가운데 슈리 오로빈도 고쉐(Śrī Aurobindo Goshe, 1872~1950), 간디

의 여러 사상들뿐 아니라 그 이외의 다른 종교들과의 관계에서도 모든 것을 포용할 수 있다. 힌두교는 다른 종교의 이념을 따르는 자들을 자기의 종교로 개종시키거나 다른 종교를 박해하거나 강요하지 않고 공존을 시도해왔다. 이처럼 힌두교도들은 새로운 사상에 대해 언제나 대체로 포용적인 태도를 취해왔다. 셋째, 힌두교는 신앙 행위에 있어 관용적이다. 힌두교에서 공통적으로 숭배되는 신은 대개 비슈누와 쉬바이지만 실제로 인도 전역에서는 앞의 두 신 이외에도 수많은 남신(deva)과 여신(devī)에 대한 숭배가 행해지고 있다. 거기에는 여러 가지 이유가 있다. 그 첫째 이유는 신 관념에 대한 관용적 태도 때문이다. 말하자면 유일신으로 비슈누를 숭배하는 사람에게 있어 쉬바는 배척되어야 할 신이 아니라 비슈누 신 다음으로 주요한 신이라는 의미를 갖는다. 두 번째 이유는 범신론적 사상이다. 인도에는 많은 신이 있지만 모든 신들은 사실상 그 모습이나 형태조차 알 수 없는 절대 유일신 브라흐마의 다른 면을 나타내는 것으로 생각한다. 어느 신을 믿든지 결국에는 브라흐마로 귀착되게 된다. 따라서 쉬바 신도와 비슈누 신도가 서로 싸울 이유가 없고, 서로 배타적일 필요가 없다. 문을식(2001), pp. 273~274 참고.

12 라다크리슈난(이거룡 옮김, 1966), p. 358, 역주 2.

13 "띨락은 『기따』를 해석한 자신의 저서 『기따라하스야』를 통하여 『기따』에 대한 샹카라, 라마누자 그리고 마드바 등으로 대표되는 전통적인 베단따 조사(祖師)들의 해석을 비판한다. 전통적 해석들은 『기따』를 지식의 길이나 헌신적인 믿음과 사랑을 통한 믿음의 길에 초점을 두고 해석하여 왔으나 띨락은 『기따』가 오직 행위의 길 하나만을 설하는 텍스트라고 판정한다. 그의 입장을 그 스스로 '행동주의'라고 부른다. 이 글에서는 띨락이 지혜 중심의 전통적인 교판과는 달리 지혜와 행위의 겸수(兼修)를 지향하는 교판을 내세우면서 인도철학사를 새롭게 바라보고 있었으며 다른 주석가들과 달리 과목 나누기를 동의하지 않았다는 점을 주목하였다. 띨락은 행위와 지혜가 관련되면서도 지혜보다 행위가 중요하다고 하였다. 이들은 모두 그 스스로 행위의 길 하나만을 내세우는 행동주의적 해석을 정립하기 위한 것이었다"라고 김호성(2007)은 그의 논문의 요약문(p. 275)에서 밝히고 있다.

(Mohandas Karamchand Gandhi 1869~1948)[14] 등도 모두 『기따』에서 자기 자신의 행동을 실천하기 위한 활력을 얻었다고 말한다. 다모다란(K. Damodaran)이 "『기따』는 대영제국에 대항해 싸운 띨락, 오로빈도 고쉐 그리고 간디와 같은 현대 인도의 지도자들의 손에 든 강력한 무기가 되었다"[15]고 하는 데서 볼 수 있듯이, 간디는 "『기따』가 나의 행동의 틀림없는 안내자가 되었고, 모르는 영어 단어를 영어 사전에서 찾아보듯이 나는 나의 모든 어려움과 시련을 해결하기 위해 이 행동의 사전을 찾아보았다"고 고백하고 있다. 이것은 그의 사생활에서 정치적인 행동에 이르기까지 『기따』로부터 얼마나 깊은 영향을 받았는지 쉽게 짐작할 수 있다. 그의 후계자의 한 사람인 비노바 바베(Vinoba Bhave)도 『기따』에 대하여 다음과 같이 쓰고 있다.

> 『기따』와 나 사이의 결합은 이성을 넘어선다. 내 마음과 영혼과 함께 신체가 모유로부터 얻은 이상과 자양분을 『기따』로부터 얻어왔다. 마음이 감동할 때 그때는 논의할 것도 없다. 논리를 초월하여 나는 진심으로 신앙과 실천의 양 날개를 펼 때 『기따』의 세계로 비상한다. 나는 『기따』 분위기 안에서 생각하고 행동한다. 『기따』는 내 생명의 숨결이다. 바꾸어 말하면 『기따』에 대해 말할 때 나는 『기따』의 바다 안에 잠긴다. 그 누구든지 『기따』라는 신주(神酒)로 된 바다 깊이

14 김호성에 따르면, "간디는 『기따』의 주제에 대해서 "『기따』는 행위의 길을 가르치는 것도 아니고, 지혜나 믿음의 길을 가르치는 것도 아니다."(M. K. Gandhi, 1926, p. 106)라고 말한다. 그렇게 말하면서도 그는 자아에 대한 집착을 떨치는 것을 『기따』의 주제라고 말한다. 하지만 이는 지식의 길과 연관되는 이야기이고, 다시 지혜는 지행회통(知行會通, jñāna-karma-samuccaya)의 관점을 형성하고 있는 것이라 볼 수 있다. [……] 간디는 세 가지 길의 회통(三道會通)의 입장을 내보인 것으로 나는 판단하고 있기 때문이다. 여기서, 지혜와 행위의 회통은 다시 믿음과 행위의 회통(信行會通)이라는 차원에 의해서 보완되는 것으로 평가할 수 있다"라고 한다. 더 자세한 논의는 다음 참고. 김호성(2006a), pp. 101~102.

15 Damodaran, K(1967), p. 193.

몸을 던지면 곧 거기서 바로 안심을 얻을 수 있을 것이다.[16]

『기따』는 인도인들의 삶에서 중심적인 위치를 차지하고 있기 때문에 지속적인 해석과 주석이 이루어져왔다. 인도의 수많은 위대한 종교철학 사상가들이 그에 대한 주석을 달았고, 지난 1천여 년 동안 인도에서 가장 활발한 발전을 해왔던 베단따철학의 세 기둥 가운데 하나이다.

『기따』는 일찍이 18세기에 유럽에 알려져 찰스 윌킨스(Charles Wilkins)가 1785년에 처음 유럽어로 번역하였다. 이어서 프랑스어로 1787년에, 독일어로 1801년에, 라틴어로는 1823년에 번역하여 소개되면서 인도 바깥의 사람들에게도 많은 감명을 주었다. 이 문헌의 연구는 유럽에서 인도 연구(Indology)가 시작되는 한 계기가 되었다. 지금도 그 원전의 출판, 번역, 연구서가 많이 출판되었다.[17] 또한 『기따』는 한국에서도 인도 문헌들 가운데 가장 많이 번역되어 있고,[18] 단편적인 연구도 꽤 많이 이루어지고

---

16 Vinoba Bhave(1960), p. 15.

17 『기따』에 대해서 서구에서는 19세기 말과 20세기 초기와 제2차 세계대전 이후에 많은 연구자들에 의해 여러 나라에서 연구가 이루어졌다. 그것에 대한 자세한 내용은 다음 참고. Angelika Malinar(2009), pp. 18~27.

18 ① 번역: 한국에서 『기따』의 번역서의 대강은 다음과 같은 것들이 있다. 이들 대부분은 다른 언어들(영어 · 일본어)에서 중역된 것으로 보인다. 그러나 원전에 직접 의지해서 번역한 것(길희성과 임승택)도 없지는 않다. 석진오(1987), 『바가바드 기타』, 다르마총서 7, 고려원; 석해탈 엮음(1993), 『바가바드 기타』, 부산, 수현사; 함석헌 주석(1996), 『바가바드 기타』, 서울, 한길사; 간디 지음(이현주 옮김, 2001), 『바가바드 기타』, 당대; 길희성 옮김(1988), 『바가바드 기타』, 현음사; 람 다스(이균형 옮김, 2008), 『신에 이르는 길: 일상 속에서 피워내는 바가바드 기타의 영적 가르침』, 서울: 정신세계사; 석지현 뜻풀이(1992), 『기따』: 세속에서 깨닫는 길』, 서울: 일지사; 임승택 옮김(1998), 『바가바드 기타』, 경서원; 정창영 풀어옮김(2000), 『바가바드 기타: 만물은 참 자아 안에, 모든 것은 내 안에 있다』, 서울: 시공사; 스리 브야사(박지명 역, 2007), 『스리마드 바가바드 기타』, 문예신서 331, 동문선; 길희성(2010), 『범한대역 바가바드기타』, 동서양의 고전 13, 서울대학교 출판문화원. ② 주석서: Sri Sankaracharya 주해(알라디 마하데바 샤스트리 영역, 김병채 옮김, 2007), 『슈리 샹카라차리야 주석의 바가

있다.[19]

『기따』가 인도인에게 얼마나 사랑을 받았는지는 그것을 모방한 책들이 많은 것으로부터도 증명된다. 멀리 갈 것도 없이 『기따』가 들어 있는 『마하바라따』 안에서도 볼 수 있다. 예컨대 『아누 기따』(*Anugītā*)가 그것이다.[20] 이것은 『기따』의 속편으로 쓰였다. 그 뒤에도 각종 뿌라나(Purāṇas)

바드 기타』, 창원, 슈리 크리슈나다스 아쉬람. ③ 『기따』의 사상에 관한 저술과 번역서: 잭 홀리(이지수 옮김, 2007), 『바가바드기타: 오늘을 위한 인도의 지혜』, 체온365; 정태혁(2009), 『법구경과 바가바드기타』, 정신세계사; 이현주(2010), 『쉽게 풀어 읽는 바가바드기타』, 삼인 등이 있다.

19 여기에는 박사학위 논문은 아직 발견하지 못했고, 석사학위 논문은 많지만 소개하지 않고, 저자가 입수한 개인적인 중요 연구 성과만 소개한다. 김호성, 「바가바드기따에 나타난 까르마요가의 윤리적 조명: 불교윤리와 관련하여」, 『인도철학』 제2집(서울: 인도철학회, 1992), pp. 127~147; 「바가바드기따의 제사관: 불교의례의 재검토를 위한 定礎로서」, 『인도철학』 제4집(서울: 인도철학회); 「"바가바드기타"와 "究羅檀頭經"의 입장에서 본 "朝鮮佛教維新論"의 儀禮觀」, 『불교학보』 제36집(서울: 동국대학교 불교문화연구원); 「"바가바드기타"의 윤리적 입장에 대한 비판적 고찰」, 『종교연구』 제19집(서울: 한국종교학회); 「バガヴァッド・ギーターと大乘涅槃經における暴力/戰爭の正當化問題」, 『韓國佛教學seminar』 第9號(東京: 韓國留學生印度學佛教學研究會); 「Arjunaの懷疑に見られる意味」, 『印度學佛教學研究』 제52권 1호(東京: 일본인도학불교학회); 「"바가바드기타"를 읽는 틸락의 분석적 독서법」, 『종교연구』 제35집(서울: 한국종교학회); 「"바가바드기타"를 읽는 샹카라의 護教論的 解釋學」, 『인도철학』 제17집(서울: 인도철학회, 2004); 「기타에 대한 샹카라의 주제 파악과 틸락의 비판」, 『인도철학』 제20집(서울: 인도철학회); 「아르쥬나의 懷疑와 그 불교적 의미」, 『종교연구』 제42집(서울: 한국종교학회, 2006); 「"바가바드기타"에 보이는 지혜와 행위의 관련성: 간디의 sthitaprajña 개념을 중심으로」, 『인도연구』 제11권 2호(서울: 한국인도학회); 「"바가바드기타"와 관련해서 본 漢岩의 念佛參禪無二論」, 『한암사상연구』 제1집(평창: 월정사 한암사상연구원); 「"바가바드기타"에 대한 틸락의 행동주의적 해석」, 『인도철학』 제22집(서울: 인도철학회); 「바가바드기타에 보이는 믿음과 행위의 관련성: 간디의 해석을 중심으로」, 『남아시아연구』 제13권 1호; 서행정(2009), 「바가와드기따의 인식론적 의미」, 『남아시아연구』 제15권 2호; 임근동(2006), 「『바가바드기타』의 우주론과 요가」, 『남아시아연구』 제12권 1호; R. N. Pathak(2004), "The Philosophy of Bhagavadgītī", 『남아시아연구』 제10권 1호; 박효엽(2009), 「『바가와드기따』에 나타난 끄르슈나의 논증과 그 평가」, 『인도철학』 제27집, 인도철학회 등이 있다.

20 Mbh. XIV. 16–51.

문헌 안에 『기따』의 구상을 모방하여 특정 신격의 계시와 그 신을 찬미하고 신앙을 겸하는 한 무리[21]가 『기따』 문학을 형성하고 있다. 예를 들어 『가네샤 기따』(*Ganeṣa-gītā*)는 뚜렷하게 모방의 흔적이 보인다. 이에 대해서 『이슈바라 기따』(*Īśvara-gītā*)는 비슈누 파의 『기따』에 대항하고자 했던 쉬바 파(śaiva)의 작품이고, 내용에는 중요한 것이 많이 포함되어 있다. 또한 『아슈따바끄라 기따』(*Aṣṭāvakra-gītā*)의 작자(14~15세기)는 『기따』를 마음속에 두었지만 직접 그로부터 인용하지는 않았다.

『기따』가 널리 보급된 것은 다수의 근대 인도어로 번역, 또는 해설되었던 사실에서도 증명된다. 그 가운데 유명한 것을 하나만 들면, 시인 갸네슈바르(Jñaneśvar, 13세기)가 뭄바이 지방의 지방언어인 마라티 어로 지은 『바바 아르타 디삐까』(*Bhāva-artha-dīpikā*, 일명 Jñaneśvar)이다. 이것은 문장이 아름다운 약 10,000 시편으로 이루어져 있고, 주 내용은 『기따』의 의의를 선양하는 것이다.

이렇게 『기따』가 널리 애송되는 이유는 그 안에 담고 있는 내용에 있다. 『기따』는 이기심이 없는 자신의 특수의무(svadharma)의 수행을 강조함과 아울러 철학적 지식(jñāna)도 존중하고 있다. 그것에 더해 모든 것을 신에게 바치는 열렬한 헌신적인 사랑과 믿음(bhakti)을 고무시킨다. 『기따』의 신은 믿는 자의 존경과 믿음에 따라 끄리슈나 신에 대한 끝없는 사랑과 은혜를 지니고 있다. 누구에게도 어려움을 강요하지 않는다. 극단을 피해 중도를 존중하며, 믿음의 자유를 인정한다. 각자의 이해하는 정도에 따라 쉬운 것에서 어려운 것으로 나가는 길을 열어두어 무지한 사람의 마음을 혼란스럽게 하지 않는다. 그것은 반드시 형식에 얽매이지 않는다. 그리고 모든 사람들에게 자유에 대한 희망을 주고, 모든 계급을 초월하여

21 Gaṇeśa gītā, Īśvara gītā, Śiva gītā, Devī gītā 등이다.

믿는 자에게는 안심과 위로와 도움을 제공한다. 이 점에서 『기따』는 절대적인 매력을 지니고 있다. 다시 말해 『기따』는 모든 모순을 넘어서서 모든 사람들을 만족시키는 원동력을 제공한다. 따라서 그것의 작자는 이성에 호소하는 철학자가 아니고, 믿음과 감성에 호소하는 종교가이자 시인이다.[22]

2. 『기따』의 기원, 연대 및 저자

1) 바가바뜨 파와 끄리슈나

『기따』는 힌두교의 모든 종파로부터 존경을 받아오고 있다. 하지만 본래 비슈누 신을 바가바뜨(Bhagavat)의 이름에 의해 믿고 받드는 사람들(bhāgavata)의 성전으로 작성되었다. 이 파의 교주는 끄리슈나다. 그는 북인도를 근거지로 하여 발달한 브라흐만교의 밖에서 목축업에 종사하고 있던 야다바 족(Yādava)의 브리슈니 족(Vṛṣṇi)[23] 사이에서 태어났다. 그의 아버지는 바수데바(Vasudeva)이고, 어머니는 데바끼(Devakī)이다. 그 때문에 그는 부족 이름에 따라 야다바(Yādava), 또는 바르슈네야(Vārṣṇeya)로 불리기도 한다. 또는 아버지의 이름에 관련시켜 바수데바(Vāsudeva, Vasudeva의 자식)라고 불리기도 한다. 끄리슈나는 『기따』 안에서 스스로를 "나는 브리슈니 족 가운데 바수데바이다"(10.37)라고 밝히고 있다.

가장 오래된 우빠니샤드 가운데 하나인 『찬도갸 우빠니샤드』에 따르면, 데바끼의 아들 끄리슈나는 고라 앙기라사의 제자이다(3.17.6). 그는 스

---

22 cf. 辻直四郎(1980), pp. 312~314.

23 종족 이름으로, 야다바(Yādava: Yadu의 자손), 또는 마다바(Mādhava: Madhu의 자손) 족과 같은 부족이며, 끄리슈나가 속하는 종족이다.

승으로부터 인생을 제사의식의 상징으로 보는 교의를 받게 된다(3.17.1-7). 이 가운데 고행, 보시, 청정, 불살생, 진실한 말을 제관에게 보수로 지불한 것은 『기따』에서 제사를 정신적으로 발전시키는 것과 잘 조화를 이루고 있다. 또한 죽는 순간의 생각을 존경한 점도 『기따』와 일치한다. 또한 태양신을 최고의 목적지로 찬미하고 있는 것은 끄리슈나가 『기따』의 중요한 가르침의 시조를 비스바바뜨(Visvavat, 태양)라고 하는 것이 나중에 그 스스로 고대의 태양신 비슈누와 일치한다는 것을 상기시킨다. 『찬도갸 우빠니샤드』에서의 끄리슈나와 『기따』에서의 끄리슈나가 일치한다는 것을 인정한다면, 그의 출현은 서력 전 7세기 이전이라 할 수 있다.

『마하바라따』는 끄리슈나가 인간에서 최고신으로 발전하는 단계를 보이고 있다. 그러나 『마하바라따』의 가장 오래된 부분에서 끄리슈나는 『기따』의 숭고한 교리를 가르치는 자와는 전혀 다르게 묘사되고 있다. 곧 그는 거기에서 마음대로 술책을 다루며, 꾸루 군의 유명한 장군들은 잇달아 그의 권모술수의 희생양으로 죽게 된다. 그러나 현존의 『마하바라따』는 여러 차례 증보의 과정을 거쳤기 때문에 빤두 다섯 왕자를 '정의의 상징'인 반면에, 꾸루 족의 맏형 두료다나를 비롯한 꾸루 100명의 왕자들은 사악함을 상징하는 것으로 묘사되고 있다. 그렇지만 빤두 다섯 왕자를 비난하고, 끄리슈나를 음모가 뛰어난 간사한 영웅으로 비방한 곳도 많다. 끄리슈나는 『기따』에서 최고신과 달리, 『마하바라따』에서는 주로 인간 영웅으로 등장한다. 그는 18일 동안 전쟁에서 신성(devatā)을 전혀 사용하지 않고 인간이 사용하는 여러 간계(奸計)로써 빤두 진영을 승리로 이끄는 모습으로 등장한다.

『마하바라따』의 영웅 끄리슈나는 야다바 족의 정신적 지도자가 되고, 새로운 종교의 창시자가 된다. 그가 살아 있는 동안 만든 종교가 어떤 것이었는지는 쉽게 결정할 수 없다. 하지만 그의 신은 바가바뜨(bhagavat)라고 부르며, 주로 끄샤뜨리야 계급을 위해 말해진 통속적인 종교이며, 실천적 윤리를 강조한 것으로 추측된다. 또한 신에 대한 헌신적인 믿음과 사랑(bhakti)의 싹을 품고 있던 것 같다. 왜냐하면 이러한 점들이야말로 『기따』로 대표되는 바가바따 파의 주요한 신조이기 때문이다.

끄리슈나는 살아 있는 동안 거의 신적인 존재로 존경과 숭배를 받은 것으로 생각된다. 그는 죽은 뒤 곧바로 자신이 말한 신과 동일하게 취급된 것 같다. 여기서 끄리슈나–바수데바는 바가바뜨의 다른 이름이 되었지만, 아직 한 종족의 신앙 대상의 범위 밖을 벗어나지는 못하였다. 하지만 그 신도들은 지금까지 내려온 실천윤리의 방향과 끄리슈나 신에 대한 헌신적인 믿음이 한층 더 깊어진다. 거기에다 상캬–요가의 철학을 채용하여 사상적 배경을 풍부하게 하며 점차로 체계를 정돈하면서 그 세력을 확장하게 된다. 브라흐만 계급들은 끄리슈나 신인 바가바뜨를 베다 성전 이래로 태양신 비슈누의 화신의 하나로 인정해준다. 그리하여 그를 따르는 신도들을 회유하려 한다. 이와 아울러 바가바따 파(Bhāgavata)도 이 기회를 통해 정통 종교가 될 기회를 놓치지 않는다. 약간의 시간이 흐른 뒤에 비슈누 신은 최고신의 위치를 확보한다. 동시에 끄리슈나–바수데바도 한 종족의 최고신으로 지위가 격상되어 브라흐만교(=바라문교)의 주요 신으로 동화하게 된다. 나중에는 우빠니샤드에서 최고 원리 브라흐만도 비슈누–끄리슈나 신의 한 면으로 간주된다. 『기따』는 우빠니샤드에서의 아뜨만(ātman)이나 브라흐만(brahman)보다도 '끄리슈나'라는 인격적 최고신의 유일성과 절대성을 강조한다. 이 점에서 『기따』는 우빠니샤드의 영향을 받은 범신론을 더욱 강화함으로써 우빠니샤드보다는 일신교적 색채를 강하게 드러낸다. 우빠니샤드도 후대로 내려가면서 일신교적인 표현을 사용하지만, 그것은 『기따』에서 더욱 명료하게 나타난다. 『기따』에서 끄리슈나는 최고의 불멸하는 브라흐만, 최상의 자아, 만물을 생성시키는 창조력, 현상계 전체, 최상의 신, 최상의 제사 등의 표현을 쓰며 그것의 유일성과 절대성을 강조하고 한다. 이처럼 이들은 서로 밀접한 관계에 이르면서 바가바따 파의 브라흐마니즘화가 완성된다. 이 때문에 바가바따 파의 본래의 가르침의 입장에서 받아들일 수 없는 모순에 빠지게 된다. 하지만 그 모순은 신비적인 신앙과 이론적인 가르침을 통해 서로 소통하며 해소한다. 『기따』는 이런 절충주의를 가장 잘 대표하는 문헌이다. 아무튼 한 종족의 지도자로서 끄리슈나는 브라흐만교의 최고신과 하나가 되고, 또 철학적 근본 원리에서도 이후 바가바따 파 신앙의 중심으로 자리를 잡게 된다.

이상에서 보면 끄리슈나 숭배의 변천은 연대적으로 구분하기는 어렵다. 하지만 끄리슈나와 비슈누와의 일치를 넌지시 알려주는 문헌적 증거는 적어도 서력 전 4세기로 거슬러 올라간다. 이것의 가장 오래된 전거는 중요한 베다 문헌의 하나인 『마이뜨라야니 상히따』(*Maitrāyani-Saṁhitā*) 2.9.1로 보인다. 여기서 께샤바(Keśava)와 나라야나(Nārāyaṇa)와 비슈누를 동일하게 보고 있다. 께샤바는 끄리슈나의 머리카락에서 유래하는 특징을 지닌 이름이며, 『기따』에서도 자주 사용되고 있다.[24] 나라야나라는 말은 『기따』에서 볼 수 없다. 하지만 일반적으로 끄리슈나 및 비슈누의 다른 이름으로 사용된다. 『마하나라야나 우빠니샤드』(*Mahānārāyaṇa-Up*) 3.16에도 나라야나와 바수데바(=끄리슈나)와 비슈누와의 일치를 예정하고 있다. 이들 두 책의 성립 연대는 확정하여 말할 수는 없지만, 전자의 가장 새로운 층에 속하는 추가 부분조차도 서력 전 4세기보다 이르다. 다음으로 문법학자 빠니니(Pāṇini, B. C. 약 350년)[25]는 그의 문전인 『8장편』

24 1.31; 2.54; 3.1; 10.14; 11.35; 13.1; 18.76.

25 W. Douglas P. Hill(1973), p. 4; J. N. Farquar(1920), p. 44.

(Aṣṭādhyāyī) 4.3.98에서 바수데바 및 아르주나의 숭배자를 각각 바수데바까(Vāsudevaka), 아르주나까(Arjunaka)라고 말한다. 문법학자 빠딴잘리(B. C. 약 150년?)[26]는 빠니니가 말한 것에 대한 주석에서 바수데바를 바가바뜨의 다른 이름이라고 주장하고 있다. 물론 빠니니 시대에 바수데바가 비슈누와 동일시되고 있다는 것은 분명하지 않다. 하지만 그의 『8장편』은 특별한 문법 규칙을 세운다는 점에 비추어보면, 바수데바까 또는 바가바따파가 비슈누 신의 화신설(avatāra-vāda)에 의해 정통 브라흐만교로 되어가는 과정으로 생각된다.[27]

2) 기원

『기따』의 기원에 대한 학설은 하나로 일치되어 있지 않고, 동서양 학자들 저마다 다른 견해를 제시한다. 그들의 주장은 적어도 1천 년의 차이가 있다.[28] 먼저 뗄랑(K. T. Telang)은 "1만 년 전에 작성되어 대대로 요가의 수행을 통해 놀랄 만한 기억력을 가지고 있는 사람들에 의해 암송되어왔던 것이 『마하바라따』가 편집될 당시(B. C. 500년)에 문자로 기록되었다"고 생각한다. 가르베(Garbe)는 "『기따』는 원래 서력 전 3세기에 끄리슈나-바수데바(Kṛṣṇa-Vāsudeva) 숭배가 혼합된 상캬-요가 논문이며, 『기따』가 처음으로 제작된 것은 서력 전 2세기 무렵이었으나 서력 후 2세기 무렵에 베단따 학파의 어떤 추종자에 의해 현재의 형태로 편집되었다"고 주장한다.[29] 하지만 이 이론은 일반적으로 받아들이지 않는다.[30] 홉킨스

26 W. Douglas P. Hill(1973), p. 4; J. N. Farquar(1920), p. 50.
27 W. Douglas P. Hill(1973), pp. 1~18 참고.
28 Kashi Nath Upadhyaya(1971), p. 2.
29 W. Douglas P. Hill(1973), pp. 18~19.
30 S. Radhakrishnan(1948, 11th 1976), p. 14.

(Hopkins)는 가르베의 주장을 비판한다. "『기따』는 이전의 비슈누 파(Vaiṣṇava, 비슈누교)의 시편 중에서 끄리슈나 파(Kṛṣṇava, 끄리슈나교) 부분을 옮긴 것이지만, 처음에는 어느 종파에도 속하지 않는 작품이었다"고 주장한다.[31] 한편 파쿠하르(J. N. Farquhar)는 "『기따』는 원래 슈베따슈바따라(Śvetaśvatara) 유형의 우빠니샤드였으나 나중에 끄리슈나를 예찬하고자 채택된 것이고, 서력 후의 저작이다"라고 말한다.[32]

3) 연대

앞의 기원에서 보았듯이, 『기따』의 성립 연대도 그와 마찬가지로 쉽게 결정 내리기 힘든 점들을 내포하고 있다. 그래서 『기따』를 연구하는 학자들마다 다양한 견해들을 제시하고 있다. 라다끄리슈난은 "『기따』를 『마하바라따』의 진정한 일부로 간주한다 해도, 『기따』의 연대를 단언하기 어렵다고 말한다. 왜냐하면 그 안에는 다른 시기의 요소들이 포함되어 있기 때문이다."[33] 『기따』가 지니는 가르침의 일반적인 성격, 고체의 양식, 운문화 등을 볼 때 6파 철학이 체계화되기 이전에 형성되었다고 보기 때문에 서력 전 3세기보다 빠르다고 하는 뗄랑,[34] 원본이 2세기경, 그리고 현재의 형태는 서력 후 200년 무렵에 작성되었다고 주장하는 가르베,[35] 서력 전 4세기보다 더 빠르다고 주장하는 반다르까르(R. G. Bhandarkar, 1837~1925), 아무리 최소로 잡아도 서력 전 3세기보다 빠르다고 주장하는 루돌프 옷토(Rudolf Otto) 등의 많은 학자들의 주장이 서로 다르다. 한편

---

31 *Ibid.*

32 W. Douglas P. Hill(1973), p. 19.

33 S. Radhakrishnan(1953; 10th, 1977), p. 524.

34 *Ibid.*

35 *Ibid.*

라센(Lassen)과 로린서(Lorinser)는 기독교의 영향을 받아 서력 후 3세기 무렵 성립되었다고 주장하지만, 기독교의 영향을 받았다는 주장을 부정하는 힐(W. D. P. Hill)의 주장도 볼 수 있다.[36]

인도의 사상가인 띨락과 라다끄리슈난은 서양의 학자들과는 달리 더 이른 시기에 성립되었다고 하는데, 띨락은 서력 전 500년 무렵,[37] 라다끄리슈난은 서력 전 5세기에 작성된 것으로 보이지만 처음 쓴 것은 적어도 서력 전 11세기 무렵으로 보고, 이후 계속 증대되고 보완되어왔다고 주장하기도 한다.[38] 또한 스와미 비레스와라난다는 『기따』 안에 붓다와 불교에 대한 언급이 없다는 것을 들어 『기따』와 원본 『마하바라따』의 연대를 붓다 시기(서력 전 5~6세기)보다 먼저라고 주장하기도 한다.

이러한 견해들을 종합해보면 인도의 네 베다 가운데 『리그 베다』(*Ṛg-veda*), 『사마 베다』(*Sāma-veda*), 『야주르 베다』(*Yajur-veda*)에 대한 언급(9.17; 9.20)은 있으나 『아타르바 베다』(*Atharva-veda*)의 언급이 없으므로 아마도 『아타르바 베다』가 베다로서의 권위를 갖기 이전일 가능성도 있다.[39] 이렇게 서력 전 2세기 이전에 성립한 것으로 보는 경우와, 『기따』에서 끄리슈나-바수데바를 최고신일 뿐 아니라 두 번에 걸쳐 '비슈누여!'로 불리는 것(11.24; 11.30), 그리고 화신사상을 예정(4.6-8)하고 있기 때문이다. 또 바가바따 파의 발달사에서 보면, 그리스의 헬리오도로스

36 W. Douglas P. Hill(1973), p. 23.

37 B. G. Tilak(B. S. Sukthankar, tr. 11th ed. 2004), Li.

38 함석헌 주석(1996), p. 27.

39 『기따』에는 세 베다만 언급되어 있을 뿐이다. 이에 비해 『마하바라따』에는 세 베다를 언급한 곳들(3.27.3; 3.44.18; 3.148.13; 6.31.17; 12.47.27; 12.52.22; 12.60.42; 12.199.18; 12.230.8; 12.297.15; 13.164.8)이 있을 뿐만 아니고, 또 『아타르바 베다』를 포함하여 네 베다를 언급한 곳들(2.11.23; 3.187.14; 12.33.34; 12.227.1; 12.322.37; 12.328.8; 12.330.34)도 있다. 이런 사실은 『기따』의 연대가 『마하바라따』의 연대보다 앞선 것으로 추정할 수 있는 하나의 증거를 제공하는 것으로 볼 수 있다.

(Heliodoros, B. C. 2세기 말엽)가 스스로 바가바따 파에 귀의하고, 여러 신들 중에 바수데바(10.15)를 위해 가루다(Garuḍa)[40] 석주를 세워 비문을 새긴 사건과 관련된 시기에서 그 기원을 찾을 수 있다. 또한 『기따』는 그 신을 자주 우빠니샤드의 중성적 근본 원리 브라흐만(Brahman)과 뗄 수 없는 관계로 놓고, 바가바따 파 본래의 입장에 대해 절충적인 태도를 나타낸다. 이러한 경향은 이미 『슈베따슈바따라 우빠니샤드』(*Śvetāśvatara-Up*)에서 인정되고 있다. 이 우빠니샤드는 최고신으로서 루드라(Rudra=Śiva) 신을 찬미하면서, 이것을 최고 원리 브라흐만과 동일시하고 있거나, 또는 신, 자아, 현상계의 셋보다 위에 브라흐만을 위치시키고 있는 데서 그 기원을 찾을 수 있다. 그리고 『기따』에는 우빠니샤드를 인용하거나 그 내용을 시사하고 있는 곳이 여러 곳이 있다. 특히 우빠니샤드 가운데 후기에 속하는 『슈베따슈바따라 우빠니샤드』 3.16-17을 『기따』 3.13-14에서 인용하고 있다는 것을 감안하면, 『슈베따슈바따라 우빠니샤드』의 성립 연대는

40 비슈누 신이 상징동물이며 새들의 왕으로 뱀(nāga)의 살육자라는 뜻임. 신화에서 가루다는 불로장생주(amṛta, 甘露水)를 약탈하기 위해 신들의 왕 인드라(Indra) 신과 싸운다. 『리그베다』는 해를 하늘을 가로질러 나는 이 새에 비유하는데, 가루다가 비슈누와 관련이 있는 것은 비슈누가 원래 태양신임을 나타낸 것으로 보기 때문이다. 신화에 따르면 가루다는 태양신 수리아(sūrya)의 마차를 끄는 아루나의 동생이다. 그의 어머니는 아버지의 다른 아내와 뱀인 그 아들들에게 노예로 잡혔는데 독수리와 비슷한 솔개와 뱀 사이에 계속되는 증오는 이때부터 비롯되었다고 한다. 뱀은 가루다에게 불로장생주를 한 잔 얻어오면 어머니를 놓아주겠다고 한다. 가루다는 인드라 신과 싸워서 이기고 그것을 얻어 천국으로 돌아오는 길에 비슈누를 만나 그의 탈 것이자 상징이 되어 봉사할 것을 동의한다. 가루다는 몸의 색깔이 밝은 녹색이고 솔개의 부리와 둥근 눈, 금빛 날개, 4개의 팔이 있으며, 솔개처럼 생긴 가슴 · 무릎 · 다리가 있는 것으로 묘사되어 있다. 또한 매 같은 모습에 날개를 지닌 사람 모습 비슷한 신으로 묘사되기도 하는데 두 손은 경배하는 모습으로 잡고 나머지 두 손은 우산과 불로장생주 병을 들고 있다. 때로 비슈누가 그의 어깨에 올라타고 있는 경우도 있다. 가루다 상(像)은 비슈누를 열렬히 믿는 사람들이 자신의 숭배하는 마음을 표시하는 방법으로 쓰이며 굽따(AD. 320~) 시대에는 그 모습을 동전에 새기기도 하였다. 안넬리제, 페터 카일하우어(전재성 옮김, 1994), p. 164 참고.

일반적으로 서력 전 300년쯤으로 보기 때문에 『기따』의 성립 연대는 그와 비슷하거나 그보다도 나중으로 볼 수 있어 서력 전 300년 이후로 산정할 수 있다. 또한 『마누법전』(*Manu-smṛti*) 1.73은 『기따』 8.17에서 인용한 흔적이 뚜렷하다. 현재의 『마누법전』의 성립 연대는 서력 후 2세기를 하한으로 잡으면, 『기따』의 성립 연대는 서력 후 2세기를 넘지 않는다. 따라서 『기따』의 성립 시기는 서력 전 4~5세기에서 서력 전 2세기 사이로 산정할 수 있을 것으로 보인다.[41]

4) 저자

『기따』의 저자가 정확히 누구인지 알 수 없다. 다만 대서사시 『마하바라따』의 편찬자로 알려진 븨야사(Vyāsa)로 추측할 수 있을 뿐이다. 그런데 독자들 가운데 『기따』를 공부하고자 할 때 다음과 같은 몇 가지 점들을 알고 싶어 할 것이다. 첫째, 『기따』는 누가, 언제 그것을 썼을까? 둘째, 원전 『기따』의 내용은 어떤 것일까? 셋째, 누가, 언제 그리고 왜 원전을 현재 형태의 『기따』로 바꾸었을까? 넷째, 『기따』의 무엇이 인도의 사회와 문화에서 이런 변화의 결과들을 있게 했을까? 등이다.[42]

『기따』의 원래 이름은 단지 『기따』(*gītā*)라고 불렀다. 싱하(Phulgenda Sinha)는 그것을 현재의 『기따』와 구별하기 위해 『원전 기따』(*Original Gītā*)[43]라고 불렀다. 고대 인도에서는 찬탄을 받고 있는 시의 형태로 쓴 작

41 辻直四郎(1980), pp. 322~323. 정태혁(1984)은 "바가바드 기타의 제작연대는 여러 이설이 있으나 대체로 보아 BC. 1, 2세기경이라고 생각되고 있다"라고 하고(p. 366), 석지현(1995)은 "『기따』는 전설적인 인물 바사(Vyāsa)에 의해서 서력 전 5세기경(서력 전 150년 무렵이라는 설도 있다)에 편집됐다"고 한다(p. 4).

42 Phulgenda Sinha(1997), p. 61.

43 싱하의 주장에 따르면, 원래의 기따는 84시편이고, 『마하바라따』는 8,800시편이라고 한다. Phulgenda Sinha(1997), p. 75.

품을 『기따』로, 저자의 가르침을 나타내는 개별적 문헌을 『기따 샤스뜨라』(*Gītā-śāstra*), 기억되어 전해오는 작품을 『전승문헌』(*Smṛti*)으로 정의하고 있다.[44]

전통적으로 인도는 역사적 증거에 힘입어 『원전 기따』의 저자를 븨야사라고 하는데 동의하고 있다. 그러나 그것을 입증하고자 하는 이유는 븨야사가 고대인도의 중요한 문헌인 여러 베다와 대서사시 『마하바라따』의 편집자로 알려져 있기 때문이다. 이들은 각각 다른 시기에 속하는 고대인도의 중요한 문헌들이다. 따라서 필자는 『기따』의 저자를 븨야사로 보는 주장에 혼란을 없애기 위해 븨야사가 누구이며, 그가 『원전 기따』를 지었다는 논쟁을 지지할 증거를 찾아보고자 한다. 그리고 븨야사는 베다들과 『마하바라따』의 편집자이기도 한 것인지를 알아볼 필요가 있다.

븨야사는 달 종족(candra-vaṁśa)의 왕조에 속한 끄샤트리야 출신의 현자(ṛṣi)이고, 아르주나의 빤두 형제(paṇḍava)와 꾸루 형제(kaurava)의 증조할아버지이다. 그의 아버지는 현자 빠라샤라(Paraśara)이고, 어머니는 사뜨야바띠(Satyavatī, 또는 Saṅtanu), 븨야사의 증조할아버지는 바라따(Bharata)이며 그의 후손들이 꾸루이다. 그들은 세력을 넓혀 하스띠나뿌라(Hastina-pura) 왕국을 세웠다.[45] 큰 전쟁은 이 바라따 왕조의 후손들과 관련이 있다. 그들은 그때 인도의 넓은 지역을 지배하고 있었다. 이때부터 이 왕조는 바라따 왕국(Bharata-varṣa)으로 불리기 시작하였다.

전쟁은 이 바라따 왕조의 후손들과 관련이 있다. 이때부터 이 왕조는 바라따 왕국이 성립하게 된다. 『마하바라따』에서 븨야사의 혈통과 그의 가계 구성원들의 역할을 고려할 때, 븨야사의 내면적인 윤리적 딜레마를

---

44 *Ibid.*, p. 67.

45 지금의 델리(Delhi)에서 동북쪽으로 약 120km 지역에 있는 갠지스(Gaṅgā) 강변에 위치한 옛 도시의 이름.

그린 『기따』라는 철학적 노래를 지었다는 것은 있을 법한 일이다. 또한 그가 전쟁의 역사적인 이야기를 짓고, 그것을 승리(jaya)[46]로 불렀던 것도 믿을 만하다.

븨야사의 역사적 증거는 우선 『마하바라따』 안에 언급된다. 『마하바라따』는 특별히 그를 베다와 『마하바라따』의 편집자로 븨야사를 언급하며, 그의 혈통을 말하고 있다.[47] 『기따』 자체의 내적인 증거는 『기따』 18.75에서 "저[산자야]는 븨야샤의 은혜로 끄리슈나가 직접 말씀하신 이 비밀스러운 지고한 요가를 들었다"고 하는 것이다. 이 구절에서 보면 『기따』의 저자가 븨야사임을 넌지시 말하고 있다. 만약에 이 부분이 후대에 삽입된 것이라면 다른 이야기가 될 수 있다. 븨야사가 『기따』의 추정되는 저자와, 베다와 『마하바라따』의 편집자와 같은 인물이라면 이제 『기따』의 저자 문제를 결정할 필요가 있다. 베다는 계시성전(śruti)으로 알고 있다. 베다의 찬가들은 각기 다른 가문들에 의해 지어지고 기억되어 입에서 입으로 전승되어왔다. 그래서 수세기 동안 그것들은 입에서 입으로 편집되지 않고 이어졌다고 한다.[48]

『기따』의 저자로서 븨야사가 『마하바라따』의 편집자인 븨야사와의 동일 인물로 간주된 것은 최근의 학문적 연구 결과물들을 통해 지지를 받고 있다. 최초기 형태에서 서사시는 단지 8,800시편이었고, 그것의 이름이 '승리'(jaya)였다. 서사시의 원형, 저자 가계의 배경과 그의 학문적 역량을 생각하면, 그것은 시의 형태로 이 큰 전쟁에 대한 역사적인 이야기를 소개한 자가 븨야사임을 추측할 수 있는 근거가 충분하다고 판단된다.

---

46 여기서 '승리'(jaya)는 『마하바라따』의 원래 이름이다.

47 S. Sorensen(1904), pp. 758~760.

48 『리그 베다』의 기원, 발전과 최초기의 편집 형태에 대해서는 다음을 보시오. A. A. Macdonell(1965), pp. xii~xvi.

『마하바라따』의 편집자로서 븨야사에 대한 역사적인 설명은 전통적으로 전해오는 이야기에서 발견된다. 싱하에 따르면, 븨야사가 가네샤(Ganeṣa)에게 받아쓰게 하였던 것으로 잘 설명되어 있다. 븨야사는 『마하바라따』의 실제 저자가 아니라 편집자일 뿐이다. 븨야사의 시대를 생각하면, 문헌들은 여전히 구전되고, 기억하고 있을 때 『마하바라따』를 전승문헌(smṛti)으로 돌리는 것을 발견하는 일은 놀라운 일이 아니다. 원형으로서 『마하바라따』, 또는 『기따』는 아주 긴 작품이 아니다. 서사시는 8,800 시편보다 적고, 『기따』도 단지 84시편만 담겨 있다. 둘 모두 한 사람의 작품이고, 사실상 하나의 작품으로 지어졌다고 해도 지나치지 않기 때문이다. 그렇기 때문에 『기따』, 베다 그리고 『마하바라따』의 저자가 같은 사람이라고 하는 전통적인 주장을 무효화할 수 없는 이유이다.[49]

3. 『기따』의 내용 개관

1) 18장의 내용 분석

『기따』의 각 장은 원래의 순서에 따라 조직적으로 배열한 것이 아니다. 같은 주제에 속하는 시편이 여러 곳으로 분산되고, 같은 시편의 내용이 여러 주제에 걸쳐 있는 것도 많다.

제1장 회의하는 아르주나의 요가(Arjuna viṣāda-yoga)

내용은 18일 동안 전쟁이 발단하는 상황을 그린 것이다. 꾸루 군과 빤두 군이 대치하고 있는 꾸루 끄쉐뜨라(Kuru-kṣetra)에서 끄리슈나를 마부

49 Phulgenda Sinha(1997), p. 75.

로 빤두 진영의 아르주나가 양 진영의 중앙에 전차를 멈춘 뒤, 정렬되어 있는 적군 진영 안에 많은 가까운 친척 · 스승 · 친구들이 이번 전쟁에 참여하고 있음을 보고 동족 사이의 전쟁임을 깨닫는다. 그 결과로 일어나게 될 가족법의 파괴를 두려워하여 절망하며 무기를 버리고 전차 위에 덥석 주저앉아 회의에 빠진다는 내용이다.

제2장 상캬 요가(sāṁkhya-yoga)

아르주나의 비탄에 끄리슈나가 그를 격려하는 내용이다. 아르주나는 '나는 전쟁을 하지 않겠다'고 말하며 완전히 침묵을 한다(1-9). 끄리슈나는 육체가 멸망하는 것에 관계없이 불멸하는 자아는 늘 존재한다면서 정의의 전쟁(dharma-yuddha)은 끄샤뜨리야 계급의 의무임을 강조하며 아르주나가 일어나 싸울 것을 촉구한다(10-38). 상캬철학의 이론(jñāna-yoga)과 집착 없는 행위의 실천(karma-yoga)과의 관계(39-53), 마음의 수련(buddhi-yoga, 특히 49-51), 확고한 바른 지식을 얻은 자의 특징(54-72) 등이 설명되고 있다.

제3장 행위의 요가(karma-yoga)

지식의 요가(jñāna-yoga)와 행위의 요가(karma-yoga)와의 모순 해소, '행위로부터의 자유'(naiṣkarmya)와 무행위(akarma)의 의미(1-9). 희생제사의 기원과 그 효용(10-16). 집착 없는 행위와 의무 수행의 장려(17-35). 욕망과 분노의 극복(36-43) 등이 설명된다.

제4장 지식의 요가(jñāna-yoga)

끄리슈나 화신의 의의(1-8). 끄리슈나의 신적 출생과 행위를 진실하게 아는 자만이 신의 본성에 도달함(9-11), 행위의 요가(12-23), 넓은 의미로 제사의 갖가지 모습(24-32), 지식의 희생제(jñāna-yajña, 33-42) 등이 설명된다.

제5장 행위의 포기 요가(karma-saṅnyasā-yoga)

행위의 포기(saṅnyāsa)와 행위의 요가를 비교하면서 행위의 요가가 행위의 포기보다 뛰어남을 설명한다. 그러나 상캬이론의 수행자와 행위의 요가수행자를 서로 다른 것으로 보는 것은 옳지 않음을 설명한다(1-5). 행위의 요가를 실천하는 자도 자아의 깨달음을 통해 브라흐만의 열반(brahman-nirvāṇa)에 도달할 수 있다는 행위의 포기 요가에 대한 내용이다(6-29).

제6장 명상 요가(dhyāna-yoga)

행위 요가의 실천과 행위의 포기는 서로 반대되는 것이 아니고, 서로 보충하는 것이고(1-4), 참된 자아와 경험적 자아(=마음)와의 구별, 곧 자아를 향상시키고 경험적 자아를 다스려야 한다(5-9)고 말한다. 요가명상과 마음을 하나의 대상에 집중한 상태(10-36)로 설명하며, 마음이 하나의 대상에 집중한 상태에 도달되지 않는 경우에도 선한 의지를 가지고 노력하는 자에게는 멸망이 없고, 반드시 노력하는 것에 상응하는 과보를 얻는다(37-47)고 설명한다.

제7장 지식과 분별적 지식의 요가(jñāna-vijñāna-yoga)

끄리슈나의 실제 모습을 아는 것은 곤란함을 설명한다(1-3). 물질원리에는 낮은 물질원리와 높은 물질원리의 특성이 있다. 낮은 물질원리는 마음과 물질로 이루어진 모든 존재의 모태이고, 높은 물질원리는 자아, 또는 생명을 지닌 개아(jīva)이다(4-7). 또한 끄리슈나는 모든 존재 가운데 가장 중요한 것을 대표한다는 것을 밝힌다(8-11). 물질원리를 구성하는 세 속성은 신의 본질적인 원천을 지니고 있으며, 동시에 끄리슈나 신은 물질원리에 존재하지 않지만, 그들은 신 안에 존재한다고 말한다(12-15). 끄리슈나에게 헌신적인 믿음과 사랑을 바치는 사람과 다른 신들을 신봉하는 자의 차이(7.16-23)가 설명되며, 끄리슈나의 본바탕은 전지전능하다(24-30)는 것이 강조되어 있다.

제8장 불멸의 브라흐만 요가(akṣara-brahma-yoga)

브라흐만 등의 주요 개념에 대한 끄리슈나의 정의(1-4), 죽을 때의 기억(smṛti, 5-16), 브라흐만 세계의 낮과 밤(17-19), 브라흐만의 나타나지 않음과 두루 편재하는 성격(20-22), 죽을 때와 흑백의 두 길의 구별(23-26), 끄리슈나를 모두 아는 사람의 과보(27-28)를 설명하고 있다.

제9장 최고의 지식, 최고의 비밀 요가(rāja-vidyā rāja-guhya-yoga)

신과 모든 존재와의 포섭관계(1-10). 신성과 악마 성품(11-13). 신이 곧 일체이다(16-19). 신앙의 갖가지 모습(20-25) 및 신에 대한 헌신적인 믿음과 사랑이 설명된다(26-34).

제10장 신통력에 관한 요가(vibhūti-yoga)

끄리슈나의 신통력을 드러냄(顯現, vibhūti), 끄리슈나는 스스로 모든 존재의 본질적인 원천이자, 대자재신이고, 모든 미덕의 근원임을 선언한다. 특히 헌신적인 믿음과 사랑을 바치는 자를 사랑한다는 취지를 알리며(1-11), 아르주나는 이것을 모두 긍정하고, 다시 상세하게 가르침을 듣기를 바라고(12-19), 끄리슈나는 자신을 각 부류에 속하는 모든 존재들 가운데 가장 뛰어난 자와 일치시키며(20-38), 마지막으로 끄리슈나는 모든 존재의 본바탕이며, 그는 그의 신통력의 일부로서 전 세계를 지탱하면서 존재하는 자임을 알리는 내용이 담겨 있다(39–42).

제11장 일체의 모습을 보는 요가(viśvarūpa–darśana–yoga)

이 장에서는 신의 모습을 드러낸다. 아르주나의 절망에 호응하여 끄리슈나는 아르주나에게 신의 눈을 주고, 두려워해야 할 갖가지 모습을 지닌 신의 본바탕을 보인다(1–13). 아르주나는 모든 세계가 무서운 끄리슈나의 입 안으로 모두 빨려 들어가는 광경으로 묘사하고(14–31), 시간(kāla, 운명, 죽음)인 끄리슈나는 모두 죽을 것이라고 하며 아르주나에게 싸우라고 격려하고(32–34), 아르주나는 끄리슈나를 찬탄하며(35–44), 끄리슈나는 아르주나의 소원을 받아들여 본래의 모습으로 돌아와서, 마지막으로 헌신적인 믿음과 사랑의 중요성을 강조한다(45–55).

제12장 헌신적인 믿음과 사랑의 요가(bhakti–yoga)

끄리슈나의 신봉자와 브라흐만의 신봉자 가운데 어느 쪽이 요가를 더 잘 아는 자인지를 묻는 아르주나의 질문에 대해, 끄리슈나는 브라흐만의 신봉자를 허용하면서도 끄리슈나 자신을 헌신적인 믿음과 사랑으로 신봉하는 자가 더 뛰어나다는 취지를 가르친다(1–12). 끄리슈나가 사랑하는 자의 특질을 열거하며, 믿음과 사랑으로 그에게 전념하는 자를 가장 사랑하는 자로 결론짓는다(13–20).

제13장 밭과 밭을 아는 자의 차이에 관한 요가(kṣetra–kṣetrajña–vibhāga–yoga)

몸(kṣetra)과 자아(puruṣa, kṣetra–jña; 몸을 아는 자)를 정의하고(1–6), 완전한 바른 지식에 도달하기 위해 닦아서 얻어야 할 덕목을 나열하며(7–11),

알아야 할 대상(brahman)의 우빠니샤드에서 묘사(12-18), 정신원리와 물질원리의 관계, 상캬철학의 진리(19-26), 정신원리(kṣetra-jña, 밭/몸을 아는 자)와 물질원리(kṣetra, 밭/몸)의 관계, 양자를 식별할 수 있는 자는 해탈에 도달한다는 것을 설명한다(27-34).

제14장 세 속성의 차이에 관한 요가(guṇatraya-vibhāga-yoga)

아버지인 끄리슈나가 태(胎, garbha)인 물질원리 안에 씨앗을 뿌리면 그로부터 모든 존재들은 발생한다(1-4). 물질원리를 구성하는 세 속성(5-13), 속성과 육체의 소멸 시기와의 관계(14-15), 속성의 과보(16-20), 세 속성을 초월한 사람의 특징과 행동(21-26)을 밝혀주어 끄리슈나가 브라흐만의 기초임이 설명된다(27).

제15장 최고 자아의 요가(puruṣottama-yoga)

윤회의 상징으로서 소멸하지 않는 아쉬밧타(aśvattha) 나무(1-4), 해탈의 상태(5-6), 윤회상태에서 자아(7-11), 모든 존재에 내재하는 신 끄리슈나(12-15), 이 모든 것이 물질원리 및 자아보다 위에 있는 신인 뿌루숏따마(Puruṣottama, 최고의 실재)로 불린다(16-20)고 설명한다.

제16장 신성과 악마적 성품을 지닌 자의 차이에 관한 요가(daivāsura-saṁpad-vibhāga-yoga)

신적 한계가 있는 사람과 악마적 한계가 있는 사람의 성격(1-6), 특히 악마적 사람의 행동들(7-10), 지옥으로 떨어지는 욕망 · 분노 · 탐욕의 세 겹의 문(21-24)이 설명된다.

제17장 세 가지 믿음의 차이에 관한 요가(śraddhātraya-vibhāga-yoga)

믿음을 가지고 있으면서도 성전의 규정에 따르지 않는 사람의 제사는 세 속성의 지배를 받고(1-4), 지나친 고행을 비난하며(5-6), 음식물 · 제사 · 고행 · 보시와 세 속성과의 관계(7-22)가 설명되며, 브라흐만의 세 가지 호칭(oṁ, tat, sat)이 설명되어 있다(23-28).

제18장 포기의 요가(saṅnyāsa-yoga)

행위의 포기(saṅnyāsa)와 과보의 단념(tyāga)의 진짜 의미가 설명되며(1-6), 행위자와 속성과의 관계(7-11), 상캬설에 의한 행위의 다섯 가지 원인(13-17), 행위의 이론(18-19), 속성의 구별에 의한 지식, 행위, 행위자의 세 종류(20-28), 지성(buddhi)과 견고(dhṛti)의 세 종류 및 행복(sukha)의 세 종류(29-39), 네 종성의 의무적 행위가 설명되며(40-48), 브라흐만의 상태에 도달하고, 브라흐만에 도달함으로써 헌신적인 믿음과 사랑에 의한 신인 끄리슈나에 도달하며(49-56), 신에게만 전념하고 자아의식으로부터 벗어나 자신의 의무적 행위를 해야 한다는 내용(57-63)이 자세히 설명되고, 비밀 가운데도 가장 비밀스런 이야기, 곧 끄리슈나에 대한 귀의(64-66)와 끄리슈나와 아르주나의 대화에 대한 과보(67-73)가 설명되며, 산자야에 의한 결론이 설명된다(74-78).

2) 『기따』에서 대화에 참여하는 인물들 분석

『기따』의 전체 700시편에는 많은 인물들이 등장한다. 하지만 직접 대화자로 등장인물은 네 명뿐이다. 드리따라슈뜨라, 산자야, 아르주나, 그리고 끄리슈나이다. 이들 가운데 아르주나와 끄리슈나가 가장 많이 등장한다. 이로 미루어보면 이 둘이 『기따』의 명실상부한 주인공들임을 알 수 있다. 먼저 드리따라슈뜨라는 제1장의 첫 번째 시편(1.1)에서 대화를 여는 역할로 단 한 번 등장한다. 산자야는 『기따』의 진행 상황을 드리따라슈뜨라 왕에게 전달하는 역할을 하며, 제 1, 2, 18장에서 40번에 걸쳐 등장한다. 아르주나는 전체에 걸쳐 85시편에서 대화를 이끄는 주인공으로 등장한다. 끄리슈나는 574시편에 걸쳐 『기따』의 메시지를 전달하는 주인공으로서 등장한다. 이것은 『기따』의 대화가 아르주나와 끄리슈나가 중심이라는 것을 증명하는 것이다. 또한 『기따』는 아르주나가 끄리슈나에게 주로 질문을 하면, 끄리슈나는 아르주나가 질문한 것에 대해 답변하는 역할로 등장한다. 전체에서 차지하는 비중을 보면, 『기따』는 최고의 존재로 칭송받는 끄리슈나의 말씀임을 알 수 있다.

[표 1] 『기따』에서 대화에 참여하는 인물에 따른 전체 구성[50]

장(시편 수)	등장인물	시편	계
1(47)	드리따라슈뜨라	1	1
	산자야	2-20, 24-27, 47	24
	아르주나	21-23, 28-46	22
2(72)	산자야	1, 9, 10	3
	아르주나	4-8, 54	6
	끄리슈나	2, 3, 11-53, 55-72	63
3(43)	아르주나	1, 2, 36	3
	끄리슈나	3-35, 37-43	40
4(42)	아르주나	4	1
	끄리슈나	1-3, 5-42	41
5(29)	아르주나	1	1
	끄리슈나	2-29	28
6(47)	아르주나	33, 37-39, 44	5
	끄리슈나	1-32, 35, 40-47	42
7(30)	끄리슈나	1-30	30
8(28)	아르주나	1, 2	2
	끄리슈나	3-28	26
9(34)	끄리슈나	34	34
10(42)	아르주나	12-18	7
	끄리슈나	1-11, 19-42	35
11(55)	산자야	9-14, 35, 50	8
	아르주나	1-4, 15-31, 36-46, 51	33
	끄리슈나	5-8, 32-34, 47-49, 52-55	14
12(20)	아르주나	1	1
	끄리슈나	2-20	19
13(34)	끄리슈나	1-34	34
14(27)	아르주나	21	1
	끄리슈나	1-20, 22-27	26
15(20)	끄리슈나	1-20	20
16(24)	끄리슈나	1-24	24
17(28)	아르주나	1	1
	끄리슈나	2-28	27
18(78)	산자야	74-78	5
	아르주나	1, 73	2
	끄리슈나	2-72	71
계(700)	드리따라슈뜨라		1
	산자야		40
	아르주나		85
	끄리슈나		574

50 이 표는 다음의 도움을 받아 작성한 것이다. Nataraja Guru & Nitya Chaitanya Yati(1981), pp. 11~13.

제2장

『기따』의 정신사적 배경과 주석서

1. 『기따』의 성립 배경

『기따』는 산스끄리뜨어로 쓰인 문헌 가운데 가장 대중적 · 종교적인 노래로 평가받고 있다. 이것은 철학 · 종교 · 윤리에 대한 가르침을 담고 있는 전승문헌(smṛti)으로 간주되며, 인도에서 가장 중요한 문헌 가운데 하나이다. 『기따』는 마우리야(Maurya) 왕조 이후 인종적 · 사회적 · 경제적으로 점점 더 복잡해지는 사회 상황들[1]과 비브라흐만교(non-brāhmaṇism, 불

1 마우리아 왕조는 서력 전 317년 무렵에 건국되어 서력 전 185년 무렵에 멸망한 고대 인도의 왕조. 짠드라 굽따(Candragupta)에 의해 건국되었으며 제3대 아쇼까 왕 때 전성기를 맞이하여 인도반도의 남단 부분을 제외한 인도 대륙 전역을 통일한 인도 최초 전제군주 국가이다. 마우리아 왕조가 멸망한 뒤 세워진 인도 왕조(B. C. 185~73년경)의 창시자인 뿌샤미뜨라 슝가(Puṣyamitra Sunga, B. C. 185~151년 무렵 재위)는 마우리아 왕조의 마지막 통치자였던 브리타라타(Bṛtharatha) 왕을 군대 열병식에서 암살하고 왕권을 장악했다. 그는 베다 의식인 마사제(馬祠祭, Aśvamedha)를 두 번 행하여 브라흐만의 종교와 문화를 존중하였다. 불교 측의 전설에 따르면, 불교도를 박해하였다고 하지만, 영토 안에서는 바르후뜨(Barhut)를 비롯하여 불교건축이 성행하였다. 그는 빠딸리뿌뜨라(Paṭaliputra) 등 옛 마가다국과 그 주변 지역의 여러 도시와 아요디야, 비디샤, 잘란다라, 샤깔라에 이르기까지 영토를 확장했다. 그는 왕실의 인척들이 지방을 통치하는 마우리아 식 행정체계를 그대로 유지하였고, 제국 안에 여러 핵

교나 자이나교 등)들의 위협에 대한 대응의 산물로 성립된 경전이다. 베다와 우빠니샤드[2]가 상위 계층을 위한 문헌들이라면, 『기따』가 전하는 메시지는 가장 하층민에게도 해탈에 이를 수 있는 길을 제시하는 민중들을 위한 문헌이다.

『기따』의 형이상학 체계는 우빠니샤드의 일원론(一元論, ekavāda)과 고전 상캬(Classical Sāṁkhya) 철학의 이원론(二元論, anekavāda),[3] 그리고 대중

심적인 왕국들을 건설하는 식으로 왕권을 분산시켰다. 뿌샤미뜨라는 그때 박트리아에서 인도 북서쪽으로 진출하려던 야바나인, 즉 인도-그리스인들을 물리치기 위해 여러 번에 걸쳐 원정을 했다고 한다. 그러나 남쪽에는 새로운 세력이 일어나고 서북으로부터도 그리스 세력 등의 끊임없는 이민족이 침입하였기 때문에 마우리아 왕조만큼 강대하지 못하였다. 그는 약 36년 동안 북인도를 통치하였다. 그 뒤의 슝가 왕조사에 대해서는 정확하게 알 수 없다. 그의 후계자이자 깔리다사의 희곡 『말라비까그니미뜨라』(*Mālaikāgnimitra*)의 주인공인 아그니미뜨라(Agnimitra Maṣa, B. C. 151~75년 재위)에 대해서도 실제로 알려진 것이 없다. 『뿌라나』(Purāṇas)에 따라 아그니미뜨라의 후계자들을 계보 순서대로 기술하면 다음과 같다. 곧 수지에슈따(바수지에슈따) → 바수미뜨라 → 안드라까(바드라까) → 뿔린다까 → 고샤 → 바즈라미뜨라 → 바가바따 → 데바부미(데바부띠)이다. 『뿌라나』의 설명대로라면 슝가 왕조는 112년 동안 지속되다가 서력 전 73년 무렵 멸망했다고 한다. 슝가 왕조의 제10왕 데바부띠는 방탕생활을 하다가 브라흐만 계급 출신의 대신 바수데바(Vasudeva)에게 시해되어 서력 전 73년에 멸망하고, 깡바(Kaṇva) 왕조로 바뀌었다. 靑吉泰(1994), pp. 118~119 참고.

2 우빠니샤드는 베다의 희생제의를 통한 자아실현, 곧 무병장수, 부의 획득, 그리고 천상에 태어나는 길을 버리고, 또한 신과 인간이라는 이원론와 달리, 브라흐만과 아뜨만이 본질적으로 같다고 보는 일원론(ekavāda)이다. 브라흐만의 형이상학적 사유는 결코 단순한 지적 호기심에서 나온 것이 아니다. 늘 변하는 유한하고 고통스러운 현상세계 자체를 초월하여 영원한 실재에 도달하려는 새로운 종교적 갈애에 입각한 것이었다. 고대 인도인들은 인간의 운명이란 까르마(karma, 業)의 법칙에 의해 윤회의 세계에서 끝없는 생사를 되풀이해야 하는 것이라고 믿는다. 이런 고통에서 벗어나기 위해서는 자기가 곧 브라흐만이라는 진리를 깨달음으로써 모든 욕망과 두려움에서부터 해방된다고 본다. 왜냐하면 자기 자신 이외에 따로 원하거나 두려워할 대상이 어디에도 존재하지 않기 때문이다. 따라서 이러한 사람은 모든 까르마로부터 자유로워지며 죽은 뒤에는 다시 태어나는 일이 없이 브라흐만 그 자체로서 절대적이고 영원한 삶을 얻게 된다. 길희성(1984), pp. 31~38 참고.

3 상캬(sāṁkhya)는 이원론적 실재론이다. 쁘라끄리띠(prakṛti, 근본물질)와 뿌루샤(puruṣa, 정신원리 · 순수정신 · 순수자아)라는 두 궁극적 실재의 이론이기 때문에 이원론이다. 그리고 상캬는 물질과 정신이 동등하게 실재한다고 믿으므로 실재론이다. 뿌루샤와 쁘라끄리띠 사이의

종교의 유신론(有神論)이 결합된 독특한 형태의 유신론으로 나타난다. 『기따』는 인도의 전통 종교인 브라흐만교의 위기의식에 의해 생겨났다. 사회적 영향력을 행사하던 브라흐만교의 위기의식은 비브라흐만교인 불교와 자이나교의 자유 사상적 종교운동의 일어남에서 비롯된다. 브라흐만교 전통의 중심은 베다의 제사의식과 이에 따르는 브라흐만 계급의 종교적·사회적 권위에 있다면, 불교나 자이나교와 같은 비브라흐만교는 윤리적 합리성에 입각한 종교로서 반(反)제의적 성격을 지녔고, 사회적으로는 탈세속적이고 평등주의적 윤리관을 지녀 브라흐만 계급의 특권을 인정하지 않았다. 이러한 사회적 변화들은 브라흐만 계급들에게 심각한 위기에 봉착하게 한다.

『기따』는 불교와 자이나교와 같은 다른 종교들의 저항에 직면하여 브라흐만교의 심각한 위기를 극복하려는 동기로부터 출발한다. 그렇기 때문에 기존 종교 세력과의 통합과 제휴의 통로를 열어야 하는 사명을 지니게 된다. 그래서 더 포괄적이고 보편적인 종교로서의 새로운 기반을 구축하려는 방법이 구체적으로 나타나게 된다.

첫째, 탈세속적 가치인 해탈(mokṣa)을 위한 수행체계를 조직적으로 발전시키고 체계화하는 노력이다. 이것은 요가사상의 체계적인 발전으로 나아간다. 다시 말해 서로 대립관계에 있던 세속적 가치인 다르마(dharma)[4]와 탈세속적 최고 가치인 해탈을 결합시켜 궁극적 가치로서 균

구분은 근본적으로 주관과 객관 사이의 구분이다. 주관은 결코 객관일 수 없고, 객관은 결코 주관일 수 없다. 주관인 정신원리(puruṣa)와 대상인 현상세계의 물질원리(prakṛti)는 근본적으로 서로 다르다. 이 때문에 상캬는 심신이원론이 아니라 주관과 객관의 이원론이다. 그러므로 샹캬의 이원론적 형이상학은 경험자와 피경험자로 이루어진 우리의 일상적 경험을 부정할 수 없는 양극성에 기초한 것이다. R. Puligandla(1975), p. 120.

4 '다르마'(dharma)는 여러 의미가 있어 한마디로 규정하기 쉽지 않다. '다르마'는 '세계의 질서', '행위규범', '의무', '도덕적 당위', '특정 상황에서 올바른 행위' 등 인간과 사회의 행위 규칙과

형 있게 시도한다. 둘째, 비(非)아리안(non-Āryan) 계통의 인도 원주민들에게 깊이 뿌리를 박고 있는 토착적 민간신앙과의 습합을 통하여 대중적 신앙으로 발전해나간다. 셋째, 불교에서 비교적 등한시해온 재가자들을 위한 생활규범으로서의 사회윤리 체계의 확립에 힘쓰며, 더 포괄적인 종교로서의 기반을 확대하면서 불교의 도전에 대처한다.[5] 그 종합적 구조를 보면, 탈세속적 사상의 세계관이 기본 구조로 유지하면서 세속적 사상의 가치와 실천윤리들을 흡수, 수용되는 방식을 취한다. 그것은 삶의 궁극적 이상으로 제시되는 윤회로부터의 해방, 곧 해탈이다. 그러므로 세속적 전통에서 중시되던 가치들—개인적인 욕망들의 충족이나, 사회의 복리 증진과 유지의 기능들을 담당하는 가치들—도 해탈을 추구하는 예비적 단계로서 중시된다.

이것은 인간생활의 네 가지 목적(puruṣārtha)[6]을 통한 개인적 삶의 단계

관련된 뜻으로 자주 사용된다. 따라서 아르주나의 의무를 말할 때는 '종성(種姓, varṇa)에 수반된 의무'라고 말하고, '정의의 전쟁'(dharma-yuddha)은 정의에 따르는 쪽과 그것에 따르지 않은 쪽 사이에 벌어지는 전쟁, 곧 끄샤뜨리야 계급 집단이 행위규범을 준수해야만 하는 전쟁을 의미하며, '정의의 벌판'(dharma-kṣetra)으로 실제의 지명인 꾸루 지방의 벌판을 그렇게 정의하는 것은 그 벌판에서 정의의 전쟁은 정의에 따르는 쪽이 이긴다는 것으로 이미 결정하고 사실로 간주한다. 『기따』에서는 이 전쟁을 통해서 다르마의 중요성을 가르치는 것이 중심 내용이라고 이해해야 한다. 그러므로 그것은 반드시 절대적이지 않고 상대적이다. 더 자세한 논의는 제5장에서 이루어질 것이므로 그곳을 참고하기 바란다.

5 길희성(1984), pp. 76~78 참조. 이 사실은 불교에서 대승불교운동, 곧 자력(自力)만이 아니고 타력(他力)에 의해서도 구제된다는 운동 그리고 브라흐만교 계통은 대중성이 짙은 민중의 아픔을 달래주는 신앙운동으로 발전하는 계기를 마련해주는 것으로 보인다.

6 인도에서는 인생의 모든 욕망과 일상적 욕구를 감안하여 네 가지 생활 목표에 대해서 말하고 있다. 힌두교는 현실주의적인 성향을 강하게 지녀왔다. 그래서 인간은 무수한 윤회 과정을 겪으면서 네 가지 삶의 목적을 당연히 받아들이고 이를 추구해야 한다고 생각하여왔다. 처음의 두 가지는 욕망의 길을 따르는 것이고, 뒤의 두 가지는 욕망을 절제하는, 곧 욕망을 버리는 길을 따르는 것이다. ① 까마(kāma): 애착을 통한 쾌락을 말한다. 정당한 감각적 쾌락과 성적 향락을 의미한다. 인도인은 인간 생활에서 욕망이 큰 비중을 차지한다. 인도인들은 쾌락을 인생의 최고 목표로는 하지 않지만 죄악으로 보지 않고 기본적인 도덕률만 지키면 얼마든지 쾌락

에 관련된 네 단계의 의무(āśrama)[7]와 사회 속에서의 역할과 신분(varṇa,

을 추구할 수 있다. ② 아르타(artha): 인간의 소유 본능에 바탕을 둔 권력 및 재산과 재물의 향유 그리고 이익을 뜻한다. 세속적이고 일상적인 욕구와 희망을 충족 달성시키기 위한 수단의 획득을 의미한다. 이것은 인생에서 부의 추구가 인간의 정당한 행위임을 주장한 것이다. ③ 다르마(dharma): 다르마는 일반적으로 도덕률의 준수를 뜻한다. 진실 · 정직 · 성실 · 의리 · 자비 · 사랑 · 협조 등의 도덕률의 준수에 의해서 비로소 개인적 행복과 사회적 평화가 이루어질 수 있다고 한다. 보다 엄격한 의미에서 종교적 · 도덕적 법칙으로서 다르마는 훨씬 더 가치 있는 생활의 기준이 된다. 인도인은 개인의 쾌락(kāma)이나 사회적 성공(artha)이라는 이기적 욕망을 버리고, 모든 이의 행복을 추구하는 기준이 다르마라고 생각한다. 이 윤리적 원칙인 다르마를 준수하면 지극히 아름다운 즐거움이 뒤따른다는 것이다. 까마와 아르타에 의한 즐거움은 그것이 아무리 크다 할지라도 궁극적인 것은 되지 못한다고 한다. 인도적 다르마의 관념에서 보면 아르타, 또는 까마는 삶의 수단이지 참된 목적은 아니다. 이 다르마는 인간의 정서적 충동과 소유 본능에 방향성을 제시해주며 인간을 정신적인 자각으로 인도하는 일종의 법이다. 이 법의 준수와 종교적 수행을 통해 인간의 세속적 관심과 정신적 자유가 조화를 이루게 된다. ④ 목샤(mokṣa): 이는 '구원' 또는 '해탈'을 뜻한다. 이것은 '버림의 길'이다. 이것은 인도인에게 있어 유일하고 진실한 인생의 최고 목표이다. 영적 절대성을 추구함으로써 얻을 수 있는 자유와 완전성이다. 이는 계속되는 윤회라고 하는 인간실존의 모든 고통으로부터 해방되는 것을 말하며, 나아가서는 열반에 들어 완전한 존재로서 해탈하는 것을 말한다. 문을식(2001), pp. 335~337 참고.

7 인간의 네 가지 목적에 대한 사고방식은 모든 힌두교도들의 생활에서 기본적인 사고이다. 이것은 인생의 단계(āśrama) 안에서 구체적으로 실현할 수 있다. 고전에서는 힌두교도의 일생은 네 주기로 나누며, 그 각각에 종교적 의미를 주고 있다. 아슈라마(āśrama)라는 말은 '생활단계', 또는 '생활 주기'를 뜻하고, 인간의 일생은 네 시기, 곧 학생기(學生期, Brahmacarya), 가주기(家住期, Gṛhastha), 임서기(林棲期, Vanaprastha), 유행기(遊行期, saṇnyāsa)로 나눈다. 특히 두 번째의 가주기에는 인도인들에게는 결혼도 종교적 사회적인 의무에 바탕을 두고 있다. 이 시기의 의무는 결혼하여 자식을 낳아 조상의 은혜에 보답하고, 제사로써 신들에게 보답하며, 배운 것을 전승함으로써 스승에게 보답하는 시기이다. 『마누법전』에 따르면 결혼한 남자에게 주어진 다르마(의무)는 다섯 가지의 큰 제사(mahā-yajña)이다. 곧 브라흐만, 조상(Pitṛ), 신(神, Devas), 귀신(鬼神, Bhūta), 인간의 다섯 가지에 대한 제사를 지낸다. 이와 같은 인간의 네 가지 목적에 대한 사고방식은 모든 힌두교도들의 생활에서 기본적인 사고이며, 이것은 인생의 단계 안에서 구체적으로 실현할 수 있다. 고전에서는 종교적 의무와 생활규범을 의미하는 의무(dharma)가 자주 '종성과 주기의 다르마'라고 기록되어 있듯이 사람들의 생활은 종성과 함께 주기에 따라 규제되었다. 이런 의미에서 종성과 주기는 힌두인에게 주요한 두 축이다. 스가누마 아키라(문을식 역, 2003), pp. 236~238과 문을식(2001), pp. 333~335 참고.

種姓)[8]에 따른 실천을 제시하고 있다. 이처럼 『기따』가 설해지는 중심 의도는 어떻게 삶의 문제를 해결할 것인가, 또는 자신과 공공의 보편의무에 따른 행위를 어떻게 하면 증대시킬 수 있는 것인지를 보여주는 데에 있다.

2. 『기따』와 『마하바라따』와의 관계

현재의 『기따』는 『마하바라따』 제6권(비슈마편)의 일부이다. 『마하바라따』는 '바라따(Bharata) 족의 전쟁을 이야기하는 대서사시'라는 뜻이다. 현존하는 원전(text)은 전체 18편 약 10만 시편으로 이루어져 있다. 이 서사시의 작자는 븨야사(Vyāsa, '편찬자'란 뜻)로 전해오지만, 실제로는 매우 오래전에 행해졌던 바라따 족의 큰 전쟁 이야기를 서력 전 2세기쯤부터 정리되어 오다가 점차로 수정과 증보되어 서력 후 400년 무렵에 지금의 형태가 된 것으로 보고 있다. 이 서사시에 포함되어 있는 신화와 전설은 베다 시대까지 거슬러 올라가는 것이 많고, 브라흐만교에 기원을 둔 것도 적지 않다. 『마하바라따』는 하나의 서사시라기보다도 '하나의 종합적인 문헌', 또는 '인도 사상과 문화의 백과사전'이라고 말할 수 있는 작품이다.[9]

---

8 네 종성(種姓, varṇa)의 기원은 베다 시대로 거슬러 올라간다. 『리그 베다』 '원인가'(puruṣa-sukta)에 따르면, "브라흐만이 그의 입이었으며 그의 두 팔은 라자냐가 되었고 그의 두 넓적다리는 바이샤가 되었으며 그의 발에서는 슈드라가 생겨났다"고 한다. 그런데 정승석은 "이 신화는 4종성 계급이 인위적인 약정에 의해서가 아니라 신성을 부여받은 제도이며, 신체의 부분의 차이와 같이 인간의 천성의 차이에 바탕을 둔 분류임을 시사하고 있다"고 말하고 있다. 정승석(1984), p. 228; 문을식(2001), pp. 282~285 참고.

9 스가누마 아키라(문을식 역. 2003), pp. 63~65.

『마하바라따』에서 중요한 철학적 부분의 또 하나는 제12권 '해탈법품'(mokṣadharma-parvan)이다. 여기에는 후기 우빠니샤드에 나타나는 원시 상캬사상이 좀 더 체계화되어 상캬사상에 가까운 형태로 전개되어 나타난다. 특히 여기에는 상캬사상의 25원리와 세계의 전변설의 기초가 이미 나타나고 있다. 먼저 감각기관으로 시각 · 청각 · 후각 · 미각 · 촉각 기관과 모든 감각기관의 우두머리로 심리기관(manas)도 확립되어 있다. 또 이전의 4대 원소(지 · 수 · 화 · 풍)만 말하던 것에 공(ākaśa)이라는 소리의 성질을 지닌 원소가 더해져 다섯 가지 거친 원소(5대)도 설정되어 있어 인도 철학의 정설로 자리를 잡게 되는 계기를 제공한다. 이와 더불어 감각 대상으로서 냄새 · 맛 · 형상 · 촉감 · 소리의 다섯 감각 대상이 언급되고 있다. 그러나 이 다섯 감각 대상이 아직 다섯 가지 미세원소로 대체되어 나타나지는 않고, 다섯 가지 거친 원소도 다섯 가지 미세한 원소로부터 전개되어 나온다는 주장은 발견되지 않는다. 또한 다섯 개 지각기관과 다섯 개 행위기관 및 심리기관인 의근은 다섯 개 거친 원소와 다섯 개 감각 대상으로부터 생겨나는 것으로 되어 있는 것은 고전 상캬철학에서 자아의식으로부터 전개된 것으로 보는 것과는 차이를 보이고 있다. 이밖에도 정신원리인 뿌루샤와 물질원리인 쁘라끄리띠의 개념은 물론이고, 고전 상캬철학에서 세계를 설명하는 주요 원리인 세 속성의 사상도 볼 수 있다.

『마하바라따』의 제12권 '해탈법품'에서 요가사상은 고전 상캬사상과 밀접하게 관련되어 있다고는 볼 수 없다. 그러나 거기에서 요가는 낮은 계급이나 여자들도 실천하여 해탈을 얻을 수 있다고 하여 대중적인 실천적 성격을 강조하고 있다. 요가의 실천 방법에는 여러 가지 서로 다른 견해들이 발견된다. 그렇지만 그 핵심은 감각기관을 대상 세계로부터 의근에 붙잡고, 모든 생각의 활동을 멈추어 자신의 참된 자아(ātman)를 드러내는 것에 있다. 참된 자아를 아는 것은 참된 자아 자체로 보는 주장도 있고, 또는 지성(buddhi)이라고도 하며, 의근이라는 견해도 있는데 의근이라는 견해가 지배적이다. 윤회의 주체는 참된 자아와 더불어 의근이라는 사상도 엿볼 수 있다. 이것은 고전 상캬철학에서 지성이 차지하는 역할을 의근과 참된 자아가 대신하고 있다는 주장이므로 그 사상과 대조해보는 것도 흥미로울 것이다.[10]

그런데 학자들 사이에는 『기따』와 『마하바라따』와의 관계에 대해 상반된 두 가지 견해가 있다. 하나는 『기따』는 『마하바라따』와 별개로 독립된 작품이라는 주장이다. 다른 하나는 『기따』는 원래부터 『마하바라따』의 일부라는 주장이다. 전자 입장의 대표적인 학자는 휠러(Talboys Wheeler), 단데까르(R. N. Dandekar), 벨발까르(Velvalkar), 반 부이테넨(J. A. B. Van Buitenen) 등이 있고, 후자 입장의 대표적인 학자로는 뗄랑(K. T. Telang), 우빠드야야(K. N. Upadhyaya) 등이 있다.

1) 『기따』는 『마하바라따』와 별개라는 설

휠러는 『마하바라따』의 전체 이야기 속에서 『기따』의 전후 관계가 어색함을 지적한다. 그에 따르면, 『기따』는 원래 『마하바라따』와 무관한 독자적인 문헌이었다고 주장한다. 적군과 맞서 전투하려 할 때 끄리슈나와 아르주나가 철학적인 긴 대화를 시작한다는 것은 아무래도 『마하바라따』의 전체 문맥과는 어울리지 않는다고 하는 것이 그것이다.[11] 『기따』 1.20에는 이미 전쟁이 발발하였음을 시사하고 있다. 만일 이것이 사실이라면 휠러가 지적한 것이 타당할 것이다. 또 전체적인 분위기에서도 둘 사이에는 상당한 차이점을 보인다. 『기따』에서 끄리슈나는 비슈누신의 화신으로

---

10 F. Edgerton(trans. 1965), pp. 255~334 참조.

11 S. Radhakrishnan(1953, 10th 1977), p. 523.

나타난다. 그렇지만 『마하바라따』의 다른 부분에서는 이 점이 거의 무시되고 있다. 또한 끄리슈나는 최고의 신이 아니라 가끔 비슈누 신의 후손으로 언급될 뿐이고, 또 단지 역사적인 영웅이며 왕자일 뿐이다.

또 이와 같다고 할 때 『기따』가 『마하바라따』에 부가된 후기 작품인지, 아니면 『마하바라따』가 형성되기 이전에 벌써 있었던 것이 『마하바라따』의 편집자에 의해 수용된 것인지에 대해서도 다른 견해가 있다. 뗄랑은 후자의 가능성을 인정한다. 단데까르도 후자의 입장에 선다. 특히 『마하바라따』 제6권에 대한 많은 연구를 한 벨발까르도 후자 쪽임을 입증하려고 하였다. 그는 『기따』의 여러 구절이 『마하바라따』의 다른 부분에서 원용되고 있다고 주장한다. 곧 『마하바라따』 6.472-30은 『기따』 1.2-19의 원용이라고 한다. 반 브이테넨도 이와 비슷한 견해를 보인다. 그는 『기따』가 『마하바라따』의 브라흐만교화로 되는 과정에서 편입된 것으로 보고 있다. 그밖에 『마하바라따』에는 세 베다(3.198.23; 12.18.11), 또는 네 베다(3.204.22; 12.46.22; 12.50.32)가 언급되는데 반해, 『기따』는 단지 세 베다(Ṛg, Sāma, Yajur)[12]에 대한 언급만 하고 있는 것으로 보아 『마하바라따』 이전에 『기따』가 성립했음을 추측케 한다.

2) 『기따』는 『마하바라따』의 일부라는 설

우빠드야야에 따르면, 『마하바라따』를 통해 저자는 기회 있을 때마다 다르마(dharma)의 원리를 세우고자 항상 열심이고, 전쟁이 벌어지려는 극적인 상황에서 『마하바라따』의 절정인 『기따』의 가르침을 설정한 것은 오히려 자연스럽고 효과적이라고 본다. 또 서사시가 역사적 사실을 적는 것

12 BG.9.17: pitā 'ham asya jagato mātā dhātā pitāmahaḥ, vedyaṁ pavitram auṁkāra ṛk sāma yajur eva ca. cf. BG.9.20; 9.21.

이 아니라는 점을 감안하면 실제 전후 상황과 다소 거리가 있더라도 그리 문제될 것이 없다는 것이다.[13] 이에 동의하는 라다끄리슈난은 양자 사이에 보이는 양식에서의 유사성은 둘이 원래 하나의 전체에 속한 것임을 보인 것이라고 말한다. 그는 또 베다의 희생제나 다른 철학파들에 대한 입장, 창조 순서에 대한 언급, 고전 상캬철학의 세 속성 이론과 빠딴잘리의 요가에 대한 설명을 한 점에서도 양자는 일치한다고 주장한다. 덧붙여 이들은 그 방증으로 『마하바라따』에 『기따』 자체에 대한 언급이 있기 때문[14]에 『기따』는 원래 『마하바라따』의 일부라고 한다.[15] 하지만 이것은 그리 설득력이 없어 보인다. 따라서 양자 사이의 관계는 『기따』가 『마하바라따』의 일부라기보다 『마하바라따』가 형성되는 과정에서 자연스럽게 편입된 것으로 생각하는 것이 더 타당한 것으로 보인다.

3. 『기따』와 인도의 다른 사상과의 관계

『기따』에는 그것이 성립할 당시의 거의 모든 사상들의 영향을 받은 흔적이 발견된다. 특히 『기따』는 베다, 우빠니샤드, 원시 상캬와 요가 등에서 나타나는 관념들의 영향을 받았다. 이에 대한 것은 벌써 많은 학자들이 지적하고 있는 것들이다. 『기따』는 내용적인 면에서 체계적으로 철학설을 말하고 있지 않다. 그렇지만 베다, 우빠니샤드, 상캬와 요가에 걸친 여러 사상들을 포함하고 있다. 또 유신론을 배경으로 하고 있음도 볼 수

---

13 Kashi Nath Upadhyaya(1971), p. 5.

14 MB.1.2.56a: parvoktaṁ bhagavadgītā parva bhīṣmavadhas tataḥ. 이밖에도 'gītā'는 여러 곳에서 언급되고 있다.

15 S. Radhakrishnan(1953, 10th 1977), pp. 523~524.

있다. 실천적인 면에서 그것의 교설은 힌두교의 어느 파와도 통한다. 이제 『기따』에서 발견되는 다른 요소들과 이들의 다양한 사상 흐름들이 『기따』에서 어떻게 이용되고, 관계하고 있는지를 살펴서 설명할 필요가 있다.

1) 베다

『기따』에는 베다의 제의적 요소들이 꽤 많이 들어 있다. 『기따』가 비록 베다의 종교적 의식으로서의 희생제(yajña)의 가치를 손상시키기는 하였지만, 완전히 제의적 요소들을 거부하지는 않는다. 그것은 제의적 요소들을 자신의 체계에 따라 개념을 수정하여 받아들인 것이다. 『기따』에서는 베다적 요소의 모든 것이 아니고, 단지 내적인 신앙심 없이 실행된 희생제의 유형들만을 비난하고 거부할 뿐이다. 단순하게 외형적인 형식에 얽매인 그런 희생제는, "[아수라적인 사람들은] 수많은 생각으로 말미암아 미망의 그물에 덮이고 욕망의 충족에 집착된 채, 더러운 지옥에 떨어진다. 완고하게 자아도취에 빠져 재산과 자만과 교만에 굴복된 채, 그들의 규정을 어기고 이름뿐인 거짓 제사[16]를 지낸다"(16.16-17)라고 비난한다. 그러나 희생제가 정당하게 실행되었다면 희생제를 실행한 자는 천국의 즐거움들을 즐기는 천국으로 인도할 수 있다고 말하기도 한다. 곧 "소마주를 마시며 세 [베다에 관한] 지식을 지닌 자들은 죄악으로부터 정화되어 제사로써 나를 숭배하면서 천상의 길을 바란다. 그들은 천상에서 덕이 있는 인드라신의 세계에 이르러 신들의 천상의 즐거움을 누린다."(9.20)[17]

그러나 궁극적으로 그는 자신이 쌓은 공덕이 다하면 다시 죽어야 할 운

16 cf. 17.12: 결과를 의도하거나 또는 형식적으로 희생제를 지낸다면, 아르주나이여! 그 희생제는 동적인 라자스 속성에 속하는 것임을 알아라.

17 cf. BG.3.10-12.

명의 세계로 돌아와서 태어남과 죽음의 순환인 윤회의 세계에 여전히 머물게 된다(9.21). 그러므로 희생제는 '죽지 않는 존재'(不死, amṛta)라는 최고의 목적을 성취할 수 없다. 그래서 『기따』는 산 생명체를 재물로 바치는 희생제(yajña)보다 지혜를 재물로 바치는 지혜의 제사가 더 뛰어나다(4.32-33)라고 말한다. 『기따』는 많은 희생제가 행위에서 비롯된다고 보고, 모든 행위는 모두 지혜안에서 절정에 이르기 때문에 이 세상에 지혜에 견줄 만한 정화의 수단이 없음을 알면 희생제를 실행함으로써 죄악으로부터 자유로워진다(4.38)고 말한다. 여기서 희생제는 모든 희생제 가운데 뛰어난 지혜의 제사에 기초한 '완전히 집착으로부터 떠나는 것'을 의미한다. 그래서 궁극적으로 희생제는 이기심 없는 의무 수행의 의미로 해석된다. 이러한 의미에서 희생제를 목적으로 하는 행위 말고는 이 세상은 모두 행위에 속박되어 있기 때문에 집착으로부터 벗어나 희생제를 위한 행위를 해야 한다(3.9). 다시 말해, 『기따』에서 말하는 제사, 곧 희생제는 자신을 위한 행위가 아니고 신에게 공물을 바치는 행위, 특히 자신을 희생하는 행위이다. 그러므로 이런 의미의 희생제는 신에게 공물을 바치듯이, 행위를 하면 그 행위에 얽매이지 않기 때문에 행위로부터 자유를 의미한다.

따라서 『기따』에서는 베다의 희생제가 중요하다고 말하고 있는 것 같지만, 더 엄밀하게 보면 베다에서 의미하는 희생제를 거부한다. 가령 2.43-44에서는 "희생제는 쾌락과 권력을 얻기 위한 수단"이라고 하고, 11.48에서는 "베다의 희생제를 통해서는 신의 참된 모습을 볼 수 없다"고 하며, 7.20에서는 "베다의 희생제는 욕망에 지혜를 빼앗긴 무지한 자들의 생각"이라고 하고, 9.21에서는 "단지 베다의 가르침에 따라 욕망을 추구하면 윤회의 세계를 돌고 돈다"고 하며, 심지어 2.46에서는 "사방에서 홍수가 났을 때 샘의 역할이 아무 소용없는 것처럼, 현명한 브라흐만에게는 모든 베다는 아무 소용이 없다"고 하며 노골적으로 비판한다. 그러면서

『기따』는 '베다가 세 속성을 대상으로 삼고 있기 때문에 이들로부터 벗어나고 대립으로부터 벗어나서 영원한 진리의 입장에 서면 재물에 대한 관심으로부터 벗어나 자제력을 지닌 자가 된다고 한다. 우리에게 주어진 권리는 행위에 있지, 결코 행위의 결과에 있는 것이 아니기 때문에 행위의 결과가 행위를 하는 동기가 되어서는 안 된다. 또한 그대는 행위를 하지 않는 것에도 집착해서는 안 된다'고 말한다. 그래서 『기따』는 베다의 희생제가 부와 권력을 담보할지는 몰라도 우리에게 자유를 가져다주지 않기 때문에 자아의 발견을 통해 자유를 얻을 수 있는 지혜와 집착하지 않는 행위, 그리고 헌신적인 믿음과 사랑의 길을 강조하고 있다.

2) 우빠니샤드

『기따』의 철학적 토대는 우빠니샤드이고, 그것의 영향은 매우 뚜렷하다. 『기따』에서 궁극적인 실재에 대한 설명은 우빠니샤드로부터 그대로 인용된 것이 많다. 아뜨만의 영원성과 불멸성, 브라흐만의 절대성과 초월성, 그것의 부정적이고 역설적인 특성, 최고의 신(paramātman)의 당당한 힘과 최고의 본성, 옴(oṁ, śabda-brahman)에 대한 상징적인 명상에 대한 언급, 조상의 길(祖道, pitṛ-yāna)과 신의 길(神道, deva-yāna)에 대한 설명, 세계의 다수성 배후에 있는 궁극적인 하나, 일시적이고 소멸하는 특징들 배후에 있는 영구적이고 불멸하는 요소, 열반(nirvāṇa)과 이상적인 완전한 바른 지혜를 확고하게 지니고 행위를 하는 자(sthita-prajñā)[18]의 본성과 상태 등과 같이, 『기따』의 형이상학적 요소들은 거의 대부분 우빠니샤드에

---

18 sthita-prajña의 문법적 · 사전적 의미를 살펴보면 sthitaprajña는 sthita+prajña로 이루어진 복합어이다. sthita는 동사어근 √sthā(서다, 정지하다, 흐름이 멈추다, 머물다 등)의 과거수동분사의 형태로 '~에 서 있는', '확고한', '확립된', '결정된', '꺾이지 않는' 등의 의미이다. prajña는 '지혜를 지닌', '이해력이 있는', '~을 아는', '~에 통달한' 등의 의미로서 형용사이

서 가져왔다. 또한 『기따』의 사고방식뿐만 아니라 매우 많은 시편들도 그대로, 또는 약간 변형하여 그것으로부터 가져왔다. 게다가 많은 구절들, 단어들 그리고 표현들도 그것에서 빌려왔고, 또한 『기따』의 표현들도 우빠니샤드의 그것과 비슷한 것이 많다. 『기따』가 우빠니샤드와 관련이 있는 중요한 시구들, 구절들, 표현들 그리고 관념들을 표로 나타내면 다음과 같다.[19]

이상에서 보면 『기따』는 많은 재료들을 우빠니샤드로부터 가져왔음을 알 수 있다. 그렇지만 『기따』 전체는 우빠니샤드의 갖가지 요소들을 단순히 수집한 것으로 생각해서는 안 된다. 우빠드야야는 그 이유를 세 가지로 제시한다. 첫째, 『기따』는 재료들을 상캬, 요가 등과 같은 다른 원천들로부터도 가져왔다. 둘째, 그것의 목적에 적합한 재료들을 우빠니샤드로부터 가져와서 지식과 행위의 길을 조화(jñāna-karma-samuccaya)시키고 있다. 셋째, 여러 우빠니샤드로부터 찾아낼 수 있는 사고방식들은 그것에 처음으로 초점을 맞추고 심화시켰다. 이것은 박띠(bhakti)와 행위의 결과에 대한 무관심 등과 같은 『기따』의 독특한 교설들을 예를 들어 설명할 수 있다. 우빠니샤드의 유신론적인 가르침을 말하고 있는 것은 『슈베따슈바따라 우빠니샤드』 6.23[20]이다. 이를 빼고 『기따』에서 발견되는 박띠 사

며, 일반적으로 지혜를 뜻한다. 따라서 글자대로라면 sthitaprajña는 '확고한 지혜를 지닌'이라고 번역할 수밖에 없다. 그러나 실제 번역에서는 흔히 '완전한 바른 지혜를 확고하게 지닌 자'(길희성 1988, p. 50)라고 옮기고 있다. 더 자세한 설명은 다음을 참고. 김호성(2006a), pp. 51~56.

19 Kashi Nath Upadhyaya(1971), pp. 110~114 참고.

20 yasya deve parā bhaktir [……]. 또한 박띠(bhakti, 헌신적인 사랑과 믿음)는 우빠니샤드에 나오는 염상(念想, upāsana)의 직접적인 발전이다. 궁극적 존재에 대한 사랑은 다른 모든 것에 대한 포기를 수반한다. 사심 없는 행위는 우빠니샤드(Īśa-Up.1.2)에서도 옹호된다. 고양된 정신 상태에서 일어나는 무집착은 우빠니샤드에서도 설명되고 있다(Chānd-Up.4.14.3; Bṛhad-Up.4.4.23). S. Radhakrishnan(1953, 10th 1977), p. 525 참고.

[표 2] 두 문헌에서 유사한 구절

바가바드 기따	우빠니샤드	비고
2.19	Kaṭha-Up.2.19	
2.20	Kaṭha-Up.2.18	
2.55	Kaṭha-Up.6.14, Bṛhad-Up.4.4.7	
3.42	Kaṭha-Up.3.10-11 ; 6.7-8	
4.14	Kauṣītaki-Up.3.2	
5.10	Chānd-Up.4.14.3	
5.13	Śvetā-Up.3.18	
5.29	Kaivalya-Up.10, Īśa-Up.6	
7.4	Muṇḍaka-Up.2.1.3, Praśna-Up.6.4	
8.9	Śvetā-Up.3.20	
8.11	Kaṭha-Up.2.15	
11.28	Muṇḍaka-Up.3.2.8, cf Praśna-Up.6.5	
13.13	Śvetā-Up.3.16	
13.14	Śvetā-Up.3.17	
13.15	Īśa-Up.5, Muṇḍaka-Up.3.7	
13.17	Bṛhad-Up.4.4.16	
13.32	Kaṭha-Up.5.14	
15.1	Kaṭha-Up.6.1	
15.6	Kaṭha-Up.5.15, Muṇḍaka-Up.2.2.10, Śvetā-Up.6.14	
15.15	Kaivalya-Up.22	
18.17	Kauṣītaki-Up.3.1	

상은 다른 우빠니샤드에서는 발견되지 않는다. 『기따』는 그것의 혼합주적인 교설에 관련되는 약간의 우빠니샤드의 사고방식들을 받아들여 신중하게 적용하고 종합한다. 이것은 후기 우빠니샤드 이후부터 상캬와 요가적인 조류에 편승하여 유신적인 경향이 뚜렷하게 나타난다. 그리하여 우빠니샤드적인 유신사상이 후대로 가면 점차로 무르익는다. 이것의 대표적 문헌은 『마하바라따』와 『기따』이다. 이러한 신앙운동은 새로운 특색을

[표 3] 두 문헌에서 같은 사고방식을 가진 구절들

바가바드 기따	우빠니샤드	비고
2.29	Kaṭha-Up.2.7	
2.42-44	Muṇḍaka-Up.1.2.7-10	
2.70	Muṇḍaka-Up.3.2.8	Praśna-Up.6.5
2.71	Kaṭha-Up.6.4, Bṛhad-Up.4.4.7	
6.11-13	Śvetā-Up.2.8-10	
6.31	Īśa-Up.7	
7.2	Chānd-Up.6.1.3, Bṛhad-Up.4.5	
8.4와 8.7	Muṇḍaka-Up.2.2.5	
8.13과 17.24	Muṇḍaka-Up.2.4.5, Māṇḍukya-Up.12, Śvetā-Up.1.4. cf. 2.15-17, Praśna-Up.5.1-5	Śvetā-Up.2.15-17
8.24-27	Chānd-Up.4.15; 5.10, Bṛhad-Up.6.2.15ff, Praśna-Up.1.9ff, Kauṣītaki-Up.1.2ff, Muṇḍaka-Up.1.2.9ff	
9.20과 21	Muṇḍaka-Up.1.2.10	
11.10ff	Muṇḍaka-Up.2.1.41	
5.16-18	Śvetā-Up.1.10	

[표 4] 두 문헌에서 같은 관념을 가진 구절들

바가바드 기따	우빠니샤드	비고
2.70과 11.28	Muṇḍaka-Up.3.2.8	
5.10	Chānd-Up.4.14.3	
15.1	Kaṭha-Up.6.1, Maitri-Up.6.4	
4.36	Muṇḍaka-Up.1.2.7	
5.13과 14.1	Śvetā-Up.3.8	
2.60, 67-68, 3.7, 3.41, 6.24-26	Kaṭha-Up.3.3-9	

나타낸다. 이전의 베다 신격들 위에 자재신(Īśvara)을 세우고, 이 자재신에 인격성을 부여하여 헌신적으로 신앙하는 사상이 강조되는 타력 신앙으로 발전하게 된다.[21] 다음 인용문은 우빠니샤드와 『기따』의 관계를 한눈에 잘 볼 수 있는 구절로 이해된다.

> 우빠니샤드는 암소, 끄리슈나는 우유를 짜는 사람, 아르주나는 송아지, 현명한 사람은 우유를 마시는 자, 『기따』와 같은 달콤한 불사의 감로주(am?ta)는 최고 품질의 우유이다.[22]

이처럼 『기따』가 우빠니샤드와 밀접한 관계에 있다는 것, 그리고 『기따』가 인도 사상에서 모든 것의 원천들을 제공하는 우빠니샤드만큼 중요하다는 것을 보여주는 것은 『기따』의 각 장의 끝에 붙은 '바가바드 기따라는 이름의 우빠니샤드'라고 하는 것이다.

3) 상캬사상

상캬사상의 가르침은 거의 전적으로 『기따』의 철학적 사색의 토대를 이룬다. 상캬-요가라는 술어가 『기따』에 나타날 때, 그것은 상캬(sāṁkhya)라는 고전 철학파를 가리키는 것이 아니고, 단지 해탈을 얻는 명상적인 방법을 의미할 뿐이다.[23] 비록 상캬의 형이상학적 함축은 『기따』에서 거부되지만,[24] 그것의 심리적인 면과 세계 창조의 순서는 받아들

---

21 정태혁(1984), pp. 364~365.

22 sarvopaniṣado gāvo dogdhā gopālanandanaḥ pārtho vatsaḥ sudhīr bhoktā dugdhaṁ gītāmṛtaṁ mahat. S. Radhakrishnan(1948, 11th 1976), p. 13, fn.,3.

23 BG.2.39; 3.3; 5.4–5; 13.24; 18.13.

24 BG.2.11–16; 2.18–30; 5.14; 7.4; 13.5.

였다.[25]

고전 상캬, 또는 수론(數論) 철학의 개조는 까삘라(Kapila, B. C. 350~250년 무렵)라고 전해오고 있다. 그의 이름은 『슈베따슈바따라 우빠니샤드』(5.2)에 나타나고, 『기따』 10.26에도 보인다. 『슈베따슈바따라 우빠니샤드』(6.13)에는 상캬-요가라는 술어가 나란히 나오고 있다. 이보다도 오래된 『까타 우빠니샤드』(3.10-13, 6.6-8)에도 상캬의 설이 반영되어 있다. 그러나 현재 남아 있는 가장 오래된 샹캬파의 원전인 이슈바라 끄리슈나(Īśvara-kṛṣṇa, 自在黑)가 지은 『상캬 까리까』(*Sāṁkhya-kārikā*, 數論頌)는 서력후 4세기 무렵에 성립된 것으로 전해지고 있다. 이것으로 대표되는 고전 상캬철학의 설이 확립되기까지 이 교설의 변천에 관해서는 다만 단편적으로 알 수 있을 뿐이다.[26]

『기따』 18.13에서 "아르주나여! 상캬의 교리에서 말하는 모든 행위들을 수행하기 위한 다섯 가지 수단들을 나에게서 배워라"라고 하며, 다섯 가지 수단을 다음 시편(14)에는 육신, 행위자, 각종 수단(감각기관), 각종 행위의 다양한 활동들, 그리고 운명을 제시하고 있다. 그렇지만 이에 해당하는 내용은 지금 전하는 상캬 원전에서는 발견되지 않는다. 고전 상캬철학

---

25 S. Radhakrishnan(1953, 10th 1997), pp. 527~528.

26 라슨(Gerald James Larson)은 그의 저서 Classical Sāṃkhya에서 상캬사상의 형성과 발전 과정을 문헌을 토대로 하여 다음과 같이 네 기간으로 구분 짓고 있다. 첫째, 고대 사변기(B. C. 9세기~B. C. 5세기): 사변적인 베다 찬가와 초기 산문 우빠니샤드를 비롯하여 자이나교와 불교가 발생한 시기까지 포함된다. 둘째, 원시 상캬의 사변기(B. C. 4세기~A. D. 1세기): 중기 우빠니샤드들, Caraka-saṃhitā, Buddhacarita, Bhagavadgītā, 그리고 『마하바라따』 가운데서 'mokṣa-dharma'의 사변적 구절들이 포함된다. 셋째, 고전 상캬 시기(A. D. 1세기~A. D. 10, 11세기): 『상캬 까리까』와 『요가 수뜨라』, 그리고 그와 관련된 주석서들이 이 시기에 포함된다. 넷째, 르네상스 시기 또는 후기 상캬 시기(A. D. 15세기~17세기): Sāṃkhyapravacana-sūtra, Tattvasamāsa-sūtra, 그리고 아니룻드하, 마하데바, 비갸나빅슈의 주석을 포함한다. G. J. Larson(1979), p. 75. cf. 中村了昭((1982), pp. 231~277.

은 자재신(Īśvara)을 인정하지 않고, 우빠니샤드의 일원론과도 달리, 정신원리(puruṣa, jña)와 물질원리(mūla-prakṛti, prakṛti, pradhāna, avyakta)를 인정하는 이원론이다. 정신원리는 상주하고 불변하며 시작을 알 수 없는 아주 먼 과거부터 셀 수 없이 많이 존재하고, 순수정신으로 활동성이 없고, 다만 대상을 관조하는 자[27]로서 세 속성을 초월하는 존재이지만,[28] 정신원리 없이는 모든 개별 존재의 활동은 성립하지 않는다.[29]

이와 반대로 물질원리는 시작도 알 수 없는 먼 과거에서부터 실재하고, 순수물질로서 활동성을 가지고 있다.[30] 그리고 그것은 세 속성으로 구성되어 있다. 이 현상세계가 성립되기 이전, 곧 이 세상이 전개되기 이전 상태(avyakta, avikṛti)에서는 이들 세 속성은 평형상태를 유지하고 있다가 정신원리와 결합하여[31] 세 속성의 배분에 따라 균형이 깨질 때[32] 변이(變異,

27 cf. BG.9.18; 14.23.

28 cf. BG.12.31; 14.25.

29 SK. 11(현현물은 세 속성이고, [세 속성과] 분리되지 않고, [인식주체가 아니고 인식] 대상이고, [모든 뿌루샤에] 공통되고, 정신적인 것이 아니고, 능동적인 생산성을 가지고 있다. 쁘라다나(=근본 쁘라끄리띠)는 [앞의 6가지 성질을 가지기 때문에] 마찬가지이다. 뿌루샤는 그것과 정반대이지만 [어떤 점에서는] 같다: triguṇam aviveki viṣayaḥ sāmānyam acetanaṃ prasava-dharmi, vyaktaṃ, tathā pradhānaṃ, tad-viparītas tathā ca pumān); 18(태어남과 죽음 그리고 인식도구가 각각 [개인]에게 정해져 있기 때문에, [개인들의] 활동은 동시적이지 않기 때문에, 3속성이 [개인마다] 차이가 있기 때문에, [이상의 3가지 이유로부터] 뿌루샤가 다수임은 분명히 증명된다: janana-maraṇa-karaṇānāṃ pratiniyamād ayugapat-pravṛtteś ca, puruṣa-bahutvaṃ siddhaṃ traiguṇya-viparyayāc cai 'va)19([11송에서 말한 3속성의 성질 등의] 그것과 정반대이기 때문에 이 뿌루샤가 증인이고, 독존하는 것이고, 중립적인 것이고, 보는 자이고, 작자가 아니라는 것이 증명된다: tasmāc ca viparyāsāt siddhaṃ sākṣitvaṃ asya puruṣasya, kaivalyaṃ mādhyasthyaṃ draṣṭṛtvam akartṛ-bhāvaś ca).

30 cf. 3.27; 13.29.

31 cf. 13.26. 여기서 정신원리와 물질원리 사이의 결합(saṁyoga)이라는 표현을 썼지만, 이것은 은유적 표현일 뿐이다. 결합이란 두 사물 사이의 물리적 결합이 아니라 순수의식인 정신원리가 다만 물질원리 가까이에 현존해 있는 상태를 의미한다. 마치 태양이 지구 가까이 현존해 있는 것만으로도 그 빛이 지구 위의 모든 사물들은 드러내서 보이고 활동하게 하듯이,

vikṛti, vikāra), 곧 인간을 포함한 모든 현상세계가 전개된다.[33] 근본 물질원리로부터 지성(知性, buddhi, mahat)이 나오고, 지성으로부터 자아의식(我慢, 我執, ahaṁkāra)이 나오며, 자아의식은 자아를 능동적 활동자인 것처럼 잘못 인식하게 하는 기관(indriya)이다. 이로부터 한편에서는 삿뜨바 속성(sattva)이 우세하면, 사고와 감각의 통제기관(意根, manas)과 다섯 개 지각기관(buddhīndriya, 시각 · 청각 · 후각 · 미각 · 촉각)과 다섯 개 행위기관(karmendriya; 발성 · 손 · 발 · 배설 · 생식)이 나온다. 다른 한편으로 따마스 속성이 우세하면 미세하여 지각할 수 없는 다섯 개 미세원소(tanmātra, sūkṣmabhūta; 소리 · 접촉 · 색깔 · 맛 · 향)가 나오고, 그들로부터 경험적 5대 원소로서 육체 및 자연계를 구성하는 다섯 가지 거친 원소(5대, sthūla-bhūta; 흙 · 물 · 불 · 바람 · 허공)가 나온다.[34] 이들 23개 원리(tattva)와 2대 근본 물질원리와 정신원리를 합하여 25가지 원리가 된다. 각 개체마다 차이가 나는 것은 세 속성의 배분의 차이 때문이다. 따라서 보통 물질로 간주되는 것뿐만 아니라 정신작용으로 간주되는 것도 모두 근본 물질원리에 속하고,[35] 정신원리는 직접적으로 이들과 관계없는 차원이 다른 실재이다. 보통 사람은 자아의식에 의해 헷갈린 자아는 물질원리, 곧 그것의 속성들에 의해 일어나는 활동을 자아에게 돌리고,[36] 지성을 자아로 잘못 인식하여 이 둘을 혼동하기 때문에 생사의 반복으로부터 벗어나지 못한다. 이러한 무지가 계속되면 자아는 지성으로부터 다섯 가지 거친 원소에 이

순수의식의 빛인 정신원리가 물질원리 가까이 있는 것만으로 물질원리는 잠재적인 가능태로부터 현실태로 곧 현상적 · 경험적 세계로 드러내서 보이기 시작하는 것을 말한다.

32 cf. BG.3.27-29.

33 cf. BG.13.19.

34 cf. BG.13.5.

35 cf. BG.7.4.

36 cf. BG.3.27.

르기까지 모든 원리들로 이루어진 미세한 몸을 수반하여 천상계 · 인간계 · 동물계로 윤회를 하게 된다. 무지를 끊고 미망을 없애기 위해 정신원리와 물질원리를 확실하게 구별하는 지식(viveka-khyāti, vijñāna)을 얻음으로써만 괴로움의 세계로부터 벗어날 수 있다.[37] 이것을 해탈이라고 한다. 해탈이란 정신원리와 물질원리와의 결합을 풀어 순수자아인 정신원리가 걸림 없이 독존(kaivala, kevala)하여 원래의 상태로 돌아가는 것을 말한다.[38]

위에서 볼 수 있듯이, 『기따』의 철학적 배경이 상캬사상에 있는 것은 분명하다.[39] 그러나 상캬사상의 내용을 그대로 가져온 것이 아니고, 그 나름의 구도에 따라 받아들인다. 이들 두 사상 사이의 가장 뚜렷한 차이는 정신원리와 근본 물질원리라는 두 개의 최고 원리 위에 다시 최고신의 존재를 두느냐 그렇지 않느냐에 있다. 고전 상캬철학은 무신론이지만, 『기따』는 유신론적이다. 그렇기 때문에 고전 상캬철학에서의 정신원리와 『기따』에서 순수자아의 의미는 같지 않다. 이것은 다음과 같이 도시할 수 있다.[40]

---

37 cf. BG.13.2; 13.18; 13.23; 13.34.

38 cf. BG.18.15.

39 『기따』에 '상캬'라는 말은 7번 나온다. 곧 BG.2.29; 3.3; 4.4; 5.5; 13.24; 18.13; 18.19.

40 Kashi Nath Upadhyaya(1971), *Early Buddhism and The Bhagavadgītā*, Delhi, Motilal Banarsidass, pp. 118~119.

[표 5] 고전 상캬 학파의 분류

<table>
<tr><td>정신원리(Puruṣa)</td><td colspan="3">생산자도 아니고 생산된 결과도 아니다</td></tr>
<tr><td rowspan="7">근본 생산자
(Prakṛti, mūla-prakṛti, pradhāna, avikṛti:)</td><td rowspan="3">7종 생산자
(prakṛ ti, vikṛ ti)</td><td>지성(buddhi)</td><td>1</td></tr>
<tr><td>자아의식(ahaṁkāra)</td><td>1</td></tr>
<tr><td>미세원소(tanmātra)</td><td>5</td></tr>
<tr><td rowspan="4">16종생산된 결과
(vikārāḥ)</td><td>사유기관(manas)</td><td>1</td></tr>
<tr><td>지각기관(buddhīndriya)</td><td>5</td></tr>
<tr><td>행위기관(karmendriya)</td><td>5</td></tr>
<tr><td>거친 원소(mahābhūta)</td><td>5</td></tr>
</table>

[표 6] 『기따』의 분류

최고 실재(puruṣottama)

낮은 형태(aparā-prakṛti)		높은 형태(parā-prakṛti, 또는 puruṣa)
흙: 그것의 미세함과 거침	2	
물: 그것의 미세함과 거침	2	
불: 그것의 미세함과 거침	2	
바람: 그것의 미세함과 거침	2	
허공: 그것의 미세함과 거침	2	
사유기관(manas)	1	
지각기관(buddhīndriya)	5	
행위기관(karmendriya)	5	
자아의식(ahaṁkāra)	1	
지성(buddhi)	1	
계	23	

4) 요가 사상

상캬사상과 마찬가지로 요가 사상의 가르침도 거의 전적으로 『기따』의 철학적 사색의 토대를 이룬다. 『기따』에서 요가의 의미와 용법은 여러 갈래로 나누어져 있다. 『기따』 안에는 요가와 이것의 파생어들이 자주 나오고, 수행 방법 및 해탈에 관한 가르침의 핵심이 언급되어 있다. 각 장의 끝에서 『기따』는 요가교전(yoga-śāstra)이라고 부르기도 한다. 그러므로 『기따』를 정확하게 이해하기 위한 중요한 관건은 요가의 의미를 정확히 파악하는 데에 있다.

그러면 『기따』에서 요가는 어떤 의미로 사용되고 있을까? 상캬와 요가가 철학적으로 나누어지기 이전에 형성된 『기따』는 요가의 교전이다. 그렇지만 아직 체계를 갖춘 것이 아니기 때문에 이른바 체계를 갖춘 '빠딴잘리의 요가'(Patañjala-Yoga)라고 하는 『요가 수뜨라』와 같은 요가의 수행 체계가 완성된 것이 아니다. 또한 후기 우빠니샤드들, 예컨대 『슈베따슈바따라 우빠니샤드』와 『마이뜨리 우빠니샤드』라든지 요가학파에서 보이는 것처럼 수행 단계도 명확하게 제시되고 있지도 않다. 그러나 요가교전으로서 『기따』에서 요가의 의미는 '결합'(saṁyoga)이면서 '분리'(viyoga)의 의미가 포함되어 있다. 여기서 '분리'는 행위의 결과와 욕망에 의해 행위를 하고자 하는 의지를 일으키는 집착하는 마음으로부터 벗어난다는 의미로서 분리이다. 이처럼 『기따』에서는 이와 관련하여 여러 의미로 요가를 정의하고 있다. 요가의 의미에 대해서는 뒤에서 다시 다룰 것이므로 여기서는 생략한다.

『기따』는 해탈을 얻는 방법을 어느 하나에 한정하지 않고 각자의 성향과 근기에 따라 선택할 수 있는 여러 가지를 제공하고 있다. 육체와 정신의 관계를 정확히 구별하는 지식과 신성(devatā)의 인식에 바탕을 둔 지식의 길(jñāna-mārga), 행위의 결과에 무관심하고 자신에게 주어진 의무를 다하는 행위의 길(karma-mārga) 그리고 신에 대한 헌신적인 사랑과 절대적인 믿음에 바탕을 둔 헌신적인 믿음과 사랑의 길(bhakti-mārga) 등 셋으로 요약된다. 이 세 길은 언뜻 보기에는 서로 동떨어진 것처럼 보일지 모르지만 내면적으로는 서로 밀접하게 관련되고 서로 보조적인 관계에 있는 해탈의 방법, 또는 길이다.

요가는 그 원래의 의미에 따르면 실천, 수련, 실천적 수행[實修]를 의미한다. 요가의 실천, 또는 수련, 실수 등은 요가의 목적에 도달하기 위한 수단이므로 방법, 또는 길의 의미도 함께 지니고 있다. 따라서 행위의 요가는 직역하면 '행위의 실천 또는 실수'이다. 또한 행위의 실천은 요가의 한 단어만으로도 이 의미를 나타내기도 한다. 이 행위를 실수하는 수행자는 단순히 요가수행자(yogin)이라고 부른다(5.6-7). 지식의 요가는 지식의 수련, 또는 실수이다. 헌신적 믿음과 사랑의 요가는 헌신적인 믿음과 사랑의 실천, 또는 실수로도 풀이한다. 그러나 요가를 넓은 의미로 해탈을 얻는 방법의 술어로 인정한다면 '행위에 의한 해탈 방법', '지식에 의한 해탈 방법', '헌신적인 믿음과 사랑에 의한 해탈 방법'으로 풀이할 수 있다. 또한 『기따』에는 지성 요가(buddhi-yoga)라는 말도 사용되고 있다(2.49; 10.10; 18.57). 행위의 요가와 지성 요가는 모두 정신적 수련, 곧 인격도야를 의미한다. 정신적 수련을 목적으로 할 경우에 감각기관, 또는 마음의 작용을 제어하고 통일하는 데 있다. 다만 『요가 수뜨라』의 8지분 요가처럼, 일정한 수행 형식을 전제로 하지 않을 뿐이다. 『기따』에서 '붓디'라는 말의 뜻은 '지성(buddhi)의 수련'인지, 아니면 '지성에 의한 수련'인지는 정확하지 않다. 그러나 2.39(buddhyā-yukta)를 고려하면, '지성에 의한 수련'이 타당한 것으로 이해된다. 그러나 『기따』에서 그것은 지식의 요가와 같은 의미의 술어로 인정하고 있다.[41]

『기따』에 나타난 요가를 한마디로 말하면, 모든 종교철학의 이상을 실현하는 방법과 그 상태이다. 『기따』에서 요가는 평상심(samatva)을 얻어 해탈에 이르는 것이기 때문에 먼저 평상심을 얻기 위해 어떤 행위와 욕망에도 집착하지 않고 행위를 해야 한다. 그럼으로써 괴로움과 즐거움, 이익과 손해, 성공과 실패 등 세속적인 이분법적 사고에 얽매이지 않고 자신의 특수의무(svadharma, 本分)만 수행하는 것으로 요가를 정의한다. 그렇기 때문에 『기따』에서 요가는 단지 수행법으로서만 존재의 가치가 있는 것이 아니다. 인도의 거의 모든 종교의 이상인 해탈을 실현하기 위한 방법이기 때문에 필연적으로 철학과 종교가 있게 된다.

그리고 『기따』의 원본에는 발견되지 않지만, 각 장을 모두 요가로 이름을 붙이고 있는 데서 알 수 있다. 이것은 『기따』의 각 장들의 내용을 의미 부여하는 데에 도움을 줄 것이다. 각 장의 이름은 다음과 같다.[42]

제1장(1–2.10): 아르주나가 회의하는 요가(arjuna–viṣāda–yoga)

제2장(11–39): 상캬 요가(sāṁkhya–yoga), (39–50): 행위의 요가(karma–yoga)

제3장(1–43): 행위의 요가(karma–yoga)

제4장(1–42): 상캬 분별 요가(sāṁkhya–vibhāga–yoga)

제5장(1–29): 포기의 요가(saṅnyāsa–yoga)[43]

제6장(1–47): 명상 요가(dhyāna–yoga)

제7장(1–30): 지혜와 식별 요가(jñāna–vijñāna–yoga)

제8장(1–28): 불멸의 브라흐마 요가(akṣara–brahma–yoga)

제9장(1–34): 최고의 지식과 비밀 요가(rāja–vidyā–rāga–guhya–yoga)

41 辻直四郎(1980), pp. 392~394.

42 M. R. Yardi(1991), pp. 7~8.

43 지식이 있는 사람에게는 행위들의 포기와 행위를 하는 사람에게는 행위의 결과에 대한 포기를 말한다.

제10장(1–42): 신통력에 관한 요가(vibhūti–yoga)

제11장(1–55): 모든 존재를 통찰하는 요가(viśva–darśana–yoga)

제12장(1–20): 헌신적인 믿음과 사랑의 요가(bhakti–yoga)

제13장(1–43): 물질적 자아와 순수자아의 차이를 아는 요가(kṣetra–kṣetrajña–yoga)

제14장(1–27): 세 속성의 본성과 기능의 차이를 아는 요가(guṇa–trayavibhāga–yoga)

제15장(1–20): 최고 실재를 아는 요가(Puruṣottama–yoga)

제16장(1–24): 신성과 악귀적 성품의 차이를 아는 요가(daivāsura–saṁpad–vibhāga–yoga)

제17장(1–28): 세 가지 믿음의 차이를 아는 요가(śraddhātraya–vibhāga–yoga)

제18장(1–78): 해탈과 포기를 아는 요가(mokṣa–saṅnyāsa–yoga)

5) 불교

『기따』는 몇몇 견해들에서 불교의 관점과 유사하지만 불교의 영향에 관한 명확한 증거를 들어 논의하는 것은 쉽지 않다. 『기따』와 불교는 모두 고대의 인도 사상계의 전통을 배경으로 하고 있다는 점에서 단어 · 어구 · 비유 · 관념 · 사상 등이 유사한 점은 곳곳에서 찾을 수 있다. 이 가운데 중요한 것은 해탈과 같은 의미로 사용되고 있는 열반(nirvāṇa, 6.16),[44] Brahma–nirvāṇa라는 합성어가 몇 곳에서 쓰이고 있다(2.72; 5.24–26). 또 유사한 단어들, 곧 nirvaira(적의가 없는, 11.55), adveṣa(악의가 없는), karuṇā(슬픔, 悲), maitrī(우정, 12.13, 慈), rāga(탐욕)와 dveṣa(악의),

44 이것의 동사어근은 베다 시대에는 발견되지만 우빠니샤드에서는 발견되지 않는다.

duḥkha(괴로움, 苦), suḥkha(즐거움, 樂) 등 많은 단어들과 유사한 어구 등이 나온다.[45]

그러나 『기따』에 불교 자체에 대한 언급은 없다. 불교는 베다의 성전적 권위(śruti)와 카스트 제도를 부정하고, 경직된 카스트 제도를 비판하였다. 반면에 『기따』에는 경직된 카스트 제도를 완화시키려는 시도가 보인다. 아힘사(ahiṃsā, 비폭력, 불살생)와 고행(tapas)은 브라흐만교(brāhaṇism) 전통보다 불교와 유사한 정서를 지니고 있다.

라다끄리슈난은 불교의 『대승기신론』(大乘起信論)과 『법화경』(法華經)이 『기따』의 가르침에 깊은 영향을 받았다고 한다.[46] 『기따』는 사회적인 문제에 대해 불교보다 보수적인 입장을 취하고 있다. 따라서 그것에 대해 불교보다 덜 철저한 저항이었지만, 『기따』와 불교 둘 다 희생제에 충격을 준 정신적인 혁신이었다. 『기따』와 불교는 둘 다 세밀한 제사의식에 의존하지 않고도 해탈을 얻을 수 있다고 본다. 이상적인 인간을 묘사하는 데서도 『기따』와 불교는 일치한다. 불교는 출가 수행을 이상적인 생활로 보지만, 『기따』는 브라흐만교의 인생의 네 단계 전통에 따른 삶을 이상적으로 보고 있다.[47]

4. 『기따』의 가르침에 대한 학자들의 다양한 해석

『기따』가 작성되던 당시에는 궁극적 실재와 인간의 운명에 대한 많은 다른 견해들이 유행하였다. 이들에는 영혼에 대한 직관적 통찰에 바탕을

45 이에 대한 자세한 것은 다음을 참고. Kashi Nath Upadhyaya(1971), pp. 124~134.
46 Radhakrishnan(1948, 11th 1976), p. 11, fn.,1.
47 Radhakrishnan(1948, 11th 1976), pp. 132~133.

둔 우빠니샤드의 전통들, 해탈은 물질원리(prakṛti)와 결합으로부터 분리해야 스스로 자유로워질 수 있다는 상캬사상, 의무를 완수함으로써 완성을 얻을 수 있다는 미망사(Mīmāṁsā) 학파의 견해, 심성의 고양을 통해 자유의 기쁨이 얻어진다는 헌신적인 믿음과 사랑의 길, 그리고 영혼의 고요한 삶이 번뇌로 물든 현상세계의 빛을 대신할 때 인간은 자유로워진다고 말하는 요가학파 등이 있었다. 『기따』는 이러한 다른 성질을 지닌 다양한 요소들을 종합하고, 그들 모두를 하나의 전체 속에 종합하여 융합시키고자 한다. 그래서 『기따』에서 말하고 있는 가르침은 하나의 일관된 이론이 아니다. 그렇기 때문에 자유, 또는 해탈에 대한 이상과 그것을 실현하는 방법들이 서로 모순되는 것처럼 보이기도 한다. 따라서 『기따』를 연구한 현대 학자들은 『기따』를 어떻게 보고 평가하고 있는지를 살펴볼 필요가 있다.

『기따』에 대한 현존하는 최초의 주석을 남긴 샹까라(Śaṅkara, A. D. 788~820)는 지식의 길에 초점을 두고 『기따』를 해석하였다.[48] 샹까라와 달리, 라마누자(Rāmānuja, 1017~1137)와 마드바(Madhva, 1199~1276) 등은 헌신적인 믿음과 사랑의 길에 초점을 두고 『기따』를 이해하였다. 이들은 모두 『기따』를 우빠니샤드, 『브라흐마 수뜨라』와 함께 베단따 학파의 3대 교전(prasthānatrayī)으로 평가하여, 주석서(bhāṣya)를 남기고 있다. 이들이 이렇게 서로 다른 관점에서 해석한 것은 무엇보다 『기따』를 해석하는 당사자가 갖고 있던 철학적 관점이나 종교적 체험이 달랐기 때문이다. 그러

48 그러나 그 이전의 문헌들에도 『기따』에 대한 언급 또는 거기에 언급된 내용과 유사한 어구들의 언급이나 『기따』가 언급되고 있는 문헌들이 있다. 곧 5세기 중엽의 깔리다사(Kalidasa, 5세기)의 『라구방샤』(*Raghuvaṁśa*)에서 『기따』와 유사한 어구가 발견된 점에서 보면, 깔리다사는 『기따』의 존재를 알고 있었던 것으로 보인다. 또 7세기의 바나(Bāṇa)도 『기따』에 대해 언급하고 있다. 『브라흐마 수뜨라』(A. D. 5세기 무렵)에도 『기따』를 가리키는 것으로 보이는 전승서(Smṛti)를 언급하고 있다.

나 그보다도 그 해석자가 텍스트를 해석할 당시의 시대 상황이나 『기따』를 읽는 방법에 차이가 있는 것으로 이해된다.

그들과 마찬가지로, 현대의 많은 학자들도 각기 다른 방식으로 『기따』를 해석한다. 먼저 가르베(Garbe)는 수세기에 걸쳐 여러 저자들이 『기따』를 썼다고 생각하고, 『원전 기따』는 서력 전 2세기에 상캬-요가의 사상에 의지하여 유신론적 색채를 띤 작은 책자로 쓰였던 것이 서력 후 2세기에 이르러 우빠니샤드의 일원론을 주장하는 사람들에 의해 지금의 모습으로 각색된 것이라고 한다.[49] 홉킨즈(Hopkins)도 가르베와 마찬가지로 수세기에 걸쳐 여러 저자들에 의해 작성되었다고 생각한다. 『기따』는 비슈누 파의 시에 대한 끄리슈나 파의 각색이고, 그 자체가 하나의 후기 우빠니샤드라고 본다. 카이스(Keith)는 원래 『슈베따슈바따라 우빠니샤드』 유형의 우빠니샤드였으나, 나중에 끄리슈나 숭배로 각색된 것이라고 말한다. 홀츠만(Holtzmann)은 범신론적인 시편을 비슈누 파가 그들의 교의에 맞게 다시 고쳐 쓴 것으로 간주한다. 베르넷(Barnett)은 다른 다양한 흐름의 전통이 저자의 마음에 뒤섞여 있다고 생각한다. 도이센(Deussen)은 유신론에서 실재론적 무신론으로 넘어가는 과도기에 속하는 것으로, 우빠니샤드의 일원론적 사유의 퇴보에서 나온 나중의 저작이라고 주장한다.

이상의 서구 학자들의 생각과 달리, 인도 학자인 라다끄리슈난은 더 구체성을 띤다. 그는 『기따』를 『마하바라따』 시대에 일어났던 새로운 상황들에 대한 우빠니샤드의 이상을 적용한 문헌으로 본다. 우빠니샤드의 관념론을 유신론적 성향의 사람들에게 적용시키면서, 우빠니샤드 철학으로부터 종교적 요소를 끌어내고자 한다. 그것이 우빠니샤드의 절대자(Brahman)가 인간 본성의 반성적이고 감성적인 욕구들을 실현하는 것으

---

49 Franklin Edgerton(1978), xiii.

로 드러난다. 사색적인 것에서 실천적인 것으로, 철학적인 것에서 종교적인 것으로 그 강조점이 옮겨가는 것은 또한 후기 우빠니샤드에서도 발견된다. 이와 같이 『기따』는 우빠니샤드의 진리에 의거한 삶의 행위를 지탱할 수 있는 정신적인 종합을 시도한 것으로 보고 있다.[50]

또한 띨락은 스스로 온갖 인도철학을 철학사적으로 섭렵하면서 『기따』를 해석하고 있다.[51] 그는 샹까라, 라마누자, 그리고 마드바 등의 전통적 해석자들이 모두 『기따』의 주제를 해탈의 길(mokṣa-mārga)로 평가하는 것을 강력하게 비판하면서, 『기따』는 행위의 길을 설하는 문헌일 뿐이고, 이 행위의 길의 입장에서 『기따』를 해석한 『기따의 비밀』(*Gītā-Rahasya*)을 저술하였다.[52] 띨락에 따르면, 『기따』를 『마하바라따』의 맥락과 분리하여 독자적인 문헌으로서 읽으려는 태도가 바로 『기따』를 '해탈에 관한 교전'(mokṣa-śāstra)으로 읽었던 샹까라, 라마누자, 마드바 등의 맥락이고, 『마하바라따』의 맥락 속에서 읽게 되면 『기따』의 핵심 주제는 행위의 길에 있음을 알 수 있다는 것이다.[53] 그러므로 띨락은 "『기따』는 『마하바라따』의 부분이어야 한다"[54]고 말한다.[55] 그리고 간디도 『기따』를 『마하바라따』 속으로 재편입해서 읽을 필요가 있다고 본다. 그러나 그 이유는 간디와 띨락이 다르다. 띨락은 『기따』를 전쟁을 회의하는 아르주나의 회의에 대해 참전, 또는 행위를 촉구하는 문헌으로 파악하였다면, 간디는 『마

---

50 Radhakrishnan(1948, 11th 1976), pp. 529~531.

51 띨락의 『기따』에 대한 해석에 대한 자세한 것은 다음 참고. 김호성,(2004), pp. 195~221.

52 B. G. Tilak(B. S. Sukthankar, tr. 11th ed., 2004).

53 김호성(2004), p. 198.

54 B. G. Tilak(B. S. Sukthankar, tr. 11th ed. 2004), p. 720.

55 띨락은 『기따』가 『마하바라따』의 부분의 근거로서 두 문헌의 어구와 의미에 있어 대응하는 것을 자세하게 제시하고 있다. 이에 대한 것은 다음 참고. B. G. Tilak(B. S. Sukthankar, tr. 11th ed. 2004), pp. 727-730.

하바라따』 말미에서 설해지는 전쟁의 무상함이나 폐해의 언급으로부터 『기따』의 주제가 폭력이 아니라 비폭력임을 입증하려는 것이 주제라고 보았다.[56] 그리하여 띨락은 『기따』를 『마하바라따』의 맥락에서 읽어야 한다고 말한다. 그럴 경우 『기따』의 주제는 지혜의 길이나 헌신적인 믿음과 사랑의 길이 아니고 행위의 길이라고 보고 있다. 그에 따르면, 『기따』는 아르주나가 '행위를 하지 않겠다'고 하는 것에 대해 끄리슈나가 행위를 하도록 촉구하는 내용이라고 본다. 따라서 띨락은 『기따』를 세 가지의 길, 또는 세 가지 요가를 중심으로 나누는 기존의 전통적인 분류 방식[57]과 다르게 보고 있다.[58]

5. 고전 주석가들

『기따』는 우빠니샤드, 『브라흐마 수뜨라』와 마찬가지로 수세기 동안 힌두교의 정통 성전으로 인정을 받아 왔다. 베단따 학자들은 이들 세 가

56 자세한 것은 다음을 참조. 김호성(2000), pp. 83~103.

57 라마누자(Rāmānuja)는 제1장~6장에서 지식의 요가를 동반하는 행위의 요가를, 제7장~12장에서 인격신의 본성과 헌신적 믿음과 사랑의 요가를, 제13장~18장에서 세계와 영혼의 본성과 세 요가에 대한 심층적 탐구를 가르친다고 주장한다. 마두수다나 사라스바띠(Madhusūana Sarasvatī 16~17세기)는 제1~6장에서 행위의 요가를, 제7~12장에서 헌신적인 믿음과 사랑의 요가를, 제13~18장에서 지식의 요가를 가르친다고 주장한다. 그러나 Yardi는 이렇게 나누는 것은 『기따』의 주요 목적을 파악하는 데 도움이 되지 않는다고 말한다. 또한 갸나데바(Jñānadeva)는 『기따』를 네 부분으로 나눈다. 곧 제1~4장, 제5~12장(그러나 제13장 11시편까지 포함), 제13~16장(지혜, 그것의 성취와 결과), 제17~18장이다. 그래서 『기따』는 세 그룹(Karmakāṇḍa, Upāsanākāṇḍa, Jñānakāṇḍa)으로, 실제로는 짧지만 매혹적인 전승문헌(śruti)이라고 한다. M. R. Yardi(1991), pp. 6~7; 박효엽(2009), p. 130.

58 B. G. Tilak(B. S. Sukthankar, trans. 11th ed. 2004), Author's preface와 Appendix; 박효엽(2009), p. 130.

지 권위 있는 책들에 호소함으로써 그들의 특별한 교설들을 정당화하고자 하였다. 그래서 이 전적들이 특별한 관점들을 어떻게 가르쳐야 할지를 설명하고자 그것들에 대한 주석을 작성하였다. 우빠니샤드는 절대(brahman, ātman)의 본성과 그것의 현상세계와의 관계에 대한 많은 다른 암시들을 담고 있다.

『기따』는 주석자들에게 보다 더 일관된 견해와 임무를 주지만, 그들 자신의 목적에 맞도록 해석하고자 하는 주석자들은 더 많은 어려움을 겪게 된다. 인도에서 불교가 쇠퇴하기 시작할 서력 후 7세기 무렵부터 다른 종파들이 일어나기 시작한다. 이 가운데 불이일원론(不二一元論, advaita), 한정불이일원론(限定不二一元論, viṣṭ ādvaita), 이원론(二元論, dvaita), 이원론적 불이일원론(二元論的 不二一元論, dvaitādvaita), 순수불이일원론(純粹不二一元論, śuddhādvaita)이 대표적이다. 이들은 모두 베단따 스승들에 의해 주장된 것들이다. 또한 까쉬미르 지방에서 서력 후 10~11세기 무렵에 활동했던 아비나바굽따(Abhinavagupta)는 쉬바 신, 그의 힘(śakti)과 개아의 셋(trika)이 본질적으로 하나라는 쉬바 일원론의 입장에서 주석을 하였다.[59]

---

59 아비나바굽따의 주석은 직접 입수하지 못해 정확한 내용은 말할 수 없다. 그러나 그가 일원론적 쉬바 파에 속하는 재인식파(再認識派, pratyabhijñā)의 대표적인 학자라는 점을 고려하면, 그의 『기따』의 주석도 쉬바 신, 그의 힘, 개아가 본질적으로 하나라는 재인식에 바탕을 둔 주석으로 볼 수 있다. 여기서 특이한 점은 『기따』는 비슈누 파의 문헌인데도 쉬바 파의 학자이자 신학자가 주석서를 썼다는 것은 그만큼 『기따』가 어느 하나의 종파에 머물지 않고 힌두교의 범종파적인 문헌임을 보여준 것이다. 그는 재인식파의 학자이자 미학자일 뿐만 아니라 딴뜨라(tantra)의 수행자로도 유명하며, 이들에 관한 많은 저술을 남긴 것으로 전해온다. 그의 대표적인 저술로는 『완전한 진리의 정수』(*Paramārtha-sāra*), 『자재신에 대한 재인식의 반성』(*Īśvara-pratyabhijñā-vimarśinī*)과 이를 보다 상세히 기술한 『자재신에 대한 재인식의 반성에 관한 설명』(*Īśvara-pratyabhijñā-vivṛti-vimarśinī*)이 있다. 이들 가운데 두 번째와 세 번째의 저술은 모두 재인식파의 초기 철학자인 우뜨빨라(Utpala, A. D. 10세기)의 『자재신의 재인식』(*Īśvara-pratyabhijñā*)에 대한 주석서이다. cf. Swami Shankarananda (2006), pp. 209~219; 박효엽(2011), p. 30.

이러한 다양한 주석들은 그들 자신의 전통(saṁpradāya)의 지지 아래 다른 전통들을 논박하기 위해 작성된 것이다. 우리가 찾는 하나의 영원한 진리로부터 다른 모든 진리는 비롯되며, 단 하나의 규칙으로 그것을 포괄할 수 없다는 것을 『기따』의 저자가 암시한 이래로 그들 자신들의 종교사상과 형이상학의 체계들은 『기따』에서 찾을 수 있다.

『기따』는 우빠니샤드적 일원론적 사상과 상캬사상의 이원론적 요소, 자각의 종교와 신앙의 종교와의 차이 등은 아직 해소되지 않은 채 남아 있어, 해석자의 철학적 입장에 따라 다양하게 해석될 수 있다. 다시 말해 『기따』의 주제를 어디에서 찾는가에 따라 『기따』의 해석이 달라진다. 그렇기 때문에 해석자들마다 서로 다른 관점을 제시할 수밖에 없다. 주제를 파악하는 입장의 차이가 해석의 새로움으로 기능하고 있기 때문이다.

일반적으로 『기따』의 주제는 크게 셋으로 나누어 말한다. 『기따』의 주제는 전통적으로 지식의 길이라고 보는 입장, 행위의 길이 주제라는 입장, 헌신적인 믿음과 사랑의 길, 곧 믿음의 길이 주제라는 입장이 그것이다. 물론 이외에도 간디나 오르빈도 고쉬와 같은 경우는 이들 세 가지 길을 종합하는 것으로 보는 입장도 있다. 전통적인 해석자들 가운데서 샹까라는 지식의 길 하나만을 역설하고 있다. 반면 라마누자와 마드바 등 다른 고전 주석자들은 헌신적인 믿음과 사랑에 의한 믿음의 길을 주제로서 파악하고 있다. 이러한 해석들에 대해 띨락이 『기따의 비밀』을 저술한 것은, 지식의 길이나 헌신적인 믿음과 사랑의 길로 『기따』의 주제를 파악하는 전통 주석가들의 해석이 잘못된 판단이라는 것을 증명하기 위한 목적이었다고 한다.[60] 그의 관점은 행위의 길이 『기따』의 주제라는 것이다. 그러나 간디는 대중들을 위하여, 대중들과의 교감을 통하여 『기따』의 가르

---

60 김호성(2006c), pp. 154~155.

침을 베풀고자 주석하였다. 간디와 띨락은 각자에게 주어진 과제가 달랐기 때문에 주석의 목적도 다르게 파악한 것으로 보인다. 이제 전통 주석자들의 주석에 대해 간단히 살펴보고자 한다.

1) 샹까라

샹까라의 주석은 현존하는 주석들 가운데 가장 오래된 것으로 간주되고 있다. 그보다도 더 오래된 주석들이 있다는 것을 그의 서론에서 언급하지만 그들은 지금 존재하지 않는다.[61] 샹까라는 『기따』를 불이일원론(advaita)[62]에 입각해 주석하고 있다. 그의 주석은 보편적인 존재(brahman)와 참된 자아(ātman)가 하나라는 것을 깨닫는 지혜(梵我一如, Brahmātmaikya)만이 우리 모두를 구제할 수 있다고 하는 지식의 길을 중심에 놓고 주석이 이루어진다. 샹까라는 현실세계의 다양성은 그 자체로 실재가 아니라고 보았다. 현실세계는 무지(avidyā) 속에 사는 사람들에게만 실재하는 것

---

61 S. Radhakrishnan(1948, 11th 1976), p. 16, fn.1. 아난다기리(Ānandagiri)는 BG.2.10에 대한 자신의 주석에서 브릿띠까라(Vṛttikāra)가 주석을 썼다고 한다. 그런데 라다끄리슈난은 이와 다른 저서에서 브릿띠까라를 보다야나(Bodhāyana)라고 하고 있다. 더 자세한 것을 다음을 참고. S. Radhakrishnan(1953, 10th, 1977), p. 531, fn.1.

62 김호성은 이것을 곧 지혜일원론(知慧一元論)이라고 한다. 그리고 지혜의 한자를 知慧로 쓴 것은 "불교의 경우, 지식과 지혜는 서로 의미가 다른 것으로 분별한다. 그러나 정통 인도철학에서는 그렇지 않다. 지식과 지혜는 동의어인 것이다. 그만큼 해탈의 지적인 차원/背景을 강조하고 있는 것이다. 바로 그 점을 의식하고 있기 때문에, 나는 '지혜'를 '智慧'가 아니라 '知慧'로 쓴다"라고 하고 있다. 김호성(2006d), p. 154, fn.3. 그러나 『기따』에서는 지혜(jñāna)와 지식(vijñāna)을 분명히 구분하고 있다. 번역에서는 지혜와 분별력/식별력으로 번역한 것이 그것이다. 곧 "그렇기 때문에 바라따르샤바여! 그대는 먼저 [다섯] 감각을 억제하고 나서 지혜와 분별력을 파괴하는 이 악을 제거하라. tasmāt tvam indriyāṇy ādau niyamya bharatarṣabha, pāpmānaṁ prajahi hy enaṁ jñānavijñānanāśanam"(3.41), "지혜와 식별력으로 충만된 자아를 지니고 동요 없이 감각을 정복한 이를 제어된 자라고 한다. [그러한] 요가행자에게는 흙과 돌과 황금이 평등하다. jñānavijñānatṛptātmā kūṭastho vijitendriyaḥ, yukta ity ucyate yogī samaloṣṭāśmakāñcanaḥ"(6.8) 등을 비롯하여 6.2; 9.1; 18.42 등에서는 지혜와 지식은 다른 것을 의미하는 것으로 보고 있다.

으로 본다. 다시 말해 현실세계는 환영(幻影, māyā)이므로 허위이고 절대세계만 실재한다고 주장한다. 그는 또한 행위는 마음을 정화하는 필수적인 수단으로 간주한다. 하지만 지식을 얻으면 행위는 멈춘다. 비유하면 지식이 '밝음'이라면 행위는 '어둠'이기 때문에 지식과 행위는 서로 반대이다. 베다의 희생제는 무지와 욕망에 빠진 자들에게만 효과가 있기 때문에 구제를 바라는 자들은 희생제의 실행을 포기해야 한다. 그에 따르면, 『기따』의 목적은 모든 행위가 일어나는 현상세계를 완전하게 억제하는 것에 있다. 이러한 샹까라의 견해들은 아난다기리(Ānandagiri, A. D. 13세기 무렵), 슈리다라(Śrīdhara, 1400), 마두수다나(Madhūdana, A. D. 16세기) 등에 의해 계승된다. 그리고 마라타(Marāṭha), 뚜까람(Tukārām), 그리고 갸네슈바르(Jñāneśvar) 등은 그의 열렬한 추종자들이고, 또한 형이상학에서 샹까라의 입장을 받아들인다.

2) 라마누자

그는 주석서에서 세계의 비실재성과 행위를 포기하는 길을 반박한다. 그는 『기따르타상그라하』(*Gītārthasaṁgraha*)에서 야무나아짜르야(Yāmunācārya)가 한 해석에 따른다. 최고의 실재인 브라흐만은 정신이지만 그것은 속성이 없는 것이 아니다. 그는 이 세계가 환영이라고 하는 샹까라의 주장에 가장 적극적으로 반기를 들고 이러한 입장에 입각해서 『기따』를 주석하고 있다. 그는 그의 철학적 입장인 한정불이일원론에 입각해 박띠 요가에 중점을 두고 『기따』를 해석한다. 라마누자는 현실세계와 절대세계 모두 실재한다고 한다. 그는 『기따』의 주석에서 개인적인 신비주의의 전형을 발전시킨다. 신은 인간 영혼의 비밀스러운 곳에서 거주하지만, 신은 속죄하는 지식을 얻어야 비로소 인식된다. 완전한 신뢰는 신성한 은총을 받는 자만이 할 수 있다. 라마누자는 지식, 헌신적인 믿음과 사랑(=믿음) 그리고 행위의 길이 모두 『기따』 안에 언급되어 있다고 믿는다. 그러나 그는 그것의 주요한 강조점은 헌신적인 믿음과 사랑에 있다고 주장하며, 비슈누 신을 최고의 존재로 믿는다. 비슈누 신(=끄리슈나)에게 열렬한 헌신을 바치면 그의 은총을 받아 해탈할 수 있다고 주장한다.

3) 마드바

마드바는 『기따 바샤』(*Gītā-bhāṣya*)와 『기따 따뜨빠르야』(*Gītā-tātparya*)라고 하는 두 권의 주석서를 썼다. 그의 철학적 입장인 이원론(dvaita)에 입각해서 『기따』를 주석한다. 그러나 그도 라마누자와 마찬가지로, 헌신적인 믿음과 사랑의 요가에 중심을 두고 『기따』를 주석하고 있다. 그는 '그것이 너이다'(Tat tvam asi)를 '나의 것'과 '너의 것' 사이의 차이를 포기해야 한다는 의미로 해석을 한다. 그리고 모든 것은 신의 통제를 전제로 한다는 것을 주장한다. 그는 『기따』에서 강조된 해탈의 방법은 헌신적 믿음과 사랑이라고 주장한다.

4) 님바르까(Nimbarka, A. D. 1162~?)

그는 이원론적 불이일원론(二元論的 不二一元論, dvaitādvaita) 입장에서 신에 대한 헌신적인 믿음과 사랑이 『기따』의 강조점이라고 한다. 그 입장에서 『기따』를 주석하고 있다. 그는 『브라흐마 수뜨라』에 대한 주석을 썼고, 그의 제자 께사바까슈미린(Keśavakāṣmīrin)이 『땃뜨바 쁘라까쉬까』(*Tattva-prakāśikā*)라는 『기따』의 주석서를 썼다. 님바르까는 개인 영혼(jīva), 세계(jagat), 그리고 신은 서로 다르다고 본다. 그러나 개인 영혼의 존재와 활동과 세계는 신의 의지에 의존한다. 최고 존재에 대한 헌신적 믿음과 사랑은 님바르까 저작들의 주요한 주제이다.[63]

5) 발라바(Vallabha, 1479~?)

그는 순수불이일원론(śuddhādvaita)에 입각해 헌신적 믿음과 사랑의 요가에 중심을 두고 『기따』를 주석하고 있다. 개인 영혼과 최고의 브라흐만은 하나이다. 개인 영혼들은 불꽃처럼 신의 부분이고, 그들은 최고 존재의 은총에 의해서만 자유를 얻을 수 있다. 신에 대한 헌신적인 믿음과 사랑이 자유를 얻는 가장 중요한 방법이다. 헌신적인 믿음과 사랑은 진리와 사랑이 관련되어 있다고 한다.

이밖에도 『기따』에 대한 주석서는 수없이 많이 있지만, 현대에 쓰인 것으로는 띨락,[64] 오로빈도,[65] 간디[66] 등이 있다. 그리고 근현대 인도 철학자들의 『기따』의 해석을 다루고 있는 대표적 연구서로는 토마스(P. M. Thomas),[67] 아가르왈(Satya P. Agarwal),[68] 마이노르(Robert N. Minor)[69]의 연구서들이 있다.

---

63 S. Radhakrishnan(1948, 11th 1976), p. 19.

64 Bal Gandhar Tilak(by trans., 1935).

65 Sri Aurobindo Gosh(1922, 10th 1976).

66 Mahatma Gandhi(1980).

67 P. M. Thomas(1987).

68 Satya P. Agarwal(1997).

69 Robert N. Minor(ed., 1991).

제3장
아르주나의 딜레마와 끄리슈나의 해결 논리

1. 전쟁이 일어난 배경

『기따』는 『마하바라따』 안에 편입되어 있는 700개의 시편이다. 『마하바라따』에 따르면, 고대 인도의 2대 왕족인 일종족(日種族, Śūrya-vaṁśa)과 월종족(月種族, Candra-vaṁśa) 가운데 월종족에 속하는 꾸루(Kuru) 족에 바라따의 후예로서 드리따라슈뜨라(Dhṛtaraṣṭra)와 빤두(Pāṇḍu)라는 두 왕자가 있었다. 그들은 큰 아버지인 비슈마(Bhiṣma)에게서 자랐다. 옛날부터 인도에서는 신체가 정상이 아니면 왕위에 오를 수 없었다는 전통이 있었다. 그래서 형 드리따라슈뜨라는 태어나면서부터 눈이 멀어 왕위에 오를 수 없어 그를 대신해 동생 빤두가 왕위에 올라 나라를 다스렸다. 동생 빤두 왕에게는 두 명의 부인이 있었다. 첫째 부인은 야다바 왕의 딸 쁘리타(Pṛtha, 별명은 Kūntī)이다. 그들 사이에는 유디스티라(Yudhiṣṭhra), 비마(Bhīma), 아르주나(Arjuna)의 세 아들을 두었다. 둘째 부인은 마두라 왕의 여동생 마두리(Mādhurī)이다. 그들 사이에는 쌍둥이 형제 라꿀라(Rakula)와 사하데바(Sahadeva)를 두었다. 그래서 모두 다섯 왕자를 두었는데 그들을 빤다바(pāṇḍava, 빤두의 후예)라고 부른다. 드리따라슈뜨라는 간다라 국왕의 딸 간다리(Gandhārī)와 사이에 두료다나를 비롯한 100명의 왕자를 두었는데 그들을 까우라바(kaurava, 꾸루의 후예)라고 부른다.

전쟁이 일어난 배경을 좀 더 실질적으로 이해하기 위해 그들 양 진영의 가계가 어떻게 이루어졌는지의 맥락, 특히 이 전쟁의 열쇠를 쥐고 있는 비슈마가 탄생하는 내용을 먼저 알아야 할 것 같다. 그래서 『마하바라따』에 나오는 내용을 간추려 정리하면 다음과 같다.

『마하바라따』 제1장에 따르면, 비슈마는 꾸루 족의 왕 샨따누(Śāntanu)와 갠지스 강의 여신 강가(Gaṅgā) 사이에서 여덟 번째 아들로 태어났다. 그의 원래 이름은 데바브라따(Devavrata, 신의 맹세)이다. 그러나 실제로는 8명의 신 가운데 하나인 디야우(Diyau)로 다시 태어나고, 샨따누는 마하비쉐카(Mahābiṣekha)라는 왕으로 다시 태어난다. 마하비쉐카 왕은 태어나기 전에 선행을 많이 베풀고 죽은 뒤에 비슈누(Viṣṇu) 신이 사는 천상세계에 태어나게 된다. 바로 그때 브라흐마(Brahmā) 신의 집회 때 그곳에 갠지스 강의 여신인 강가 여신(gaṅgā-devī)이 있었다. 그 엄숙한 분위기에서 가느다란 바람이 산들산들 불어 강가 여신의 옷자락이 살며시 나부꼈다. 그때 마하비쉐카 왕은 그 여신의 자태를 훔쳐보고 그 여신도 그에게 눈길을 주었다. 이런 사실은 브라흐마 신에게 들켜 강가 여신과 마하비쉐카 왕은 그 때문에 인간으로 변하게 된다. 그러나 강가 여신이 간절하게 애원했기 때문에 브라흐마 신은 여신이 인간이 되어 8신의 무리를 자식으로 낳으면 다시 천계로 올라갈 수 있도록 허락하였다. 이리하여 강가 여신은 강가(갠지스 강) 근처의 숲속에서 인간의 모습을 하고 '강가'라는 여성으로 지내고 있었다.

그때 월종족의 쁘라띠빠(Pratīpa)라는 이름을 가진 왕이 그 숲속에서 자식을 낳기를 바라며 열심히 고행을 하고 있었다. 숲속을 거닐고 있던 강가 여신은 고행을 하고 있는 쁘라띠빠 왕을 발견하고 다가가서 그의 넓적다리 위에 앉았다. 강가 여신은 이 왕을 자신의 남편으로 삼고자 하였다. 그러나 왕은 '오른쪽 넓적다리는 의리가 있는 여인이 앉는 곳이니 당신은 내 아들과 결혼을 해야 한다'라고 강가에게 말하였다. 그리고 머지않아 쁘라띠빠 왕에게 한 명의 아들이 태어났다. 그가 '샨따누'이다. 그는 자란 뒤에 강가 강 부근의 숲속에서 강가 여신과 만나면서 사랑에 빠진다. 샨따누가 강가 여신에게 청혼을 하자, 강가 여신은 자신이 하는 일을 아무에게도 말하지 않는다고 약속하면 청혼을 받아들이겠다고 한다. 그렇지만 '이 약속을 어기면 그의 곁을 떠나겠다'는 조건으로 청혼을 받아들였다.

이리하여 두 사람은 결혼을 하고, 곧바로 첫 아이를 임신하였다. 사실은 이들로부터 차례로 태어난 자식들은 천상의 여덟 신(神)이 바시슈타(Vasiṣṭha) 선인의 소를 훔치려 했다는 죄목으로 인간으로 다시 태어난 것이다. 강가 여신은 태어난 첫 아이를 강가 강으로 데리고 가서 물속에 던져버렸다. 샨따누는 강가 여신의 행위를 알고도 약속에 따라 아무에게도 말하지 않았다. 이와 같이 태어난 8명의 아이들 가운데 일곱 명까지 물속에 던져졌고, 여덟 번째로 태어난 아이도 또한 물속에 던지려고 하였다. 하지만 샨따누 왕은 이것을 허락하지 않았다. 산따누가 약속을 어기자 강가 여신은 여덟 번째로 태어난 아이를 데리고 샨따누 왕의 궁전을 떠난다. 강가 여신은 이 아이에게 '데바브라따'라는 이름을 지어주고 숲속에서 키웠다. 이 '데바브라따'는 강가 여신과 바시슈타 선인으로부터 모든 학문과 무예를 배웠다. 그로부터 32년이 지났을 때 샨따누 왕은 사냥하기 위해 이 숲에 들어와서 데바브라따가 훌륭하게 자라고 있는 것을 보았다. 그는 강가 여신으로부터 자기 아들 데바브라따를 돌려받고자 기도하였다. 그때 강가 여신이 아들을 데리고 왕 앞에 나타나 돌려주고는 홀연히 사라졌다. 산따누 왕의 궁전으로 온 '데바브라따'는 정식으로 왕위를 계승하는 의식을 거행하고 황태자가 되었다.

그리고 얼마쯤 지난 뒤 샨따누 왕은 강가 강 가까이에 있는 숲속으로 사냥을 나갔다. 그런데 숲속에서는 사향노루의 향이 진동하였다. 향이 풍겨나는 곳을 따라가 보니 어부가 사는 조그마한 집이 있었다. 그 향은 어부의 딸 사뜨야바띠(Satyavatī)로부터 나오는 향이었음을 알았다. 그는 그녀를 보고 한눈에 사랑에 빠졌다. 그는 어부에게 사뜨야바띠를 부인으로 삼고 싶다고 말하였다. 어부는 딸 사뜨야바띠가 낳은 아들을 왕위의 계승자로 받아들인다면 결혼을 허락하겠노라고 하였다. 그런데 산따누 왕에게는 이미 '데바브라따'라는 훌륭한 황태자가 있었기 때문에 어부의 조건을 받아들일 수 없었다. 그 때문에 산따누 왕은 깊은 고민에 빠졌다. 그 뒤에 '데바브라따'는 대신들로부터 이런 사실을 전해 듣고 아버지의 소원을 들어주기 위해 자신이 왕위계승권을 포기하기로 마음을 먹었다. 그리고 그는 자신은 앞으로 자손을 두지 않고 한평생 동안 독신으로 살아가겠다고 맹세를 한다. 부왕 샨따누는 염원이 이루어져 사뜨야바띠와 결혼을 하고, 아들 '데바브라따'에게 감사하는 마음으로 '비슈마'(=데바브라따)가 스스로 원하지 않을 때는 죽지 않는 존재(不死, amṛta)가 될 수 있는 은혜를 베풀었다.

그 뒤 샨따누 왕은 사뜨야바띠와 사이에 찌뜨랑가다(Citrāṇgada)와 비찌뜨라비르야(Vicitravīrya)의 두 아들을 얻고 곧바로 죽었다. 비슈마는 약속대로 찌뜨랑가다를 왕으로 세웠다. 꾸루끄쉐뜨라(Kurukṣetra) 왕국은 번영했지만 오래 존속되지 않고, 찌뜨랑가다는 간다르바(Gandharva)의 공격을 받고 7년에 걸친 전쟁에서 죽었다. 그러자 비슈마는 다음으로 비찌뜨라비르야를 왕위에 오르게 한다. 그 무렵 까쉬(Kāśī, 지금의 바라나시 지방) 국의 세 공주인 암바(Ambā), 암비까(Ambikā), 암바리까(Ambārikā)가 배필을 고르는 의식(svayaṁvara)[1]이 행해졌다. 비슈마는 비찌뜨라비르야가 세 명의 남편이 되는 것이 좋다고 생각하고 자신이 그 의식에 참가하게 된다. 세 명의 딸들은 나이가 많은 비슈마가 참가하고 있다는 것을 수상쩍게 생각한다. 또한 다른 사람들도 독신을 선언한 비슈마를 보고 포기하도록 하려 했으나 늙은 비슈마는 결혼에는 여덟 가지 형태가 있음을 말하여 다른 젊은 경쟁자들을 완전히 물리치고 까쉬 왕의 세 딸을 데리고 꾸루 족의 수도 하스티나뿌라(Hasthināpura)로 돌아왔다. 이리하여 까쉬 왕의 세 딸과 비찌뜨라비르야와의 결혼을 세상에 알렸다. 그때 세 딸 가운데 첫째인 암바는 이미 자신의 마음이 샤르바(Śārva) 왕에게 있음을 고백하였기 때문에 비슈마는 그를 까쉬 왕에게 돌려보냈다. 비찌뜨라비르야는 암비까와 암바리까와 결혼을 하고 7년 동안 나라를 통치하다가 자식 없이 죽었다.

왕국이 단절되는 것을 두려워한 사뜨야바띠는 비슈마에게 암비까와 암바리까 자매와 결혼하여 대를 이를 것을 간청하였다. 하지만 비슈마는 독신의 맹세를 깨뜨릴 수 없다고 말하며 그 제안을 받아들이지 않았다. 사뜨야바띠는 포기하지 않고, 서자인 븨야사(Vyāsa)를 불러 암비까 자매와 결혼시켰다. 암비까로부터는 드리따라슈뜨라(Dhṛtaraṣṭra)를, 암바리까로부터는 빤두(Paṇḍu)를, 그리고 그녀들의 시녀로부터는 비두라(Vidūra)를 얻었다. 그들의 자손은 꾸루 족을 둘로 나누는 18일 동안의 큰 전쟁을 하게 된다. 꾸루 족(Kaurava)과 빤두 족(Paṇḍava)에게 큰 할아버지에 해당하는 비슈마는 이 전쟁에서 첫 10일 동안 꾸루 족 진영을 지휘하였다.[2]

---

1 여성은 많은 끄샤뜨리야 구혼자들 가운데 스스로 자신의 신랑감을 선택하는 의식을 말한다. 특히 끄샤뜨리야 계급의 미혼여성은 많은 구혼자들 가운데서 자유롭게 공개적으로 자신의 배필을 선택하는 권리가 인정되어 있었다.

2 18일 동안의 전쟁에서 비슈마와 빤두 족의 아르주나(Arjuna)와는 몇 번이고 충돌하여 서로 용감하게 싸워서 천신과 귀신이 모두 감탄할 정도였다. 전쟁이 10일째 되던 날에 비슈마 옆에서 하루 동안 양 진영 사이의 치열한 전투가 벌어졌다. 비슈마는 아르주나를 비롯한 빤두 진영의 전사들의 무수한 화살을 맞고 전차에서 떨어졌다. 빤두 진영은 승리의 함성을 올렸다. 그렇지

그런데 빤두는 왕위에 오른 지 얼마 되지 않아 숲으로 사냥을 나가 사슴으로 변신한 한 성자 부부를 몰라보고 수사슴을 죽이게 된다. 수사슴은 '죽으면서 빤두가 여인과 침실로 들어가는 순간 죽고 말 것'이라는 저주를 하고 만다. 왕은 그것을 속죄하기 위해 비슈마와 비두라(Vidūra)[3]에게 나라를 맡기고 꾼띠(=쁘리타)와 마드리의 두 부인과 함께 숲으로 들어가 금욕생활을 하게 된다. 수년이 흐른 뒤 어느 봄날 춘정에 못 이긴 빤두는 마드리를 침실로 끌어들였다. 그러나 빤두는 수사슴으로 변해 죽은 성자의 저주가 그대로 받아들여져 죽게 된다.

그러므로 어쩔 수 없이 눈먼 형 드리따라슈뜨라가 왕위를 이어 정사를 돌보는 한편, 빤두 왕의 다섯 왕자를 자신의 100명의 왕자들과 함께 길렀다. 나이 많은 드리따라슈뜨라 왕은 죽은 아우에 대한 각별한 정 때문에 빤두의 다섯 아들을 특별히 배려해주고 싶었다. 더군다나 다섯 왕자는 모두 무예가 뛰어났다. 그 가운데서도 이들의 맏형인 유디슈티라가 지모와 용기가 빼어나 그를 왕위의 계승자로 삼았다. 그러자 꾸루 형제들은 이를 질투하며 다섯 형제들에게 온갖 박해를 하였다. 꾸루 형제들은 음모를 꾸며 다섯 왕자를 불태워 죽이려고도 하였다. 결국 다섯 왕자는 은둔자로 변장하여 여러 나라를 방황하며 때가 오기를 기다려야만 했다. 마침 빤짤라(Pañcala) 국에 이르렀을 때 그 나라의 공주 드라우빠디(Draupadī)가 자

만 이 꾸루 족 전체의 명예를 젊어진 영웅에게 경의를 표하며 한동안 휴전에 들어갔다. 꾸루 진영도 빤두 진영도 지금 막 숨을 거두려는 비슈마의 주위에 모여들었다. 비슈마는 마지막으로 꾸루 진영의 총사령관 두료다나(Duryodana)에게 꾸루끄쉐뜨라에 평화가 오도록 요청하였다. "오오, 나의 아들이여! 이 전쟁은 나의 죽음으로 끝내어라. 빤두 진영과 화해를 하여라"라고 하며 숨을 거두었다. 그가 연로함에도 얼마나 존경받고 용감했는지는 BG.1.10-12에서 볼 수 있다.

3 비두라는 드리따라슈뜨라(Dhṛtaraṣṭra)를 낳은 암비까의 시녀와 븨야사의 결합으로 태어난 아들로서 훗날 꾸루 족의 최고 대신 겸 고문이 된다.

신의 배필을 고르는 의식이 열리고 있었다. 다섯 왕자들은 모두 이에 참가하여 무예를 겨루었다. 그 가운데 활솜씨가 가장 뛰어난 세 번째 왕자 아르주나(Arjuna)가 다른 경쟁자를 모두 물리치고 공주를 선택할 권한을 받게 된다. 그러나 나머지 다른 형제들도 그녀를 사랑하였으므로 드라우빠디는 다섯 형제들의 공동 아내가 된다.

그런 다음 고국에 돌아가 눈먼 왕으로부터 왕국의 반을 나누어 받아, 꾸루 형제들은 하스띠나뿌라에, 빤두 형제들은 인드라쁘라스타(Indraprasṭha, 지금의 델리)에서 자기의 나라를 다스렸다. 빤두 형제들의 왕 유디슈티라는 인덕이 많고 그의 명성은 매우 높아 나라는 번영하였다. 그러나 꾸루 형제들의 맏형인 두료다나는 이를 질투하였다. 그러나 유디슈티라 왕은 단지 도박을 즐긴다는 것이 하나의 결점이었다. 이를 알게 된 꾸루 100형제의 두료다나는 그의 외삼촌인 샤꾸니(Śakuni)[4]와 공모해 그의 궁전으로 유디슈티라를 유혹하여 큰 도박을 벌렸다. 유디슈티라 왕에게 모든 재보 · 우마 · 도성 · 왕국, 나아가서는 그의 형제들의 공동 소유인 아내 드라우빠디까지 걸게 하며, 그의 왕국 · 재보 · 아내 · 형제들을 가로챘다.

그러나 드리따라슈뜨라 왕의 중재로 빤두 5형제들은 노예로부터 벗어났다. 그 대신 12년 동안 숲속에서 방랑생활을 하기로 하였다. 13년째는 신분을 숨기고 사람들의 눈에 띄지 않게 민가에서 보낸 뒤 국토를 회복하고자 마음먹었다. 그리하여 다섯 왕자들은 아내와 함께 12년 동안 숲에서 살면서 갖가지 기이한 모험을 하게 된다. 그리고 13년째에는 변장을 하고 마츠야(Matsya) 국에 숨어 들어가 국왕 비라따(Virāta) 밑에서 하인으로 봉

4 수발라(Subala) 왕의 아들이자 간다리(Gandhārī, 간다라 왕의 딸이자 드리따라슈뜨라의 부인) 왕비의 오빠. 그는 조카 두료다나의 가장 모사꾼이자 정신적 스승으로 유디슈티라를 도박장으로 유인한 인물이다.

사하였다. 때마침 꾸루의 군대가 마츠야 국을 침략하였다. 이때 다섯 왕자는 은밀히 마츠야 국을 도와 그들을 격퇴하였다. 이 전쟁이 끝나자 12년이라는 기한을 마치게 된 다섯 왕자는 그들의 정체를 비라따 왕에게 밝히고 동맹을 맺는 서약하였다. 이윽고 다섯 왕자들은 꾸루 왕에게 사신을 보내 왕국의 반환을 요구했으나 그 사신은 빈손으로 돌아왔다. 그리하여 지금의 델리 부근의 넓은 꾸루 대평원에는 두료다나가 이끄는 꾸루 족의 대군과 유디스티라(빤두 5형제의 맏형)가 이끄는 빤두 군대가 집결하게 된다. 빤두 족과 꾸루 족 양군은 각각 그들의 동맹군과 함께 꾸루 평원에 18일 간에 걸친 대전투를 벌어진다.[5] 이 이야기를 토대로 『기따』와 『마하바라따』에 등장하는 가계도를 만들면 다음과 같다.

5 그 격전의 결과 꾸루 족은 괴멸하고 빤두 족의 승리로 끝났다. 유디슈티라 왕은 큰아버지 드리따라슈뜨라 왕과 화해하고 하스띠나뿌라에서 왕위에 올라 성대한 마사제(馬祀祭)를 베풀고 공정히 나라를 다스렸다. 눈먼 드리따라슈뜨라 왕은 재위 15년 동안 꾸루와 빤두 족의 우두머리로서 최고의 존경을 받았으나, 마침내 그의 아내와 함께 숲으로 은거하였고, 뒷날 산불을 만나 비명에 죽었다. 빤두 다섯 형제들도 수십 년 뒤에 인생에 회의를 느껴 숲으로 은거하였고, 드디어 세상을 떠나 천계로 올라갔다고 한다.

[표 7] 빤두와 드리따라슈뜨라 형제의 가계도

뻐라띠빠(월종족의 왕: 여신 강가가 결혼을 청하나 자신의 아들과 결혼할 것을 권함)

↓

산따누 + 강가 여신 → (데바브리따= 비슈마)

\+ 사뜨야바띠+빠라사라

비야사

→ 찌뜨랑가다 → 비치뜨라비르야(찌그랑가다가 7년 동안의 전쟁으로 죽자 비찌뜨라비르야에게 왕위가 계승되고, 비슈마의 제의로 비치뜨라비르야는 암비까와 암바리까 자매와 결혼함)

\+암비까와 암바리까(비치뜨라비르야가 재위한 7년 동안 암비까와 자매와의 사이에 후손 없이 왕이 죽자 왕국의 단절을 염려한 사뜨야바띠는 비슈마에게 암비까 자매와 결혼할 것을 청하나 그가 거절하자 븨야사와 암비까 자매를 결혼시킴)

〔암바리까+븨야사+암비까〕

↓

- 빤두(Paṇḍu)
- 드리따라슈뜨라(Dhṛtaraṣṭra: 선천적으로 눈이 멀어 빤두가 왕위에 오름)+간다리

[표 8] 빤두 5형제의 족보[6]

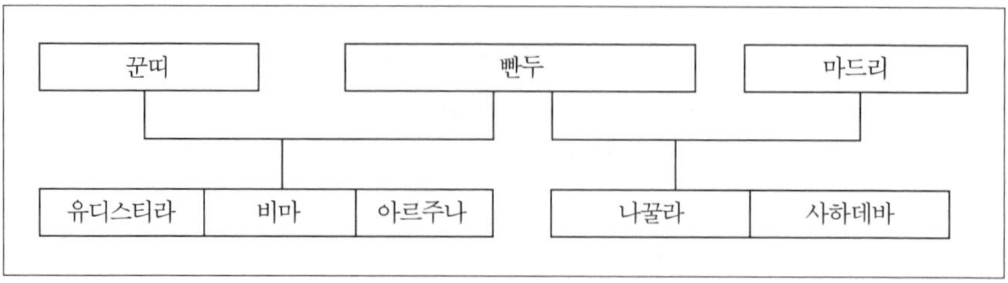

[표 9] 1과 2의 종합

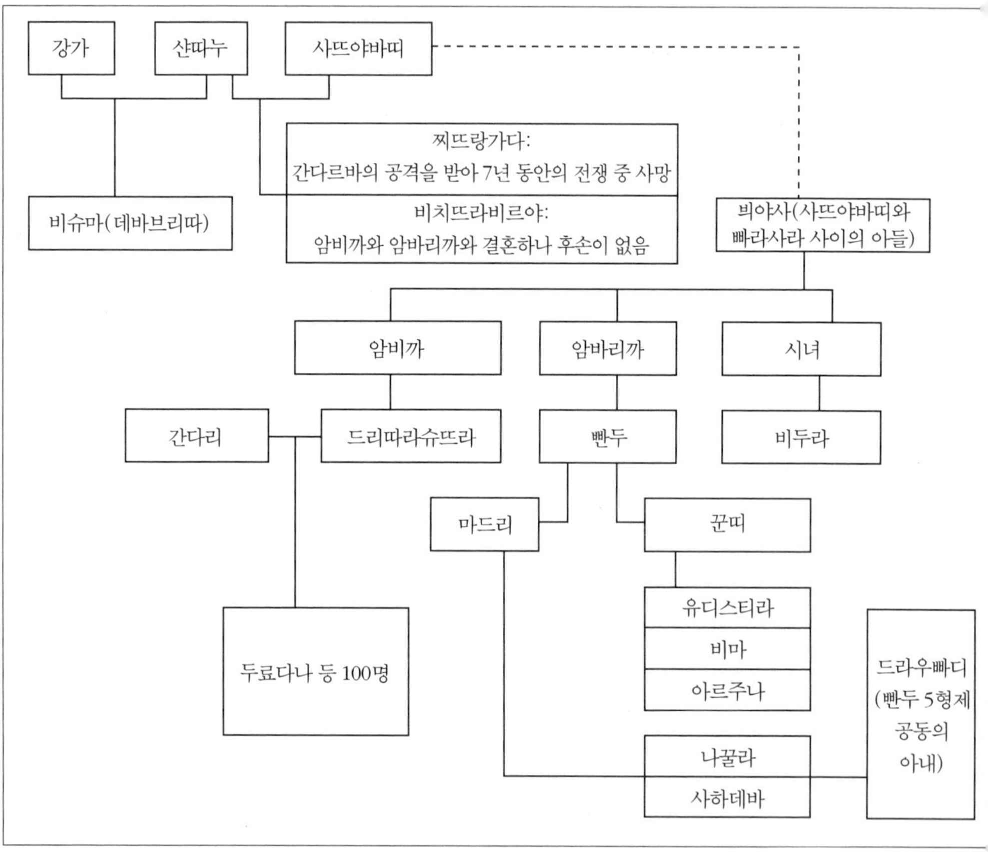

6 빤두 다섯 형제들은 실제로는 꾼띠와 마드리가 신들과 결합하여 낳은 아들이다. ① 다르마(Dharma, 정의의 신)+꾼띠 → 유디스티라. ② 바유(Vāyu, 바람의 신)+꾼띠 → 비마. ③ 인드라(Indra, 전쟁의 신)+꾼띠 → 아르주나. ④+⑤ 아슈빈(Aśvin, 雙神)+마드리 → 나꿀라 · 사하데바의 쌍둥이.

[표 10] 꾼띠와 끄리슈나의 가계도

수라세나+마리사
↓———————↓———————↓
꾼띠　　　까르나　　　바수데바+로히니 → 발라라마
↓
+데바끼
↓
끄리슈나 +사띠야바바, 루끄미니, 16,000명 다른 부인들

* + : 혼인관계
↓ 또는 → : 부자관계

2. 18일 동안의 전쟁과 그것의 상징적 의미

1) 18일 동안의 전쟁

꾸루 군과 빤두 군의 양 진영 병력에서 꾸루 진영이 우세하다. 왜냐하면 꾸루 족의 가장 어른이고 당대의 제일 명장이자 두 진영의 큰할아버지인 비슈마 장군이 꾸루 군대에 가담하고 있기 때문이다.

> 비슈마의 지휘를 받는 우리[꾸루 족]의 병력은 이처럼 부족하지만 비마의 지휘를 받는 그들(빤두 족)의 병력은 그와 같이 충분합니다. 그러므로 그대들이여! 모든 길목에서 각자의 정해진 위치에 굳게 서서 반드시 비슈마를 보호해야 합니다. 꾸루 족의 큰할아버지는 그[두료다나]의 전율을 북돋고자 큰 소리로 사자후를 하며 힘차게 소라나팔을 불어댔습니다. (1.10–12)

맨 앞에서 꾸루 진영이 빤두 진영의 병력보다 우세하다고 했는데 위의 인용문에서는 "비슈마의 지휘를 받는 우리[꾸루 족]의 병력은 이처럼 부족

하다"고 말하고 있어 혼란을 일으킬 수 있다. 그런데 그것의 혼란을 불러 일으키는 원인은 'aparyāpta'이다. 왜냐하면 『기따』를 번역하는 사람에 따라 다르게 번역하고 있기 때문이다. 만약에 그것을 '부족하다'고 번역하면 앞의 인용문의 번역이 맞다. 그러면 그 구절에 제시된 꾸루 진영의 우세와는 모순처럼 보인다. 그러나 꾸루 진영에 비슈마 장군과 드로나 장군이 가담하고 있기 때문에 병력의 숫자에서는 열세일 수 있지만 병력, 곧 군사력은 뛰어나다고 말하는 것이 타당하다.[7] 그렇지만 라다끄리슈난은 꾸루 진영의 우세를 보이기 위해 'aparyāpta'를 우세하다고 번역하고 있다. 그러나 'aparyāpta'를 분석하면 'a(부정어)+pary(완전한)+āpta(얻어진)'는 '완전하지 않는'이라는 뜻이기 때문에 라다끄리슈난의 '충분한'으로의 번역이 틀리다는 것을 확인할 수 있을 것이다.[8] 예컨대 에저톤(Franklin Edgerton),[9] 워리어(A. G. Krishna Warrier),[10] 길희성,[11] 임승택[12]은 필자와 같이 '부족한'의 의미로 번역하고 있다. 그러나 라다끄리슈난과 일본 학자인 쯔지 나오시로우(辻直四郎)[13]는 '충분한'의 의미로 번역하고 있다. 라다

7 왜냐하면 양 진영 가운데 꾸루 진영의 병력이 빤두 진영의 그것보다 더 우세하지만, 최고 영웅 끄리슈나가 빤두 진영에 가담함으로써 궁극적으로 승리는 정의의 편인 꾸루 진영에 있음을 예견하고 있기 때문이다.

8 paryāpta의 단어를 분석하면, pari(완전한)+√āp(얻다)+ta(과거수동분사)를 '완성되어진 것', '채워진 것', '풍부한' 등의 의미이고, 그것의 부정(aparyāpta)은 '불충분한 것'의 의미이다.

9 Franklin Edgerton(1944, 1978), p. 4, (Atho) insufficient (in number) this our Host is protected by (the wise) Bhīṣma; On the other hand, (while) sufficient, this their Host is protected by (the unskilled) Bhīma.

10 A. G. Krishna Warrier(trans. 1983), p. 8, This force of ours, under the protection of Bhīṣma, is inadequate; but the Pāṇḍava force, protected by Bhīma, is quite adequate.

11 길희성(1988), p. 16, "비쉬마가 지키고 있는 우리의 병력은 부족하나 비마가 지키고 있는 저들의 병력은 충분합니다."

12 임승택(1998), p. 3, "(그러나) 비쉬마가 지휘하는 우리의 병력은 이처럼 부족합니다. 그런데 비마가 지휘하는 저들의 병력은 저처럼 충분합니다."

13 辻直四郎(1985), pp. 19~20. "비마의 옹호를 받고 있는 저 군대는 우리에게 필적하지 못한

끄리슈난은 전자(aparyāpta)를 '한정되지 않은 것'(unlimited)의 의미로 번역하고, 후자(paryāpta)를 '한정된 것'(limited), 곧 전자는 '충분한 것', 후자는 '불충분한 것'으로 번역하고 있지만,[14] 에저톤 등은 그와 정반대로 전자를 '불충분한 것', 후자를 '충분한 것'으로 번역하고 있다. 이에 따르면 필자처럼 번역하는 것이 타당할 것으로 보인다. 또한 그것을 방증하기 위해 1.10의 전후 문맥을 살펴보자. 1.10 이전의 내용에서 보면 양 진영 간의 병력의 차이를 알 수 있는 확실한 단서는 찾을 수 없다. 그렇지만 1.10 이후의 내용, 특히 1.11의 내용을 미루어보면 필자처럼 번역하는 것이 타당하다. 그리고 꾸루 진영에서 비슈마가 얼마나 중요한 인물인지를 세 대목에서 보여주고 있다. "비슈마의 지휘를 받는 꾸루 족의 병력은 [……]", "반드시 비슈마를 보호해야 할 것이다", 그리고 "꾸루 족의 큰할아버지는 [……]"라고 하는 것이 그것이다. 비슈마는 꾸루 족뿐만 아니라 빤두 족의 큰할아버지이자 그 진영의 전쟁을 총지휘하는 중요한 직책을 가지고 있기 때문에 정신적인 지주일 뿐만 아니고, 실제 전쟁에서도 그의 역할은 중요하다는 것을 볼 수 있다. 전쟁에서는 실제적인 무예가 뛰어난 것도 중요하지만 그보다도 정신적으로 다른 사람들로부터 얼마나 존경을 받느냐 그렇지 않느냐가 더 중요하다. 그것은 또한 꾸루 100형제와 빤두 5형제들에게 무술을 가르쳐준 드로나(Droṇa) 장군에게서도 찾을 수 있다. 그런데 비슈마와 마찬가지로 드로나도 꾸루 진영에 가담하고 있음은 1.2-3 시편에서 확인할 수 있다.

산자야가 말했다: 그때 두료다나는 정렬을 마친 빤두의 자식들의 군대를 보고

다. 그렇지만 비슈마의 옹호를 받고 있는 이 군대는 그들에게 필적한다."

14 S. Radhakrishnan(1948, 1976), p. 83. "Unlimited is this army of ours which is guarded by Bhiṣma, while that army of theirs which is guarded by Bhīma is limited."

나서 스승[15] [드로나]에게 다가가 말하였다. 보십시오. 스승이시여! 저 빤두 자식들의 거대한 군대를. [그들은] 당신의 지혜로운 제자 드루빠다 아들[16]의 지휘 아래 정렬되어 있습니다.

위 인용문에서 꾸루 진영의 두료다나가 군대를 정렬해놓은 뒤, 맨 먼저 찾아간 사람은 드로나[17]이다. 그는 전쟁에서 그만큼 중요하다는 것을 암시한다. 이것은 1.24–25시편에서 증명하고 있다.

산자야가 말했다: 아르주나[18]가 이와 같이 말하였습니다. 바라따[19]여! 흐리쉬께샤[20]는 양 진영 사이에 가장 뛰어난 전차를 세우고 나서, [꾸루 진영에 가담한] 비슈마와 드로나 그리고 모든 왕들 앞에서 말했습니다. '쁘리타의 아들[21]이여! [여기에] 모인 이들 꾸루 족을 보시오'라고.

꾸루 진영에 비슈마와 드로나 장군이 가담하여 빤두 진영이 병력에서

---

15 여기서 스승의 원어는 ācārya인데, 그것은 경전들의 의미를 알고, 그것을 다른 사람들에게 가르치며, 그 스스로 그 가르침을 몸소 실천하는 사람이다. S. Radhakrishnan(1948, 1976), p. 81.

16 드루빠다는 빤두 5형제의 공동 부인(Draupadī)의 아버지, 곧 장인이고, 그의 아들은 드리슈따드윰나(Dhṛṣṭadyumna)로서 빤두 5형제의 처남이자 그 군대의 총사령관이다.

17 드로나(Droṇa)는 원래 브라흐만 종성에 속하고, 양 진영의 왕자들에게 전술을 가르쳤던 스승(ācārya)의 이름. cf. S. Radhakrishnan(1948, 1976), p. 81.

18 더부룩한 머리털을 가진 자. 아르주나의 별명. '잠의 정복자'라는 의미를 가지고 있다.

19 드리따라슈뜨라를 가리킨다.

20 끄리슈나를 가리킨다.

21 쁘리타는 빤두 왕의 첫 째 부인이자 5형제(paṇḍava)의 어머니 꾼띠, 끄리슈나의 아버지인 바수데바(Vasudeva)의 여동생인데 그는 아버지 수라세나(Surasena) 왕이 아기였을 때 친구 꾼띠보자(Kuntibhoja) 왕에게 양녀로 보냈다. 꾼디보자 왕은 자식이 없었다. 원래는 쁘리타(Pṛtha)였지만 꾼띠보자가 기른 뒤에 꾼띠라는 이름을 얻게 되었기 때문에 빠르타(Pārtha)는 아르주나를 가리킨다.

는 열세이지만, 비슈누 신의 화신인 끄리슈나가 빤두 진영의 아르주나의 전차 운전병으로 빤두 편에 가담한 것을 주목할 필요가 있다. 끄리슈나가 빤두 진영에 가담했다는 것은 하나의 중대한 사건이다. 왜냐하면 비슈누 신이 빤두 편에 섰다는 사실 하나만으로 결국 전쟁의 승리는 빤두 군에게 돌아갈 것이기 때문이다. 힌두교에서 비슈누 신, 그의 화신 끄리슈나는 정의가 쇠퇴하고 불의가 득세할 때 나타나서 그 불의를 물리치고 정의를 바로세우는 것으로 되어 있기 때문이다.

> 바라따의 자손 아르주나여! 정의가 쇠퇴하고 불의가 흥기할 때마다 나는 내 자신을 [이 세상에 모습을] 나타낸다. 선한 행위를 하는 사람들을 구제하고 악한 행위를 하는 자들을 파멸시키기 위하며, [그리고] 정의를 확립하기 위하여 각 유가마다 [나는 이 세상에 모습을] 나타낸다. (4.7-8)

이 꾸루 대평원에서 전쟁은 18일 동안 계속된다. 그런데 전쟁 10일째 되는 날 비슈마 장군이 전사한다. 이는 꾸루 진영에는 엄청난 충격이다. 왜냐하면 비슈마 장군의 죽음은 곧 꾸루 진영의 패배와 같을 정도로 중요한 인물이기 때문이다.

2) 전쟁의 상징적 의미

꾸루 끄쉐뜨라(Kuru-kṣetra, 평원) 전쟁(yuddha)은 무엇을 상징할까? 전쟁이 전쟁으로 끝난다면 『기따』에서 양 진영 사이의 싸움은 아무런 가치가 없다. 그러나 전쟁이 전쟁 이상의 의미를 내포할 때 그 전쟁은 그 자체로 본질적인 것을 가장 강렬하게 나타내게 된다. 더구나 빤두 진영과 꾸루 진영은 사촌형제 사이이다. 형제끼리 피비린내 나는 전쟁을 벌이려는 이 긴박한 상황이 바로 『기따』의 가르침이 시작되는 무대이다.

전쟁은 무엇을 의미하는가? 그것은 부정적 에너지와 긍정적 에너지로 들끓는 이 삶이야말로 진리가 실현될 수 있는 가장 적절한 곳임을 뜻한다. 그러므로 여기 꾸루 끄쉐뜨라에서 전쟁은 바로 우리의 삶을, 그리고 꾸루 군은 우리 삶 속의 부정적 에너지인 악을, 빤두 군은 우리 삶 속의 긍정적 에너지인 선을 뜻한다. 지금 '꾸루 끄쉐뜨라 대평원'(=인간의 육체 속)에는 꾸루 군과 빤두 군이 일대 혈전을 벌이기 위해 집결해 있다. 이 전쟁은 선(긍정적인 에너지)과 악(부정적인 에너지)이 우리의 몸 안에 지금 팽팽하게 맞서고 있는 것에 비유된다. 그러나 정의의 신(끄리슈나=비슈누)은 꾸루 군(부정적인 곳)이 아니라 빤두 군(긍정적인 곳)에 가담하고 있기 때문에 승리는 결국 빤두 군에게 돌아갈 것이다. 그러므로 우리는 부정적인 에너지 한가운데 이 고난을 묵묵히 참고 견디며 오직 하나, 저 진리를 향해 나아가야 함을 알아야 한다. 다시 말해 부정적인 에너지의 어둠 속을 지나 긍정적인 에너지의 아침을 맞을 때까지 정의의 전쟁(dharma-yuddha)을 수행해야 한다.

『기따』의 주인공 아르주나는 우리 자신의 '개인 영혼'이고, 아르주나가 타고 있는 전차는 '진리의 수레바퀴'(dharma-cakra, 法輪)이고, 그의 친구이자 전차 운전병인 끄리슈나는 '진리 그 자체'를 뜻한다.

3. 아르주나의 딜레마와 그 의미

1) 아르주나의 내면적 갈등

『기따』는 기본적으로 '아르주나의 질문'에 대한 '끄리슈나의 대답'의 형식을 띠고 있다. 다시 말해 『기따』는 '아르주나의 내면적 윤리적인 갈등 → 끄리슈나의 설득, 또는 가르침 → 아르주나의 전쟁 참여의 결심'의 구

조로 되어 있다.[22]

『기따』는 18일 동안의 전쟁을 시작하는 첫날에 꾸루 진영과 빤두 진영이 마주하고 있는 장면부터 시작된다.

> [꾸루 족의 왕] 드리따라슈뜨라가 말했다: 산자야[23]여! 정의의 땅, 꾸루의 넓은 평원[24]에 싸우고자 모인 나의 [100명의] 자식들과 빤두의 [5명의] 자식들은 어떻게 되었는가? (1.1)

『기따』의 주인공은 이들 가운데 빤두 족의 셋째 왕자인 아르주나와 힌두교에서 비슈누 신의 여덟 번째 화신(avatāra)이자 아르주나의 마부로 등장하는 끄리슈나이다. 아르주나는 전쟁터에 정렬해 있는 자신의 빤두 족의 군대와 적군인 꾸루 족의 군대 중간에 서서 자신의 스승과 친족들이 정렬해 있는 것을 보고 도덕적 회의를 느끼면서 내면적으로 윤리적 딜레마에 빠진다. 그러므로 아르주나의 고민은 바로 윤리, 또는 도덕적인 딜레마이다. 딜레마란 "서로 싸우면 상대편의 적을 반드시 죽여야 한다. 그렇지 못하면 자신이 죽어야 된다. 다시 말해 싸우면 자신의 친족들을 죽

22 박효엽이 각각에 해당하는 내용을 정리하면 다음과 같다: ① 주인공 A는 전장에 도열해 있는 적군들 사이에서 자신의 스승과 친척들을 알아보고는 내면적 윤리적인 딜레마에 빠진 채 전쟁에 참여하기를 거부한다. ② 또 다른 주인공 끄리슈나는 이러한 아르주나가 잘못 생각하고 있음을 지적하면서 전쟁에 참여해야 하는 이유를 제시한다. ③ 끄리슈나의 설득에 의해 아르주나는 전쟁에 참여할 것을 결심한다. 박효엽(2009), 같은 글 참조.

23 산자야는 눈먼 드리따라슈뜨라 왕의 마부로서, 『기따』에서는 아르주나와 끄리슈나 사이의 대화를 듣고 기억하여 왕에게 전쟁 상황을 보고하는 역할을 맡은 천리안을 지닌 사람. S. Radhakrishnan(1948, 1976), p. 81.

24 꾸루 족이 살고 있는 델리 부근의 넓은 평원의 이름으로 옛 이름은 하스띠나뿌라(Hastināpura)라고 하였고, 이곳에서 빤두 5형제(pāṇḍava)와 꾸루 100형제(kaurava)가 모여 싸웠던 전쟁터이다.

여야 하고, 싸우지 않으면 끄샤뜨리야 계급으로서 자신의 특수의무(svadharma)를 어기게 된다는 것이다."[25]

여기서 끄샤뜨리야의 특수의무란 "전쟁이 일어나면, 곧 세상에 불의(不義, adharma)가 닥치면, 전쟁터에 나아가서 적을 물리치고 사회의 안녕과 평화를 지키는 것이다. 끄샤뜨리야 계급으로서 자신의 의무를 지키고자 싸운다면 친족들을 죽여야 한다. 친족들을 죽이면 그에 딸린 가족들이 고통을 받게 된다. 가족들이 고통을 받아 가계가 혼란스럽게 되면 가족의 도덕질서가 무너진다. 가족의 도덕질서가 무너지면 사회에는 불의가 넘쳐나게 된다. 사회에 불의가 넘쳐나면 가족의 여인들이 타락하게 된다. 여인들이 타락하면 윤리에 벗어난 행동들을 함으로써 종성 사이의 혼혈이 일어나게 된다. 종성 사이의 혼혈로 말미암아 종교의식이 제대로 지켜지지 않거나 단절된다. 그렇게 되면 가족을 파괴한 자들은 지옥에 떨어지고, 또한 조상신들은 제사를 받지 못하기 때문에 그들도 또한 지옥에 떨어지게 된다."(1.38–44)[26] 그렇기 때문에 아르주나는 끄리슈나에게 끄샤뜨리야의 의무인 친족을 살상하는 전쟁을 하지 못하겠다고 선언한 것이다. 이것이 아르주나의 딜레마이다.

아르주나가 전쟁을 하지 못하겠다고 선언한 이유는 어렸을 때 자신들을 길러준 큰아버지, 자신을 가르치고 인도해준 스승들, 싸워야 할 상대가 사촌형제들, 그리고 지금까지 살아오는 과정에서 도움을 받았던 이웃나라의 왕족들 등 모두 자신의 혈육이거나 존경하는 사람들이기 때문이다. 이것은 다음 시편에서 확인할 수 있다.

25 심재룡(1990), pp. 309~312.
26 심재룡(1990), p. 313.

아르주나가 말했다: 끄리슈나여! 어떻게 내가 존경해야 할 [큰할아버지] 비슈마와 [무예를 가르쳐준 스승] 드로나에게 전쟁에서 활을 겨누고 싸울 수 있겠습니까? 끄리슈나여! 왜냐하면 고결한 스승들을 죽이지 않고 [내가] 차라리 이 세상에서 구걸하는 것이 낫기 때문이오. 그렇지 않고 부귀를 바라는 스승들을 바로 이 세상에서 죽인다면 [그들의] 피에 젖은 부귀를 빼앗는 꼴이 될 것이오. (2.4–5)

그렇지만 아르주나는 싸우기를 두려워하는 것이 아니다. 그가 당면하고 있는 친족살상의 '보편의무'와 전쟁수행이라는 '자신의 특수의무'가 모두 세속적으로 죄짓는 것으로 보고 있기 때문에 전쟁을 하지 않으려고 하는 것이다. 그러나 가장 표면적인 이유는 전쟁에서 그가 죽일 사람들이 친족이기 때문에 내면적인 윤리적 딜레마에 빠지게 된다는 데서 찾는다.

아르주나가 "끄리슈나여! [나는] 승리도, 왕국도 그리고 [어떠한] 즐거움도 바라지 않는다오. 끄리슈나여! 우리들에게 왕국이 무슨 [소용이] 있을 것이고, 즐거움이나 삶이 무슨 소용이 있겠소?"(1.32)에서 볼 수 있듯이, 친족과의 싸움에서 얻게 될 왕국의 승리나 쾌락을 원하지 않는다고 하는 것의 배후에는 힌두교의 문화적 의미의 중요성이 함축되어 있다. 가부장제를 구성하는 유교문화권을 살아온 우리와 마찬가지로, 아르주나의 이 같은 태도의 배후에는 인도의 가족주의 문화가 깔려 있다.[27]

전쟁 때문에 불의가 어지럽게 퍼져 가족법의 질서가 무너지면 가문의 여인들이 타락하게 되고, 여인들이 타락하면 계급의 혼잡이 일어난다(1.41)는 것은 가족의 해체를 의미한다. 계급의 혼란은 종성(種姓, varṇa)[28]

---

27 김호성(2000), p. 88.

28 varṇa(피부색)의 번역. 힌두 전통에 따르면, 종성에는 네 가지(브라흐마나, 끄샤뜨리야, 바이샤, 슈드라)가 있고, 이것은 집단적인 의미를 가지고 있다. 예컨대 광산 김씨 가문, 김해 김씨 가문, 전주 이씨 가문, 남평 문씨 가문과 같은 의미. 반면에 jāti(혈연)는 개별적인 의미를 가

체계에 따른 윤리가 무너지는 것이다. 그럼으로써 가족의 전통이 사라지게 된다. 이로 말미암아 조상들에게 제사를 지내지 못해 가족 모두에게 나쁜 영향을 줄 수 있고, 전통의 정신이 깨어지면 사회적 혼란이 오게 될 것(1.42-44)에 아르주나는 고뇌하고 있다. 또한 전쟁을 해서 이긴다고 한들 무슨 의미가 있는가라는 허무감에 빠진다고 말한다. 이것은 다음 시편에서 볼 수 있다.

> 끄리슈나여! 드리따라슈뜨라 왕의 아들 100명을 죽이고서 우리에게 무슨 즐거움이 있겠소? 활로 무장한 저들을 죽이면 우리에게 죄와 악만이 쌓이게 될 것이오. 그렇기 때문에 우리들은 친족인 드리따라슈뜨라의 아들 100명을 죽일 수 없다오. 끄리슈나여! 친척을 죽이고서 어떻게 행복할 수 있겠소? (1.36-37)

전쟁에서 승리를 하더라도 거기에는 아무런 기쁨도 있을 수 없다고 느끼는 무상함이나 허무감 때문에 아르주나는 그들을 죽이는 것보다 차라리 자신이 죽는 것이 더 나을 것이라는 생각을 하게 된다. 또한 전쟁은 어느 쪽이 이기든 간에 생명을 살상하는 행위이다. 그러나 아르주나의 도덕적 딜레마 속에서는 불살생(ahiṁsā)을 지향하고 있음을 다음 시편들에서 엿볼 수 있다.

> 끄리슈나여! 비록 저들이 나를 죽이려고 하더라도 나는 저들을 죽이고 싶지 않다오. 천상세계, 공간세계, 지상세계의 삼계의 왕권을 위해서도 저들을 죽일 수 없

지고 있는데 예컨대, 남평 문씨 가문의 문○○이라는 개인에게 적용된 계급으로, 흔히 계급이라고 말할 때 쓰이는 caste와 같은 의미이다. 앞의 kula는 jāti와 관련이 있는 것이 아니고 가문이라는 집단적인 의미인 varṇa와 관련이 있다. 그러나 『기따』에서는 혼동되어 사용되고 있다. cf. BG.1.41- 이하.

> 는데, 하물며 지상세계의 지배를 위해서 어떻게 죽일 수 있겠소! (1.35)

> 만약 무장한 드리따라슈뜨라 왕의 100명의 아들들이 무장하지도 않고 저항도 하지 않는 나를 [이] 싸움에서 죽인다면, 나에게는 그것이 더 나을 것이오. (1.46)

꾸루 족의 군대가 나를 죽인다고 하더라도 나는 저들을 죽이고 싶지 않다는 태도나 차라리 자기 자신이 죽는 것이 행복할 것이라는 것은 철저한 자기희생을 전제로 하는 태도로 불살생을 지향하고 있음을 볼 수 있다.[29] 그러나 불살생은 관념적으로는 실천할 수 있겠지만, 실제 행동으로는 실천하기 쉽지 않다. 완전한 불살생을 실천하기 위해서는 끈기와 인내가 있어야 한다. 육신을 지닌 인간으로 '불살생'을 완전히 실천하기란 있을 수 없으므로 '해탈'을 인생 최고의 목적으로 삼는 까닭이 여기에 있다.[30]

아르주나의 딜레마에 대한 합리적 해결은 갈등하는 두 가지 상황 가운데서 어느 하나의 선택지를 선택하는 것이다. 그리고 그 선택지가 올바른 선택이라는 것을 보이는 합리적 근거나 이유를 제시하는 것을 뜻한다. 반면에 아르주나가 전쟁에 참여하지 않는 것에 대한 끄리슈나의 해결은 두

29 간디에게 비폭력/불살생은 '존재의 근본적인 법칙인데, 그것은 인간 본성의 진리와 일치하는 법칙이며, 평화, 정의, 질서, 자유, 개인의 존엄성에 대한 인간의 선천적인 욕망과 일치되는 법칙'이라고 하면서(p. 75) 진정한 비폭력만이 세계의 평화와 질서를 보장할 것이라는 희망과 함께(p. 109), 비폭력 또는 불살생의 의미를 다음과 같이 다섯 가지로 정리한다. 첫째, 남이 나쁘게 되기를 바라지 않는 것, 둘째, 불의의 집단의 행위에—거기로부터 나오는 음식까지도— 협력하거나 참여하지 않는 것, 셋째, 사랑의 하느님에 대한 신앙과 모든 인류에 대한 사랑이 없는 사람에게는 아무런 소용이 없다는 것, 넷째, 비폭력을 실천하는 사람은 그의 명예 이외에는 모든 것을 희생할 준비가 되어 있어야 한다는 것, 다섯째, 비폭력은 모든 분야에 적용되어야 하며 단순히 고립된 행위에만 적용되는 것이 아니라는 것 등이다. 황필호 편역(1990), p. 110.

30 간디 해설(이현주 옮김, 2003), p. 40.

가지 대안에 대한 가장 최선의 선택지를 위한 합리적 해결로 끝나는 것이 아니고, 더 근본적인 데에 있는 것으로 보인다. 왜냐하면 아르주나에게 있어 도덕적 삶은 순간순간 옳고 그름을 판단하고 선택하는 상황들로 이루어진 것으로 보일 뿐이기 때문이다. 곧 어느 한쪽을 택하든 육화된 개아와 참된 자아를 분별하여 행위를 하는 것이 아니라 육화된 개아로만 행위를 하는 것으로 보이기 때문이다. 이렇게 파악하는 것은 욕망에 의지하여 항상 자기 자신에게 이익이 되는 방향으로 행위를 하도록 유도하기 때문이다.

끄리슈나가 아르주나로 하여금 깨닫게 하는 것은 참된 자아와 개아를 바르게 식별하여 자신의 의무를 수행하는 것에 있다. 이것이 궁극적인 해결이다. 아르주나가 바로 끄리슈나 자신임을 자각하게 될 때 참된 자아와 육화된 개아와의 분별을 이해하게 된다. 그것을 깨닫지 못하면 아르주나가 택한 최상의 합리적 선택이라 하더라도 그것은 세속적인 것으로 연결되어 있는 보편의무(sādhāraṇa-dharma)[31]에 지나지 않는다. 이처럼 아르주나가 보편의무라고 할 수 있는 가족애 · 용서 · 불살생과 같은 덕목들을 실천하고자 하므로 그의 특수의무인 끄샤뜨리야로서의 의무와 충돌하게 된다.

『기따』에서 아르주나가 윤리적인 회의를 하는 부분은 제1~2장에 걸쳐서 볼 수 있다. 그것을 표로 정리하면 다음과 같다.

---

31 보편의무는 우리가 삶에 있어서 인간으로서 해야 할 일과 하지 말아야 할 일 등을 나타낸다고 볼 수 있다. 『마누법전』은 보편의무(sadharaṇa-dharma)에 대한 열 가지 다르마의 특징(lakṣaṇa)을 열거하고 있다. 곧 인내, 용서, 자제, 도둑질하지 않는 것, 청정(淸淨)함, 감각의 절제, 지혜, 학문, 진실, 화내지 않는 것 등이다. 이들을 알고 따라 행하면 지고의 목적지로 간다고 말하고 있다. 이재숙 · 이광수 옮김(1999), p. 265.

[표 11] 아르주나의 회의 부분[32]

제1장 — 아르주나의 심리묘사(28-30)

    l- 부도덕한 결과 예측(31)

    l- 회의(생명이냐 왕권이냐, 32)

    l- 불살생의 정신(35)

    l- 살생이 가져오는 죄악(36-37)

    l- 일족의 멸망을 가져올 죄악(38-39)

    l- 가족윤리의 유지(40-45)

    l- 불살생의 정신(46)

    l_ 산자야의 이야기(47)

제2장 — 산자야의 이야기(1)

    l- 끄리슈나의 책망과 격려(2-3)

    l- 아르주나의 회의 — 싸우지 않겠다는 의지를 밝힘(4)

        l- 싸우지 않겠다는 이유(5)

        l- 현실과 이상의 갈등(6)

        l_ 회의로부터 나오는 질문(7)

그러면 아르주나가 내면적 윤리적인 딜레마에 빠진 이유는 무엇일까? 그것의 가장 표면적인 이유는 아르주나의 진영과 상대하는 적의 진영이 친족(kula)이라는 점이다. 그렇지만 아르주나가 딜레마에 빠진 이유는 그것에 그치지 않는다. 김호성의 주장대로[33] 이 부분에 대한 것은 띨락을 제외한 그 이전의 연구자들은 잘 인식하지 못하고 있다. 그것은 모든 것이 무상하다는 생각, 곧 공허감에 있다. 그것은 다음 시편의 내용에서 읽을

32 이것은 김호성(2006, p. 109)의 분류를 거의 대부분 따랐다. 아르주나의 회의, 그리고 그에 대한 끄리슈나의 응답에 더 자세한 것은 다음을 참고. 김호성(2006b), pp. 103~126; 김호성(2003b), pp. 465~470; 김호성(2000), pp. 83~103; 심재룡(1990), pp. 300~334; 박효엽(2009), pp. 125~159.

33 김호성(2006b), p. 111; 113.

수 있다.

> 끄리슈나여! 드리따라슈뜨라 왕의 아들 [100명을] 죽이고서 우리에게 무슨 즐거움이 있겠소? 활로 무장한 저들을 죽이면 우리에게 죄와 악만이 쌓이게 될 것이오. 그렇기 때문에 우리들은 친족인 드리따라슈뜨라의 아들들을 죽일 수 없다오. 마다비[34]여! 친척을 죽이고서 어떻게 행복할 수 있겠소? (1.36-37)

또한 불살생의 정신이 오롯이 드러나 있는 것은 1.46이다. 이를 보면, 허무감에서 상대편을 죽이는 것보다 차라리 내 자신이 죽는 것이 낫다고 하는, 이른바 낙담을 하고 있는 장면을 볼 수 있다. 이런 아르주나의 심정은 『마하바라따』에서 5형제의 맏형 유디스티라의 회의를 다시 생각하게 한다. 비록 그는 18일 동안의 전쟁을 승리로 이끌었지만 자신의 같은 어머니와 다른 아버지 사이에서 태어난 까르나를 살해하였다는 비극적인 모습 앞에서 아르주나가 느꼈던 지상에서의 왕국, 또는 왕권과 쾌락이 무슨 소용이 있겠는가(1.35) 하는 것은 맥락으로 이해될 수 있을 것이다. 왜냐하면 아르주나도 100명의 꾸루 족 형제들을 모조리 죽이고 빤두 5형제는 왕권을 되찾기는 했으나 비통함의 속죄로 남은 생애를 보냈기 때문이다.

2) 아르주나의 딜레마에 담긴 의미

『기따』는 기본적으로 아르주나의 질문에 대한 끄리슈나의 대답으로 되어 있다. 『기따』가 이런 맥락적인 구조를 가지고 있다면 아르주나의

---

34 마두(madhu)의 자식에 속하는 야다바(Yadava) 족인 끄리슈나, 비슈누 및 빠라슈라마(Paraśurāma)의 부계(父系) 가족.

딜레마의 이유만 알아서는 안 된다. 딜레마에 담긴 의미를 정확히 알아야 한다. 더 나아가서 『기따』가 인류 정신사적으로 어떤 의미를 지니고 있는지를 물어야 한다. 그래야 많은 연구자들이 입에 침이 마르도록 극찬하는 것에도 의의를 줄 수 있을 것이다. 그러기 위해 먼저 알아야 할 것은 아르주나의 딜레마가 어떤 의미인지를 아는 것이다. 다시 말해 '왜 전쟁을 수행해야 하는가?'라는 전쟁의 명분에 대하여 그는 회의하고 있다. 그러면 아르주나가 그런 회의 또는 딜레마에 빠진 것은 어떤 의미가 있을까?

전쟁에서 맞서 싸우고, 아르주나가 승리하기 위해서는 반드시 친족의 살상을 전제로 해야 한다. 싸우려는 의지로 충만하여 집결된 꾸루 족(kaurava)과 빤두 족(paṇḍava)의 무사들이 바로 조상 · 스승 · 숙부 · 지도자 · 아들 · 손자 · 친구 그리고 장인(1.34)임을 인식하고서 『기따』의 주인공 아르주나는 절규하듯이 다음과 같이 외친다.

> 끄리슈나여! [나는 전쟁에서] 승리도, 왕국도 그리고 [어떠한] 즐거움도 바라지 않는다오. 끄리슈나여! 우리들에게 왕국이 무슨 소용이 있고, 즐거움이나 삶이 무슨 소용이 있겠소? (1.32)

아르주나가 의무의 충돌을 일으키는 배후에는 인도인의 문화적 특성이 숨어 있다. 그것은 바로 인도는 가족 내지 친족(gotra) 중심의 문화라는 점이다. 친족을 죽임으로써 영원한 가족의 법도가 무너지는 폐해를 가져온다(1.40). 여기서 말하는 친족의 법도란 가부장적 윤리적 질서(1.41), 조상들에 대한 제사(1.42), 계급질서의 유지(1.43) 등을 말한다. 이렇게 아르주나가 딜레마에 빠진 것은 세 가지, 곧 '아르주나의 딜레마는 불살생의 정신을 지향', '아르주나의 딜레마는 권력 포기의 지향' 그리고 '아르주나의

딜레마는 독단론의 배제를 향한 출발점'으로 분석된다.[35]

① 아르주나의 딜레마는 불살생 정신의 지향

전쟁이 살생(hiṁsā)의 행위임에도 아르주나의 딜레마는 불살생을 지향하고 있는 데서 시작된다.

> 비록 저들이 나를 죽인다고 할지라도, 저들을 죽이고 싶지 않습니다. 끄리슈나여! 삼계의 왕권을 위한다 해도 저들을 죽일 수 없는 일인데, 하물며 땅의 지배를 위해서 그들을 죽일 수 있겠소! (1.35)

이러한 불살생의 이념은 "우리가 왕국과 즐거움과 쾌락을 바랐던 것은 그들을 위해서인데, 그들은 목숨과 부를 버리고 전쟁터에 정렬되어 있습니다"(1.33)에서도 분명하게 드러나는 것처럼, 그것은 자신의 희생을 전제로 하는 행위이다.

> 만약 (이) 싸움에서 무기를 손에 든 드리따라슈뜨라의 아들[꾸루 형제]들이 무장하지 않은 채 저항도 하지 않는 나를 죽인다면, 그것이 나에게 더 행복할 것입니다. (1.46)

앞에서 든 "저들이 나를 죽인다 할지라도 나는 저들을 죽이길 원치 않습니다"(1.35)라는 태도나 전쟁터에서 차라리 내가 죽는다면 "그것이 나에게 더 행복할 것입니다"(1.46)라는 태도는 모두 불살생의 원칙이자 핵심이다.

---

35 '아르주나의 딜레마는 불살생의 지향', '아르주나의 딜레마는 권력의 포기 지향', '아르주나의 딜레마는 독단론의 배제를 향한 출발점'의 셋은 김호성(2000), pp. 89~92; 김호성(2006b), pp. 113~116과 김호성(2003b), pp. 5~35 등에서 많은 도움을 받았다.

그런데 『기따』의 기본적인 구조가 '아르주나의 회의에 대한 끄리슈나의 답변'이라면 '아르주나의 불살생에 대한 끄리슈나의 살생의 인정'으로 볼 수도 있을 것이다. 만약에 『기따』의 이런 구조를 인정한다면, 이른바 끄리슈나는 아르주나에게 '정당방위'를 하라는 것으로 이해될 수 있다. 불살생이란 다른 사람이 나에게 폭력이나 살상 등으로 위협하고 해를 끼치려고 할 때도 그들에게 그러한 위협과 해침을 하지 않는 것이다. 그러나 정당방위는 상대가 나를 미워하고, 때리고, 욕하고, 더 나아가 죽이려고 할 때 자신의 목숨을 지키기 위해 상대방에게 위협과 해침을 하는 것을 말한다면 이것은 불살생에 상응하지 않다는 것을 알 수 있다. 그렇기 때문에 불살생은 정당방위마저도 포기하는 데 있다. 그렇기 때문에 아르주나는 정당방위마저도 하지 않겠다는 뜻이다. 그렇다면 '정의의 전쟁'은 불살생에 해당하는가, 아니면 정당방위에 해당하는가? 그것은 말할 것도 없이 정당방위이다. 『기따』는 불살생이 아니라 정당방위로서 '정의의 전쟁'을 수행하라고 한다.

> 그런데 만약 그대가 [끄샤뜨리야 종성의] 이 의무적인 전쟁을 수행하지 않는다면, 그로부터 자신의 의무와 명예를 저버리고 죄악을 가져올 것이다. (2.33)

이 인용문에서 아르주나는 정당방위로서 정의의 전쟁이 아니라 불살생의 정신을 지향하고 있음을 볼 수 있다.[36] 따라서 『기따』 제2장에서 보면,

36 김호성은, '간디는 아르주나가 왜 도덕적 딜레마에 빠진 이유만 언급하며, 아르주나가 회의하는 의미에는 큰 의미를 두지 않고, 단지 끄리슈나가 아르주나를 설득하는 논리에서 비폭력, 또는 불살생의 이념을 전쟁에 참여하는 것에서 발견하려고 했다'며 비판적인 시각을 보이고 있다. 김호성(2006b), p. 115. 이어서 그는 간디가 『기따』를 잘못 읽고 있다고 말한다. 그 이유는 간디가 충실하고 신심이 깊은 힌두교였기 때문이라고 말하고 있다.

끄리슈나는 현실에 순응한다면, 아르주나의 회의에 함축된 불살생의 지향은 이상이라고 볼 수 있다.

그런데 끄리슈나가 아르주나를 설득하는 것은 우빠니샤드에서부터 비롯된 정의와 진리가 같다는 것, 더 나아가 끄샤뜨리야 계급에게 그것은 정당방위이다. 뿐만 아니고 그것은 정의의 전쟁이다. 그것은 인도인들이 지향해야 할 전통적 가르침으로 이해되고 있다. 이것에 대해서는 나중의 '아르주나의 딜레마는 권력 포기의 지향'에서 다시 다루고자 한다.

② 아르주나의 딜레마는 권력 포기의 지향

『기따』에서 아르주나의 딜레마는 권력에 대한 집착이 없으므로 그것은 권력을 위한 투쟁이 아니다. 그것은 『기따』 1.1의 "[꾸루 족의 왕] 드리따라슈뜨라가 말했다: 산자야여! 정의의 땅, 꾸루의 넓은 평원에 싸우고자 모인 나의 자식들과 빤두의 자식들은 어떻게 되었는가?"에서 볼 수 있듯이, 『기따』는 정의의 땅에서 정의의 실현에 목적을 두고 있다고 볼 수 있기 때문에 『마하바라따』나 『기따』에서 전쟁은 윤리적인 선의 전쟁이고, 정의의 전쟁이라는 것이다. 아르주나가 전쟁터에 나아가 싸우느냐 싸우지 않느냐의 딜레마를 슬기롭게 해결하느냐 그렇지 않느냐에 따라 이 세상, 곧 그의 왕국, 또는 이 세상에 정의가 실현되느냐 되지 않느냐가 달려 있다. 그런데 앞에서 말했듯이, 정의의 전쟁은 정당방위로서 정의이다. 그러나 『기따』와 같은 힌두문헌들은 정의와 진리를 동일시한다는 것을 알아야 할 것 같다. 그 내용은 『브리하드아란야까 우빠니샤드』 1.4.14에서 다음과 같이 말한다.

> 그는 움직이지 않는다. 그는 한층 더 뛰어난 형태의 정의(dharma)를 창조하였다. 이것은 끄샤뜨리야 계급의 힘인 정의이다. 그러므로 정의보다 더 나은 것은 없

다. 그래서 마치 약한 사람이 왕의 도움을 받아 자신보다 강한 사람을 이기고 싶어 하는 것처럼, 정의의 도움을 받아서 그를 이기고 싶어 한다. 그 정의가 바로 진리(satya)이다. 그러므로 진리를 말하는 사람에게 '그는 정의를 말한다'고 하고, 정의를 말하는 자에게 '그는 진리를 말한다'고 하는 것이다. 이들 둘은 같은 것이다.[37]

힌두 전통과 위의 인용문에 따르면, '정의와 진리는 같다'고 하는 사고를 읽을 수 있다. 이러한 사고를 지닌 힌두인들에게는 어쩌면 '정의의 전쟁'은 '진리의 전쟁'으로 인식할 수 있다는 것이다. 그것은 정의가 무사계급인 끄샤뜨리야의 힘이라고 말하고 있는 데서 더 확연하게 드러난다. 그렇다면 정의를 실현하는 전쟁은 전쟁 그 자체는 살생, 또는 폭력이기 때문에 선이 아니라 악이라고 할 수 있지만, 특별히 끄샤뜨리야에게 있어 정의는 전쟁을 수행하는 것이기 때문에 살생이 인정된다고 본 것이다. 다시 말해 그것은 살생을 해서는 안 되는 보편의무(sādhāraṇa-dharma)[38]보다 전쟁수행 중에는 살생을 할 수 있다는 특수의무(svadharma)를 더 중요시한 면을 읽을 수 있다. 그럼에도 『기따』의 제1~2장에서 아르주나가 보편의무와 특수의무 둘 가운데 어디에도 걸리지 않고 함께 상생하며 실현할 수 있는 방법은 없을까 하고 고민하는 것으로 이해한다면, 보편의무인 불살생, 또는 비폭력을 지향하면서 특수의무인 전쟁의 수행을 의미한다. 그

---

37 sa naiva vyabhavat. tac chreyo-rūpam atyasṛjata dharmam: tat etat kṣatraya kṣatraṁ yad dharmaḥ, tasmāt dharmāt paraṁ nāsti: atho abalīyān balīyāṁsam āśaṁsate dharmeṇa, yathā rājñā evam. yo vai sa dharmaḥ satyaṁ vai tat: tasmāt satyaṁ vadantam āhuḥ, dharmaḥ vadatīti dharmaṁ vā vadantam, satyaṁ vadtīti: etad hy evaitad ubhayaṁ bhavati.

38 이것은 나이와 신분에 관계없이 모든 사람들이 준수해야 하는 의무로서, 공통의무(sāmānya-dhdrma), 또는 영원한 의무(sanātana-dharma)와 같은 의미로 사용된다. Mircea Eliade(ed. 1987), p. 330b.

와 아울러 아르주나는 세속적인 권력을 지향하지 않고자 함을 읽을 수 있다.

> 끄리슈나여! [나는] 승리도, 왕국도 그리고 [어떠한] 쾌락도 바라지 않는다오. 고빈다여! 우리들에게 왕국이 무슨 [소용이] 있을 것이고, 즐거운 삶이 무슨 [소용이] 있겠소? 우리가 그들을 위해 왕국과 즐거움과 쾌락을 바랐던 것인데, 그들은 그 생명들과 재산들을 내팽개치고 전쟁터에 정렬되어 있다오. (1.32–33)

③ 아르주나의 딜레마는 독단론의 배제를 향한 출발점

전쟁은 아군과 적군의 죽기 아니면 살기 위한 양자택일이다. 그렇기 때문에 전쟁에서는 먼저 적군인지 아군인지를 분명히 구분해야 한다. 전쟁터는 흑백논리가 지배하는 곳이지 제3의 길이 아니다. 이 같은 맥락에서 볼 때, 아르주나의 딜레마가 갖는 의미는 중요하다. 모든 다툼, 또는 전쟁은 '나는 옳고 상대는 그르다'라는 독단에서 비롯된다고 볼 때, 아르주나의 딜레마는 옳고 그름을 부르는 독단론을 배제하고 있기 때문이다. 물론 딜레마만으로 적극적인 화쟁(和諍)[39]을 구현할 수는 없다. 그러므로 『기따』에서 아르주나의 회의는 독단론을 배제하는 출발점으로 삼을 수 있다.

따라서 아르주나의 딜레마는 바로 무사계급으로서의 특수한 자신의 의무를 수행하지 않는 것은 분명히 잘못이지만, 보편의무를 수행하는 것도

---

39 화쟁이란 말은 원효 스님의 『십문화쟁론』(十門和諍論)에서 이론(異論)을 모아 분류하고 이해하기 어려운 구절이나 다른 학설을 모아 정리하여 여러 이론과 논쟁점을 10문으로 나누어 지양 · 화해시킨다는 것에서 가져온 것이다. 이 책에서 원효는 여러 학설의 뜻을 정확히 파악하고 이해하지 못한 데에서 논쟁이 일어나며, 이러한 논쟁은 각각에 대해 올바른 평가를 내림으로써 지양될 수 있다고 보았다. 또한 이와 비슷하게 인도에서의 각 학파의 다른 이론이라도 서로 다툴 필요가 없다는 사상도 발견된다. 인도문화의 특징 가운데 하나인 최고신을 인정하는 것과도 맥을 같이 한다. 문을식(1995), pp. 37~59.

또한 잘못이라는 생각이다. 그러면 아르주나는 어떻게 해야 할까? 아르주나에게 이 딜레마를 극복할 수 있게 해주는 것은 바로 『기따』의 핵심 내용이자 끄리슈나의 가르침 그 자체이다.

3) 아르주나가 딜레마에서 빠져 나올 수 있는 근거

아르주나가 딜레마에 빠진 것은 보편의무와 특수의무의 충돌에서 비롯된 것이다. 그것은 진리를 말해 친구를 배신해야 하는 것인가? 아니면 친구에게 충직하게 거짓말을 해야 하는 것인가? 곧 보편의무를 따를 것인가, 아니면 특수의무를 따를 것인가 하는 딜레마는 누구에게나 있을 법한 문제이다. 그러면 아르주나는 어떻게 해야 할까? 아니, 그 당사자가 나 자신이라면 어떻게 하면 좋을까? 그것은 다음의 셋으로 나누어 분석될 수 있다.

첫째, 참된 자아(ātman, puruṣa)와 개아(jīva, jīvātman, prakṛti)의 바른 식별.

둘째, 종성 체계에 따른 끄샤뜨리야 종성으로서의 의무.

셋째, 끄샤뜨리야 종성으로서의 의무는 의무일 뿐, 욕망이나 집착이 포함된 것이 아니라는 것.

이 셋 가운데 둘째와 셋째는 다른 곳에서 부분적으로 다루고 있기 때문에, 여기서는 첫째의 내용만 살펴보고자 한다. 『기따』에서 아르주나는 끄샤뜨리야로서 전쟁의 수행이라는 특수의무를 포기할 것인가? 아니면 보편의무를 포기하고 자기의 친족들을 살상해야 하는 것인가? 하는 고민에 빠져 자신의 행동이 옳고 그른지를 판단할 수 없는 인간의 전형으로 나타난다. 그는 이런 고민을 세속적인 인간으로서 느끼는 감정을 자기중심적인 개아가 하는 것임을 인식하지 못하고 있다. 그는 그것을 궁극적 실재인 참된 자아(ātman)가 하는 것으로 인식해버린다. 그렇게 인식한 그는 모든 것을 초연한 듯이, 끄리슈나에게 전쟁의 승리, 왕국이나 쾌락을 원하지도 않고, 그것이 자신의 삶에 무슨 소용이 있고, 또한 무슨 의미가 있냐고 말한다(1.32). 이것은 아르주나가 진실한 관점을 가지고 있지 않는데도, 전쟁수행이라는 자기의 특수의무가 그릇된 것으로 판단하고 그것을 피하고자 한다. 그런데 그런 그릇된 판단은 실재(sat)와 비실재(asat)의 혼동 때문에 발생한 것이다. 아르주나가 전쟁에서 적을 죽인다고 해도 사실은 적을 죽인 것이 아니다. 그것은 다만 몸(deha)만을 죽이는 것이라는 인도의 전통적인 이론에 따르는 것이다.

『기따』에서 궁극적 실재의 개념은 우빠니샤드의 일원론과 대중신앙의 유신론이 결합되고, 또한 여기에 고전 상캬철학의 이원론적 실재론이 더해진 복합적인 차원을 지니고 있다. 『기따』에서 이 세상의 전변(轉變, pariṇāma)[40]은 고전 샹캬철학의 용어를 빌려 설명하고 있다. 하지만 그것은 샹캬의 이원론과는 달리, 우빠니샤드의 일원론적 관점을 토대로 하고 있다. 그러므로 존재한다고 생각되는 것은 오직 정신원리(puruṣa)일 뿐이다. 모든 행위들은 물질원리에 얽매어 있을 뿐이라는 상캬의 정신원리와 물질원리의 이원론적 실재론이 『기따』에 제시되고 있다.

> 실재하지 않는 것(asat)으로부터 현상적 존재(bhāva)가 되는 것이 아니다. 실재하는 것(sat)[41]으로부터 현상적으로 존재하지 않는 것이 되는 것이 아니다. 진리를

---

40 "거친 원소, 자아의식, 지성, 미현현, 열 개의 감각기관, 그리고 하나(의근)와 다섯 가지 감각기관의 대상"(13.5).

41 sat(실재, real)와 asat(비실재, unreal), bhāva(현상적 존재)와 abhāva(현상적 비존재)의 의미이다. sat와 asat는 √as(to be)에서 파생한 명사이고, bhāva와 abhāva는 √bhū(to become)에서 파생한 명사이다. 따라서 실재는 불생불멸인 본질적인 참된 나이고, asat는 변화를 겪는 현상적 존재이다. 상캬 이원론에서 보면 sat는 뿌루샤, 또는 몸의 소유자, 정신이라고 한다면, asat는 쁘라끄리띠, 또는 육체, 신체, 몸이라고 볼 수 있다. 앞의 2.14에서 '차가움, 뜨

아는 자들은 이 둘의 차이를 안다. (2.16)

모든 존재 가운데 불멸하는 하나의 존재, 분할된 것들 가운데 분할되지 않는 존재를 보는 지식이 순수한 속성에 속한 것임을 알아라. (18.20)

모든 현상은 반드시 어떤 것을 원인으로 하여 나타나며, 아무것도 존재하지 않는 것(無, asat)에서 발생하지 않는다. 이것은 원인 안에 이미 결과를 포함하고 있다는, 이른바 인중유과(因中有果, satkārya)의 인과론이다. 세상의 모든 개아들은 아직 전개되지 않은 것(未顯現, avyakta)인 물질원리에 의해 생성과 소멸을 반복한다. 그러므로 모든 현상은 소멸되어버리는 것이 아니고, 원인과 결과가 연속으로 이어진다. 또한 끄리슈나는 소멸하고 변하는 것들 안에 높은 차원의 소멸하지 않는 존재인 참 자아, 또는 정신원리가 동시에 존재한다는 진리를 말한다. 그러나 정신원리는 자신이 직접 경험세계를 창조하지 않는다. 마치 그것은 연극에서 관객처럼, 배우인 물질원리의 세계전개를 단지 바라만 볼 뿐이다(SK.59). 『기따』는 물질원리를 행위의 결과를 일으키는 원인이라고 말하고, 정신원리를 즐거움과 고통을 경험하는 원인이라고 말한다.[42] 왜냐하면 정신원리는 물질원리와의 결합을 통해 물질원리로부터 생겨난 이 경험세계를 향수, 또는 경험(bhoga)하고, 그것에 대한 집착 때문에 선하거나 악한 태(胎, garbha)에 태어나도록 하는 동력인(nimitta)이다. 반면 SK.9에서 물질원리의 존재에

거움, 즐거움, 고통'은 실제로 존재하는 실재가 아니고, 실제로 존재하지 않는 존재이다. 그리고 2.17에서 '편재하는 모든 존재의 본질은 소멸하지 않는 실재이므로 그것은 생성되거나 소멸되지 않는 것'이다. 그래서 이 시편에서 그 둘의 차이를 아는 것이 중요함을 말하고자 한 것이다.

42 SK.20: kārya kāraṇa kartṛtve hetuḥ prakṛtir ucyate, puruṣaḥ sukhaduḥkhānāṁ bhoktṛtve hetur ucyate.

대한 추론은 다음과 같다.

> 원인 속에 존재하지 않는 것은 [결과로서] 만들어지고, [결과는 목적에 어울리는] 질료인을 취하며, 모든 결과가 [동시에] 발생하는 것이 아니고, 능력이 있는 것은 능력에 의해 [태어나야 할 것을] 만들어지며, 원인은 [결과와 같은] 상태이기 때문에 결과는 [발생하기 전에 이미 원인 속에] 존재한다.[43]

SK.9는 원인 속에 결과가 내재해 있다는 인중유과론의 설명이다. 곧, 겉으로 '드러난 대상'(vyakta, 현현)에서 원인을 논리적 추론(anumāṇa)에 의거하여 '드러나지 않은 대상'(avyakta, 미현현)을 밝힌다. 예컨대, 옷감은 실로부터 생산되지만, 실은 옷감의 궁극적 원인이 아니고, 단지 가까운 원인[近因]일 뿐이다. 모든 물질적 존재의 밑바탕에 놓인 어떤 지극히 미세한 질료, 또는 미세한 원리가 틀림없이 있다고 논증한다.[44] 더 정확하게 말하면 '드러난 대상'으로서의 현상세계는 항상 그것의 원인인 '드러나지 않는 대상' 속에 잠재해 있다가 때가 되면 나타난다고 한다. 이러한 샹캬의 인과론은 외부세계를 변화시키는 것이 아니라 개아가 가지고 있는 마음을 변화시키는 데에 목적이 있다. 아르주나도 개아로서 자신만을 인식하기 때문에 자신을 '행위자'(kartṛ)라고 생각한다. 그러나 그것은 잘못된 인식이다. 모든 것들은 물질원리의 세 속성[45]에 의해 자신의 의지와는 관

---

43 asad-akaraṇād upādāna-grahaṇāt sarva-sambhāvā'bhāvāt, śaktasya śakya-karaṇāt, kāraṇa-bhāvāc ca sat-kāryam.

44 R. 뿔리간들라(이지수 옮김, 1993), p. 126.

45 SK.12-13: "세 속성은 즐거움, 근심, 어두움을 본질로 하여 비춤, 활동, 억제를 위해서 서로 극복하고, 의존하고, 낳고, 동반하고, 작용한다. 세 속성 가운데서] 삿뜨바 속성은 가벼움과 비춤이고, 라자스 속성은 자극하고 움직이고, 따마스 속성은 오직 무거움과 덮음이라고 인정된다. 그래서 이 세 속성은 등불처럼 목적, 뿌루샤의 경험과 독존을 위해서 작용한다."

계없이 행위를 하도록 되어 있다고 끄리슈나는 말한다.

> 왜냐하면 어느 누구든 한순간이라도 행위를 하지 않고는 결코 존재할 수 없기 때문이다. 또한 모든 것은 물질원리가 선천적으로 지닌 속성들로 말미암아 자신의 의지와는 상관없이 행위를 해야 하기 때문이다. (3.5)

그러므로 겉으로 드러난 현상세계에서 죽고 사는 문제로부터 벗어나 자신의 특수의무에 따라 싸우라고 말한다. 끄리슈나는 아르주나에게 육화된 자아(=개아)와 참된 자아를 올바로 구별해야 한다고 가르치고 있다. 이러한 맥락으로 이해할 때 다음에 인용한 내용을 바로 인식할 수 있을 것이다.

> 그[참 자아]를 살해자로 알거나 살해된 자로 생각하는 자는 그 둘을 모두 알지 못한다. 그는 [누구를] 살해하지도 않고 [누구에 의해] 살해되지도 않는다. 그는 언제든 태어난 일이 없고 죽는 일도 없다. [과거에] 생겨난 적도 없고 [앞으로] 생겨날 일도 없다. 그는 태어나지 않고 영구적으로 존재한다. 영원한 이 옛날의 존재는 비록 신체가 살해될 때에도 살해되지 않는다. (2.19–20)

아르주나가 참된 자아와 개아를 구별하지 못한다면 그는 친족을 살해한다는 죄책감에서 벗어나지 못한다. 또한 자신에게 주어진 특수의무도 수행하지 못하게 된다. 그리하여 물질원리의 세 속성에 의해 생성된 현상적 삶을 자기의 순수의식으로 착각하게 된다. 또한 개아로서의 자신이 하는 행위를 참된 자아가 하는 행위로 알게 된다. 마치 달빛이 흔들리는 물결에 비치면 달 자체가 흔들리는 것처럼 보이고, 물 자체가 빛나는 것으로 보이는 것과 같이,[46] 그것은 몸과 정신원리의 그릇된 동일화로 말미암아 무지에 빠진다. 몸이 현실적인 인간의 삶을 지탱하는 중요성을 인정한다 하더라도 그것 또한 영원한 자아로 가기 위한 사다리와 같은 역할만 할 뿐이다. 흔히 우리가 '나의 몸', '나의 감각'이라고 말할 때, 이것은 곧 육체, 또는 감각들이 나 자신과 같다고 보는 것이 아니고, 바로 나에게 속한다는 것을 은연중에 나타내는 표현이다.

그러나 끄리슈나는 아무리 지혜가 있는 자라도 자신의 물질원리에 의해 우리의 신체 · 감각 · 마음(buddhi, ahaṁkāra, manas, 또는 citta)을 포함한 모든 대상들이 결과를 잠재적으로 지니고 있고, 어떤 궁극적 원인의 행위에 의존하여 나타난다고 말한다. 이로 말미암아 인간은 상대세계에 살면서 온갖 것을 서로 구분 짓고 스스로 구분함으로써 스스로를 구속하게 된다. 물질원리의 세 속성은 속박의 세 겹줄을 구성한다. 순수 삿뜨바 속성은 즐거움에 집착하고, 동적인 라자스 속성은 감각적 즐거움의 행위에 집착하며, 무지의 따마스 속성은 지혜를 어둠으로 덮어버린다. 속성들의 지배를 받고 있을 때는 언제나 우리의 신체, 감각기관들, 마음을 포함한 모든 대상들은 행위를 하지 않고서 존재할 수 없다.

> 삿뜨바, 라자스, 따마스라는 물질로부터 생긴 세 속성들은 불변하는 육신은 육신의 소유주를 몸에 묶는다. 아르주나여! (14.5)

> 라자스 속성은 갈애와 집착으로부터 생기고, 애욕을 본성으로 함을 알아라. 그것은 행위에 집착함으로써 육신의 소유주를 묶는다. 아르주나여! (14.7)

아르주나는 세 속성으로부터 생긴 자아의식(ahaṁkāra, abhimāna, asmitā)

46 길희성(1984), p. 104.

에 의해 '나는 행위를 하는 자'라는 무지에 빠진다. 이에 대해 끄리슈나는 아르주나가 경험하고 있는 개아는 변화하는 것일 뿐이다. 그렇기 때문에 순수의식인 정신원리를 자각하여 이 둘을 동일하게 간주하지 말아야 함을 비유로써 설명한다.

> 그것은 칼로도 자르지 못하고, 그것은 불로도 태우지 못하며, 그것은 물로도 젖게 할 수 없고, [그것은] 바람으로도 마르게 하지 못한다. 그것은 자를 수 없고, 태울 수도 없으며, 또한 젖지 않도록 할 수 없고 마르지도 않게도 할 수 없다. 그것은 영구적으로 존재하고 어디에나 존재하며 확고하고 움직이지 않으며 끊임없이 존재한다. (2.23-24)

이처럼 물질적 현상세계는 오고 가며 나타나고 사라진다. 그렇지만 내면의 참된 자아는 영원불멸이다. 그것은 물질원리의 세 속성과는 분리되어 있어 세 속성의 움직임에 관여하지 않고 영향도 받지 않는다. 상캬사상에서 정신원리는 "그렇기 때문에 정신원리와 결합하기 때문에 비정신적인 미세신(liṅga)이 마치 정신적인 것처럼 된다. 또한 본래는 세 속성이 작자인데 마치 무관심한 정신원리가 작자인 것처럼 여겨진다"(SK.20)[47]라고 한다. 다시 말해, 정신원리는 타자를 만드는 원인이 아니고, 타자에 의해 만들어진 결과도 아니다. 그것은 변화와 시간을 넘어선 초월적인 존재이고, 현상세계와 구별된 차원이 다른 존재이다. 그러므로 그것은 이 현상세계의 영향을 받거나 그것에 얽매이지 않고, 늘 독립적이고 자유로운 존재임을 나타낸다. 곧 정신원리는 만드는 존재도 아니고 만들어지는 존

---

47 tasmāt tat-saṃyogād acetanaṃ cetanāvad iva liṅgam, guṇakartṛtve ca tathā karte'va bhavaty udāsīnaḥ.

재도 아닌 제3자로서 관조자의 위치에 있고, 고통으로부터 절대적으로 벗어나 있으며, 고통과 즐거움에 대해서 중립에 있으면서 보는 자이고, 어떠한 활동도 하지 않는다.[48] "이 몸에 있는 지고의 정신은 방관자, 동의자(同意者), 지탱자, 향수자, 대주재자(大主宰者) 그리고 최고의 자아라고도 불린다."(13.22) 참된 자아는 현존재로서 '내'가 자신의 참된 자아를 자각하든 자각하지 않든 '나'의 주인으로서 현재의 '나'를 보고 있다. 그것은 곧 '나'의 어떠한 행위에도 관여하지 않는 방관자이다. 또는 어떠한 고통을 경험하든 자신은 그 고통을 즐기는 향수자(bhogatṛ)이다. 마치 연극이 비극이든 희극이든 동요하지 않고 관객이 관람하는 것처럼, 나를 보는 존재이다.[49] SK.17에서 정신원리에 대해 다음과 같이 말하고 있는 데서 이 사실을 확인할 수 있다.

> [비변이(=물질원리)와 지성 등 변이의] 집합은 다른 것을 위한 것이기 때문에, [11 시편에서 말한] 세 속성 등의 정반대이기 때문에, 관리자가 있어야 하기 때문에, 경험하는 자는 있어야 하기 때문에, 독존을 위한 활동이 있어야 하기 때문에 정신원리는 존재한다. (17)[50]

정신원리는 현상세계와는 차원이 다른 존재이다. 그것은 세계의 변화하는 모습을 단지 중립적으로 바라보기만 하는 존재이다. 그러므로 이 현상세계의 어떤 것에도 의존하지 않고 독립적으로 존재한다(9.9). 전적으로 물질원리의 속성들에 의해 행위를 함으로써 윤회로부터 벗어나지 못하고

48 카나쿠라 엔쇼(문을식 역, 1994), p. 60.

49 이태영(2003), p. 82.

50 saṃghāta-parārthatvāt triguṇā'di-viparyayād adhiṣṭhānāt, puruṣo'sti bhoktṛ-bhāvāt kaivalyā'rthaṃ pravṛtteś ca.

태어남과 죽음을 반복하는 윤회를 하고 무지에 가려지게 된다. 『기따』는 무지에 빠진 사람에 대해 다음과 같이 묘사하고 있다.

> 악귀적인 사람들은 활동(pravṛtti)도 활동하지 않음(nivṛtti)도 알지 못한다. 그들에게는 순결도 선행도 진리도 발견되지 않는다. 그들은 말하기를, 세계는 진리가 없고 근거도 없으며 주재자도 없고 상호 연관관계에 의해 생긴 것도 아니며 욕망의 원인 외에 다른 무엇이 있겠는가? 라고 말한다. (16.7-8)

삶의 모든 괴로움은 그런 개념적 인식에서 생긴 무지(avidyā, ajñāna)에 의해서도 참된 자아는 윤회하지 않는다. 하지만 개아는 이 참된 자아가 윤회하는 것으로 착각한다. 곧 참된 자아가 육체와 같다고 생각하는 자아의식에 의한 무지 때문에 보편적 우주원리인 브라흐만과 참된 자아는 서로 다른 것이라고 보게 된다. 그렇지만 이런 무지가 소멸될 때 바로 해탈이 실현된다.[51] 무지 때문에 참된 자아, 또는 정신원리가 물질원리와의 결합을 실재로 착각하게 된다. 만약에 그렇게 되면 자신이 겪는 모든 마음의 상태를 행위의 주체로 인식하게 되는 것이다.

개인은 신의 본성이 전개된 물질적 존재이면서 동시에 신성이 구체화된 불멸하는 영적 존재이다. 그러나 무지한 사람들은 어떤 형상을 만들어 놓고 그것을 신이라고 여기며 환영(māyā)에 지나지 않는 외적인 현상에 미혹되어버린다. 그러므로 아르주나가 싸워야 할 상대는 겉으로 보이는 친족일 뿐이고, 개아로 보면 육화(肉化)된 몸일 뿐이다. 몸을 소유한 주인(dehin)인 참된 자아는 죽지 않는 실재적 존재이다. 끄리슈나는 아르주나가 친족이라는 개아의 무지로부터 벗어나서 자기의 특수의무를 다해 싸

51 샹까라(이종철 옮김, 2006), p. 121.

워야 한다고 말한다. 그러면 아르주나가 딜레마에서 빠져나갈 수 있는 물음들에는 무엇이 있는가? 그것은 '참 나란 무엇인가?', '궁극적으로 참인 것은 무엇인가?', '인간의 구원은 지식의 길을 따르는가?, 행위의 길을 따르는가? 또는 신에 대한 헌신적인 믿음과 사랑의 길을 따르는가?' 등이다.

4. 끄리슈나의 설득 논리

『기따』의 구조는 아르주나의 내면적 윤리적인 딜레마에 대한 끄리슈나의 답변으로 이루어졌다고 하였다. 지금까지 아르주나의 내면적 윤리적인, 또는 도덕적인 딜레마의 이유와 의미를 중심으로 알아보았다. 이제는 끄리슈나가 딜레마에 빠진 아르주나를 어떠한 논리로 설득하고 있는지에 대해 알아볼 차례이다. 이것을 봄으로써 『기따』가 인도인뿐만 아니고 일반 사람들 누구에게나 공감을 받고 바르게 이해할 수 있을 것이기 때문이다.

앞에서 언급했듯이, 『기따』와 『마하바라따』의 관계에서 둘을 분리해서 보려는 연구자들도 많지만, 또 다른 한편으로는 둘을 관련을 지어보는 연구자들도 많았다. 여기서는 후자의 편에서 보아야 『기따』 제1장에서 아르주나의 딜레마에 깔린 밑바탕을 보다 확연하게 이해할 수 있을 것으로 보인다. 왜냐하면 『기따』 제1장에는 두 진영의 관계를 간단하게 말하고 있어 그 정황을 쉽게 판단할 수 없기 때문이다.

『기따』에 대한 논리적 접근은 띨락의 저작(Gītā-Rahasya), 심재룡 그리고 박효엽의 글에서 그 일단을 볼 수 있다. 띨락은 『기따』에 대한 기존의 전통적 해석 방법에서 벗어나 전쟁에 참여하기에 앞서 윤리적으로 고민하는 아르주나의 딜레마와 그를 설득하는 끄리슈나의 대답을 『기따』의 구조로 파악하고, 이에 따라 『기따』를 해석해 나간다. 김호성은 『기따』를 '아르주나의 회의 → 끄리슈나의 설득 → 아르주나의 참전 결심'으로 정리하면서 아르주나가 딜레마에 빠진 것에 대한 답은, 첫째, 형이상학적 해소(형이상학적 윤리 비판, 2.11-30), 둘째, 자신의 의무 준수(현실주의 윤리 비판, 2.31-37), 셋째, 무집착의 실천(무집착적 윤리 비판, 2.38-53)의 셋에서 찾고 있다. 그렇지만 그는 행위와 지식의 요가에서 답을 찾고 있지만, 헌신적인 믿음과 사랑의 요가에서는 찾고 있지는 않다.[52]

한편 심재룡은 끄리슈나가 아르주나를 설득하는 논리를 두 가지 경우로 나누어 분석한다. 먼저 세 가지 손쉬운 설득, 다시 말해 '너절한 설득'을 세 가지로 제시한다. 그것은 '육체는 죽일 수는 있어도 영혼은 죽일 수 없다는 것', '끄샤뜨리야 종성의 특수의무를 져버려서는 안 된다는 것', '전쟁터에서 비겁하게 물러서지 말고 싸우다가 죽으면 천국에 올라가고 적을 죽이고 살면 지상의 왕국을 차지한다는 것'이다. 두 번째로는 '고차원의 세 가지 묘수'를 제시한다. 그것은 첫째, 선험적 논증, 둘째, 특수 요가 체험을 바탕으로 하는 논증, 셋째, 절대자 신을 믿고 사랑하면 만사형통이라는 세 가지이다.

첫째의 '선험적 논증'은 변화하는 존재는 진실로 존재하는 것이 아니고, 실재하는 존재는 선험적으로 실제로 존재하는 것이며 불생이고 불멸하다는 것이다.[53] 이것은 앞에서 '아르주나가 딜레마에서 빠져나올 수 있는 근거'에서 논의한 '참된 자아와 개아의 바른 식별'에 속한다. 둘째의 '특수 요가 체험을 바탕으로 하는 논증'은 특별한 요가의 체험을 통해 영

52 김호성(2000), pp. 92~101. 그러나 이 글은 끄리슈나의 답변을 제2장에서만 찾고 있는 한계를 지니고 있다.

53 BG.2.12; 2.16-19; 2.26-27.

원하고 불멸하는 자아를 알 수 있다는 것이다.[54] 그러나 그는 행위의 요가에서 대답을 찾고 있지 않고 지혜와 헌신적인 믿음과 사랑의 요가에서만 답을 찾고 있다. 셋째의 '절대자 신을 믿고 사랑하면 만사형통이라는 것'은 인간은 신의 수단으로 조건 없이 신의 말을 믿고 따라야 한다는 것이다.[55] 이에 따르면, 『기따』에서 1.1–2.9는 아르주나가 싸우지 않겠다고 판단하고 딜레마에 빠져 끄리슈나에게 가르침을 요청하는 내용이라면,[56] 2.10–18.78은 끄리슈나가 아르주나에게 싸워야 한다고 설득에 성공함으로써 아르주나가 싸우겠다고 마지막 판단을 이끌어내는 내용에 해당한다. 그러므로 끄리슈나의 가르침은 『기따』의 핵심 내용이고, 아르주나를 설득하는 과정으로 보고 있다.

다른 한편, 박효엽은 앞의 두 연구의 결과를 참고하면서도 보다 포괄적이고 전통적 연구 방법에 따라 『기따』 전체를 대상으로 끄리슈나의 아르주나의 딜레마에 대한 대답을 논증 형식을 빌려서 논의하고 있다.[57] 『기따』의 제1장에서 18일 동안의 전쟁이 시작되는 날에 양 진영의 중앙으로 나간 아르주나는(1.20–24) 자신이 전쟁에 참여하여 승리할 경우에 발생하는 두 가지 결과, 곧 왕국, 쾌락 등과 주요 윤리의 연쇄적인 붕괴—친족의 살해, 가족 윤리의 붕괴, 계급의 윤리 붕괴 등—를 가져오는데, 앞의 것이 좋은 결과라면 뒤의 것은 나쁜 결과이다. 아르주나는 전쟁에 참여했을 경우 좋

54 BG.6.19–21; 6.23; 6.29; 2.58.

55 BG.6.30–31; 9.31–34; 11.31–33; 12.9–12; 12.17; 12.20; 16.17–19; 18.40–44; 18.47; 18.68–73; 심재룡(1990), pp. 313~331 참고.

56 샹까라, 라마누자, 마드바 등의 『기따』에 대한 전통적인 주석자들은 『기따』 제1장은 주석하지 않고, 더욱이 샹까라는 2.10에서부터 주석을 시작한다. 그것은 그들은 제1장이 형식적인 것일 뿐, 중요한 내용이 아니고, 『기따』를 행위 중심의 문헌이 아니라 해탈을 위한 문헌으로 파악하고 있기 때문으로 보인다. 김호성(2006b), pp. 103~105 참고.

57 이하의 내용은 박효엽의 연구 결과(2009, pp. 135~155)를 토대로 한 것임을 밝혀둔다.

은 결과가 있음에도 나쁜 결과가 더 심각하다고 판단함으로써(1.28-46) 좋은 결과를 얻기보다 나쁜 결과를 막고자 하는 의도에 기울어져서 싸우지 않겠다고 한다. 다시 말해 특수의무를 수행하면 좋은 결과를 얻을 수 있지만 보편의무에 무게중심을 두고 싸우지 않겠다고 하는 것이다. 그러나 끄리슈나는 싸우지 않겠다고 하는 아르주나에게 특수의무를 들어 싸워야 한다고 설득한다. 이것이 끄리슈나가 내놓은 결론이다. 『기따』 전체에는 끄리슈나의 결론을 지지하는 전제로서 네 가지 가정이 제시될 수 있다. 네 가지 가정은 다음과 같다.

- 결론: 아르주나는 행위를 해야 한다=(아르주나는 싸워야 한다)
- 전제 ①: 행위를 한다고 해서 죄악이 발생하지 않는다=(아르주나가 싸운다고 해서 죄악을 저지르는 것은 아니다)
- 전제 ②: 행위를 하지 않음은 그 자체로 죄악이다=(아르주나가 싸우지 않는다면 무사의 의무를 저버리는 짓이다)
- 전제 ③: 행위 속에서 행위를 하지 않을 수 있다=(아르주나는 싸움의 결과에 대한 집착 없이 싸울 수 있다)
- 전제 ④: 신의 대리자로서 행위를 하는 것은 정당하다=(아르주나가 신을 염두에 두고 싸우면 그 싸움은 정당하다)

여기서 전제 ①(행위를 한다고 해서 죄악이 발생하지 않음)과 ②(행위를 하지 않음은 그 자체로 죄악임)는 각각 2.11-30과 2.31-38에 나오기 때문에 비교적 간단한 방식으로 알 수 있다. 그러나 전제 ③(행위 속에서 행위를 하지 않을 수 있음)과 ④(신의 대리자로서 행위를 하는 것은 정당함)는 『기따』의 전체에 걸쳐 나온다. 전제 ①은 지식의 요가, 또는 지식 요가의 길, 전제 ③은 행위의 요가, 또는 행위 요가의 길, 전제 ④는 헌신적 믿음과 사랑을 통한 믿음의 길과 관련되어 있다. 이 세 가지 요가는 일반적으로 『기따』의 핵심 가르침이라고 알려져 있기 때문에 제1장 전편과 제2장에서 전제 ①과 ②에 관련된 부분을 제외한 경 전체는 전제 ③과 ④를 직접적으로 드러내거나 전제 ①, ③, ④를 보충하는 논의들로 채워져 있다.

먼저 전제 ①과 ②는 아르주나에게 가장 시급한 문제인 딜레마를 해결하려는 끄리슈나의 시도이다. 끄리슈나는 '만약 아르주나가 싸운다면 주요한 가족의 윤리가 연쇄적으로 붕괴된다'라는 명제가 거짓임을 전제 ①에서 증명한다. 2.11에서 끄리슈나가 "슬퍼하지 않아도 될 자들에게 슬퍼하면서도 그대는 지혜로운 말을 하고 있다. 현명한 사람들은 죽은 자들을 위해서도 살아 있는 자들을 위해서도 슬퍼하지 않는다"라고 하며 암시하듯이, 아르주나가 참된 바른 지혜가 필요하다고 말하고 있다. 그래서 끄리슈나는 참된 바른 지혜란 영원한 것(nitya)과 무상한 것(anitya), 불멸하는 것(akṣara)과 소멸하는 것(kṣara), 존재(sat)와 생성(bhāva), 실재(sat)와 비실재(asat), 몸을 소유한 주인(puruṣa, ātman, dehin)과 몸(prakṛti, deha)의 차이를 구분해 아는 것이다. 이들 각각에서 후자와 전자를 분별하여 안다면 죽음에 대해 슬퍼하거나 고통스러워할 이유가 없다고 가르친다(2.12-30). 따라서 전제 ① '아르주나가 싸운다고 해서 죄악을 저지르는 것이 아니다'라는 논거가 등장할 수 있다. 왜냐하면 영혼은 발생하지 않고 소멸하지 않으므로 전쟁터에서 적군을 살해하는 것은 살생이 아니기 때문이다.

한편 아르주나가 싸우지 않는다면 끄샤뜨리야의 특별한 의무가 무시되기 때문에, 아르주나는 그 의무를 지키기 위해 싸워야 한다. 끄리슈나는 아르주나에게 끄샤뜨리야로서의 특수의무를 따르고 명예를 얻을 수 있는 기회가 축복임을 알려주면서(2.31-2.32), 2.33에서 "만약 그대가 [끄샤뜨리야 종성의] 이 의무적인 전쟁을 수행하지 않는다면, 그로부터 자신의 의무와 명예를 저버리고 죄악을 가져올 것이다"라고 확언한다. 또한 끄샤뜨리야 계급에게 불명예가 얼마나 끔찍한지 부연하여 설명한다(2.34–2.36). 바로 이것이 '아르주나가 싸우지 않는다면 끄샤뜨리야의 의무를 버리는 짓이다'라는 내용의 전제 ②이다. 아르주나가 싸워야 한다는 것은 아르주나가 행위를 해야 한다는 것과 같은 의미로 볼 수 있기 때문에 전제 ①은 '행위를 한다고 해서 죄악이 발생하지 않는다'라는 내용이고, 전제 ②는 '행위를 하지 않음은 그 자체로 죄악이다'라는 내용이다. 따라서 싸운다고 하더라도 죄악이 발생하지 않고, 싸우지 않는다면 죄악이 발생할 것이므로 아르주나는 싸울 수밖에 없다. 싸운다는 것은 곧 행위를 한다는 것이다.

그런데 끄리슈나는 전제 ①과 ②의 두 가지 전제를 제시하는 것에 멈추지 않고, 다시 "이것은 그대에게 설명된 상캬사상에서의 지혜이다. 그러나 이제 요가의 지혜에 대해서 들어보아라. [이론적인] 지혜가 [실천에] 결부된다면, 아르주나여! 그대는 행위의 속박으로부터 벗어나게 될 것이다"(2.39)라고 말한다. 여기서 '상캬'(sāṁkhya)[58]란 이론적인 내용이라면 '요가'(yoga)란 상캬를 실천하는 것과 관련된 내용이다. 그러므로 2.40에서 "[상캬의 이론과 요가의 실천을 겸비한 자들의] 결단력이 있는 성격을 지닌 지성은 이 길에서 하나의 길이다. 아르주나여! 왜냐하면 우유부단한 자들의 지성은 다양하고 셀 수 없이 많기 때문이다"라고 하는데, 이것은 요가

58 『기따』에서 상캬는 철학파인 상캬 학파를 가리키는 것이 아니고, 지식의 길을 따르는 것, 곧 지식과 욕망의 포기를 강조하는 것으로 정신원리(아뜨만, 뿌루샤)와 물질원리(쁘라끄리띠 또는 buddhi, ahaṁkāra, manas, indriyas의 전개자들)가 서로 완전히 다른 차원의 존재임을 아는 것이다. 요가도 빠딴잘리의 요가 학파의 그것이 아니고 행위의 길, 곧 행위로부터 오는 속박으로부터 벗어나는 행위를 가리킨다. 『기따』에서 요가라는 말은 다양한 의미로 사용되고 있으나 대체로 실천, 또는 행위의 길을 의미한다. 여기서 buddhi는 정신원리와 물질원리를 구별하는 지혜이다. 또한 buddhi는 일반적으로는 인지하고 분별하는 기능을 지닌 '지성'으로 번역하고 있다.

를 따를 경우에 전쟁에 참여하여 싸워도 되는 구체적인 이유가 된다.

전제 ①과 ②는 단순히 원론적인 해결책이다. 그렇다면 보다 실제적이고 구체적인 해결책이 제시되어야 할 것이다. 그래서 『기따』에서 끄리슈나가 말하는 행위의 요가는 전제 ③으로 기능하면서 패러다임의 전환을 보여준다. 끄리슈나의 전제 ①은 행위를 부정하는 지식 중심주의와 관련이 있고, 전제 ②는 평범한 사람들의 결과 중심의 행위주의와 관련이 있다. 반면에 전제 ③은 행위 안에서 행위를 하지 않을 수도 있다는 것을 말해준다. 곧 전제 ②처럼 행위를 긍정하면서도 전제 ①처럼 행위의 결과로부터 자유로울 수 있음을, 또는 전제 ①과 ②와 반대로 행위를 부정하지 않으면서도 행위의 결과에 얽매이지 않을 수 있다는 것을 가르친다. 그래서 전제 ③은 전제 ①과 ②를 한 번에 넘어서는 새로운 해결책이 된다. 끄리슈나는 행위의 요가로 아르주나의 주의를 끌면서 '싸움 속에서 싸우지 않을 수 있다는 것'을 가르친다. 실제로 끄리슈나는 "그대에게 주어진 권리는 행위를 하는 것일 뿐, 결코 행위의 결과들에 있는 것이 아니다. 행위의 결과가 행위를 하는 동기가 되어서는 안 된다. 또한 그대는 행위를 하지 않는 것에도 집착하지 마라"(2.47)라고 말함으로써, 반드시 행위를 하되 그 결과에 집착하지 말라고 한다. 이것은 『기따』의 전편에 걸쳐서 끊임없이 강조되고 있다.

『기따』에서 행위의 요가란 행위의 결과에 대한 생각을 행위를 하도록 하는 원인으로 삼아서는 안 된다는 의미이다. 다시 말해 행위의 원인인 욕망을 제어하고 행위의 결과에 대해 집착하지 않으면서 자신에게 주어진 행위 그 자체를 따르는 것이므로 행위를 하면서 동기로서 욕망이나 목적, 또는 결과가 개입되지 않으면 '행위로부터의 자유'(naiṣkarmya, 3.4; 18.49)[59]가 이루어질 수 있다는 것이다. 이것은 '감각기관을 제어한 가운데 행하기'(3.7; 4.18), '집착 없는 행위'(3.19; 18.6), '자신의 특수의무를 행하기'(3.35; 18.47), '욕망과 그 동기로서의 생각으로부터 벗어나기'(4.19; 6.2), '만족함과 다른 것에 의존하지 않기'(4.20) 등으로 표현된다. 다만 행위가 어떻게 발생하고 속박하는지를 안다면 행위의 요가를 행하는 것은 쉽다. 지식의 요가는 행위의 요가의 선행조건이다. 그러므로 행위의 요가를 하려면 지식의 요가가 필수적이다. 그것은 "행위 요가에 의해 행위를 포기하고, 지식의 요가에 의해 의심을 끊고 스스로 제어할 줄 아는 자들은 행위들에 얽매이지 않는다. 이것의 증거는 무지로부터 생겨난 그대의 심장에 있는 이 의심을 자신의 지식의 칼로 잘라버리고 행위의 요가에 전념하고 일어서라"(4.41–42)라고 하는 데서 볼 수 있다.

하지만 힌두 전통에 따르면, 행위의 동기나 목적을 생각하지 않고 자신에게 주어진 보편적 행위를 하는 것만으로 결론에 이르는 데는 충분하지 않다는 생각이 든다. 왜냐하면 도덕적인 문제와 관련된 행위는 어떤 식으로든 그 행위의 정당성을 확보해줄 수 있는 무언가가 필요하기 때문이다. 비록 끄샤뜨리야 종성인 아르주나에게 주어진 행위가 그의 의무를 다루는 베다나 『마누법전』(*Manu-smṛti*)과 다른 법전류(Dharma-śātra)들 등의 문헌과 관습에 규정되어 있다고 할지라도[60] 『기따』에서 끄리슈나는 그러한 원천들과 별도로 이제 자기 자신이 아르주나의 행위를 보증한다고 확실하게 말한다. 그래서 끄리슈나는 전제 ③을 보충할 만한 또 다른 전제를 끌어온다. 끄리슈나는 제3장에서 행위의 요가를 본격적으로 가르치다가 행위가 전적으로 물질원리의 속성들 때문인데도 자아의식에 미혹된 참된 자아는 '내가 행위자'라고 잘못 생각한다고 말한다(3.27). 그런 뒤에 끄리슈나는 "모든 행위들은 나에게 맡기고 최고의 자아를 생각하면서 [행

---

59 이에 대한 구체적인 논의에 대해서는 제6장 참고.

60 BG.16.24.

위의 결과를] 바라지도 않고 이기적인 생각도 떠나서 고뇌하지 말고 싸워라. 나의 이 가르침을 항상 믿고 불평하지 않으며 따르는 사람들이야말로 반드시 행위들로부터 자유로워진다"(3.30-3.31)고 말한다. 이것이 전제 ④이다. 이는 아르주나가 신을 염두에 두고 싸우면 그 싸움은 정당하다는 전제이다. 그래서 지식의 요가, 행위의 요가에 이어 헌신적 믿음과 사랑의 요가가 등장한다.[61]

따라서 아르주나는 행위의 결과에 대한 집착 없이 그저 신의 명령대로 행위를 하기만 하면 된다. 이것은 "내 안에서 모든 행위들을 포기"(12.6)하고, "나를 위한 행위를 지고한 것으로 삼는 것"(12.10)이며, "나를 유일한 의지처로 삼는 것"(18.66) 등에서 발견된다. 아르주나가 이 사실을 모른 채 "자아의식에 의지하여 싸우지 않겠다고 생각한다면, 이 결심은 잘못된 것"(18.59)이다. 만약 행위의 결과가 신의 영역에 속한다면 행위 안에서 행위를 하지 않는 것, 곧 행위의 결과에 집착하지 않는 행위란 충분히 있을 수 있다. 곧 전제 ④를 통해 전제 ③이 확실하게 된다.

끄리슈나가 말하는 바람직한 요가는 인간이 다스릴 수 있는 영역에만 관여해야 함을 알고 행하는 것이다. 실제로 끄리슈나는 행위를 부정하는 지식 중심주의와 결과 중심의 행위주의에 비해 '행위의 요가수행자'(yogī)가 더 위대하고, 모든 요가수행자 가운데 자신을 헌신적인 믿음과 사랑을 하는 자가 가장 잘 제어된 자라고 말한다(6.46-47). 따라서 지식의 요가나 세속주의보다 행위의 요가가 더 낫고, 이 요가가 헌신적인 믿음과 사랑의 요가를 수반하면 더없는 최고의 요가가 된다는 것이다. 아르주나가 전장에서 싸우되 그 싸움의 결과는 신의 몫이라고 안다면, 아르주나에게는 자연스럽게 '싸움 안에서 싸우지 않는', 곧 '행위 안에서 그 결과에 집착하지

61 BG.9.27-28; 9.30; 9.32; 18.56.

않는 것'이 성립할 수 있다.

그래서 전제 ①은 행위의 요가를 설파하기 위한 첫 번째 정초 작업으로서 지식의 요가인 동시에 행위의 본성에 관한 기존의 부정적 입장이다. 전제 ②는 행위의 요가를 위한 두 번째 정초 작업으로서 행위의 본성에 관한 기존의 긍정적 입장이다. 결국 이 두 전제는 초세속과 세속 사이의 긴장, 인생의 제4 산야사 단계와 제2 가장기 단계 사이의 긴장, 해탈과 사회질서 사이의 긴장을 있는 그대로를 보여주고 있다. 전제 ①과 ②가 행위의 본성에 따라 부정적이거나 긍정적인 방식으로 행위를 해야 함을 말하는 것이라면, 전제 ③은 행위에 대한 실천적 규명으로서 어떤 행위여야 하는지를 묻는 것, 곧 '행위의 방법'을 묻는 것과 관련된다. 이 방법이 바로 '행위 안에서 행위를 하지 않는 것'이라는 행위의 요가이다. 행위의 허용 가능성이나 범위를 타진하는 전제 ①과 ②를 기반으로 하여, '행위의 요가'가 성립되는 것이다. 이것과 관련하여 전제 ①과 전제 ②는 '행위란 무엇인가?', 전제 ③은 '어떻게 행위를 할 것인가?', 전제 ④는 '행위의 근거는 무엇인가?'라는 물음에 대한 각각의 대답이 나온다. 이 대답은 각각 행위의 본성, 행위의 방법, 행위의 근거와 관련된다. 따라서 전제 ①, 전제 ②를 포괄하는 전제 ③은, 전제 ④와 더불어 결론을 지지하기 위한 충분한 토대가 된다.

이와 같이 끄리슈나는 아르주나의 딜레마를 해소하고자 네 가지 전제로써 살펴보았다. 문제는 끄리슈나가 아르주나의 딜레마를 해소하는 과정에서 그에게 윤리적 정당성을 확보해주는 것이었다. 다시 말해, 아르주나에게 보편의무와 특수한 개인 의무의 충돌은 모든 생명의 존엄성과 자신의 보편 가운데 전자 때문에 후자를 수행할 수 없다는 윤리적 문제 때문에 부딪치게 된 것이다. 끄리슈나는 이러한 아르주나가 처한 상황을 통해 인지하도록 가르치며, 그 가운데 '싸워야 한다', 곧 '행위를 해야 한다'

는 것의 정당성을 확보하면서 윤리적인 문제도 동시에 해결해주고자 하였다. 그리하여 마침내 아르주나가 '당신의 은총으로 당신이 최고신임을 알게 됨으로써 전장에 나아가 싸우겠다'는 대답을 내놓게 된다(18.73). 이것은 끄리슈나가 아르주나에게 '싸워야 한다'는 것, 곧 행위의 정당성을 확보하는 것이 가장 큰 걸림돌이었으나 최고신의 존재에 대한 신뢰를 보증해줌으로써 문제를 해결하게 된다는 것이다. 이로 미루어볼 때 『기따』에서 주된 주제는 '행위'로 보는 것이 타당하지만, 또 행위를 할 때 행위의 본질과 그것의 정당성을 보충해주는 것으로 참된 자아의 불멸성과 최고신의 존재에 대한 확실한 신뢰가 어우러져서 궁극적 목적인 행위로부터의 자유로움을 실현할 수 있다는 것도 도출되고 있다.

제4장

행위의 길과 지식의 길 사이의 충돌과 그 해결책

1. 아르주나의 보편의무와 특수의무가 충돌하는 이유

이미 앞의 제3장에서 논의해 알고 있듯이, 아르주나의 딜레마는 의무의 충돌에서 비롯된 것이다. 서로 충돌하는 의무들에 직면하고 있는 것은 영원한 참된 자아가 아니고, 오직 육화된 자아인 물질원리일 뿐이다. 참된 자아는 행위를 하지 않는다. 그것은 누군가를 살해하지도 않고 누군가에 의해 살해되지도 않는다. 끄리슈나는 아르주나에게 행위를 하는 육화된 자아와 모든 행위를 초월하고 불변하는 참된 자아 사이의 분별을 이해해야 한다고 하면서 다음과 같이 말한다. "그[1]를 살해자로 알거나 살해된 자로 생각하는 자는 그 둘 다를 알지 못한다. 그는 살해하지도 않고 살해되지도 않는다."(2.19) 샹까라에 따르면, 자재신 끄리슈나는 『기따』의 목적이 행위를 강요하는 것이 아니고, 슬픔과 미혹 등을 낳는 윤회하는 삶의 원인을 없애고자 하는 관점을 확실히 하기 위해 『까타 우빠니샤드』

1 신체와 육신의 주인, 곧 참된 나, 참 나, 진짜 자아를 가리킨다.

(*Kaṭha-Up*) 1.2.18-19를 인용한다.

참된 자아는 누구에 의해 태어나지도 않고, 죽지도 않는다. 그는 어떤 것으로부터 생겨난 것도 아니고, 그 자신 이외의 다른 어떤 근원으로부터 생겨난 것도 아니다. 그는 태고 적부터 태어난 적이 없고, 영원하며, 영구적이다. 그는 육신이 죽는다고 죽는 것이 아니다. 만약에 살해자가 그를 살해한다고 생각하거나 그가 살해당한다고 생각한다면 그 둘 모두 그를 이해하지 못한 것이다. 그는 살해하지도 않고 살해되지도 않는다.[2]

이 인용문에서 참된 자아를 살해하는 행위자로 이해하는 사람, 그리고 육신이 살해될 때 그가 살해되는 것으로 아는 사람, 이 둘 모두 참된 자아를 바르게 이해하지 못하는 자로 샹까라는 보고 있다. 육신이 살해될 때 '나는 죽는다'고 하거나 '나는 살해된다'고 생각하는 사람은 육신과 참된 자아를 식별하는 지식이 부족한 사람이다. 그러므로 참된 자아는 죽지도 않고 죽임을 당하지도 않으며, 죽이는 주체도 아니고, 죽임을 당하는 대상도 아니다.[3] 왜냐하면 참된 자아는 태어난 적이 없고, 죽지도 않기 때문에 결코 변하지 않는다(2.20).

샹까라에 따르면, 참된 자아는 태어나지 않는다. 그것은 한때 존재했다가 존재하지 않는 것이 아니기 때문이다. 태어남으로 알려진 존재들의 변형은 참된 자아에는 일어나지 않고, 죽지도 않는다. 또 참된 자아는 이전에 존재하지 않았던 것이 갑자기 생겨나는 것이 아니다. 그러므로 태어난

2 na jāyate mṛyate vā vipaścin nāyaṁ kutaścin na babhūva kaścit, ajo nityaḥ śaśvato'yam purāṇo na hanyate hanyamāne śarīre. hantā cen manyate hantuṁ hataś cen manyate hatam, ubhau tau na vijānīto nāyaṁ hanti na hanyate.

3 A. G Krishna Warrier(trans, 1983), pp. 39~40.

적이 없다. 왜냐하면 존재하지 않았다가 생겨난 사람을 태어난다고 말하기 때문이다. 참된 자아는 그렇지 않다. 그리고 참된 자아는 죽지 않으므로 영원하다. 참된 자아는 변하지 않는다. 참된 자아는 언제나 한결같고, 파괴로 알려진 조건들의 변화로부터 영향을 받지 않는다. 또한 참된 자아의 본질은 부분들이 없으므로 줄어들지 않는다. 참된 자아는 속성이 없기 때문에 어떤 속성을 잃지도 않고 줄어들지도 않는다. 그리고 늘어나지도 않는다. 왜냐하면 부분이 늘어나면 크기가 커지는 것인데 그것은 부분이 없기 때문이다. 그리고 육신이 살해될 때에도 참된 자아는 죽지 않는다. 다시 말해 육신이 성장하거나 변형이 있을 때도 참된 자아는 늘 변형되지 않고 그대로이다. 참된 자아에는 여섯 가지 조건(탄생 · 존재 · 성장 · 변형 · 쇠퇴 · 죽음)[4]의 변화를 겪지 않는다. 이것은 참된 자아가 어떠한 변화도 겪지 않는다는 것을 의미한다고 샹까라는 해석하고 있다.[5] 아르주나는 의무의 충돌 문제를 오직 이런 육화된 자아의 관점에서만 보고 있기 때문에 일어나는 것이다. 끄리슈나는 아르주나에게 육화된 자아를 영원히 육화되지 않은 자아의 관점에서 봐주기를 바라고 있다. 이렇게 관점을 전환함으로써 『기따』는 인도 전통 안의 중심적이고 실존적인 충돌, 곧 지식과 행위 사이의 충돌에 대해 말할 수 있게 된다.

그런데 『기따』에서는 일반적으로 행위의 요가, 지식의 요가, 헌신적인 믿음과 사랑의 요가라는 세 가지 길(mārga)로 설명되어 있다. 샹까라는 이 가운데 두 가지, 행위의 요가와 지식의 요가, 둘로 조직되어 있다고 해석하고 있다. 그리고 샹까라는 그의 주석의 서문에서 행위의 요가는 활동하는 의무(pravṛtti-dharma), 지식의 요가는 활동을 정지시키는 의무(nivṛtti-

4 불교에서는 태어나고(生), 존재하고(住), 성장하며 변형되어 쇠퇴하고(異), 죽는다(滅)로 말하기도 한다.

5 A. G Krishna Warrier(trans, 1983), pp. 41~42.

dharma)로 표현되어 있다.[6] 그런데 본문 안에서는 요가 대신 niṣṭhā로 표현하며, 그것은 전념 · 입장 · 지속 · 완성 등의 의미들로 번역된다.[7] 그래서 그는 그의 주석 안에서 karma-yoga를 karma-niṣṭhā, jñāna-yoga를 jñāna-niṣṭhā로 표현하고 있다. 이것을 각각 '행위의 전념, 또는 행위의 입장'과 '지식의 전념, 또는 지식의 입장'이라고 번역하고 있다.[8] 3.3의 주석에서 지식의 요가에 의한 철학자의 입장이 참된 자아와 육화된 자아를 식별하는 지식을 갖는 사람의 것이라면, 행위의 요가에 의한 수행자의 입장에서 행위의 전념, 또는 행위라고 한다. 그런데 샹까라는 3.4의 주석에서 행위의 전념은 스스로는 해탈의 수단이 되지 않지만, 지식의 전념에 도달하는 수단은 된다고 한다.[9] 그는 행위에 전념한 결과로 지식에 전념하는데 적절한 사람에게 성전을 통해, 또는 주재자 끄리슈나의 가르침에 의해 지식이 생겨나게 된다고 말한다. 여기서 그는 지식의 전념만이 해탈의 수단이고, 이것이 행해지면 지식의 완성을 통해 해탈의 경지에 도달할 수 있다고 주장한다.[10] 그러나 일반적으로 대부분의 경우는 행위에 전념한 결과로 지식의 전념에 도달하는 것을 말하지 않고, 지식의 전념에 적절한 사람이 된다고 말한다. 결국 지식은 행위의 결과로서 생겨나는 것이 아니고, 지식을 이미 지닌 사람에게 지식에 전념한다고 해서 더 높은 지식이 생겨나는 것도 아니기 때문이다.

그런데 여기서 행위의 요가, 또는 행위의 길과 지식의 요가, 또는 지식의 길 사이의 충돌은 자아에 대한 서로 다른 두 철학, 곧 베다와 우빠니샤

6 A. G Krishna Warrier(trans, 1983), p. 2. cf. BG.3.3; 5.17; 7.1; 18.50.

7 高木健翁(1996), p. 430.

8 A. G Krishna Warrier(trans, 1983), pp. 101~102.

9 A. G Krishna Warrier(trans, 1983), p. 104.

10 高木健翁(1996), pp. 428~429.

드에 근거하고 있다. 베다는 세계를 행위의 면에서 본다. 베다에서 자아란 궁극적으로 행위를 하는 자, 또는 행위자로서, 높은 도덕적 기준들에 순응하는 행위들과 존재의 지속적인 창조에 희생제라는 행위들을 통해 구원을 얻는 자들이었다.

우빠니샤드는 죽음과 재생에 종속되지 않는 궁극적 자아를 찾으려는 관심사에서 자아에 관한 베다와 다른 철학을 전개시켜나간다. 이들 현자(ṛṣi)들은 행위를 속박의 근원으로 보고, 행위자의 자아(agent self)를 궁극적인 것으로 보지 않는다. 현자들은 자아의 궁극적인 본성을 참된 자아와 일치시킨다. 곧 그것은 영원하고 불변하는 모든 존재들의 바탕이고, 순수의식, 또는 지식의 본성을 지니고 있는 참된 자아와 일치시킨다. 그러나 만약에 참된 자아가 행위자이기보다 순수의식이라면, 행위가 아니라 지식이 자기실현, 그리고 괴로움과 죽음으로부터 해탈을 가져온다고 생각한다. 행위들은 속박을 낳는다고 여겼기 때문에 반드시 지식을 위해 포기해야 한다. 과거 행위들의 모든 잔여물과 영향은 해탈에 도달하기 위해 다 없어져야 한다.

그러므로 아르주나는 그에게 천성적으로 주어진 특수의무를 완수하기 위해 행위를 해야 할 의무와 책임과, 속박을 제거하기 위해 행위를 삼가야 할 필요성 사이에서 서로 충돌 상황에 빠져 있다. 힌두사상의 관점에서 끄샤뜨리야 종성인 아르주나에게 자신의 특수의무를 완수하는 행위보다 더 중요한 것은 없다. 자신에게 주어진 특수의무를 수행해야만 사회는 유지되고, 세계 자체가 지탱될 수 있기 때문이다. 그러나 행위는 속박의 원인이다. 샹까라가 주장하듯이, 해탈은 오직 지식을 통해서만 성취될 수 있다고 하는 것과 행위를 하는 것은 서로 충돌하게 된다.

그런데 가족과 사회의 역할과 자신의 의무에 대한 강조는 행위자로서의 자아 관념에서 나왔다. 반면 요가와 고행의 강조와, 지식을 통한 해탈의 강조는 자아가 궁극적으로 지식, 또는 의식의 본성을 지니고 있다는 점을 전제하고 있다. 끄리슈나는 아르주나에게 행위의 길과 지식의 길 사이의 충돌을 해소하기 위한 방안을 제시한다. 그러므로 자신이 궁극적으로 행위자인지 아니면 아는 자(jñā, 知者)인지를 먼저 결정해야 한다. 그런 다음 지식과 행위가 서로 관계하는 방식을 이해해야 한다.

2. 지식의 길과 행위의 길 사이의 충돌에 대한 해결책

지식과 행위 사이의 충돌은 『기따』 이전 문헌에도 있었다. 또한 완전하지 않지만 해결책도 주어졌다. 이 해결책은 『기따』의 가르침에 의해 수정되며, 현재에 이르기까지 계속 인생의 지도 원리가 되어왔다. 『기따』에서 해결책이란 행위의 요구와 그것에 대한 포기의 요구를 순차적으로 수용하는 것으로 이해된다. 인생의 네 단계의 원리에 따르면, 한 개인은 일생의 처음 절반을 행위에 바치고 있다. 제1 범행기와 제2 가장기에서는 인생의 네 덕목 가운데 세 가지, 곧 윤리적 질서(dharma), 물질적 부의 축적(artha), 정서적 욕망(kāma)의 목적들이 추구된다. 그런 다음에 이행의 단계인 제3 임서기(vānaprastha, vanāśrama)를 거쳐, 마지막 편력수행기(saṅnyāsa)는 포기에 바쳐졌다. 여기서 마지막 단계를 실천하는 사람은 포기자(saṅnyāsin)라고 한다. 그는 행위 · 가족 · 사회를 초월한다. 행위의 길과 지식의 길은 인생의 네 단계의 질서 안에서 순차적으로 적용하는 일에 반영되어 있다.

『기따』는 인생의 각 단계에서 제공하는 행위와 그 포기의 순차적인 수용을 거부하지는 않고, 다른 방식의 해결책을 제공하고 있다. 끄리슈나는 개아를 궁극적으로 참된 자아인 순수의식과 동일한 것으로 보는 우빠니샤드적 통찰의 자아를 받아들인다. 또한 행위에 대한 베다적인 명령(dharma)도 보존하고 있다. 동시에 그는 아르주나에게 높은 진리, 곧 행위에 속박당하는 결과를 초래하지 않고 행위를 할 수 있는 높은 진리에 대해 말하고 있다.

먼저 우빠니샤드적 통찰은 13.27에서 찾을 수 있다. "모든 존재 안에 똑같이 있고, 죽은 존재들 안에서 죽지 않는 자로 있는 최고의 주재자를 보는 자야말로 바르게 보는 자이다."[11] 이것은 모든 살아 있는 존재들은 소멸하고 유한하지만, 지고의 신, 곧 지고의 참된 자아는 소멸하지 않는다는 것이다. 『기따』는 개아를 그것의 구성요소인 육신 · 마음 · 자아로 나눈다. 그리하여 그 가운데 늘 존재하는 것을 찾고자 한다. 육신은 영원한 주체가 아니다. 왜냐하면 그것은 잠깐 동안만 존재하고, 끝이 있기 때문이다(2.13; 2.18).[12] 마음도 늘 변한다. 이들 육신과 경험적인 마음은 주관에 대한 객관이고, 자아가 작용하는 도구일 뿐이다. 그들은 그 자체를 위한 것이 아니다. 그들은 주체에 의존한다. 주체는 참된 자아를 가리킨다. 앞에서 말했듯이, 참된 자아는 육신이 살해되더라도 살해되지 않는 불생이고 영원하며, 영속하는 존재이다(2.20).[13] 개아는 수많은 변화를 겪는다. 하지만 그것의 본질인 참된 자아는 변화를 겪지 않는다. 이처럼 참된 자아에 대한 절대 긍정은 끄리슈나가 딜레마에 빠진 아르주나의 마음을 안정시키는 하나의 가르침으로 유효한 방법이다.

또한 이 세상의 법칙은 희생제이다. 그러나 그것을 어긴 자는 이 세상에서나 저 세상에 이르러서나 그것을 지배하는 힘을 얻을 수 없다. 그렇

11 BG.13.27: samaṁ sarveṣu bhūteṣu tiṣṭhantaṁ parameśvaram, vinaśyatsv avinaśyantaṁ yaḥ paśyati sa paśyati.

12 물질세계도 마찬가지로 왔다가 사라지는 덧없는 것이다. cf. BG.2.14.

13 cf. BG.2.22–25.

기 때문에 베다의 명령에 따르면, 해탈을 바라는 자들이라면 때가 되면 희생제를 통해 그들은 브라흐만에 도달한다. 그러나 『기따』에서는 지식의 희생제가 재물에 의한 희생제보다 뛰어나다고 말한다(4.33). 신의 본질은 오로지 끄리슈나에 대한 헌신적인 믿음과 사랑을 통해서만 볼 수 있다(4.35). 왜냐하면 끄리슈나가 모든 희생제의 주인이고, 그것을 즐기는 자이기 때문이다(8.4). 그런데 그들은 끄리슈나를 실재로는 인식하지 못하기 때문에 희생제의 결과로 쌓은 공덕이 다한 뒤에는 천상에서 이 세상으로 떨어진다(9.24).

인간의 모든 행위는 브라흐만으로부터 생겨난다. 브라흐만은 불멸하는 것(akṣara)으로부터 생겨났다. 그러므로 모든 곳에 존재하는 브라흐만은 희생제라는 행위에 머물러 있다(3.15)고 하는 데서 알 수 있듯이, 각 개인은 베다의 명령에 따라 자신에게 주어진 의무를 성실하게 수행해야 한다. 이 의무는 신의 명령에 의해 수행되는 것이기 때문에 죄를 짓는 것으로 간주되지 않는다.[14] 그러므로 모든 행위를 최고의 신에게 맡기고, 최고의 자아를 생각하면서 행위의 결과를 바라지 않으며, 이기적인 생각도 떠나서 고뇌하지 말고 전쟁터에 나아가 싸워라(3.30)라고 끄리슈나는 아르주나에게 말한다.

따라서 무행위(akarma)의 관건은 행위의 결과에 대한 모든 욕망을 단념(tyāga)하는 것이고, 행위를 행하는 자와의 동일시하는 작업을 포기(saṅnyāsa)하는 것이다. 행위를 하고자 하는 욕망의 포기와 자아의식의 포기를 성취하기 위해 끄리슈나는 헌신적인 믿음과 사랑으로써 신에게 완전히 내맡길 것과, 모든 일과 행위들을 신에 대한 희생의 정신으로 행할 것을 권장하고 있다. 어떻게 이러한 통찰이 작동하고, 어떻게 지식, 행위,

14 BG.2.51; 4.9; 8.15.

그리고 헌신적인 신에 대한 믿음과 사랑의 세 가지 길이 수용되는가는 『기따』에서 끄리슈나 자신의 말에서 가장 잘 나타나 있다. 이것은 끄리슈나의 가르침, 또는 노래인 『기따』가 전달하려는 메시지의 핵심이기도 하다.

3. 지식의 길: 불완전 지식에서 완전한 바른 지식으로

1) 불완전한 지식

세 속성을 지닌 지식은 완전한 지식이 아니다. 왜냐하면 그것은 시시각각으로 변하기 때문이다. 모든 존재는 세 속성의 결합을 통해 이 세상에 나타나고 변화한다. 현상세계의 모든 존재는 이 세 속성의 영향력 아래 있기 때문에 이들 속성들의 영향력을 벗어나야만 참된 자유를 얻을 수 있다. 밝고 순수한 기운인 삿뜨바 속성조차도 넘어서야 한다. 진정한 자유, 진정한 해탈은 물질원리의 세계 너머에 있는 참된 자아의 영역으로 들어가야 맛볼 수 있기 때문이다.

끄리슈나는 마음이 흔들리는 아르주나에게 "육신을 소유한 주인이 이 육신에서 유년, 청년, 노년기가 있듯이, 그와 같이 죽은 뒤에도 다른 몸을 얻을 것이다. 현명한 자는 그런 것에 헛갈리지 않는다"(2.13)라고 말한다. 그런데 문제는 아르주나가 육신들은 한계가 있는데도(2.18) 그것이 영원히 존재하는 것으로 착각하여 헛갈리고 있다는 데에 있다. 이것은 그가 자아의식을 참된 자아와 혼동하고 있는 데서 비롯되는 무지(ajñāna)이다. 이런 무지로 말미암아 자아의식에 의해 헛갈리어 '참된 자아가 행위자'라고 그릇되게 생각한다. 또한 모든 행위들은 물질적 속성 때문에 일어나는 것을 알지 못한다(3.27). 그런 까닭에 행위자를 독존하는 참된 자아로 보는 자는 불완전한 이해로 말미암아 진실을 못 보게 된다(18.16). 샹까라에 따르면, 참된 자아를 행위자로 잘못 이해한 사람은 그의 무지 때문에 자아를 다섯 가지 원인들, 곧 육신, 행위자, 감각들, 호흡기능들, 눈 등을 주재하는 신들[15]로 생각하고, 독존하는 참된 자아를 행위자로 보게 된다. 마치 백내장과 같은 신체적 장애로 시력에 문제가 생긴 사람이 많은 달을 보는 것처럼, 또는 구름이 움직이는데도 달이 움직인다고 여기고, 차에 타고 있는 사람이 차가 달리고 있는데도 차에 탄 자신이 달리고 있다고 생각하는 사람처럼, 눈으로 보더라도 진실을 보지 못하듯이, 아르주나도 왜곡된 지성을 지녀 참된 자아와 행위자를 구분하지 못하고 있다.[16]

이에 대해 끄리슈나는 이러한 지식, 행위, 그리고 행위자로 하여금 행위를 하도록 충동시키는 힘들은 물질적 속성에 따라 세 가지가 있다고 말한다. "지식과 행위와 행위자라고 하는 세 가지는 물질적 속성의 차이에 따를 뿐이다. 물질적 속성을 열거하면서 있는 그대로 설명하겠으니 그것에 관해서도 들어보아라."(18.19)[17] 여기서 물질적 속성들의 지배를 받는 것은 sāttvika, rājasa, tāmasa를 말한다. 그러므로 지식 · 행위 · 행위자에는 각각에 세 속성의 지배를 받는 지식 · 행위 · 행위자가 있다는 것이다. 여기서 세 속성의 지배를 받는 사람의 지식이란 어떤 것인가만 보겠다. 나머지 행위와 행위자는 뒤에서 행위의 요가를 다루는 데서 볼 것이다.

먼저 선한 삿뜨바 속성의 지배를 받는 사람의 지식(sāttvika-jñāna)은 모든 현상적 존재 가운데서 하나의 불변하고 불멸하는 존재를 보고, 이들 존재들은 스스로 분할되는 것 속에서 분할되지 않는 존재를 보는 자이다

---

15 BG.18.13-14.

16 jñānaṁ karma ca kartā ca tridhai'va guṇabhedataḥ, procyate guṇasaṁkhyāne yathāvac chṛṇu tāny api.

17 A. G Krishna Warrier(trans, 1983), p. 566.

(18.20). 둘째로 격정적인 라자스 속성의 지배를 받는 사람의 지식(rājasa-jñāna)은 모든 현상적 존재에 대해 갖가지 다양한 상태를 개별적으로 아는 자이다(18.21). 셋째로 어리석은 따마스 속성의 지배를 받는 사람의 지식(tāmasa-jñāna)은 하나의 결과를 전부인 것처럼 집착하여 근거도 없고, 진리에 부합하지도 않는 편협한 생각을 가진 자이다(18.22). 샹까라에 따르면, 어리석은 따마스 속성의 지배를 받는 사람의 지식은 몸이나 우상 등과 같은 하나의 어떤 결과물이 전체인 것처럼 '이 몸이 자아이다', 또는 '저 우상이 신이다'라고 봄으로써 그것보다 뛰어난 것은 없다고 여기고, 그것에만 열중하는 것을 말한다. 예컨대 옷을 입지 않은 자이나교[18]도

---

18 자이나교(jainism)는 종교이자 철학이다. 자이나교는 고대의 비베다적(non-vedic)이고, 비정통사상과 실천세계이다. 그것은 브라흐마니즘에 대한 반동인 동시에 개혁으로 발생한다. 자이나교는 완전한 영혼(tirthaṁkara, 인류의 안내자)의 전통에 따른 종교사상으로서 제23대 띠르탕까라인 바르다나(Vardhamāna, B. C. 540~468)를 시작으로 체계를 갖춘 종교로 발전한다. 그가 바로 모든 형태의 속박과 고통으로부터 해탈의 길을 얻었다고 선언하였으므로 그를 정복자(jina)라고 하고, 또 위대한 영웅(mahāvīra, 大雄)이라고 한다. 이런 자이나교는 생명적 실체, 곧 영혼(jīva)와 무생명적 실체, 물질(ajīva)을 엄격하게 구분한다. 이 점에서 자이나 철학은 철저한 이원론이다. 또한 그것은 수많은 특성을 소유한 무수한 생명체, 영혼과 비생명체, 물질을 인정한다는 점에서는 다원론(anekānta-vāda)이다. 이들은 우리의 지각 또는 인식주체와 독립하여 존재한다고 하기 때문에 자이나교는 인식론적 · 형이상학적 실재론이다. 그 가운데 영혼은 의식을 본연적 성질로 가지고 있는 실체이다. 그에 대해 고통이나 쾌락은 우연한 성질이다. 그러므로 영혼은 영구적이면서도 변화한다. 자이나교는 우빠니샤드의 브라흐만과 같은 절대로 변하지 않는 실체개념과 불교의 찰나적 생명의 흐름과 같은 지속성을 갖지 않는 무상의 개념을 모두 부정한다. 자이나교는 실체를 공간적 연장이 있는 것과 없는 것의 둘로 구분한다. 전자에는 영혼, 물질(pudgala), 공간(ākāśa), 법(dharma), 비법(adharma)이 속하고, 후자에는 시간(kāla) 하나만 인정한다. 시간은 연장이 없는 실체이다. 영혼은 의식을 본질로 하는 영원한 실체이다. 그것이 머무는 실체에 생명력을 불어넣어준다. 그러나 우빠니샤드에서 아뜨만이 불변하는 것이라고 생각하는 반면, 자이나교에서 영혼은 그 크기가 변할 수 있다고 한다. 그러므로 영혼의 크기는 그것이 내재하는 실체의 크고 작음에 따라 달라진다. 비록 자이나교는 영혼을 인정하지만, 힌두교와 달리 단일, 보편적 영혼의 개념을 부정한다. 그러므로 그러한 거부는 또한 전통적으로 우주의 창조자이고 유지자인 자재신(Īśvara)으로 알려진 지고한 존재의 개념을 거부한다. 신이 없기 때문에 업의 법칙(karma-vāda)은 그 작용에서 자율적이다. 다시 말해 그들의 업에 따라 개체영혼에게 상벌

(jain)들은 우리 몸 안에 있는 영혼(jīva)을 그 영혼을 지닌 자의 몸의 크기와 같다고 여긴다든지, 어떤 사람들은 신은 오로지 나무나 돌로 만든 우상일 뿐이라고 여긴다. 왜냐하면 무지하여 식별하는 능력이 없는 따마스 속성을 지닌 사람들은 그러한 지식을 아무 생각 없이 즐겨 받아들이기 때문이다.[19]

이러한 물질원리의 속성에 미혹된 자들은 속성들의 배분에 따라 일어나는 행위들에 집착한다(3.29). 물질원리는 지금의 탄생이 시작될 때 나타나는 선한 행위(dharma)와 악한 행위(adharma)의 잠세력(saṅskāra)[20]이다.

을 내리는 것은 신이 아니고 비인격적인 업의 법칙 자체이다. 하나의 영혼이 취하는 특정한 형태라든지, 그것이 머무르는 실체의 종류는 전적으로 전생(前生)에서 영혼의 업에 의해 결정된다. 자이나교의 윤리는 엄격하고 소박하며 단순하다. 생각 · 말 · 행동에서 비폭력(ahiṁsa)의 실천이 주요 덕목이다. 자이나교도(jain)는 어떠한 환경에서도 다른 생명체에게 고통을 주어서는 안 되고, 모든 생명체에 대해 늘 친절과 착한 마음으로 행동을 해야 한다. 진실, 탐내지 않는 것, 청정하는 것의 덕은 모든 자이나교도가 함양해야 한다. 이런 자이나교도에는 흰 옷을 입는 교파(śvetāmbara, 白衣派)와 옷을 입지 않는 교파(digambara, 裸形派)의 두 파가 있다. 나형파는 성자나 고행승과 같은 완성을 성취한 영혼은 의복을 포함한 모든 것을 벗어던지고 알몸으로 유랑해야 한다. 그 파에서는 여성은 다음 생애에 남성을 재생하지 않으면 해탈을 얻을 수 없다고 하지만, 반면에 백의파는 그것을 거부한다. 이런 차이로 볼 때, 백의파는 종교적 자유주의자라면, 나형파는 종교적 보수주의자로 보면 될 것이다. R. 뿔리간들라(이지수 옮김, 1991), pp. 37~51 참조.

19 A. G Krishna Warrier(trans, 1983), p. 573.

20 히리얀나에 따르면, 행위의 결과는 두 가지 결과로 이끈다고 한다. 그것은 행위의 이론에 따라 행위에 뒤따르는 괴로움이나 즐거움으로서 행위의 직접적 결과라고 부를 수 있는 것을 낳을 뿐만 아니고, 미래에 동일한 행위를 반복하려고 하는 성향이 확립된다. 이 성향을 잠세력(saṃskāra)이라고 한다. 그 행위의 직접적인 결과를 과보(phala)라고 한다. Mysore Hiriyanna(1932), pp. 129 이하. 또 정승석은 phala는 행위를 낳는 볼 수 있는 것이나 볼 수 없는 모든 즉각적인 결과를 포함하는 것, 곧 인과법칙의 일반적인 결과이다. 이것을 행위의 결과라고 부른다. 다른 한편 saṃskāra는 도덕적 결과, phala는 물리적 결과라고 보고, 이를 좀 더 포괄적으로 적용하면, 자신의 행복이나 불행을 가져오는 방식으로 행동하려고 하고, 생각하려고 하며, 체험하려 하고, 또는 체험을 연출하려고 하는 볼 수 없는 성향이나 버릇이며, 이것은 행위의 결과로서 행위자에게 생성된다. 따라서 행위의 법칙에서 초점이 되는 것은 이 잠세력(다른 이름으로는 잠행력, 잠재력, 잠재인상)의 형성이며, 이 행위의 법칙에 관

심지어 지식이 있는 사람조차도 자신의 물질원리에 따라 행위를 한다. 하물며 무지한 사람이 그 자신의 물질원리에 따라 행위를 한다는 것은 말할 필요가 없다. 왜냐하면 모든 살아 있는 존재들은 그들 자신의 물질원리에 따르기 때문에(3.33) 감각들이 그것들의 대상에 대해 좋아함과 싫어함을 느끼는 것은 당연하다. 그렇지만 좋아함(rāga)과 싫어함(dveṣa)에 이끌리게 되면 진실을 헷갈려 죄를 짓게 된다. 모든 세상의 적은 욕망(kāma)이다. 모든 악은 욕망으로부터 모든 살아 있는 존재들에게 온다. 어떤 원인에 의해 방해를 받을 때 욕망은 분노(krodha)로 변한다. 그러므로 분노는 욕망 그 자체이다. 그것은 격정적 라자스 속성에서 나온다. 또는 욕망 그 자체는 격정적 라자스 속성의 원인이다. 왜냐하면 욕망이 일어날 때 격정적 라자스 속성을 깨우고, 사람들에게 행위를 강요하기 때문이다. 우리는 격정적 라자스 속성에 이끌려 이런저런 행위를 하면서 살아간다. 오직 욕망에 이끌렸을 때 이런저런 행위를 아무 생각 없이 하게 된다. 이 윤회의 세계에서 욕망은 인간의 가장 해로운 적이다. 마치 불이 연기에 싸여 잘 보이지 않고, 거울이 먼지에 덮여 잘 보이지 않으며, 태아가 자궁에 싸여 잘 보이지 않듯이, 지식 또한 욕망에 가려 잘 보이지 않는다(3.38). 이러한 욕망은 감각 · 마음 · 지성에 머물고 있다. 욕망은 감각 · 마음 · 지성에 머물며 지식을 가림으로써 몸을 지니고 참된 자아를 헛갈리게 한다(3.40). 그러면 이런 욕망을 없애려면 어떻게 해야 하는가? 다시 말해 어디에 머물며 욕망을 없애야 하는가?

이에 대해 3.42–43에서 말한다. "어떤 사람들은 감각이 몸보다 뛰어나

여하는 것은 일반적으로 초래되는 결과가 아니라 행위자의 잠세력이다. 잠세력이 관여하는 두 방향은 윤회와 해탈로 대변한다. 잠세력 → 마음의 활동 → 번뇌 → 고통 → 윤회와 잠세력 → 억제 → 고요한 흐름 → 삼매 → 해탈이다. 여기서 잠세력은 윤회나 해탈로 이끄는 원인이고, 과거의 행위로부터 생기는 동력인이다. 정승석(2001), pp. 47~48, p. 50.

고, 충동적 본성이 감각보다 뛰어나며, 지성이 마음보다 뛰어나다고 말한다. 그러나 지성보다 뛰어난 것은 참된 자아이다. 그러므로 지성보다 뛰어난 참된 자아를 깨닫고, 그 참된 자아로써 낮은 개아를 다스려라. 그렇게 함으로써 욕망의 모습을 지닌 정복하기 어려운 적을 없애라"[21]라고 한다. 그러므로 욕망을 본성으로 하여 천상세계를 최고라고 여기는 자들은 행위의 결과로 윤회를 하게 된다(2.43). 불완전한 지식은 물질원리의 세 속성의 지배를 받아 욕망이 일어나는 지식이다.

그러므로 라다끄리슈난은 "좋은 욕망에 의해 얽매이든 나쁜 욕망에 의해 얽매이든 그것은 여전히 속박의 문제이다. 속박으로부터 벗어나기 위해서는 무지를 없애야 한다. 무지는 무지한 욕망의 원인이면서 행위의 원인이다. 완전한 바른 지식은 무지한 욕망과 행위의 속박으로부터 자유를 얻는 수단"[22]이라고 한다.

이제 무지, 또는 불완전한 지식으로부터 벗어나는 지식인 완전한 바른 지식을 논하기 전에 불완전한 지식으로 말미암아 욕망으로부터 오는 윤회가 무엇인지를 먼저 논의하기로 한다.

2) 윤회

『기따』는 궁극적 상태, 곧 해탈, 또는 자유를 얻기 이전까지의 윤회(saṁsāra)를 믿는다. 모든 존재들은 해탈을 얻기까지는 행위에 의해 윤회하며 반복된 삶을 계속한다. 우빠니샤드 이래로 이 사상은 인도의 철학과 종교계를 지배하고 있다. 『기따』도 이 사상을 계승하며 받아들이고 있다.

21 BG.3.42–43: indriyāṇi parāṇy āhur indriyebhyaḥ paraṁ manaḥ, manasas tu parā buddhir yo buddheḥ paratas tu saḥ. evaṁ buddheḥ paraṁ buddhvā saṁstabhyā'tmānam ātmanā, jahi śatruṁ mahābāho kāmarūpaṁ durāsadam.

22 S. Radhakrishnan(1976), p. 52.

삶을 바꾸어 태어난다는 것[轉生]은 이 세상이 변하고 불완전함으로 가득 차 있기 때문에 행위를 멈추지 않으면, 태어나는 자는 반드시 죽고, 죽은 자는 다시 태어나게 된다. 인생은 유아기 · 청년기 · 장년기 · 노년기로 변화하듯이, "사람이 낡은 옷들을 벗고 새로운 다른 옷들을 입는 것처럼, 그와 같이 신체의 주인은 낡은 몸을 벗고 다른 새로운 몸으로 옮겨간다."(2.22) 다시 말해 '태어남이 있으면 반드시 죽음이 있고, 떠남이 있으면 반드시 다시 만난다'(生者必滅 去者必返)고 하는 말이기도 하다. 이것은 신체적인 죽음을 말한다. 생명의 본질이자 육신의 주인인 참된 자아는 영원히 변하지 않는다는 것을 말한다. 이 세계는 행위에 얽매여 있을 뿐만 아니라 범천(brahma-loka)의 세계에 이르기까지의 모든 존재들은 다시 태어남으로부터 벗어나지 못한다. 깨끗한 행위에 의해 천상세계에 태어나서 천상의 기쁨을 즐기더라도 그 과보가 다하면 다시 인간세계로 윤회해야 한다.

> 천신을 추종하는 사람들은 천신의 세계로 가고, 조상신을 신봉하는 사람들은 조상의 세계로 간다. 귀신을 숭배하는 사람들은 귀신의 세계로 가고, 최고신에 희생제를 지내는 사람들은 최고의 열반세계로 간다. (9.25)[23]

태생의 유형은 각자가 발달시킨 속성에 따라 다르다. 우리가 발달시킨 속성이 선한 삿뜨바 속성이냐, 격정적인 라자스 속성이냐, 악한 따마스 속성이냐에 따라 천상세계 · 인간세계 · 동식물세계에 태어나는 존재유형이 달라진다. 이렇게 다른 세계에 태어나는 것은 어떤 행위를 하느냐에

23 pattraṁ puṣpaṁ phalaṁ toyaṁ yo me bhaktyā prayacchati, tad ahaṁ bhaktyupahṛtam aśnāmi prayatātmanaḥ.

달려있다. "삿뜨바 속성에 머무는 자들은 위쪽으로 가고, 격정적 라자스 속성을 지닌 사람들은 중간에 머문다. 가장 나쁜 속성 상태에 머무는 어리석은 따마스 속성을 지닌 자들은 아래로 간다."(14.18) 샹까라에 따르면, 선한 삿뜨바 속성의 방식에 따라 생활한 사람들은 천상의 세계에, 격정적 라자스 속성을 지닌 삶을 산 사람들은 인간세계에, 무지한 따마스 속성을 지니고 삶을 산 사람들은 가축과 같은 동물의 세계에 태어난다고 한다.[24] 그러나 라마누자는 샹까라보다도 더 구체적인 존재유형을 제시하고 있다. 곧 선한 삿뜨바 속성을 지닌 사람들은 윤회의 속박으로부터 착실하게 벗어나 자유를 얻게 되고, 격정적 라자스 속성을 지닌 사람들은 천상세계(svarga)를 얻고자 하는 탐욕 때문에 그러한 결과를 얻기 위해 다시 인간세계에서 태어나며, 무지한 따마스 속성을 지닌 사람들은 점점 타락하여 가장 낮은 동식물의 세계, 심지어는 나무나 곤충, 더 나아가서는 돌, 지푸라기, 마른 장작, 흙덩어리 등과 같은 상태로 태어나게 된다고 말한다.[25] 그러나 마드바는 마지막의 동식물의 세계를 지옥으로 간주하는 것 말고는 샹까라의 견해에 동의한다.[26] 또 띨락에 따르면, 선한 삿뜨바 속성을 지닌 행위에 의해 천상세계에 태어날 수는 있다. 하지만 천상세계에 사는 존재일지라도 인간의 최고 목표인 해탈은 얻을 수 없다. 그 이유는 속성을 지닌 존재는 영원하지 않기 때문이다. 그래서 인간의 최고 목표인 해탈을 얻기 위해서는 고전 상캬철학의 가르침인 물질원리와 정신원리인 참된 자아가 다름을 아는 지식(分別知, viveka-khyāti)을 얻어야 한다. 고전 상캬철학에서는 그것을 세 속성을 초월한 존재의 상태(triguṇātītāvasthā)라고 말한다. 그러나 『기따』는 물질원리와 정신원리인 참된 자아의 이원론

24 A. G Krishna Warrier(trans, 1983), p. 480.
25 M. R. Sampatkumaran(1985), p. 370.
26 Robert N. Minor(1982), p. 411.

을 인정하지 않기 때문에 물질원리와 자아를 초월한 최고의 자재신(pareśvara), 최고의 브라흐만(para-brahman),[27] 곧 속성을 지니지 않는 브라흐만(nirguṇa-brahman)과 하나가 되어야 한다고 말한다.[28]

아르주나는 끄리슈나에게 해탈을 얻지 못한 자들의 운명에 대해 '그들은 과연 멸망하고 마는가?'(6.38)라고 묻는다. 이에 대해 끄리슈나는 이 현세에서도 내세에서도 해탈을 얻지 못하였다고 하여 멸망한다고 말해서는 안 된다고 대답한다. 왜냐하면 선행을 하는 사람은 그 누구도 지옥에 빠지지 않기 때문이다. 요가의 수행자로는 실패를 했지만 선행을 행한 자는 선한 공덕을 쌓은 자가 가는 천상세계로 가서 오랜 시간을 머문 뒤, 고결하고 부귀한 자의 집안에 다시 태어난다. 그렇지 않으면 현명한 요가수행자의 집안에 태어날 수도 있다(6.40-44)고 말한다.

그러면 이처럼 『기따』에서는 윤회를 하는 진짜 원인이 무엇인가? 그것은 욕망에서 찾는다(16.8). 그러므로 윤회로부터 벗어나 자유로운 영혼이 되기 위해서는 먼저 욕망으로부터 자유로워져야 한다. 욕망으로부터 벗어나는 행위는 윤회를 하지 않는다. 그러나 윤회를 하게 되는 가장 큰 원인은 그릇된 지식(ajñāna)이다. 지식은 참된 자아와 물질원리를 구별하는 원인이고, 불멸의 신성(devatā)을 인식하는 것이다. 하지만 그릇된 지식은 이와 정반대이다. 그릇된 지식은 격정적 라자스 속성의 욕망에 사로잡힌 행위로 말미암아 어리석은 무지한 따마스 속성으로부터 생겨난다. 무지

---

27 cf. BG.10.12-13: 아르주나가 말했다: 그대 끄리슈나는 최고의 브라흐만이고, 최고의 머무는 곳이며, 최고의 정화 수단이다. 그대가 영원히 신성한 정신이고, 태어나지 않으며, 우주에 두루 존재하는 최초의 신이라는 것을 모든 현자들은 말하고 있다. 신들 가운데 현자인 나라다, 아시따, 데발라, 븨야사 등이 그러하며, 당신 스스로도 또한 제게 그렇게 말한다(arjuna uvāca: paraṁ brahma paraṁ dhāma pavitraṁ paramaṁ bhavān, puruṣaṁ śāśvataṁ divyam ādidevam ajaṁ vibhum. āhus tvām ṛṣayaḥ sarve devarṣir nāradas thatā, asito devalo vyāsaḥ svayaṁ cai'va bravīṣi me).

28 B. G. Tilak(B. S. Sukthankar, tr. 11th ed. 2004), pp. 1128~1129.

를 본질로 하는 무지한 따마스 속성에 의해 모든 존재들은 미망에 빠진다. 참된 지식이 무지를 가릴 때 인간은 정신이 혼미해진다. 욕망 등의 악덕도 무지에 바탕을 둘 때, 무지한 자는 탐욕 · 방만 · 허영 · 위선, 그리고 향락을 위한 일을 일삼다가 드디어 지옥에 떨어진다(16.4)고 한다.

그러나 모든 존재들은 좋아함이나 싫어함의 감정으로부터 나오는 상대관념 때문에 미망에 사로잡혀 현상세계 안에 불멸하는 신성이 있다는 것을 알지 못한다. 만약에 윤회를 피하려 한다면 지혜의 눈을 열고 참된 자아와 물질원리, 또는 육신과 육신의 주인인 자아의 차이를 구별하여 자아의 본성과 신의 본성을 있는 그대로 확실하게 알아야 한다. 이렇게 참된 지식을 통해 무지를 없애고, 모든 나쁜 행위를 하지 않도록 해야 한다. 왜냐하면 지식의 불은 모든 것을 깨끗하게 해주는 힘이 있기 때문이다.

또한 믿음(śraddhā)의 없음은 해탈하는 데에 장애(āvaraṇa)로 작용한다. 『기따』에서 신은 우주의 질서를 유지할 뿐만 아니라 은총(prāsada)을 통해 신도들을 구원한다. 무지한 자는 신성을 알지 못하고 불신과 회의를 낳는다. 무지한 자, 불신하는 자, 회의하는 자는 멸망하는 운명을 담지하고, 의심이 있는 자에게는 현세에도 내세에도 행복을 줄 수 없다. 최고 존재인 끄리슈나를 믿지 못하는 자가 행하는 희생제, 보시, 고행은 진실성이 없어 현세에서도 내세에서도 그 효과가 없다(16.15). 그들은 자재신을 인정하지 않고 단지 욕망을 채우기 위해서만 그 존재이유를 찾으려고 하기 때문이다. 이와 같이 믿지 않는 무리들은 생명체 가운데 가장 낮은 존재들이다. 그들은 그 신성에 도달하지 못하고 삶과 죽음을 반복한다. 그들은 자신의 속성에 따라 믿는 마음도 각기 다르다. 또한 각기 다른 존재들을 믿으며 제사를 지낸다. 가령 선한 삿뜨바 속성의 지배를 받는 사람(sāttvika)들은 천신에게 제사를 지낸다. 격정적인 라자스 속성의 지배를 받는 사람(rājasa)들은 야차와 도깨비에게, 그리고 어리석은 따마스 속성의 지배를 받는 사람(tāmasa)들은 조상과 귀신의 무리에게 제사를 지낸다. 그러나 자재신 끄리슈나 이외의 신성을 예배하는 사람이라도 끄리슈나의 은총을 통해 소원이 이루어질 수 있다. 그러나 그 결과에는 한계가 있다. 천신에게 제사를 올리는 자에게는 천상세계에 이르고, 야차와 도깨비, 또는 조상이나 귀신의 무리에게 제사를 올리는 자들은 각각 그 세계에 도달하지만, 끄리슈나를 믿고 받드는 자는 최고 존재인 끄리슈나에게 갈 수 있다(17.3-4).

이와 같이 『기따』는 신앙의 자유를 인정하고, 이러한 신앙 형식을 거부하지는 않는다. 하지만 가장 중요한 것은 최고 존재이자 절대 신격인 자재신을 의심하지 않고 순수하게 믿는 마음이다. 그러기 위해서는 사람은 지식에 의해 무지로부터 생겨나는 의혹을 끊어 없애야 한다. 순수하게 자재신 끄리슈나의 말씀을 실행하는 자는 믿음을 통해 행위와 그 결과의 얽매임으로부터 자유롭게 된다. 믿음이 있는 자는 최고의 지식을 얻어 가장 안락한 상태에 도달하게 된다. 그렇기 때문에 자재신을 믿음으로써 가장 이상적인 자유를 얻을 수 있다고 누누이 말하고 있다.

윤회는 천상세계 · 인간세계 · 동식물세계를 포함하여 인드라 신의 세계, 브라흐만 신의 세계도 윤회하는 과정 가운데 하나의 무대에 지나지 않는다(9.20-21). 다시 태어나는 장소는 물론, 좋은 행위와 나쁜 행위의 과보가 정해진다. 그렇지만 속성이론(guṇa-vāda)이 등장하면서 선한 순수속성이 늘어날 때 죽은 자는 천상세계에, 격정적인 라자스 속성이 늘어날 때 죽은 자는 인간세계에, 어리석은 따마스 속성이 늘어날 때 죽은 자는 동식물세계에 태어난다(14.18). 그러면 이들 세 속성은 어떨 때 자라나고 늘어나는가? 먼저 선한 삿뜨바 속성은 이 몸 안에 있는 모든 감각에서 지식의 광명이 생겨날 때, 격정적인 라자스 속성은 탐욕, 활동, 행위의 시작, 불안, 갈애 등이 생겨날 때, 그리고 어리석은 따마스 속성은 어두움과 비활동, 방일과 미혹 등이 생겨날 때 각각 자라나고 늘어난다(14.11-13). 그러나 육신을 소유한 자아가 선한 삿뜨바 속성이 우세할 때 죽게 되면 대(mahat)[29] 원리와 같은 최고의 존재를 아는 자들의 청정한 세계에 도달한다. 육신을 소유한 자아가 격정적인 라자스 속성이 우세할 때 죽게 되면 행위에 집착하는 자들 사이에서 태어난다. 그리고 어리석은 따마스 속성이 우세할 때 죽게 되면 가축과 같은 분별하는 힘이 없는 어리석고 아둔한 자로부터 태어난다(14.14-15). 그리고 선한 삿뜨바 속성의 행위를 한 자[30]에게는 깨끗하고 선한 결과가 있지만, 격정적 라자스 속성으로부터는 고통스러운 결과, 그리고 어리석은 따마스 속성으로부터는 무지라는 결과가 있게 된다(14.16).

아르주나는 끄리슈나에게 무엇 때문에 죄악을 지어 윤회를 하는가?(3.36)라고 묻는데, 이에 대해 끄리슈나는 다음과 같이 대답한다. 곧 '그것은 욕망과 분노 때문이다'(3.36). 욕망은 세상의 적이다. 욕망으로부터 모든 죄악이 있다. 그런데 욕망이 어떤 원인의 방해를 받을 때 분노로 변한다. 그러므로 분노는 바로 욕망 자체이다. 분노는 격정적인 라자스 속성으로부터 생겨난다. 또는 욕망 자체는 라자스 속성의 원인이다. 왜냐하면 욕망이 일어날 때 라자스 속성을 깨우고 사람에게 행위를 강요하기 때문이다. 사람들은 욕망에 이끌릴 때 죄를 짓게 된다. 그러므로 윤회에

---

29 mahat와 buddhi는 같은 것의 다른 표현인데 mahat는 세계의 창조에 관계하는 경우에 사용되는 형이상학적인 용어라면, buddhi는 심리기능으로서 관찰하는 경우에 사용되는 심리학적인 용어이다. cf. SK.23.

30 선한 행위는 삿뜨바 속성의 행위이고, 그런 행위를 하는 존재가 현자(賢者)이다. 그런데 불교의 유식수행도에서 수행의 5위(자량위 · 가행위 · 통달위 · 수습위 · 구경위) 가운데 첫째와 둘째의 두 가지 수행을 통해 번뇌의 장애[煩惱障, kleśāvaraṇa]와 인식 대상의 장애[所知障, jñeyāvaraṇa]의 활동을 억누르는 상태에 오른 자를 현자라고 한다. 이에 미루어보면 『기따』에서 삿뜨바적 행위를 하는 자가 현자(ṛṣi)가 될 수 있는 행위임을 유추할 수 있다. 이것은 완전한 바른 지식을 소유한 성자(muni)보다 낮은 차원이다.

서 욕망은 인간의 적이다.[31] 또한 감각들의 대상들을 생각하는 사람에게는 감각들의 대상들에 대한 집착이 생긴다. 집착으로부터 욕망이 생기며, 욕망으로부터 분노가 일어난다. 분노로부터 미혹이 생긴다. 미혹으로부터 기억의 혼란이 일어나고, 기억의 혼란으로부터 지성의 파괴가 일어나며, 옳고 그름을 구별하지 못하는 지성의 파괴로부터 죽음에 이른다(2.62–63).[32]

그러면 왜 욕망과 분노가 인간에게 적인가? 왜냐하면 지식이 채워질 줄 모르는 끝없는 욕망에 가려져 있기 때문이다(3.38). 그리고 그들이 머무는 곳은 다섯 감관(indriya)들과 마음(manas, 충동적인 본능)과 지성이다. 그들은 이들 감관·마음·지성에 의해 지식을 가림으로써 육신의 주인인 자아를 흐리게 한다. 그런데 보통 사람들은 다섯 감관들이 가장 강력한 적이라고 말한다. 그렇지만 마음이 감관들보다 강력하고, 지성이 마음보다 더 강력하며, 자아가 지성보다 더 강력하다(3.40–42). 그러므로 갖가지 욕망 때문에 지식을 빼앗긴 사람들은 자신의 물질원리의 지배를 받아 이런저런 권장하는 윤리(niyama)[33]를 준수하면서 끄리슈나 이외의 다른 신들을 숭배한다(7.20). 왜냐하면 마지막 삶을 마감하는 순간에도 어떤 존재를 생각하며 육체를 떠나가면 그가 생각한 대로 반드시 그러한 존재가 되어 바로 그것에게 가기 때문이다(8.6). 다시 말해, 신들을 숭배하는 사람들은 신들의 세계로 가고, 조상들을 숭배하는 사람들은 조상들의 세계로 가며, 귀신들을 숭배하는 사람들은 귀신들의 세계로 가고, 나 끄리슈나를

31 A. G Krishna Warrier(trans, 1983), p. 129.

32 cf. BG.3.34; 16.10–12.

33 niyama는 금지하는 윤리(yama)가 아니라 권장되는 윤리를 의미한다. YS.2.32에는 이에 대한 다섯 가지 세목들이 열거되고 있다. "권계란 [몸과 마음의] 청정, [적은 것에] 만족, [갈증, 추위, 더위 등을 극복하거나 단식하는] 고행, [베다 찬가 등의] 독송, 자재신에 대한 헌신이다(śauca–saṃtoṣa–tapaḥ–svādhyāyeśvara–praṇidhānāni niyamāḥ)."

숭배하는 사람들은 끄리슈나에게 온다(9.25).

3) 완전한 바른 지식

아르주나는 끄리슈나에게 '자신이 지고의 브라흐만이라고 확신을 가지고 있으면서 삼매에 들어 있는 사람'은 어떠한가?(2.54)라고 묻자, 이에 대해 끄리슈나는 아르주나에게 말한다. 마음에서 일어나는 모든 욕망들을 다스리고 참된 자아에만 스스로 만족하며 기뻐할 때, 그때 그는 '완전한 바른 지식을 확고하게 지닌 사람'(sthita-prajñā)이라고 말한다. 더욱이 괴로움(duḥkha)[34] 속에서도 마음이 흔들리지 않고, 즐거움 속에서도 탐욕과

34 고전 상캬철학의 근본 원전인 『상캬 까리까』(SK.1)에는 세 가지 괴로움의 핍박 때문에 그것의 원인을 없애기 위해 SK를 지었다고 한다. 그래서 괴로움을 없애는 가장 뛰어난 수단은 물질원리(avyakta, prakṛti), 그것의 전개물(vyakta), 그리고 순수자아 또는 정신원리(jñā, puruṣa)를 구별해서 아는 지식(區別知, viveka-khyāti)이라고 하며, 그것의 탐구가 상캬철학의 주요 목적임을 제시한다. 그리고 SK의 모든 주석서에는 괴로움을 의천고(依天苦, ādhidaivika), 의내고(依內苦, ādhyātmika), 의외고(依外苦, ādhibhautika)로 나누어 말한다. 여기서 의천고는 추위, 더위, 바람, 비, 천재지변 등에 의한 괴로움이고, 의내고는 신체적인 것과 정신적인 것의 둘로 나누어지는데, 신체적인 괴로움은 바람에 의한 병, 열병, 가래의 불균형에 의해서 생기는 괴로움이고, 정신적인 것은 사랑하는 사람과의 이별, 원수와의 만남, 얻고 싶은 것을 얻지 못함으로써 오는 괴로움이 있다. 의외고는 외적인 원인에 바탕을 둔 것으로서, 사람 · 짐승 · 뱀 · 초목 등에 의해서 생긴 괴로움이다. 또한 불교에서는 여덟 가지로 나누어 괴로움(八苦)을 말한다. 곧 ① 육신의 태어남의 괴로움(生苦), ② 늙어감의 괴로움(老苦), ③ 아픔의 괴로움(病苦), ④ 죽어감, 또는 죽음의 괴로움(死苦), ⑤ 사랑하고 좋아하는 것과 이별해야 하는 괴로움(愛別離苦), ⑥ 미워함이나 싫어함과 마주쳐야 하는 괴로움(怨憎會苦), ⑦ 뭔가를 바라지만 적게 구해지거나 얻지 못하여 만족스럽지 못하는 괴로움(求不得苦), ⑧ 오온(색 · 수 · 상 · 행 · 식)에 집착함으로써 바르지 않고 좋아하는 감각의 대상만을 좇아서 생기는 괴로움(五取蘊苦)이다. 이런 불교에서 여덟 가지 괴로움들은 상캬철학에서는 의내고와 같다. 이런 괴로움들은 욕심(貪欲), 성냄(瞋恚), 어리석음(愚癡)의 세 가지 원인으로부터 생겨난다고 말한다. 그러나 가장 근본적인 원인은 무지이다. cf. 『근본설일체유부비나야파승사』 권6(대정장 24, p. 128b); 『현양성교론』 권19(대정장 31, p. 574b). YS.2.3에서 번뇌에는 무지를 비롯해 다섯 가지가 있다고 하고, 이어서 2.4에서는 무지는 다른 번뇌들의 밭이라고 한다(무지는 종자의 상태로 잠세력을 가지고 잠재해 있건, 요가 수행으로 세력이 약하게 되어 있건, 억제되어 억압되어 있건, 왕성하게 활동적인 것이건, 다른 번뇌들의 밭이다

집착에서 영원히 벗어나 격렬한 욕망과 두려움과 노여움이 마음에서 평정된 자를 성자(muni)[35]라고 한다. 성자는 어떠한 경우에도 대상에 대해 집착하지 않고, 좋은 것을 얻든 싫은 것을 얻든 그것에 대해 기뻐하지도 않고 싫어하지 않는 자이다. 그리고 거북이 동서남북의 사방으로부터 네 발을 거두어들이듯, 감각들은 그의 대상들로부터 감각들을 거두어들이는 사람이다(2.55-58). 이것이 완전한 바른 지식을 확고하게 지닌 성자의 특성들이다. 다시 말해, 참된 자아에만 만족하는 사람, 즐거움과 괴로움으로부터 자유로운 사람, 집착과 즐거움과 싫음에 차별을 두지 않는 사람, 대상들로부터 감각들을 완전히 거두어들이는 사람 등이 '완전한 바른 지식을 확고하게 지닌 사람'의 모습이다.

그러면 완전한 바른 지식을 확고하게 하기 위해서는 어떻게 해야 하는가? 가장 중요한 것은 궁극적 실재가 무엇인지를 자각하는 데에 있다. 감각이 감각의 대상들로부터 완전히 철수하면 대상들과는 떨어질 수 있지

[avidyā kṣetram uttareṣāṃ prasupta-tanu-vicchinnodārāṇām]). 또 YS.2.17에서는 괴로움의 원인은 자아와 물질원리의 결합 때문이라고 한다(draṣṭṛ-dṛśyayoḥ saṃyogo heya-hetuḥ). YS.2.24에서는 이렇게 자아와 물질원리가 결합하게 되는 원인이 무지 때문이라고 말한다. YS.2.25에서는 무지가 제거되면 결합은 철회되어 자아는 독존하게 됨과 26에서는 그것의 철회 방법(자아와 물질원리의 결합을 철회하는 방법으로서 자아와 물질원리의 차이를 구분하는 지식을 얻음)이 제시되고 있다. YS.2.15에서는 그렇게 괴로운 이유를 밝히고 있다. "모든 것이 괴로운 이유는 식별력이 있는 사람에게는 현상의 변화, 현실의 육체적 정신적인 괴로움, 잠세력의 괴로움으로부터, 그리고 세 속성의 작용이 서로 충돌하는 것으로부터 온다(pariṇāma-tāpa-saṃskāra-duḥkhair guṇa-vṛtti-virodhāc ca duḥkhameva sarvaṃ vivekinaḥ)"라고 한다. 그리고 YS.2.16에서는 앞으로 찾아올 괴로움은 요가 명상을 통해 없애야 한다고 그 방법을 제시하고 있다(heyaṃ duḥkham anāgatam).

35 성자는 '영감을 얻은 자', 특히 '침묵을 맹세한 자'로서 불교에서는 아라한(arhat), 또는 붓다(buddha)를 가리키며, 세존(世尊, bhagavat)으로 번역된다. 이것은 『기따』의 이름 가운데 bhagavat와 같은 말로서, 비슈누, 또는 끄리슈나를 가리킨다. 샹까라는 BG.2.56의 주석에서 성자를 세속적인 행위를 포기한 자(saṅnyāsin)로 이해하고 있다. A. G Krishna Warrier(trans, 1983), p. 78. 『기따』에 성자라는 술어가 직접 언급되는 시편은 전체 8회(2.56; 69; 5.6; 5.28; 6.3; 10.26; 10.37; 14.1)이지만, 그 내용은 훨씬 많다.

만, 그것들에 대한 좋아함과 같은 기호(rasa)는 소멸되지 않는다(2.59). 그것은 완전한 바른 지식(prajñā)이 확고하지 않기 때문이다. 그러므로 어느 것에도 흔들리지 않는 완전한 바른 지식을 확고하게 얻어야 한다. 이런 완전한 바른 지식을 확고하게 얻고자 하는 사람은 가장 우선적으로 감각을 다스려야 한다. 감각이 그 대상에서 완전히 철수하지 않으면 여러 가지 해악을 가져오기 때문이다. 그래서 끄리슈나는 말한다. 감각들은 너무 난폭하여 지혜로운 사람이 다스리려 해도 마음을 억지로 빼앗아 가버리기 때문에 모든 감각들을 잘 다스리고 나서 '나는 그것이다', 또는 '나는 지고의 브라흐만이다.' '나는 바로 자재신 끄리슈나이다'라고 생각하며 진실한 자아에 정신을 집중하면 완전한 바른 지식은 확고하게 지니게 된다(2.60-61)고 한다. 그렇다면 그와 반대로 만약에 감각의 대상들을 다스리는 것에 실패한 사람은 어떻게 되는가?

그것은 모든 악을 낳는 근원의 씨앗을 그대로 남겨놓은 것과 같다고 끄리슈나는 말한다. 감각들의 대상들을 생각하는 사람에게는 감각들의 대상들에 대한 집착이 일어난다. 집착은 욕망을 낳고, 이런저런 욕망이 좌절될 때는 욕망은 분노를 낳는다. 분노로부터는 옳음과 그름을 분별하지 못하게 되는 미혹이 일어난다. 그런데 분노에 사로잡혀 판단력을 잃은 사람은 부모나 스승까지도 업신여기고 욕되게 할 수도 있다. 또한 판단력을 잃으면 기억을 잃게 된다. 기억을 잃게 되면 내적 분별력(buddhi)을 잃게 된다. 옳고 그름을 식별하는 내적 분별력이 기능을 상실하고, 양심을 잃음으로써 감각의 대상들에 전념하는 사람은 완전히 타락하게 된다. 일상적으로 사람이란 내적인 분별력이 옳고 그름을 식별할 수 있는 능력을 지닌 자이다. 내적 분별력을 지닐 수 없다면 그때는 이미 사람이 아닌 인면수심(人面獸心)의 동물이다(2.63).

그렇지만 감각을 다스려 좋아함과 싫어함으로부터 자유로워지고 자신을 다스린 사람이라면 지성이 확고하게 되어 마음의 평안을 얻고, 모든 괴로움도 소멸된다. 왜냐하면 평안한 마음을 가진 사람에게는 지성이 빨리 확립되기 때문이다(2.64–65). 그러므로 지성이 확고한 사람은 감각의 대상들로부터 감각들을 완전히 거두어들이는 사람이다(2.68). 그는 지성이 확고하여 이리저리 헤매지 않는다. 또한 브라흐만을 알고 브라흐만에 확고하게 머무는 자가 되면, 좋아하는 것을 얻어도 기뻐하지 않고, 싫은 것을 얻어도 슬퍼하지 않는다(5.20). 이처럼 마음이 평등하게 확립된 자들은 이미 이 세상에서 나고 죽는 것이 극복된 사람들이다. 왜냐하면 브라흐만은 결함이 없고 평등하기 때문이다. 그러므로 그들은 브라흐만 안에 확고하게 머물고 완전한 바른 지식을 얻게 된다(5.19). 여기서 '브라흐만 안에 확고하게 머물고 완전한 바른 지식을 얻은 자'란 모든 내적 동기(saṅkalpa)를 지닌 행위를 포기하고 순수한 브라흐만에 몰입하기 위해 숲 속에서 홀로 수행하는 포기자(saṅnyāsin)이다.[36] 포기자란 감각 · 마음 · 지성을 다스리고 해탈을 최고의 목적으로 삼고 늘 욕망 · 공포 · 분노를 떠난 성자이고 해탈한 자이다(5.28). 여기서 성자는 지고의 존재, 또는 최고의 존재를 가리킨다. 성자도 지식 가운데 가장 뛰어난 지식을 알고서야 해탈을 얻는다(14.1)고 말한다.

그러면 지식 가운데 최고의 완전한 바른 지식은 무엇인가? 성자들은 이 최고의 완전한 바른 지식에 의해 지고자 끄리슈나와 하나가 된다. 그들은 물질원리의 세 속성에 의해 이 현상세계가 생성되더라도 그것에 영향을 받지 않기 때문에 태어나지도 않고, 소멸하지도 않으며, 그런 현상에 흔들리지 않는다(14.2). 그리하여 세계가 창조될 때 그 창조의 행위자를 세 속성이 한다는 것을 안다. 더 나아가 그 세 속성보다 지고한 존재를

36 cf. Chānd-Up.2.23.1.

알 때 성자들은 세 속성을 초월한 브라흐만이 된다고 아는 지식이 최고의 완전한 바른 지식이다. 그들은 현상세계가 세 속성에 의해 생성되는 것을 기뻐하거나 소멸하는 것을 슬퍼하지 않는 확고한 상태에 이르게 된다. 왜냐하면 이 세 속성을 초월할 때 비로소 최고의 브라흐만이 될 수 있기 때문이다. 그리고 지고자, 또는 성자는 브라흐만의 토대이자, 죽지 않고 불멸하는 영원한 진리이며, 유일한 행복의 토대이기 때문에 그것에 관한 완전한 바른 지식을 확고하게 지님으로써 바른 지식을 완전히 갖추게 된다(14.22-27). 이렇게 완전한 바른 지식을 확고하게 지닌 사람은 헛된 자아에 만족하거나 슬퍼하지도 않고, 갈구하지도 않는다. 또한 모든 현상적 존재들에 대해 평등한 마음을 지니게 된다(18.5).

우빠니샤드에서는 주관적인 자아와 우주적인 보편자아가 본질적으로 같다는 것을 인식하는 것이 확고하고 완전한 바른 지식으로 본다면, 고전 상캬철학에서 확고하고 완전한 바른 지식은 물질원리, 그것의 전개물, 그리고 그들의 참된 자아가 서로 다르다고 구분하여 아는 지식이 그것에 해당한다. 이미 아는 바와 같이, 『기따』에는 이런 두 사상이 서로 뒤섞여 있다. 그러므로 확고하고 완전한 바른 지식을 더 심층적으로 이해하기 위해서는 참된 자아와 물질원리의 차이는 무엇이고, 이러한 2대 원리와 지고의 자재신은 어떤 관계에 있는지를 알아야 한다. 이를 이해하기 위해서는 더 탐구할 필요가 있다. 이제 이들에 대한 논의를 하기로 한다.

4) 참된 자아와 물질원리

샹까라와 라마누자와 같은 전통적 주석자들은, 『기따』는 보통 사람들에게 해탈을 실현하는 길을 가르치는 것을 목적으로 한다고 말한다.[37] 따

---

37 P. M. Thomas(1987), p. 20.

라서 그들은 영혼과 정신활동 그리고 육체의 결합체로서 인간에게 큰 관심을 보인다.[38] 인간을 둘러싸고 있는 자연계, 곧 우주는 인간과 관련지을 때 순수한 사고의 대상이 된다. 그러나 인간은 다른 동물들과 근본적인 차이가 있다고 인정하는 것이 아니다. 천상세계에 사는 신들과 지상에 사는 날짐승과 네발짐승은 모두 윤회를 하는 존재들이다. 그렇기 때문에 인간을 중심으로 사실을 해명하면 그것들의 문제도 함께 해명될 것으로 생각한다.

인간에 있어 참된 자아[39]와 자아가 아닌 몸을 지닌 것, 곧 모든 현상세계의 질료인을 엄격하게 구별하고, 육체적 요소뿐만 아니고, 감각 · 지각 · 감정 · 의지 등 일반적으로 정신작용으로 부르는 것은 모두 몸을 지닌 것에 속한다. 모든 현상세계는 이것으로부터 발생하고, 다시 이것으로 되돌아간다. 겁(kalpa)이 끝날 때 모든 존재는 물질원리로 들어간다. 그리고 다시 겁이 시작될 때 나는 그들을 방출한다(9.7). 참된 자아는 물질원리의 활동에 관여하지 않고, 그것의 영향도 받지 않는다. 물질원리를 일컬어 결과와 원인과 행위자의 원인이라고 한다. 참된 자아는 즐거움과 괴로움을 경험하도록 하는 원인이라고 한다(13.20). 그리고 자아가 아닌 몸을 지닌 물질이 전적으로 행위를 행하기 때문에 자아는 행위자가 아니라고 보는 것이 진실하게 보는 것이다(13.29). 왜냐하면 모든 행위는 물질원리의 세 속성 때문이다. 그런데도 자아의식에 미혹된 자아는 '자아가 행위자'라고 그릇되게 생각한다(3.27). 자아는 태어나지도 않고(不生, ajāti), 또

---

38 BG.2.11-30; 3.27-29; 15.7-11.

39 이것의 원어로 사용되는 것은 puruṣa, ātman인데, 이것은 자아(自我), 정신(精神), 순수정신, 신아(神我), 인아(人我), 아(我) 등으로 번역된다. 또 『기따』에서 이들과 동의어로 쓰이고 있는 것으로는 dehin(육체의 주인/소유자, 정신: 2.13; 2.59; 3.40; 14.5; 14.7; 14.8; 17.2), śarīrin(육체의 소유자: 2.18), kṣetra-jña(밭/육체를 아는 자: 13.1; 13.26; 13.34) 등이 있다. cf. BG.9.8.

한 소멸하지도 않는다. 그와 동시에 모든 존재들의 주재자이자 자재신이다. 그런데 그것은 자신의 물질원리[40]에 의지하여 자신의 불가사의한 창조력(māyā)에 의해 이 세상에 모습을 지니고 나타난다(4.6). 또한 물질원리와 참된 자아는 둘 다 시작이 없다. 그리고 변화와 속성은 물질원리로부터 생겨난다(13.19). 자아는 그런 물질원리로부터 생겨난 세 속성을 경험할 뿐이다.[41] 세 속성에 대한 집착은 선하거나 악한 모태에 태어나게 되는 원인이다(13.21). 그러나 이 몸 안에 있는 자아는 관람자, 동의자 · 유지자 · 경험자 · 대주재자, 또는 최고의 자아라고 말한다(13.22).[42] 이와 같이 세 속성과 더불어 참된 자아와 물질원리의 차별을 아는 자는 어떠한 상태에 있더라도 다시 태어나 윤회하지 않는다(13.23). 또한 이 자아는 시작도 없고, 끝도 없으며, 속성도 없기 때문에 변하지 않는다. 비록 몸 안에 머물지라도 행위를 하지 않는다. 그것에 의해 더럽혀지지도 않는다(13.31). 마치 허공이 더럽혀지지 않듯이, 육신에 머무는 참된 자아는 그 어느 것에 의해서도 더럽혀지지 않는다(13.32).

---

40 고전 상캬철학에서는 두 원리, puruṣa와 prakṛti를 세운다. 전자는 순수의식으로서 자아, 또는 정신원리, 후자는 순수물질로서 물질원리이다. BG에서는 후자를 자재신의 지배 아래 있다고 한다. cf. 7.14; 9.7-8.

41 고전 상캬철학에서는 세 속성은 자아의 경험과 독존을 위해 작용한다고 한다. SK.13: 세 속성 가운데서 선한 삿뜨바 속성은 가벼움과 비춤이고, 격정적인 라자스 속성은 자극하고 움직이고, 어리석은 따마스 속성은 오직 무거움과 덮음이라고 인정된다. 그래서 이 세 속성은 마치 등불처럼 뿌루샤의 경험과 독존을 위해서 작용한다(sattvaṃ laghu prakāśakam iṣṭam, upaṣṭambhakaṃ calaṃ ca rajaḥ, guru varaṇakam eva tamaḥ, pradīpa-vac cā'rthato vṛttiḥ.). 또한 자아가 존재하는 이유는 SK.11에서 말한 세 속성 등의 정반대이기 때문에, 관리자가 있어야 하기 때문에, 경험하는 자는 있어야 하기 때문에, 독존을 위한 활동이 있어야 하기 때문에 뿌루샤는 존재한다(puruṣo'sti bhoktṛ-bhāvāt kaivalyā'rthaṃ pravṛtteś ca).

42 SK.19에도 이와 같은 구조로 설명하고 있다. 곧 SK.11에서 말한 세 속성의 성질 등과 그것과 정반대이기 때문에 이 뿌루샤가 증인이고, 독존하는 것이고, 중립적인 것이고, 보는 자이고, 작자가 아니라는 것이 증명된다(tasmāc ca viparyāsāt siddhaṃ sākṣitvaṃ asya puruṣasya, kaivalyaṃ mādhyasthyaṃ drṣṭṛtvam akartṛ-bhāvaś ca)."

그러나 사람은 한순간이라도 행위를 하지 않고는 살 수 없다. 또한 완전히 행위를 포기할 수도 없다. 왜냐하면 모든 존재는 물질원리가 선천적으로 지닌 속성들로 말미암아 자신의 동기와는 상관없이 행위를 해야 하기 때문이다(3.9). 그러나 참된 자아는 본래 속성과 전혀 다른 것이다. 그것은 모든 존재의 행위가 속성에 바탕을 둔 것이기 때문에 자아는 이것과 아무런 관계가 없으며, 그것의 행위자도 아니다. 이러한 사실을 알지 못하고 자아를 행위자라고 인식하는 자는 우둔한 자에 지나지 않는다. 이런 잘못된 인식은 자기의식을 낳는 기관인 자아의식에 현혹된 결과이다. 이 점에 대해서는 고전 상캬철학의 이론과 일치한다. 끄리슈나도 자아의 이런 성질은 외부의 자극에 의해 변하지 않는 것임을 강조한다(13.31).

그러나 『기따』는 고전 상캬철학의 참된 자아인 정신원리와 물질원리의 이원론과 달리, 최고신 끄리슈나를 설정하고 있기 때문에 무신론의 상캬철학과는 뚜렷하게 구별된다. 또한 『기따』는 우빠니샤드의 근본원리인 브라흐만을 끄리슈나의 신성(devatā) 안에 포섭하고 있기 때문에 때로는 자아를 우주적 자아로 확대시키며, 『기따』의 유신론적 일신교를 우빠니샤드의 범신론과 절충한다.

고전 상캬철학과 달리, 『기따』의 내용 구조로 보면, 자아는 처음부터 신의 일부로 설정되어 있다. 이런 의미에서 본다면, 자아는 신성을 지니고 있는 것으로 보아야 한다. 그러나 자아는 해탈에 도달하기까지 많은 몸을 바꾸어 머문다. 어리석은 사람은 이런 자아가 엄연히 존재하고 있다는 사실을 알지 못한다. 이 생명세계에서 자아가 된 신의 영구적인 부분(aṁśa)은 생명체가 삶과 죽음의 기로에 놓여 있을 때 자아는 눈 · 귀 · 코 · 혀 · 몸, 그리고 마음(manas)의 여섯 감각을 이끌고 물질원리 안에 머문다. 곧 "나 자신의 영원한 부분은 다만 생명세계에서 자아가 된다. 그것은 여섯 번째의 마음을 포함한 여섯 감각을 끌어들여 물질원리에 머문다."(15.7) 또한 "육신의 주인 자재신이 몸을 얻거나 떠나갈 때 이들과 함께 떠난다. 마치 바람이 향기가 머무는 꽃으로부터 향기를 빼앗아 가듯이"(15.8)[43] 감각들과 함께 몸을 떠난다.

그런데 이에 반대하는 자들은 다음과 같은 의문을 품을 수도 있다. 자아는 부분으로 나누어지지 않는데 어떻게 부분이 없는 자아가 신의 일부분일 수 있는가? 만약에 자아에게 부분이 있다면 부분들로 나누어질 때는 자아는 파괴될 것이 아닌가? 이에 대해 샹까라는, 여기서 부분의 의미는 그런 부분이 아니라고 한다. 왜냐하면 그것은 단지 무지로 말미암아 조건 지워진 한정된 부분이기 때문이다. 마치 병(ghaṭa) 속의 공간이 무한한 공간(ākāśa)의 일부분이기는 하지만, 병이라는 한정된 공간(upādhi-ākāśa)이 깨지면 무한한 공간과 병 속의 공간은 하나가 되듯이, 그것은 상상의 부분이고, 그렇게 표현할 뿐이라고 말한다.[44] 그리고 어떻게 자아가

---

43 cf. BG.10.41–42. Sachindra K. Majumdar(1991), p. 207에서 BG.15.7–8에서 언급된 여섯 감각을 미세한 몸으로 번역하며, 그 안에는 지성(buddhi), 자아의식(ahaṁkāra), 마음(manas)과 눈 · 귀 · 코 · 혀 · 몸의 다섯 감각기관을 포함한다고 말하고 있다. 『기따』에서 말하는 것과는 약간 다른 시각, 곧 샹캬나 요가의 철학체계에 따라 주석하고 있다.

44 A. G Krishna Warrier(trans, 1983), pp. 497~498. 병 속의 허공의 비유는 불이일원론(Advaita) 베단따 철학에서 즐겨 사용하는 비유이다. 여기서 병 속의 허공은 대허공(大虛空), 일반적인 허공(mahākāśa)으로부터 병이라는 공간의 제한(upādhi)을 받아 이루어진 것이다. 아뜨만은 대허공에 비유되고, 개아는 병 속의 허공에 비유된다. 병 속의 허공은 원래 허공과 다른 것이 아니고 다만 병이라는 제한을 받고 있기 때문에 그렇게 임시로 성립된 것이다. 그와 마찬가지로 아뜨만이 신체 등의 제약을 받을 경우에 그것에 개아라고 부르는 것이 성립된다. 곧 '대허공=아뜨만', '병 속의 허공=개아'로 비유한 것이고, 많은 병과 같은 제한을 받은 공간들은 모두 대허공에서 발생한 것이듯이 모든 개아들도 모두 아뜨만에 발생한 것이다. 그러나 병이라는 한정이 사라지면 병 속의 허공이 대허공으로 돌아가듯이, 모든 개아도 신체 등의 결합이 소멸할 때는 아뜨만 안으로 들어간다는 것이다. 이 비유에서 개아는 그 본성에서는 최고아(아뜨만, 브라흐만)와 같다는 것을 알 수 있다. cf. Māṇḍukya-kārikā.3.6–7: 각각의 병에서 형태, 기능과 이름은 다를지라도 허공에는 구별이 없듯이, 개아도 그와 마찬가지 이유로 구별이 없다는 것이 확실한 결론이다. 마치 병 속의 허공(ghaṭākāśa)이 허공(ākāśa)으로 변형된 것도 아니고, 팔다리 등 신체의 일부도 아니듯이, 그와 같이 개아는 늘

몸 안에 머물다가 몸을 떠나는가? 샹까라에 따르면, "청각 등 다섯 감각들과 여섯째의 감각인 마음을 자기 주위로 끌어들인다. 그 여섯 감각들은 물질원리 안에 청각 등을 각기 제자리에 머물게 한다. 그들을 언제 자기 주위로 끌어들이느냐 하면, 자아가 몸을 떠날 때 또는 다른 몸속으로 들어갈 때 다섯 감각과 마음을 가지고 간다"고 한다.[45] 이런 자아는 단순히 관조자, 또는 보는 자로서 감각에 의해 대상을 수동적으로 즐길 뿐이다(15.9).

그런데 마음이 깨끗하지 못하여 어디엔가 미혹한 자들은 자아가 몸 안에 머물거나 몸을 떠나가거나, 또는 몸이 속성들과 결합하여 대상들을 즐기는 것을 알아차리지 못한다. 그러나 완전한 바른 지식의 눈을 가진 자들은 자아를 볼 수 있다(15.10). 마음이 집중되고 노력하는 요가수행자(yogi)는 자기 자신의 지성 안에서 자아를 보고, '이것이 나다'고 참된 자아를 알아본다. 그렇지만 감각들에 의해 정복되어 마음이 정화되지 않은 그릇된 생활방식이나 자아의식이 가라앉지 않은 사람들은 참된 자아를 알아보지 못한다(15.11).[46] 왜냐하면 그들은 아직 마음이 불순하여 영원한 것과 영원하지 않는 것, 실재하는 것과 실재하지 않는 것의 차이를 깨닫지 못하기 때문이다. 그러므로 『기따』에서는 궁극적 목적지인 해탈에 도달하고자 하는 사람은 오만과 미혹에서 벗어나고, 집착이라는 허물을 이겨내며, 최고의 실재(Puruṣottama)에 늘 머물며 명상하고, 욕망을 내려놓고 즐거움과 괴로움 등의 대립으로부터 자유로워져 평등한 마음을 지녀야

아뜨만의 변형도 아니고 신체의 일부도 아니다(rūpa–kārya–samākhyāś–ca bhidyante tatra tatra vai, ākāśasya na bhedo'sti tadvaj–jīveṣu nirṇayaḥ. nākāśasya ghaṭ ākāśo vikārāvayavau yathā, naiva 'tmanaḥ sadā jīvo vikārāvayavau thatā).

45 A. G Krishna Warrier(trans, 1983), pp. 498~499.

46 A. G Krishna Warrier(trans, 1983), p. 500.

한다(15.5)라고 말한다.

또 『기따』에는 몸과 자아를 밭(kṣetra), 또는 몸(deha, śarīra)과 밭을 아는 자, 또는 몸을 아는 자(kṣetra-jña, deha-jña, śarīra-jña)로 각각 부른다(13.1). 이에 대해서는 제13장에서 자세하게 설명하고 있다.[47] 그러나 이 경우에도 우빠니샤드의 범아일여(梵我一如, Brahmātmaikya) 사상과 절충이 이루어지면서 끄리슈나를 '모든 존재를 아는 자'라고 하여 일치시키고 있다(13.2). 참된 자아와 브라흐만을 동일하게 보며, '브라흐만이 곧 일체'라는 관념을 반영하고 있다.

그런데 고전 상캬철학에서는 형상(色, rūpa), 소리(聲, śabda), 향기(香, gandha), 맛(味, rasa), 감촉(觸, sparśa)의 다섯 가지 미세원소(五唯, pañca-sukṣmabhūta, pañca-tanmātra)를 들고 있다. 그렇지만 『기따』에는 다섯 가지 미세원소라는 말이 언급되지 않다. 단지 "거친 원소, 아만, 지성, 미현현, 열 개의 감각, 그리고 마음과 다섯 감각의 대상"(13.5)[48]이라고 하면서 다섯 가지 미세원소 대신에 다섯 감각의 대상들을 들고 있다. 이것을 전개 순서대로 정리하면, 먼저 미현현, 지성, 아만, 마음, 열 개의 감각기관(다섯 행위기관과 다섯 지각기관), 다섯 가지 감각의 대상, 다섯 가지 거친 원소이다. 고전 상캬철학에서는 이에 상응하는 원리를 24가지로 들고 있다.[49] 여기서 주목해야 할 것은 고전 상캬철학에서 다섯 가지 미세원소와 『기따』 13.5에 언급되는 다섯 감각의 대상과의 관계이다. 왜냐하면 이 둘의 내용은 똑같이 형상 · 소리 · 향 · 맛 · 감촉이다. 그런데 상캬철학에서

---

47 BG.13.1-6; 19-23; 26-34; 18.30-32.

48 mahābhūtāny ahaṁkāro buddhir avyaktam eva ca, indriyāṇi daśai 'kaṁ ca pañca ce 'ndriyagocarāḥ.

49 SK.22: prakṛter mahāṁs, tato'haṅkāraḥ tasmād gaṇaś ca ṣoḍaśakaḥ, tasmād api ṣoḍaśakāt pañcabhyaḥ pañca-bhūtāni.

는 다섯 가지 미세원소라고 하지만, 『기따』에서는 다섯 가지 감각의 대상이라고 하여 그것을 부르는 이름이 다르다.

고전 샹캬철학이 체계화되기 이전에는 다섯 가지 미세원소라고 하는 술어는 아직 등장하지 않고 있다. 그것은 『기따』와 거의 동시대로 간주되는 의학서인 『짜라까 상히따』(*Caraka saṁhitā*)를 통해서 확인할 수 있다. CS.4.1.17에서 "마음(manas), 10개 감각기관, 다섯 가지 감각의 대상, 그리고 8원리로 이루어진 물질원리의 24원리이다"라고 한다. 여기서 10개 감각기관이란 다섯 개 지각기관과 다섯 개 감각기관이고, 다섯 개 감각의 대상은 형상 · 소리 · 향 · 맛 · 감촉이고, 물질원리의 8원리는 미현현, 대, 자아의식, 다섯 가지 미세원소이다. 그러니까 직접적으로 다섯 가지 미세원소는 언급되지 않고 있다. 물질원리의 8개 원리는 『짜라까 상히따』를 번역한 샤르마(Sharma)의 부연 설명에만 나올 뿐이다.[50]

샹까라는 13.5에서 다섯 가지 거친 원소를 달리 해석하고 있다. 곧 "원소들은 위대한 것이다. 그들은 물질원리의 모든 변이들에 두루 스며있다. 그의 이런 표현법에서 보면, 원소들은 미세원소(sukṣma)들이다. 거친 원소(sthūla)들은 감각의 대상들로 언급된다. 자아의식은 다섯 가지 거친 원소의 원인이다. 자아의식의 원인은 지성이다. 그것은 결단하는 작용으로 정의된다.[51] 지성의 원인은 미현현이다. [……]"[52]라고 한다. 이 내용을 그

---

50 M. R. Sampatkumaran(1985), p. 398. cf. CS.4.1.17.

51 SK.22에서 미현현(avyakta)으로부터의 첫 번째 현현물(vyakta)이 지성(buddhi)이다. SK.23은 지성(buddhi)을 확인 또는 결단하는 작용(adhyavasāya)이라고 규정한다. 이에 대한 것은 SK.30에서 지성(buddhi)은 지각의 과정에서 다른 기관에 의해 주어진 감각 따위의 자료에 기초하여 '최종적으로 확인하고 결정짓는 작용'이라고 하고 있다. G. J. 라슨에 따르면, 지성은 인간의 여덟 가지 삶의 양식을 결정짓는 잠재적 성향(bhāva), 불교 식으로 표현하면 습기(習氣, vāsanā)의 저장소로서 지성을 '인간의 근본적인 추구, 충동의 원천'이라는 의미에서 '의지'라고 보았다. G. J. Larson(1979), p. 183.

52 A. G Krishna Warrier(trans, 1983), p. 423.

대로 받아들이면, 거친 원소들과 미세원소들을 서로 바꾸어 이해하고 있는 것으로 생각된다. 꿉뿌스와미(A. Kuppuswami)도 이 문제를 의식하고 있다. 그의 설명에 따르면, 샹까라가 그렇게 설명하는 것은 이들 원소들이 변이하는 모든 존재 안에 두루 스며 있기 때문에 그것은 거친 원소가 아니라 미세한 원소이어야 한다고 말한다.[53] 이것은 고전 상캬철학의 전변설(pariṇāma-vāda)에 따라 이해하면, 그것은 자아의식의 원인인 대원리이다. 그러나 라마누자는 지성을 대원리로, 거친 원소들은 지 · 수 · 화 · 풍 · 허공의 다섯 가지 거친 원소로 보고 있다.[54] 그리고 라마누자의 주석서(Gīatbhāṣya)를 영어로 번역한 삼빠뜨꾸마란(M. R. Sampatkumaran)은 '자아의식이 다섯 가지 미세원소(tanmātra)의 원천'이라고 설명을 덧붙이고 있다.[55] 이런 사실들로 미루어볼 때 거친 원소들을 대원리로 보는 샹까라의 주석은 문제가 있는 것으로 보인다.

그런데 이것은 상캬철학과 베단따철학, 특히 불이일원론(advaita) 철학이 미세신(liṅga)의 존재에 대해 어떤 입장을 취하고 있는가와 관련이 있는 것 같다. 이들 두 철학은 모두 미세신의 존재를 인정한다. 『짜라까 상히따』는 고전 상캬철학보다는 베단따철학의 의견에 더 가깝다. 고전 상캬철학에 따르면, 미세신을 구성하는 것은 다섯 가지 미세원소라고 보는 반면,[56] 베단따철학이나 『짜라까 상히따』의 경우는 다섯 가지 거친 원소 가운데 질 좋은 입자가 미세신을 구성한다고 한다. 샹까라에 따르면, 미세

53 A. Kuppswami(1983), p. 364. 또 제13장은 34시편으로 보는 학자들도 있고, 또는 35시편으로 보는 학자들도 있다. 그것은 맨 처음 시편을 제1시편으로 치느냐 그렇지 않느냐에 따라 달라진다. 대체로 샹까라 같은 주석자들은 맨 첫 시편을 단독 시편에 넣지 않고 있지만, 현대의 번역가들 가운데는 그것을 제1시편으로 간주하고 있다.

54 M. R. Sampatkumaran(1985), pp. 335~336.

55 M. R. Sampatkumaran(1985), p. 336, fn.651.

56 이 견해는 『상캬 까리까』를 기반으로 한 고전 상캬철학에만 한정된다.

신은 다섯 가지 미세원소들로 구성되어 있고, 다섯 쁘라나(prāṇa)[57]와 연관이 있다.[58] 『짜라까 상히따』에서 원리의 전개 과정을 살펴보면, "manas와 다섯 개 감각기관과 다섯 개 지각기관의 다섯 개 대상과 8원리를 이루는 물질원리"[59]로 이루어져 있는 것을 알 수 있다. 이로부터 미루어볼 때, 고전 상캬철학에서 미세신의 역할을 담당하는 다섯 가지 미세원소는 『짜라까 상히따』에는 존재하지 않는다. 그렇다면 『짜라까 상히따』에서는 어떠한 이유로 거친 원소가 미세신의 역할을 수행하고 있는지 의문이다. 『짜라까 상히따』에서는 감각들을 추론에 접근할 수 있는, 변이된 집합을 본성으로 하는 다섯 가지 거친 원소로 이루어져 있다. 불[火]은 눈, 허공[空]은 귀, 흙[土]은 코, 물[水]은 혀, 바람[風]은 몸에 구별되어 존재한다.[60] 따라서 『짜라까 상히따』에서는 다섯 가지 거친 원소가 전반적으로 기본요소로서 작용하기 때문에 감각적인 부분에 있어 고전 상캬철학에서 주장하는 다섯 가지 미세원소의 성격인 성 · 촉 · 색 · 미 · 향을 다섯 가지 거친 원소가 지니고 있다고 볼 수 있다.[61] 이와 별도로 다섯 가지 미세원소의 개념을 상정하지 않고 다섯 가지 거친 원소만으로도 경우에 따라 거칠고 미세한 원소들의 역할을 할 수 있기 때문에 다섯 가지 미세원소가 없어도 되지 않을까 하고 생각된다. 그런데 기존의 몸을 떠나 다른 몸으로 이전할 경우 허공(ākāśa)이 제외되기 때문에 네 가지 거친 원소로 한정

---

57 쁘라나는 하나이지만, 그것의 기능들에 따라 5개의 이름들로 알려진 것이다. 곧 prāṇa, apāna, vyāna, udāna, samāna이다.

58 Dasgupta, Surendranath(1952), p. 311.

59 CS.4.1.17: mano daśendriyāṇyarthāḥ prakṛtiścāṣṭadhātukī.

60 CS.1.8.14: tatrānumānagamyānāṃ pañcamahābhūtavikārasamudāyātmakānām api satāmindriyāṇāṃ tejaścakṣuṣi khaṃ śrotre ghrāṇe kṣitiḥ āpo rasane sparśane 'nilo viśeṣeṇopapadyate.

61 subbarayappa(2004) p. 84.

된 것으로 보인다. 또한 다른 문헌들의 원리 전개에 있어 '다섯 가지 거친 원소 → 다섯 가지 미세 원소'라는 사고가 나타나는 것처럼, 『짜라까 상히따』의 경우는 고전 상캬철학보다 이른 시기의 문헌이며, 네 가지 거친 원소, 또는 다섯 가지 거친 원소를 중시한 고대 인도의 일반적인 세계관을 반영한 것으로 보인다.[62] 다섯 가지 미세원소(tanmātra) 대신에 aṇu(원소, 미세)라고 표현한 것은 미세원소(唯, mātra)라는 개념이 아직 정착되기 이전 단계임을 시사한다.[63] 왜냐하면 CS.4.2.31에서 언급된 것처럼, 네 가지 거친 원소가 미세하다(sūkṣma)는 표현은 이 구절 이외에 어디에도 나타나지 않는다. 그러나 기존의 다섯 가지 거친 원소와 윤회의 주체의 구성요소로서의 네 가지 거친 원소의 역할에 차별을 두기 위해 미세하다는 표현을 쓴 것으로 생각된다. 또한 네 가지 미세 요소라고 불리는 것은 후대에 들어와서 다섯 가지 미세원소를 중시하는 사조가 반영된 미세신 개념의 시작으로 볼 수 있다.[64]

다시 자아에 대한 논의도 『짜라까 상히따』의 제4부 신품(身品, Śarīrasthāna)에서는 미현현이라고 한다. 그것은 참된 자아와 물질원리를 모두 의미하는 통합 개념으로 사용되고 있다. 물질원리는 독립된 원리가 아니다. 그것은 참된 자아에 속하는 집합적 원리이다. 이것은 아직 정확하게 정립되지 않고 모호한 이치에 있다. 『짜라까 상히따』에서 자아는 다양하고 포괄적인 의미로 사용되고 있다. 그것은 다음과 같이 일곱 가지로 요약될 수 있다.

① 다섯 가지 거친 원소(지 · 수 · 화 · 풍 · 공)와 의식(cetana)[65]

---

62 정승석(1992a) p. 814.
63 高木訷元(1960) p. 304f.
64 정승석(1999) p. 163.

② 하나뿐인 의식: 4.1.16

③ manas, 열 개 감각, 다섯 개 감각대상, 물질원리의 8원리(avyakta, mahat, ahaṅkāra, 다섯 가지 미세원소[66]): 4.1.17

④ 24원리의 집합: 4.1.17; 4.1.35

⑤ 무지 · 탐욕 · 증오로부터 생긴 집합: 4.1.53

⑥ 시작이 없고, 늘 존재함: 4.1.59

⑦ 미현현: 4.1.60[67]

위와 같이 제시된 내용 가운데 ①③④⑤는 물질원리의 변이(vikāra), 또는 현현물(vyakta)이라고 한다면, ②⑥⑦은 물질원리에 해당한다. 후자의 집합적 물질원리(bhūta-prakṛti)는 고전 상캬철학의 입장에서 보면, 물질원리의 성격을 엿볼 수 있다. 이처럼 물질원리와 정신원리의 두 원리로 분화되지 않는 자아의 원리는 다음과 같이 이해할 수 있다. 다섯 가지 거친 원소, 지성, 자아의식, 미현현이 물질원리라면, 마음, 10개 감각기관, 다섯 개 감각기관의 대상은 물질원리가 변이되어 현현된 것이다. 이 둘을 합한 것이 24원리의 집합체[68]로 '집합된 자아'(rāśi-puruṣa)[69]이다. 그리고 앞의 것들 가운데 미현현은 '시작이 없는 자아'(anādi-puruṣa)[70]라고 한다.

---

65 Priyavrat Sharma(9th. 2009), Vol.1, CS.4.1.16, p. 398. 여기서는 4는 『짜라까 상히따』 전제 8부 가운데 네 번째의 신품, 앞의 1은 제1장과 뒤의 1은 시편을 가리킨다.

66 여기서 8원리는 『짜라까 상히따』에 나오지만, 그 구체적인 내용은 번역자의 덧붙인 설명이지 원문에 나오는 것이 아니다. 특히 『짜라까 상히따』에는 다섯 가지 미소원소[pañcatanmātra, 五唯]라는 말은 나오지 않는다. Priyavrat Sharma(trans. 1981), p. 398; CS.4.1.17.

67 정승석(1991), p. 184.

68 CS.4.1.63.

69 CS.4.1.35.

70 CS.4.1.59.

이들 모두를 통틀어 자아라고 부른다.

5) 자재신과 2대 원리와의 관계

『기따』에서 신은 비슈누 신의 화신(avatāra), 바가바뜨-끄리슈나-바수데바(Bhagavat-Kṛṣṇa-Vāsudeva)이다. 이들은 영원하고 소멸하지 않으며(永久不變), 모든 것을 다 알고(全知), 또 모든 능력을 지닌 자(全能者)이며, 그 본바탕은 인간의 인식을 초월한다. 끄리슈나의 종교사적 고찰은 이미 앞에서 논의했기 때문에, 여기서는 『기따』에 나타난 그 신의 특성만 보고자 한다. 『기따』에는 절대적 최고 원리를 인정하는 일신교적 요소와 이 신을 우빠니샤드에서 말하는 중성적 최고 원리인 최고의 브라흐만(para-brahman, nirguṇa-brahman)과 같이 보는 일원론적 경향이 뒤섞여 있다. 이 사실은 8.16-22에서 확인할 수 있다.

> 브라흐만[71]이 사는 세계를 포함하여 모든 세계는 윤회를 한다. 그러나 나 끄리슈나에게 오면 다시는 윤회하지 않는다. 브라흐만의 낮은 1천의 유가[72]의 시간에 해당하고, 밤은 1천의 유가의 시간임을 아는 자들, 그들은 낮과 밤을 아는 사람들이다. 브라흐만의 낮이 오면 미현현[73]으로부터 모든 현현물들이 생겨나고, 밤이 오면 바로 거기서 그들은 미현현이라고 불리는 물질원리 안으로 되돌아 들어

---

71 인도의 세계관에서 신이든 인간이든 모든 현상적 존재는 죽어 다시 태어나는 반복적 삶을 사는 윤회세계에 사는 존재로 본다. 여기서 브라흐마(Brahmā)는 남성명사로서 세계를 창조하는 인격신이다. 그러므로 브라흐만이 사는 세계[梵天]도 신적 존재로서 윤회를 한다. 그러나 중성명사로서 브라흐만(brahman)은 비인격적 실재로서 궁극적 실재이며 윤회를 하지 않는다.

72 끄리따 유가는 인간세계의 432만 년에 해당. BG.4.8; 9.7; 14.2.

73 낮은 우주적 현현(vyakta), 곧 근본적 물질원리(prakṛti, 미현현)로부터 전개되어 나온 기간이고, 밤은 아직 전개되어 나오지 않은 기간(avyakta, prakṛti)을 가리킨다.

간다.[74] 이 현상적 존재들의 무리는 참으로 낮에 반복하여 생성되다가 밤이 되면 자신의 동기와는 관계없이 미현현인 물질원리 안으로 되돌아가게 된다. 그러나 낮이 오면 미현현으로부터 다시 현현물들이 생성되어 나온다. 그렇지만 그와 같은 미현현보다 높은 또 다른 영원한 미현현[75]의 존재가 있다. 모든 존재가 소멸하더라도 그것은 소멸하지 않는다.[76] 영원한 존재의 미현현은 불멸의 존재라고 불린다. 사람들은 그것에 도달하는 것을 최고의 목표라고 말한다. 그 목표에 도달하고 나면 다시는 이 세상으로 되돌아오지 않는다. 그곳은 내가 머무는 곳 가운데 가장 훌륭한 장소이다. 그것은 최고의 실재인 브라흐만이고, 그것은 지극한 헌신적인 믿음과 사랑에 의해 얻을 수 있다. 그리고 모든 현상적 존재들은 그것 안에 머물고, 이 모든 현상적 존재들은 그것으로 말미암아 이 우주에 두루 가득 차 있다.

여기서 미현현에는 '낮은 미현현'(apara-avyakta)과 '높은 미현현'(para-avyakta)이 있다. 그것은 7.5에서 '낮은 물질원리'(apara-prakṛti)와 '높은 물질원리'(para-prakṛti)로 대체되어 나온다. 곧 "이것은 끄리슈나의 낮은 물질원리이다. 그렇지만 나에게는 이것과 다른 높고 생명을 지닌 물질원리가 있다는 것을 알아야 한다. 높은 물질원리에 의해 이 세계가 유지된

---

74 '되돌아 들어간다'는 원래 의미는 융해되다, 소멸하다는 뜻이지만, 상캬-요가철학에서 정신원리(순수의식)와 물질원리가 서로 다르다는 것을 알 때 자아/정신원리는 독존하고, 물질원리의 현현물은 물질원리로 되돌아 들어간다고 한다. 여기서 독존(kaivalya)이란 '자아'를 위한다는 목적이 없는 속성들이 원래의 물질원리로 돌아가는 것이고, '자아'의 순수의식의 힘이 어느 것에도 관계하지 않고 자기의 순수한 본성에 확고부동하게 안주하는 것이다. cf. YS.4.34.

75 이 구절에는 두 번에 걸쳐 '미현현'이란 말이 나온다. 전자는 '물질원리'를 뜻하고, 후자는 '브라흐만', 또는 '뿌루샤'를 뜻한다. 이것은 BG가 아직 이론체계가 정립되지 않은 과도기의 문헌임을 보인 것이다. 그리고 그 이하에서 모든 존재들이란 물질원리인 쁘라끄리띠로부터 전개된 것(vyakta)이고, '그것'은 '브라흐만' 또는 '뿌루샤'를 가리킨다.

76 cf. BG.7.4-5; 7.24-25.

다."(7.5) 그런데 낮은 물질원리는 7.4에서 "나의 물질원리는 지 · 수 · 화 · 풍 · 공의 다섯 가지 거친 원소 · 마음 · 지성, 그리고 자아의식의 여덟 가지로 나누어져 있다"고 말하고 한다. 이 여덟 가지가 끄리슈나의 낮은 물질원리이다. 또한 나에게는 이것과 다른 높고 생명을 지닌 물질원리가 있다는 것을 알아야 한다고 하는 말에 주의를 기울여야 한다. 왜냐하면 이 세계는 높은 물질원리에 의해 유지되기 때문이다. 그런데 어리석은 자는 끄리슈나를 물질원리인 미현현으로부터 전개되어 나오는 전개물 또는 현현물로 생각하고, 끄리슈나를 물질적이고 현상적인 존재로 이해한다. 그렇지만 끄리슈나는 그런 현상적 존재가 아니고 순수한 정신원리로 알아야 한다. 끄리슈나보다 더 높은 다른 어떤 것도 없기 때문이다(7.7). 그러므로 미현현은 아직 전개되어 나오지는 않았지만 그 본성은 물질이다. 그것은 정신원리인 참된 자아나 지고의 신 끄리슈나와는 본질적으로 다르다. 또 이 사실은 9.7-11에서 확인된다.

> 브라흐만의 낮이 끝날 때 모든 존재들은 나의 물질원리로 되돌아 들어간다. 그리고 다시 겁이 시작될 때 나는 모든 존재들을 창조한다. 나 자신의 지배를 받고 있는 물질원리를 다스려서 나는 물질원리가 지닌 무지의 힘에 의해 자신의 의지와 관계없이 모든 존재의 무리들을 거듭거듭 창조한다. 그러나 이들 행위들 가운데 집착 없이 무심하게 앉아 있는 나를 이들 행위들이 속박하지 못한다. 목격자인 나에 의해 물질원리는 움직이는 생물과 더불어 움직이지 않는 무생물들이 생성되어 나온다. 이러한 이유 때문에 세계는 돌아간다. 그러나 존재의 대주재자인 나의 지고의 상태를 알지 못하고 미혹한 자들은 인간의 외모만 보고 나를 얕잡아본다.

여기서 헛갈려 미혹해 빠져 있는 사람은, 마치 누에고치 속에 있는 누에처럼 자신의 행위들에 얽매여 있다. 그러나 자재신인 끄리슈나는 수많은 존재들의 창조와 관련된 행위들에 얽매이지 않는다. 그렇다면 왜 끄리슈나는 행위들의 영향을 받지 않는가? 왜냐하면 그것은 참된 자아가 변하지 않는다는 것을 알고 있어 행위들의 결과에 집착하지 않고, 그것에 무심한 사람처럼 존재하고 있기 때문이다. 자재신은 '내가 한다'는 자아의식과 행위자라는 의식이 없다. 행위들의 결과에 집착하는 마음도 없다. 앞의 '나는 그들을 창조한다', '나는 자신의 의지와 상관없는 이 모든 존재의 무리들을 거듭거듭 창조한다', 그리고 '무심한 사람처럼 앉아 있다' 등의 표현들은 자기모순에 빠진다고 샹까라는 말한다. 샹까라는 그것에 대한 설명은 9.10에서 말하고 있는 것으로 보고 있다. 그리고 그는 '나는 사방을 온전하게 보는 자, 변하지 않는 목격자이다. 그리하여 세 속성으로 이루어진 마야(māyā)는 움직이는 생물과 움직이지 않는 무생물들로 이루어진 우주를 창조해낸다'고 말한다. 이에 대해 그는 『슈베따슈바따라 우빠니샤드』의 문구를 빌려 그것이 최고 자아임을 찬미하고 있다. "모든 존재 안에 숨겨져 있고, 어디에나 두루 꽉 차 있는 유일자, 빛나는 자, 모든 존재 안에 있는 진실한 나, 모든 행위들의 감독자, 모든 존재들이 머무는 거처, 홀로 있고 속성이 없는 목격자, 지각자이다."[77] 이와 같이 그것은 본래 영원하고, 순수하며, 지혜롭고, 자유로우며, 모든 것들을 아는 자이고, 참된 자아이다. 그렇지만 식별력이 없는 어리석은 사람들은 내가 더 높은 존재이고, 최고의 실재임을 알지 못한다.[78] 또한 14.3-4에서는 그것은 세계 창조의 최초 원인이고, 신은 그들의 아버지, 물질원리는 그들의 모태라고 비교하고 있다.

---

77 Śveta-Up.6.11.

78 A. G Krishna Warrier(trans, 1983), pp. 302~304.

위대한 브라흐만은 나의 자궁이다. 나는 그 안에 종자를 넣는다. 그리하여 모든 존재들이 생성된다. 모든 자궁 안에서 형체를 지닌 것들이 태어난다. 아르주나여! 그 자궁은 위대한 브라흐만이고, 나는 종자를 공급하는 아버지이다.[79]

여기서는 적어도 신이 단순한 방관자로 묘사되지 않는다. 그것은 물질원리의 활동을 일으키는 능동적인 역할을 담당하고 있다. 위 인용문에서 '나의 자궁'이란 나 자신의 물질원리로서 세 속성으로 이루어졌고, 모든 존재들의 원인이다. 그렇기 때문에 위대한 브라흐만이라고 한다. 그러나 최고의 실재는 위대한 브라흐만 안으로 모든 존재를 탄생시키는 종자, 생명체로 치면 수컷의 정자를 암컷의 자궁에 넣기 때문에 아버지라고 말한다. 모든 존재를 탄생시키는 원인인 종자를 제공해주는 아버지는 다른 말로 '불멸의 자재신'이고, '창조자'이다. 이런 앎을 통해 세계가 창조와 환멸(還滅)을 할 때도 다시 태어나지 않고 멸망하지도 않기 때문에 이 자재신은 정신원리와 물질원리라는 2대 원리보다 위에 위치하는 최고의 존재로 간주된다. 『기따』에서는 이와 관련하여 '최고의 자아', '지고의 자아', '최고아', 또는 '최고의 실재' 등으로 번역되는 uttama-puruṣa, paramātman, puruṣottama라는 술어들이 나오고 있다. 『기따』에서 이들 셋은 동의어로 본다. 그것은 15.16-19의 내용에서 확인할 수 있다.

세상에는 이 두 가지 참된 자아(puruṣa)가 있다. 바로 '변하는 것'(kṣara)과 '변하지 않는 것'(akṣara)이다. 모든 존재들은 변하지만 그것의 정상에 있는 것은 변하지 않는다고 말한다. 그러나 그들과 다른 '최고의 자아'(uttama-puruṣa)가 있다. 그를

79 BG.14.3-4: mama yonir mahad brahma tasmin garbhaṁ dadhāmy aham, saṁbhavaḥ sarvabhūtānāṁ tato bhavati bhārata. sarvayoniṣu kaunteya mūrtayaḥ saṁbhavanti yāḥ, tāsāṁ brahma mahad yonir ahaṁ bījapradaḥ pitā.

최고아(paramātman)라고 한다. 그는 천상 · 공간 · 지상의 세 세계에 스며들어 이 세 세계를 유지하는 불멸의 자재신(avyaya-īśvara)이다. 나는 변화하는 것들을 초월한 자이고, 변하지 않는 것보다도 더 높은 최고의 존재(uttama)이기 때문에 천상 · 공간 · 지상의 세 세계와 베다 문헌에서 최고의 자아로 알려져 있다. 이와 같이 미혹함이 없이 '최고의 실재'(puruṣottama)인 나를 아는 자는 모든 것을 다 아는 자이다.

또한 힐(W. D. P. Hill)은 7.19를 전거로 들면서, 끄리슈나가 브라흐만이고, 지식을 얻은 사람에게는 바수데바가 모든 것임을 안다. 끄리슈나-바수데바는 궁극적 실재로서 브라흐만과 하나이다. 『기따』에서 브라흐만은 우빠니샤드의 브라흐만이다. 더 나아가 그는 끄리슈나가 참된 자아이고, 참된 자아로서 브라흐만을 '최고의 자아'(adhyātma)라고 부르고, 또 초월적인 영원한 최고의 자아라고 부른다. 그러므로 끄리슈나는 '최고의 자아'(paramātman) 또는 최고의 실재(puruṣottama, uttama-puruṣa)[80]라고 이해하고 있다.[81]

그러나 『기따』는 신이 세계를 창조하는 과정에 대해서는 상세하게 언급하고 있지 않다. 다만 신이 천신(deva), 현자(ṛṣi), 인간의 조상 마누(manu) 등보다 먼저 존재하는 시작이 없고(anādi, 無始) 끝이 없는(ananta, 無終) 대자재신(maheśvara)이고, 모든 존재의 시초(ādi)이고 주재자(viśveśvara)[82]이며, 모든 존재들의 상태도 신으로부터 태어난 것임을 다음과 같이 여러 시편들에서 강조하고 있다.

---

80 cf. BG.15.17-18.

81 W. Douglas P. Hill(1973), pp. 24~26.

82 BG.11.16.

나는 태어나지도 않고, 소멸하지도 않는 자아이다. 동시에 모든 존재들의 자재신이다. 그렇지만 나는 내 자신의 불가사의한 창조력(māyā)에 의해 자신의 물질원리[83]에 의지하여 이 세상에 모습을 지니고 나타난 자이다. (4.6)[84]

나를 제사와 고행의 지배자이고, 모든 세계의 대자재신으로, 모든 현상적 존재들의 친구로 아는 자는 적정인 열반의 세계에 이른다. (5.29)[85]

모든 존재 안에 평등하게 머물며 모든 존재들이 소멸하더라도 그 자신은 소멸하지 않는 지고의 자재신을 보는 자야말로 진실로 나를 보는 자이다. (13.27)[86]

신의 무리들도 위대한 현자들도 나의 근원을 알지 못한다. 왜냐하면 나는 신들과 위대한 현자들 모두의 시작이기 때문이다. 나를 태어남도 없고, 시작도 없는 세계의 대자재신으로 아는 자는 미혹함이 없이 소멸하는 것들 가운데서 모든 죄악으로부터 해방된다. (10.2–3)[87]

끄리슈나는 신들과 현자들의 근원이기 때문에 다른 어떠한 것도 내 존

83 고전 상캬철학에서는 두 원리, puruṣa와 prakṛti를 세운다. 전자는 순수정신/정신원리, 후자는 순수물질/물질원리이다. 그러나 『기따』에서는 후자는 신의 지배 아래 있다고 본다. cf. 7.14; 9.7–8.

84 ajo'pi sann avyayātmā bhūtānām īśvaro'pi san, prakṛtiṁ svām adhiṣṭhāya saṁbhavāmy ātmamāyayā.

85 bhoktāraṁ yajñatapasāṁ sarvalokamaheśvaram, suhṛdaṁ sarvabhūtānāṁ jñātvā māṁ śāntim ṛcchati. cf. BG.11.3; 11.9; 11.22.

86 samaṁ sarveṣu bhūteṣu tiṣṭhantaṁ parameśvaram, vinaśyatsv avinaśyantaṁ yaḥ paśyati sa paśyati.

87 na me viduḥ suragaṇāḥ prabhavaṁ na maharṣayaḥ, aham ādir hi devānāṁ maharṣīṇāṁ ca sarvaśaḥ. yo mām ajam anādiṁ ca vetti lokamaheśvaram, asaṁmūḍhaḥ sa martyeṣu sarvapāpaiḥ pramucyate.

재의 근원으로 존재하지 않는다. 그러므로 최고의 자아인 끄리슈나는 시작이 없으므로 태어남이 없고 소멸도 없다. 내가 세계의 위대한 대자재신인 이유는 10.4-6[88]에도 과거 일곱 명의 현자들을 예로 들어가며 설명되어 있다.

한편 『기따』와 거의 같은 시대의 의학 문헌인 『짜라까 상히따』에도 자아와 별도로 최고 자아를 상정하고 있다. CS.4.1.53에서 "최고의 자아는 시작도 없이 영원히 존재한다. 반면에 경험적인 자아는 무지·탐욕·증오로부터 생긴 집합들로 이루어진 것이다."[89] 이 내용은 자아를 초월적인 자아와 경험적인 자아의 두 유형으로 분류하고 있다. 여기서 '초월적인 높은 자아'(parātman)는 하나이고, '경험적 자아'는 다수(bhūtātman)이다. 앞에서 말한 '시작도 없는 자아'라는 것은 여기서 '초월적 자아'로서 '높은 자아'를 가리키는 것으로 이해된다. 또한 '24원리로 집합된 자아'는 우빠니샤드에서 말하는 '경험적 자아'로서 개아(個我, jīva, jīvātman)를 가리키는 것으로 이해된다. 고전 샹캬철학에 따르면, 이것은 자아에 해당하는 원리처럼 보인다. 하지만 『짜라까 상히따』의 설명에 따르면, 자아와 물질원리

88 지성, 지혜, 미혹하지 않음, 인내, 진리, 절제, 평안, 즐거움, 괴로움, 생성과 소멸 그리고 두려움과 두려워하지 않음, 비폭력, 평등성, 만족, 고행, 보시, 명예, 불명예 등 존재의 다양한 상태는 바로 나로부터 생겨난다. 옛날의 위대한 일곱 현자들과 네 마누들도 그와 같이 마음으로부터 생겨난 나의 존재들이며 세상에 존재하는 그들의 자손들도 그와 같이 태어났다. 여기서 옛날의 위대한 일곱 명의 현자들은 모든 것을 다 알고 최초의 전통적 지혜의 스승들을 가리킨다. 브리구(Bhṛgu), 나바(Nabha), 비바스반(Vivasvān), 수다마(Sudhāmā), 비라자(Virāja), 아띠나마(Atināmā), 사이슈누(Saiṣṇu), 또는 마라찌(Marici), 앙기라사(Aṅgirasa), 아뜨리(Atri), 뿔라스뜨야(Pulastya), 뿔라하(Pulaha), 끄라뚜(Kratu), 바시슈타(Vasiṣṭha)를 가리키고, 현재의 유가의 일곱 현자는 까샤빠(Kaśyapa), 아뜨리(Atri), 바라드바자(Bharadvāja), 비슈바미뜨라(Viśvāmitra), 가우따마(Gautama), 자가드아그니(Jagadagni), 바이시슈타(Vasiṣṭha). cf. B. G. Tilak(B. S. Sukthankar, tr. 11th ed. 2004), pp. 1064~1065; 12-13.

89 CS.4.1.53.

가 뒤섞여 있는 원리이다. 그것은 CS.4.1.61과 4.1.78에서 볼 수 있다. "미현현은 자아로서 육체를 아는 자이고, 변하지 않으며, 두루 어디에나 존재하고, 소멸하지 않는다"(4.1.61)라고 한다. 그런데 이 인용 내용에서 미현현, 변하지 않는 것, 두루 어디에나 존재하는 것, 소멸하지 않는 것 등은 고전 상캬철학에서는 물질원리를 규정하는 개념들이다.[90] 또 "행위를 하는 힘은 결과를 경험하는 작자이고, 또한 힘은 그의 마음을 집중하고, 모든 것을 제거할 수 있다"(4.1.78)라고 하는데, 여기서 작자는 물질원리를, 경험하는 자는 자아인 정신원리를 의미한다. 그런데 CS.4.1.83에서는 말하고 있는 '아는 자'(jña), '목격자'(sākṣin)라는 것은 고전 상캬철학에 따르면, 이와 달리 참된 자아인 정신원리를 규정하는 원리이다.[91]

이에 대해 '초월적 자아'는 어떤 표식으로도 추론할 수 없고, 아무런 속성이 없는 원리이지만, 그것이 경험적 자아와 확실히 구분되는 것은 아니다. 그것은 경험적 자아를 매개로 하여 "경험적 자아가 하나일 때는 언제라도 표식들에 의해 인식되지 않는다. 그것이 여럿임을 인정할 수 없는 특수성이 있기 때문이다."[92]라고 설명되고 있다. 결국 최고의 자아인 초월적 자아를 경험적 자아와 비교할 때, 하나라는 것이 뚜렷한 특징이다. 하지만 그것은 경험적 자아인 개아를 초월한 상태를 상정한 것으로 이해

---

90 SK.10: hetu-mad anityam avyāpi sakriyam anekam āśritaṃ liṅgam, sāvayavaṃ paratantraṃ vyaktaṃ, viparītam avyaktam([근본 쁘라끄리띠의 결과인] 현현은 원인이 있고, 늘 변하고, 모든 곳에 존재하지 않고, 움직이고, 여러 개이고, [다른 것에] 의존해서 [존재하고], [반드시 원인 안으로] 되돌아가고, 부분을 가지고 다른 것(예컨대 쁘라끄리띠)에 종속한다. 아직 나타나지 않은 [근본 쁘라끄리띠인] 미현현은 [현현과] 정반대이다.)

91 SK.19: 그리고 [11송에서 말한 3속성의 성질 등의] 그것과 정반대이기 때문에 이 뿌루샤가 증인이고, 독존하는 것이고, 중립적인 것이고, 보는 자이고, 작자가 아니라는 것이 증명된다(tasmāc ca viparyāsāt siddhaṃ sākṣitvaṃ asya puruṣasya, kaivalyaṃ mādhyasthyaṃ draṣṭṛtvam akartṛ-bhāvaś ca). cf. G. J. Larson(1979), pp. 167~168

92 CS.4.1.84.

해야 할 것이다. 또한 이들 둘은 독립된 두 원리가 아니라 자아의 해탈된 상태와 속박된 상태의 양면을 의미하는 것으로 이해해야 할 것이다. 그렇기 때문에 자아가 미현현과 동일하게 간주되는 것도 자아를 하나[一]와 많음[多]이라고 구분하는 사고를 통해 그 의미를 이해할 수 있을 것이다. 미현현으로부터의 전개는 많음의 양상을 드러내고, 이는 자아가 속박이 시작된다는 것을 의미한다. 따라서 미현현이 많음으로 전개되지 않고 자아가 속박되지 않는 것은 둘이 하나이면서 같은 것이다. 하나인 자아가 인식의 대상이 아니듯이,[93] 미현현도 감각에 의해 인식될 수 없는 초월적인 것이다.[94] 따라서 라오(Rao)는 "『짜라까 상히따』에 나타난 초월적 원리인 최고의 자아를 상정하는 것은 경험적 자아가 개개의 신체가 파괴될 때 보편성에 도달함을 의미하고, 경험적인 다수가 궁극적으로 초월적인 하나가 됨을 의미한다"고 이해하고 있다.[95]

4. 행위의 길

1) 다르마와 행위의 의미

① 다르마

인도에서 다르마는 포괄적인 개념이기 때문에 한마디로 정의하기 힘들다.[96] 인도에서는 2천여 년 전부터 내려오는 다르마에 대한 두 가지 전통이 있다. 하나는 다르마의 청정함이요, 다른 하나는 종파적 관례와 관습,

---

93 CS.4.1.84; 155.

94 CS.4.1.62.

95 K. B. Ramakrishna Rao(1966), p. 412; 정승석(1991), pp. 186~188.

96 Sudesh Narang(ed., 1988), p. v.

종교의례를 강조하는 전통이다. 만약 다르마가 순수한 다르마(kuśala-dharma)라면 그것은 보편적인 것이다. 그것은 종파적이 될 수 없다. 종파적 관례와 관습들은 종파 간에 서로 다르다. 이른바 힌두의 다르마는 힌두의 관습과 관례들, 종교의식과 신념, 도그마, 철학, 그리고 자신의 겉모습과 가르침들을 가지고 있다. 불교의 다르마, 무슬림의 다르마, 기독교의 다르마, 시크교의 다르마도 모두 이와 마찬가지이다. 그러나 다르마는 이런 모든 것들과 관계가 없다. 종파주의가 서로 구분하는 것이라면, 다르마는 보편적 것이고, 통합하는 것이기 때문이다.

인도의 종교와 문화를 서구 세계에 소개하는데 인생의 대부분을 바쳤던 라다끄리슈난은 자신의 저서 가운데 하나를 "힌두교"(The Hindu Religion)라고 하지 않고, "힌두의 생활방식"(The Hindu Way of Life)이라고 이름을 붙였다. 이것은 적어도 그에게 있어 힌두이즘(hinduism)[97]은 유디즘(judaism)[98]보다 헬레니즘(hellenism)[99]처럼, 서구적인 의미의 종교가 아니라 모든 국민이 가지는 문화의 근본정신을 담고 실제적인 국가의 기품을 지닌 독특한 생활방식을 함축하고 있기 때문이다.[100] 다른 한편 인도

---

97 hindu란 산스끄리뜨 어 shindhu의 페르시아 어로 '인도인'을 의미한다. 따라서 힌두이즘이란 인도인의 생활양식 또는 인도인의 종교를 의미한다. 힌두이즘은 인도인의 생활방식이면서도 고도로 조직화된 사회적 · 종교적인 체계이다. 그러나 인격적이고 초월적이며 성스러운 것인 동시에 역사 속에서 스스로를 드러내고 활동하는 유일신에 대한 복종이 그 핵심인 유디즘과 달리, 힌두이즘은 신의 속성에 대한 모든 교리적인 주장이 자유롭고, 종교의 핵심이 신의 존재유무, 일신론 또는 다신론에 있는 것으로 생각하지 않는다. 힌두이즘에서 이것은 그들의 궁극적인 문제가 아니다. 그들에게는 영원한 다르마(sanātana-dharma)가 힌두이즘을 이해하는 열쇠이다. R. C. Zaehner(1966), pp. 1~2.

98 유디즘은 신이 계시한 율법에 대한 엄격하고도 섬세한 체계로서 일반적으로 유대교라고 부른다. cf. R. C. Zaehner(1966), p. 1.

99 그리스의 고유문화가 오리엔트 문화와 융합하여 형성한 그리스의 사상 · 문화 · 정신 · 예술 등을 문화사적 · 정치사적 관점에서 이르는 말.

100 R. C. Zaehner(1966), p. 1.

인들은 자신의 종교, 힌두교를 '영원한 다르마'(sanātana-dharma)라고 부른다. 이것은 넓은 의미의 종교를 의미하며, 성별이나 나이와 직업에 관계없이 누구에게나 적용되기 때문에 보편의무(sādhāraṇa-dharma)와 동의어로 사용된다. 왜냐하면 종교는 인간과 인간 아닌 것을 포함하는 모든 존재를 지배하는 '자연법'을 의미하기 때문이다. 그리고 이것은 곧 영원한 다르마, 또는 영원한 법, 영원한 진리로 이해될 수 있다.

그런데 다르마의 정의는 '누군가 유지하거나 지탱하는 것', 또는 '누군가 담고 있는 것'이다. 이것은 이 순간에 누군가의 마음이 지탱하고 유지하고 있는 것, 누군가의 마음이 담고 있는 것을 뜻하는 동사원형 √dhṛ에서 파생한 명사이다. 이것은 선법(善法)일 수도 있고, 또는 악법(惡法)일 수도 있다. 이것은 각각 '선법'(kuśala-dharma), '악법'(akuśala-dharma)이라고 불렀다. 이 두 단어는 인도의 고대 문헌에서는 오랫동안 사용되어왔다. Kuśala-dharma와 akuśala-dharma는 둘 다 다르마이다. 우리의 마음이 이 순간에 담고 있는 것이 다르마이기 때문이다. 따라서 다르마는 사물들의 형태이고, 그것을 그 밖의 다른 것이 아닌 사물들로 유지하는 힘이다. 그리고 그것은 영원한 다르마에 따라 전 우주를 유지하듯이, 도덕적 영역 안에서도 영원한 도덕적인 법에 의해 인류를 유지해준다.[101] 따라서 다르마는 '인간의 이상적인 행동을 규정하는 규범', '인륜을 실현을 위한 행위규범' 등을 뜻하고, '법', '법도', '의무', '도리', '가르침', '관습', '종교', '도덕', '정의', '자연의 법칙', '진리', '보편적 진리', '질서', '옳은 일', '좋은 행위', '성격', '성질', '본질', '특수한 속성', '사물' 등으로 다양하게 번역된다.[102]

---

101 R. C. Zaehner(1966), pp. 2~3.

102 鈴木學術財團 編(1986), p. 631a.

이런 다르마는 여러 의미들로 표현된다. 그것은 다른 두 차원이 있기 때문이다. 첫째는 이 세상에서 지켜야 할 의무로서 옳다고 하는 것을 해야 할 특수의무라면, 둘째는 절대적 타당성을 가지고는 있지만 정확히 정의되지 않은 '영원한 다르마', 또는 '보편의무'이다. 이 둘은 인도 사회에서 끊임없이 긴장관계를 유지하고 있다. 이 두 차원 사이의 긴장관계는 절대적 도덕질서, 곧 '영원한 다르마'와 각 종성에게 주어진 특수의무 등과 같은 종교 규범으로 다르마 사이에서 일어난다. 그것은 힌두교가 종교인 동시에 사회체계라는 것과 아주 긴밀하게 연결되어 있다. 만약 힌두교가 유대교와 같은 율법종교라면 이런 긴장관계는 없을 것이다. 또한 이것은 인도사상에서 중요한 개념들을 이루고 있는 브라흐만, 다르마, 해탈, 윤회, 행위 등과도 관계가 있다.

길희성에 따르면, 힌두교에서는 지켜야 할 도덕적 의무인 다르마를 두 종류로 구별한다. 첫째는 남녀노소나 사회적 계급과 신분의 구별 없이 누구나 다 지켜야 할 도덕적 의무로서의 다르마이다. 둘째는 이와는 대조적으로 사람의 연령이나 계급적 신분에 따라 차별적으로 요구되는 의미로서의 다르마이다. 전자는 공통적, 또는 보편의무(sādhāraṇa-dharma)라고 한다면, 후자는 자기 자신만의 특수의무(svadharma)이다. 이 가운데 보편의무로서의 도덕규범은 힌두교에만 고유한 것이라기보다는 모든 종교에 있어 중요시되는 덕목들이다. 예를 들어 『마누법전』은 다음과 같은 10가지 덕목들(굳은 인내, 욕되게 해도 참는 것, 자제, 남의 물건을 훔치지 않음, 청정, 감각 억제, 지혜, 학식, 진실, 화내지 않음)과 그 밖의 힌두교 문헌에 자주 언급되고 중시되는 덕목들(친절, 불굴의 의지, 선행, 탐내지 않음, 불살생, 스승의 공경, 정직, 조심하는 마음, 손님에 대한 환대, 순례, 명상, 겸손, 인내) 등이 있다. 이와 같은 누구에게나 언제든지 요구되는 도덕적 의무들과 달리, 힌두교에서는 네 종성제도와 인생의 네 단계에 따라 각자의 연령과 신분에 알맞은 의무를 요구하는 특수의무가 있다. 이 의무는 계급과 삶의 단계의 근간이 되므로 종성과 인생의 단계(varṇ āśrama-dharma)라고 부른다.[103]

띨락에 따르면,[104] 다르마는 '왕의 의무'(rāja-dharma), '국민의 의무'(prajā-dharma), '국토를 수호할 의무'(deśa-dharma), '계급의 의무'(jāti-dharma),[105] '가족을 유지하는 법'(kula-dharma),[106] '친구로서 의무'(mitra-dharma) 등과 같은 세속적인 도덕들을 가리킬 때 매우 자주 사용된다. 내세와 관련 있는 종교로서의 다르마를 '해탈을 위한 다르마'(mokṣa-dharma)라고 부른다. 여기서 세속적인 생활과 관련된 다르마는 인간의 질서를 짓는 윤리라고 부를 수 있다. 힌두교에서 인간의 네 덕목(catur-puruṣārthas: dharma, kāma, artha, mokṣa)의 설명에서 그 예를 찾을 수 있다. 만약에 해탈이 세속적인 윤리 안에 포함된다면 인생의 네 덕목 가운데 마지막의 해탈이라는 독립된 덕목을 말할 필요가 없을 것이다. 그러므로 세속적인 삶의 일부를 이루는 수많은 윤리적 의무들을 말해야 한다. 이러한 윤리적인 의무로서의 다르마는 반드시 해야 하는 '의무적인 행위'(kartavya-karma)라고 한다. 그러므로 보통 '의무적인 행위'(kartavya-karma), 또는 '선한 행위'(sad-vartana)는 '윤리'(nīti)라는 표현 대신에 '다르마'라는 표현으로 사용된다. 다르마는 네 종성 각각에 정해진 특별한 의무[107]가 『마누법전』 등과 같은 법전류(dharma-śāstras)에 규정되어 있다. 또한 『기따』에서도 다르마는 네 종성의 의무로서 많은 경우와 시편들에서 언급되고 있다.

---

103 길희성(1989), pp. 68~69.

104 B. G. Tilak(B. S. Sukthankar, tr. 11th ed. 2004), pp. 88~89.

105 BG.1.43.

106 BG.1.40; 43; 44.

107 svadharma라는 술어가 BG.2.31; 1.33; 3.35; 18.47에 나오고, 그와 함께 '다른 종성의 의무'(paradharma)는 BG.3.35; 18.47에 나온다.

먼저 우리가 주목해야 할 것은, 『기따』는 시작부터 'dharma-kṣetra'라는 복합된 단어(dharma+kṣetra)가 나온다는 것이다(1.1). 이것은 『기따』에서 다르마가 얼마나 중요한지를 단적인 예이다. 이것은 '정의의 전쟁터', 또는 '정법의 전쟁터'라고 번역할 수 있다. 전쟁터를 정의(正義), 또는 정법(正法)이 실현되는 장소로 보고 있는 것은 바로 전쟁을 통해 영원한 정의가 실현된다는 것을 암시한 것으로 볼 수 있다. 그것은 그 다음에 나오는 'kurukṣetra'와 관련시켜서 이해한다면 바로 그런 정의가 현실의 장소에서 실현되는, 곧 꾸루 족의 땅에서 정의가 실현되어 꾸루 족의 승리를 암시하는 것으로 이해된다. 만약에 'kuru-kṣetra'를 대신해서 'paṇḍu-kṣetra'로 명명되어 있다면 그 전쟁은 빤두 족이 전쟁에서 승리한다고 이해해야 할 것이다. 그렇지만 그것이 'kuru-kṣetra'로 되어 있기 때문에 이 전쟁의 결과는 꾸루 족의 승리로 끝난다는 것을 암시하는 것으로 보아야 할 것이다. 그러므로 끄샤뜨리야 계급으로서 아르주나는 자신에게 주어진 특수의무를 실행함으로써 이 사회에서 정의를 실현할 수 있는 임무를 짊어지고 있다. 또한 이것은 '특수의무'와 '보편의무', 또는 '영원한 다르마'의 두 차원의 다르마의 의미를 동시에 포함하고 있는 것으로도 이해할 수 있다.

그런데 문제는 주인공 아르주나가 같은 혈족 사이의 전쟁을 수행하지 않겠다는 데에서 시작된다. 이것은 힌두의 다르마를 어기는 일이다. 앞에서 보았듯이, 힌두의 다르마는 영원한 다르마가 아니다. 그렇지만 『기따』에서는 아르주나에게 자신의 종교인 힌두교에서 규정된 다르마를 실천하라고 하고 있다. 이것은 '영원한 다르마'의 입장에서 보았을 때, 낮은 차원의 다르마인 특수윤리에 강조점을 두고 있어 비판의 대상이 된다. 그런데 굽따(Surama Gupta)는 '혹시라도 보편의무와 특수의무가 충돌할 때는 특수의무가 우선한다'고 말한다.[108] 예를 들어 끄샤뜨리야 계급의 특수의무는 백성을 보호하기 위하여 전쟁에서 용감히 싸우는 일이므로 살생을 해야 한다. 그러나 그가 만약 보편의무의 덕목들 안에 포함되어 있는 용서나 불살생과 같은 덕목들을 실천하고자 한다면 그는 딜레마에 빠지고 말 것이다. 이런 경우 그는 우선적으로 특수의무를 따라야 한다. 바로 이것이 아르주나가 직면하고 있는 딜레마이다. 이와 같이 『기따』는 굽따가 말한 것처럼, 끄리슈나는 아르주나에게 끄샤뜨리야 종성의 특수의무를 다하라고 처음부터 끝까지 여러 논리로 설득하고 있다. 이런 입장에서 길희성은 『기따』에서 인간의 도덕적 평등성에 입각한 사회적 개념으로서의 다르마의 개념은 찾아보기 힘들다고 말한다.[109] 또한 김호성도 보편윤리보다 특수윤리가 우선하는 힌두교 윤리의 평등함을 비판하며, 그것을 행위의 요가의 한계로 지적한다.[110]

끄리슈나는 특수의무의 수행을 거부하는 아르주나가 왜 전쟁을 수행하지 않으려고 하는지를 진단하고, 그에 따른 처방을 하나씩 제시하며 문제를 해결해나가는 형식을 취하고 있다. 앞에서 논의했듯이, 이것이 아르주나의 딜레마를 해결하는 방안으로 보았다. 『기따』에서는 이 세상에서 '끄샤뜨리야 종성에게는 의무에 따르는 전쟁보다 더 나은 다른 것은 없다'(2.31)라고 하며, 자신의 종성에 주어진 다르마를 말하면서 싸울 것을 요구하고 있다. 띨락에 따르면, 인생의 네 단계에서 행위의 포기 단계는 포기의 길, 곧 고전 상캬철학에 따르면, 마지막 단계이지만 그 단계에 도달하기 전에는 브라흐만에게 규정된 브라흐만의 의무를 따르는 것처럼

108 Surama Dasgupta(1961), p. 91.

109 길희성(1989), p. 78. 그는 p. 80에서 BG.9.29–32를 인용하며 이 시편들에서 말하는 평등성, 곧 평등한 마음은 종교적 평등성이요 보편주의이기는 하지만 윤리적 평등성, 사회적 평등성은 아니라는 비판적 시각을 가지고 있다.

110 김호성(1992), pp. 143~144.

끄샤뜨리야로서 자신의 의무를 수행하는 가장기(家長期)에서 그 단계의 의무를 완전하게 수행하기 위해 싸우라고 한다.[111] 또 샹까라에 따르면, 끄샤뜨리야 종성으로서의 의무는 싸우는 것이다. 끄샤뜨리야 종성에게 타고날 때부터 주어진 본성은 정당한 의무인 싸우는 것이다. 싸움은 사회의 정의로움과 국민의 안녕을 위한 것이다. 그러므로 끄샤뜨리야 종성에게 싸우는 것보다 더 나은 정의로움(dharmya)이 없음이 강조되고 있다.[112]

그러면 왜 싸움, 전쟁을 해야 하는가? 그것은 자신에게 주어진 특수의무로서 싸우게 되면 천상세계로 갈 수 있는 문이 열리기 때문이다(2.32). 그러니까 자신에게 주어진 특수의무를 다하면 다음 삶에서 현실적 최대의 행복을 보장해준다는 것이다. 그러나 만약에 자신에게 주어진 특수의무에 게을리 한다든지, 자신의 특수의무보다 남, 또는 다른 종성에게 주어진 특수의무가 더 낫다고 생각하며 그것을 해서는 안 된다는 것도 잊지 않고 있다. "만약 그대가 끄샤뜨리야 종성의 의무인 전쟁을 수행하지 않는다면, 그로부터 자신의 의무와 명예를 저버리고 죄악을 가져올 것이다. 그리고 또한 많은 사람들은 그대에게 있어 지울 수 없는 불명예를 이야기할 것이다. 존경받는 자에게 불명예는 죽음보다 더한 것이다."(2.33-4) "자신의 의무가 가치가 적더라도 자기 종성의 특수의무를 행하는 것이 다른 종성의 특수의무를 훌륭하게 행하는 것보다 낫다. 자기 종성의 특수의무를 행하다가 죽는 것이 다른 종성의 특수의무를 행하는 것보다 낫다. 다른 종성의 특수의무를 행하는 것은 위험과 두려움을 가져다준다"(3.35)라고 하는 시편들이 이를 예증하고 있다. 그러므로 자신의 특수의무가 가치가 덜하더라도 자신의 종성에 규정된 특수의무가 다른 종성의 특수의무

111 B. G. Tilak(B. S. Sukthankar, tr. 11th ed. 2004), p. 882.

112 A. G Krishna Warrier(trans, 1983), p. 57.

를 잘 수행하는 것보다 낫다는 것이다. 왜냐하면 태어날 때부터 지닌 천성에 따라 정해진 행위를 하면 죄를 짓지 않고 악에 빠지지 않기 때문이다(18.47). 샹까라에 따르면, 마치 독성이 있는 물질이더라도 그 물질에서 태어난 벌레에게는 해를 입히지 않듯이, 자신의 천성에 따라 의무를 행하는 사람은 죄를 짓지 않는다. 자신이 태어나면서 지닌 천성의 특수의무란 그 사람이 태어나는 순간부터 주어진 의무를 말한다. 그러므로 잘하지 못하더라도 저버려서는 안 된다. 왜냐하면 자신의 천성은 세 속성으로 이루어졌기 때문이다. 자신에게 주어진 타고난 특수의무를 잘 수행하든 잘못 수행하든 그것을 저버리면 그는 죄를 짓게 된다. 만약에 다른 종성의 의무를 하게 되면 두려움을 가져온다. 또 참된 자아를 모르는 사람은 완전한 포기를 할 수 없기 때문에 행위를 그만둘 수 없다.[113]

그러나 아무도 자신의 천성적으로 타고난 특수의무를 포기해서는 안 된다는 것이 행위의 포기라고 할 수 없기 때문인지, 아니면 그런 의무를 버리면 어떤 죄를 짓기 때문인지에 대한 의문을 품는 사람이 있을 수 있다. 이를 해결하기 위해 행위란 무엇이고, 행위에는 어떤 것들이 있으며, 행위와 행위를 하지 않음은 어떤 관계가 있는지를 논의하기로 한다.

② 행위와 무행위

『기따』는 하나의 문제를 제기하며 시작된다. 주인공 아르주나는 사촌 형제들과 싸우기를 거부하며 해결하기 곤란한 문제를 제기한다. 그것은 행위와 행위의 포기 가운데 어느 쪽이 더 가치가 있는가 하는 문제이다. 그런데 아르주나는 스승 끄리슈나의 가르침을 받은 뒤 행위가 행위의 포기보다는 더 낫다는 결론을 내린다. 그렇다면 아르주나는 왜 행위가 행위

---

113 A. G Krishna Warrier(trans, 1983), pp. 591~592.

의 포기보다 낫다고 결론을 내렸을까? 그리고 스승의 가르침을 받고 자신의 원래 입장을 바꾼 행위에는 어떤 특별한 의미가 있는 것일까? 행위(karma)란 산스끄리뜨 원형동사 √kṛ(행하다, 작용하다)에서 파생된 명사이다. 그것은 행위 · 작업 · 작용 · 직업 · 의식 · 결과 · 운명[114] 등을 의미하고, 업(業) · 작(作) · 행(行) · 작업(作業) · 인업(因業) · 업인(業因) · 행업(行業) · 작법(作法) 등으로 한역된다.

인도의 전통적인 가르침에서 행위는 피할 수 없는 결과를 가져오고, 윤회와 밀접하게 관련이 있다. 사람에 의해 행해지는 모든 행위는 그것이 좋든 나쁘든 그것에 상응하는 결과와 이 세상에서 필연적으로 따르는 재생을 낳고, 해탈을 추구할 때 자아를 아는 데 장애로 작용한다.[115] 그렇지만 인간은 삶을 살아가기 위해서는 행위를 하지 않을 수 없다. "왜냐하면 어느 누구라도 행위를 하지 않고는 한순간도 있을 수 없기 때문이다. 또한 모든 행위는 물질원리에서 나오는 세 속성들에 의해 자신의 의지와는 상관없이 행위를 하도록 되어 있기 때문이다."(3.5) 그런데 샹까라는 인용문의 '어느 누구라도'란 무지하여 세 속성에 현혹되어 진실한 참된 자아를 알지 못하는 모든 생명체를 가리킨다고 해석한다. 그런데 14.23에 근거하여 세 속성에 의해 흔들리지 않고 그들을 초월한 자를 '현자'라고 해석하고 있으므로 행위의 요가는 무지한 자들에게만 유효하고, 무지하지 않는 현자들에게는 적절하지 않다고 한다. 참된 자아를 모르는 자들의 경우에는 자신에게 주어진 특수의무를 소홀히 하는 것은 옳지 않다고 한다.[116] 왜냐하면 행위를 하지 않음으로써 행위로부터 자유를 얻는 것이 아니다. 그렇다고 행위를 포기한다고 해서 행위로부터 자유의 완성을 얻는 것도

114 전생에서 이루어진 행위의 결과를 뜻한다.

115 W. Douglas P. Hill(1973), p. 58.

116 A. G Krishna Warrier(trans, 1983), p. 106.

아니기 때문이다(3.4). 이 말은 행위를 함으로써만 행위로부터 자유를 얻을 수 있다는 의미로 이해할 수 있다.

그렇다면 왜 행위를 하지 않고는 행위로부터 자유를 얻지 못할까? 샹까라에 따르면, 행위는 행위로부터 자유를 얻기 위한 수단이기 때문이라고 한다. 그리고 행위의 요가는 지식의 요가에 이르는 방법으로 선언된 것이라고 하면서 『브리하드아란야까 우빠니샤드』 4.4.22에서 말하는 "브라흐만은 베다의 연구나 숭배를 통해 진실한 자아를 알려고 한다"[117]라고 하는 것을 증거로 제시한다. 그는 지식의 요가가 행위의 요가보다 뛰어나다는 것, 그리고 지식의 요가를 통해 진실한 참된 자아를 알 수 있는 길임을 은연중에 암시하며, 그의 지식중심주의적 사고의 일단을 드러내고 있다. 그렇지만 『기따』에는 행위의 요가도 자아를 실현하기 위한 방법으로도 제시되고 있다.

> "행위의 요가를 하지 않고는 행위의 완전한 포기란 얻기 어렵다. 행위의 요가에 전념하는 성자는 머지않아 브라흐만에 도달한다."(5.6) "행위의 요가수행자는 집착을 버리고 자아를 정화하기 위해 몸과 마음과 지성과 감각들로 행위를 한다."(5.11) 그리고 "제사와 보시와 고행은 지혜로운 사람들조차도 정화시키는 수단이다."(18.5cd)

그렇다면 행위로부터 자유를 얻고자 하는 사람들에게 행위가 무슨 의미가 있을까? 지식 없이 단지 포기하는 것, 곧 행위를 그만두는 것만으로는 행위로부터 자유를 얻을 수 없다. 여기서 행위는 '행위를 하지 않음'(akarma, 無行爲)보다 낫다는 뜻이다. 왜냐하면 행위를 하지 않으면 아

117 A. G Krishna Warrier(trans, 1983), pp. 104~105.

무것도 이루어지는 것이 없기 때문이다.

> 그대는 종성에 주어진 의무로서 행위를 하라. 왜냐하면 행위가 행위를 하지 않는 무행위보다 낫기 때문이다. 그리고 행위를 하지 않으면 그대는 몸조차도 유지할 수 없다. (3.8)[118]

종성에 따른 특수의무로서 행위는 반드시 해야 한다. 행위는 행위를 하지 않음보다 낫다. 왜냐하면 아무런 행위를 하지 않으면 모든 삶에서 성공을 할 수 없기 때문이다. 그러므로 『기따』는 행위를 하지 않음보다 행위를 강조한다. 행위를 하지 않음은 '의무의 포기'에 해당한다. 행위는 속박으로 이끌기 때문에 행위를 하지 말아야 한다고 생각하지만, 그것은 잘못이다. 왜 잘못인가? "희생제를 위한 행위 말고는 이 세상은 이기적인 행위를 하면 속박된다. 아무 집착이 없이 그대의 행위를 희생제로 생각하고 하여라."(3.9) 여기서 희생제는 자신을 위한 행위가 아니고, 자재신에게 공물을 바치듯이 하는 행위, 특히 자신의 이기적인 마음을 희생하는 행위이다. 그러므로 자재신에게 공물을 바치듯이, 행위를 하면 그 행위에 얽매이지 않기 때문에 행위로부터 자유로울 수 있다고 말한다. 샹까라에 따르면, '희생제는 비슈누 신이다'(Taittriya-Up.1.7.4)를 언급하며 희생제 자체가 자재신인 끄리슈나임을 천명하고 있다. 그러므로 행위의 결과에 대한 집착 없이 희생제로서 행위를 하라고 한다.[119] 또한 라다끄리슈난도 『기따』에서 희생제는 베다의 희생제와 같은 것이 아니다.[120] 따라서 "결

---

118 niyataṁ kuru karma tvaṁ karma jyāyo hy akarmaṇaḥ, śarīrayātrā'pi ca te na prasiddhyed akarmaṇaḥ.

119 A. G Krishna Warrier(trans, 1983), pp. 108~109.

120 S. Radhakrishnan(1976), p. 346.

과를 바라지 않고 베다의 명령에 나타난 희생제만 지내야 한다고 마음을 집중하여 지내는 희생제는 삿뜨바 속성을 지닌 희생제이다."(17.11) 이것은 베다에 규정된 희생제를 정성껏 지내더라도 행위의 속박으로부터는 벗어날 수 없다. 그렇지만 순수한 마음으로 희생제를 행하면 하지 않고 죄를 짓는 것보다 낫다. 특히 베다의 희생제는 행하면서, 또는 행한 뒤에 좋은 결과를 바라거나, 그것에 집착하지만, 앞의 시편은 그런 의미가 아니라 그 희생제의 결과에 대한 집착하지 않음을 강조하고 있다. 이것은 무행위보다 행위, 특히 행위의 결과에 대한 집착을 떠난 행위를 강조하는 것으로 이해해야 한다. 이처럼 『기따』에서 행위는 행위의 특수한 형태인 희생적인 행위를 의미하는 경우도 있지만, 더 직접적으로는 천성적으로 자신에 주어진 특수의무를 실천하는 행위를 말한다.

여기서 지혜로운 사람들조차 행위와 행위를 하지 않음, 그리고 행위의 단념[121]에 대하여 혼동하고 있다. 그러므로 행위의 본질을 알아야 한다. 그것을 알면 윤회의 삶에서 벗어날 수 있다(4.16)고 말한다. 대개 사람들은 행위란 몸이 움직이는 것이고, 무행위란 몸의 움직임이 없이 가만히 있는 것으로 알고 있다. 그러면서 사람들은 행위에 대해 배울 것이 없다고 말하지만, 사실은 그렇지 않다. 왜냐하면 '의무로서 해야 하는 행위'(karma)[122]가 무엇인지, '해서는 안 되는 나쁜 행위'(vikarma)가 무엇인

121 틸락은 akarma를 BG.4.17에서 '행위의 단념'(abandonment of action, karma-tyāga)으로 번역하고 있다. 그리고 그런 행위의 포기는 진정한 행위의 단념이 아니라고 주장한다. 그러나 BG.4.18에서는 inaction(無爲)로 번역하기도 한다. B. G. Tilak(B. S. Sukthankar, tr. 2004), pp. 948~949.

122 번역자에 따라 다른 용어를 사용하고 있다. A. G Krishna Warrier는 karma, vikarma, akarma를 각각 work, bad work, non-work; M. R. Sampatkumaran(1985)은 action, varied action, non-action; R. C. Zaehner(1976)는 work, work ill done, worklessness; S. Radhakrishnan(1976)은 action, wrong action, inaction; B. G. Tilak(B. S. Sukthankar, tr. 2004)은 action, wrong action, inaction 등으로 번역하고 있다.

지, 그리고 '행위를 하지 않음'(akarma; not performing action, nonaction, inaction)이 무엇인지에 대해 정확이 알지 못하며, 이해하기도 어렵기 때문이다(4.17). 다시 말해 '의무로서 해야 하는 행위', '해서는 안 되는 나쁜 행위', 그리고 '행위를 하지 않음'을 구별하여 이해하는 것은 어렵다는 것이다. 이 가운데서도 먼저 '행위'와 '행위를 하지 않음'의 본질은 무엇이고, 이 둘의 관계는 어떻게 이해해야 할까? 이것은 4.18과 그것에 대한 샹까라의 자세한 주석을 통해 이해하도록 하겠다.

> 행위 안에서 행위를 하지 않음을 볼 수 있는 자, 그리고 행위를 하지 않음 안에서 행위를 볼 수 있는 자는 사람들 가운데 지혜로운 자이고, 제어된 자로서 어느 것에도 얽매이지 않고 모든 행위를 할 수 있는 자이다.[123]

샹까라에 따르면,[124] 행위(karma, pravṛtti) 안에서 '행위를 하지 않음'(nṛtti)[125]은 모두 행위자를 전제로 하고 있으며, 행위와 관련이 있다. 이렇게 행위 안에서 무행위를 보고, 무행위 안에서 행위를 볼 수 있는 자는 모든 사람들 가운데 지혜로운 자이고, 마음이 잘 다스려진 자이며, 요가 수행자이다. 그런데 어떤 사람은 행위 안에서 무행위를 보고, 무행위 안에서 행위를 볼 수 있는 사람은 서로 모순이지 않는가? 또는 그런 모순은

---

123 karmaṇy akarma yaḥ paśyed akarmaṇi ca karma yaḥ, sa buddhimān manuṣyeṣu sa yuktaḥ kṛtsnakarmakṛt.

124 A. G Krishna Warrier(trans, 1983), pp. 148~154.

125 앞으로 '행위를 하지 않음'(akarma)은 무행위(無行爲, nonaction), 무위(無爲, inaction), 행위의 단념(karma-tyāga, abandonment of action), 또는 부재(nivṛtti) 등 다양하게 번역되고 있지만, 많은 번역자들이 무행위로 번역하고 있고, '행위를 하지 않음'이 용어로서 사용하는 데는 약간의 번거로움이 있다고 생각되어, 이후부터는 특별한 경우를 제외하고는 '무행위'로 통일하여 사용하기로 한다.

결코 해결할 수 없는 것이 아닌가? 라고 이의를 제기할 수 있다. 이에 대해 무지한 사람에게는 실제로 무행위를 행위로 보고, 행위가 무행위로 보인다. 그러나 '행위 안에서 무행위를 볼 수 있고, 무행위 안에서 행위를 볼 수 있는 사람'이라고 말한 것은 바로 행위와 무행위의 본질이 무엇인지를 보여주려고 끄리슈나가 말한 것이다. 따라서 이 말에는 모순이 없다. 왜냐하면 행위와 무행위의 본질을 아는 사람을 지혜로운 사람이라 했고, 또한 4.17에서 행위와 무행위에 대해서 이해하기 어렵기 때문에 배워야 할 것이 많다고 했으며, 그리고 4.16에서 그것을 알면 윤회의 사슬로부터 벗어날 수 있다고 말하고 있다.

그러나 잘못된 지식으로는 결코 윤회의 사슬로부터 벗어날 수 없다. 모든 살아 있는 존재들이 행위와 무행위를 잘못 이해하고 있기 때문에 잘못된 생각을 고쳐주기 위해 끄리슈나가 우리에게 '행위 안에서 무행위를 볼 수 있고, 무행위 안에서 행위를 볼 수 있는 사람'에 대해 가르치고 있다고 이해해야 한다. 왜냐하면 무행위는 행위의 부재일뿐이기 때문이다. 그러므로 끄리슈나는 사람들이 행위와 무행위를 잘못 이해하고 있다고 본 것이다. 마치 신기루가 물로 잘못 이해되고, 진주조개의 껍질이 은으로 잘못 이해되듯이, 행위가 무행위로 잘못 이해되고 있다. 그러므로 끄리슈나는 우리가 실재(sat)를 아는 것이 얼마나 어려운지를 알고서 그것에 대해 몇 번이고 반복해서 답을 하고 있다. 인도의 고대 성전들에서는 진실한 참된 자아에는 행위가 없고, 그것은 행위자가 아니라는 진실을 분명히 가르쳤고, 2.20-24[126]에서도 그것을 가르치고 있다. 그런데 행위를 하지 않

126 "그는 언제든 태어난 일도 없고 죽는 일도 없으며, 과거에 생겨난 적도 없고 앞으로 생겨날 일도 없다. 그는 태어나지 않고, 영구적으로 존재하며, 영원한 이 옛날의 존재는 비록 신체가 살해될 때에도 살해되지 않는다. 그가 멸하지 않고 영구적으로 존재하며 태어나지 않고, 변하지 않는다는 것을 아는 그가, 쁘리따 부인의 아들이여!, 어떻게 누구를 죽이거나 죽도

는 자아와 결부시키는 것은, 비록 그것이 참된 자아의 본질에 어긋날지라도, 현상적인 마음에 현혹된 뿌린 깊은 습관이다. 그러므로 "행위가 무엇이고, 무행위가 무엇인지에 대해서는 지혜로운 사람도 혼동하여 헛갈린다"(4.16)고 하였다.

행위는 몸을 지닌 자들의 영역에 속한다. 그렇지만 사람들은 참된 자아가 행위를 하는 것으로 잘못 이해하고서, '나는 행위자이고, 행위는 나의 것이며, 내가 행위의 결과를 받는다'고 잘못 이해하고 있는 것이다. 그들은 사실 몸과 감각의 영역에 속하는 행위, 또는 무행위를 참된 자아에 속하는 것으로 착각하고 있다. 몸과 감각에 속하는 행위가 행위를 하지 않고 불변하는 참된 자아의 영역에 속하는 것으로 잘못 생각하고 있다는 것이다. 더욱이 많이 배운 사람들까지도 '참된 자아가 행위를 한다'고 잘못 생각하고 있다.

따라서 '행위 안에서 무행위를, 무행위 안에서 행위를 볼 수 있는 사람'이란 사실은 '참된 자아의 영역이 아님을 아는 지식을 가진 사람'을 의미한다. 마치 경험적으로 배의 갑판 위에 서 있는 사람 또는 달리는 차 안에 있는 사람에게 강가의 나무들이나 차창 밖의 나무들이 반대 방향으로 움직이고 있는 것처럼 보이지만, 실제로는 그 움직임은 배 위에 있는 사람이나 차 안에 타고 있는 사람에게 속하는 것과 같은 이치이다. 그리고 그는 무행위 안에서 행위를 보는 사람은 무행위조차도 행위라는 사실을 아는 사람이다. 왜냐하면 무행위란 육체적 · 정신적 활동의 중지, 곧 행위의 결여일 뿐이기 때문이다. 행위와 마찬가지로, 무행위도 참된 자아의 영역

록 하겠는가? 사람이 낡은 옷들을 벗고 다른 새로운 옷들을 입는 것처럼, 그와 같이 신체의 주인인 사람은 낡은 몸을 벗고 다른 새로운 몸으로 옮겨간다. 그를 칼로도 자르지 못하고, 그를 불로도 태우지 못하며, 그를 물로도 젖게 할 수 없고, 그를 바람으로도 마르게 하지 못한다."

에 속하는 것으로 그릇되게 간주하여, '가만히 앉아서 아무것도 하지 않으면 행복해진다'는 말로 표현된 것처럼, 그렇게 생각하고 있는 사람에게는 이기적인 자아의식의 느낌을 가져온다. 그렇기 때문에 행위와 무행위의 본질을 깨달은 사람은 사람들 가운데 지혜로운 사람이고, 요가수행자이며, 모든 행위를 할 수 있는 사람, 모든 행위를 완성한 사람(kṛtsna-karma)이다. 그러나 무행위를 행위로 간주하는 잘못된 지식으로는 악의 사슬에서 벗어날 수 없다. 그런 그릇된 지식은 그 자체로 악이고, 죄를 짓는 것이기 때문이다.

또한 무행위 안에서 행위를 볼 수 있는 것에 대한 그들의 견해에 반대되는 논법도 또한 같은 효과가 있다. 이 가르침은 사실 당연히 해야 할 의무들을 하지 않는 것을 행위로 간주되어야 하는 것을 말하는 것이 아니다. 당연히 해야 할 의무들은 실행되어야 한다고 말하고 있을 뿐이다. 더욱이 당연히 해야 할 의무를 하지 않으면 악을 가져온다고 아는 지식의 결과로는 어떠한 선도 나올 수 없다. 또한 무행위를 행위로 간주하는 잘못된 지식으로도 사람은 악으로부터 자유로울 수 없고, 지혜롭거나 모든 행위를 다 이행했다고 말할 수 없다. 잘못된 지식은 칭찬받을 만한 가치가 없다. 그런 그릇된 지식은 그 자체로 악이다. 마치 암흑이 암흑을 사라지게 할 수 없듯이, 그릇된 지식은 우리들을 악으로부터 해방시킬 수 없다. 그릇된 지식은 얻을 가치도 없고, 그것의 거짓된 지식의 대상을 알 가치도 없다.

그런데 앞에서 언급했듯이, 『기따』에서 행위는 크게 행위와 무행위로 나누어 말하고 있지만, 다시 행위를 4.17-18에서는 '의무로서 해야 하는 행위'(karma), '해서는 안 되는 나쁜 행위'(vikarma), 그리고 어느 것에도 얽매이지 않고 모든 행위를 완전하게 할 수 있는 행위, 곧 '모든 행위', 또는 '완전한 행위'(kṛtsna-karma)의 셋으로 나누어 말한다.

• 의무로서 해야 하는 행위

아무런 욕망 없이 순수한 마음으로 하는 행위이고, 속박을 가져오지 않는 행위이며, 그리고 선악의 과보를 초래하지 않는 행위이다. 여기서 '의무로서 해야 하는 행위'는 행위의 결과에 대한 집착과 모든 소유를 단념하고 만족하며, 성공과 실패 등을 평등하게 보는 행위를 의미한다.

> 행위의 결과에 대한 집착을 단념하고 늘 만족하고, 어디에도 집착하지 않는 사람은 행위에 전념할지라도 그야말로 어떠한 행위도 하지 않는 사람이다. 행위의 결과에 대한 집착을 단념하고도 늘 만족하고, 어디에도 집착하지 않는 사람은 행위에 전념할지라도 그야말로 어떠한 행위도 하지 않는 사람이다. 주어진 대로 만족하고, 즐거움과 괴로움과 같은 모든 상대적인 대립을 넘어서며, 질투하는 생각 없이 성공과 실패에 대해서도 똑같이 보는 사람은 행위를 할지라도 그 어디에도 얽매이지 않는 자이다. (4.20-22)

또한 『기따』에서 진실한 지식에 바탕을 둔 제사 행위, 결과에 집착하지 않고 지식에 바탕을 둔 자기희생의 행위는 권장된다. "제사, 보시, 고행의 행위를 버려서는 안 된다. 그것은 진실로 행해야 하는 행위이다. 그러나 이러한 다양한 자기희생의 제사들도 역시 집착과 결과에 대한 기대를 버리고 행해져야 한다. 이것이 나의 결정적인 최상의 견해다."(18.5-6) "집착이 사라지고, 집착으로부터 해방되며, 바른 지식에 의해 굳건한 마음을 지니고, 다만 자기희생의 제사를 위한 행위를 하는 자의 행위는 완전히 녹아 없어진다."(4.23) 이러한 덕목들은 선한 삿뜨바 속성을 강화하고, 영혼을 정화하며, 통찰을 깊게 해준다. 따라서 아무런 욕망 없이 순수한 마음으로 하는 행위가 '의무로서 해야 하는 행위'이다. 이 '의무로서 해야 하는 행위'와 같은 의미를 지니는 또 다른 술어로는 '자기 특수의무의 수행'

이 있다. 이것에 대해서는 다시 뒤의 '특수의무의 수행' 부분에서 다룰 것이다.

• 해서는 안 되는 나쁜 행위

아르주나는 그의 친족을 살상하지 않으려고 전쟁의 수행이라는 자신의 의무를 포기하고 숲으로 은둔하려고 한다. 이것은 개인의 이기적인 마음에서 비롯된 것이다. 『기따』에서 '해서는 안 되는 나쁜 행위'는 그 자체의 성질에서 보면 이기적인 집착 없이는 할 수 없는 행위를 말한다. 예를 든다면, YS.2.30에서 말하는 다섯 가지 금지계(yama, 금계)의 상대 개념이다. 다섯 가지 금지계란 살생하지 않는 행위(ahiṃsā, 불살생), 도둑질하지 않는 행위(asteya, 불투도), 거짓말 하지 않는 행위(satya, 진실어),[127] 성적 욕구를 자제하는 행위(brahmacarya, 금욕), 소유하려는 욕심을 내려놓는 행위(aparigraha, 무소유)이다.[128] 여기서 '해서는 안 되는 나쁜 행위'에 해당하는 것들로는 살생,[129] 도둑질, 음행, 거짓말, 소유욕이 있다. 그러나 『기따』에는 이들에 대해 체계적으로 말하고 있는 시편은 발견되지 않는다. 다만 산발적으로 그들 가운데 하나, 또는 둘 정도만 하나의 시편에 나오고 있을 뿐이다. 이러한 '해서는 안 되는 나쁜 행위'는 모두 세 속성 가운데 라자스 속성과 따마스 속성을 지닌 자들의 행위로 나타난다. 그리고 그런 행위들을 함으로써 선한 공덕을 쌓기보다는 나쁜 공덕을 쌓기 때문에 다음 삶에서도 그 영향에서 벗어나지 못한다. 이른바 악행을 함으로써 괴로운 결과를 가져오는 행위들이기 때문에 '해서는 안 되는 나쁜 행위'이다.

127 BG.10.4.

128 YS.2.30: ahiṃsā–satyāsteya–brahmacaryāparigrahā yamāḥ. 이 다섯 계목은 자이나들에게 가장 기본적인 윤리 조건이다.

129 BG.18.25; 27.

끄리슈나는 여러 시편들을 통해 아르주나에게 그런 행위는 하지 말아야 한다고 말한다.

> 결과와 손실과 상해와 인간의 능력을 고려하지 않고 미망으로부터 시작된 행위는 어리석은 따마스 속성에 속한 것이라 한다. (18.25)[130]

> 욕망을 지니고 행위의 결과를 바라며 탐욕스럽고 남을 해치려 하는 불순한 마음을 지닌, 기쁨과 슬픔에 굴복된 행위자를 격정적인 라자스 속성을 지닌 자라고 한다. (18.27)[131]

> 악령적인 성향을 지닌 사람들은 행위와 무행위를 알지 못한다. 그들에게는 깨끗함도 선행도 진실도 존재하지 않는다. 악령적인 성향을 지닌 사람들은 세계가 진실이 아니고 근거도 없으며 주재자도 없고, 다른 것으로부터 생겨난 것도 아니라고 말한다. 욕망을 원인으로 하는 것 이외에 다른 무엇이 있겠는가? (16.7-8)[132]

이밖에도 감각적 쾌락을 추구하다보면 감각의 세계에 얽매여 그로부터 헤어나지 못한다. 그것은 좋고 싫음이 끊임없이 반복해서 일어날 수밖에 없다. 따라서 좋음과 싫음은 이기적인 욕망에서 비롯된 것이기 때문에 그

---

130 anudanbhaṁ kṣayaṁ hiṁsām anapekṣya ca pauruṣam, mohād ārabhyate karma yat tat tāmasam ucyate.

131 rāgī karmaphalaprepsur lubdho hiṁsātmako'śuciḥ, harṣaśokānvitaḥ kartā rājasaḥ parikīrtitaḥ.

132 pravṛttiṁ ca nivṛttiṁ ca janā na vidur āsurāḥ, na śaucaṁ nā'pi cā'cāro na satyaṁ teṣu vidyate. asatyam apratiṣṭhaṁ te jagad āhur anīśvaram, aparasparasaṁbhūtaṁ kim anyat kāmahaitukam.

것을 추구하다보면 결국 진실한 참된 자아로부터 점점 더 멀어진다. '해서는 안 되는 나쁜 행위'로는 '제사행위에서 해서는 안 될 행위'(2.42), '소유와 관련된 해서는 안 될 그릇된 행위'(2.43), '음행에 관한 해서는 안 될 그릇된 행위'(2.44) 등이 있다. 또한 '해서는 안 되는 나쁜 행위'는 혐오, 집착 그리고 어리석음과 같은 나쁜 내적 동기에 의해 행해지는 행위들을 일컫다.

> 감각의 대상을 생각하는 사람에게는 감각의 대상에 대한 집착이 생기고, 집착으로부터 욕망이 생기며, 욕망으로부터 노여움이 생긴다. 노여움으로부터 어리석음이 생기고, 어리석음으로부터 기억의 혼란이, 기억의 혼란으로부터 지성의 파괴가, 옳고 그름을 구별하지 못하는 지성의 파괴로부터 그는 죽음에 이르게 된다. (2.62–63)[133]

먼저 혐오에는 노여움 · 시기 · 적개심 · 악의적인 앙심이 포함된다. 집착에는 애욕 · 탐욕 · 갈애가 포함된다. 어리석음에는 오해 · 의심 · 자만 · 부주의가 포함된다. 이들 가운데 어리석음이 가장 심각한 해악이다. 왜냐하면 그것은 혐오와 집착을 낳기 때문이다. 그런데 사람은 한순간이라도 행위를 하지 않고 존속할 수 없다. 따라서 행위를 하느냐 안 하느냐가 중요한 게 아니라, 어떠한 행위를 하느냐가 중요하다. 다시 말해 선한 삿뜨바 속성을 지닌 행위를 하느냐, 아니면 격정적 라자스 속성을 지닌 행위나 어리석은 따마스 속성을 지닌 행위를 하느냐가 문제이다. 현실적으로 '해서는 안 되는 나쁜 행위'란 격정적인 라자스 속성이나 어리석은

133 dhyāyato viṣayān puṁsaḥ saṅgas teṣū'pajāyate, saṁgāt sañjāyate kāmaḥ kāmāt krodho'bhijāyate. krodhād bhavati saṁmohaḥ saṁmohāt smṛtivibhramaḥ, smṛtibhraṁśād buddhināśo buddhināśāt praṇaśyati.

따마스 속성을 지닌 행위를 해서는 안 된다는 의미이지, 선한 삿뜨바 속성을 지닌 행위를 하지 말라는 것은 아니다. 그러나 자아의식 · 폭력 · 오만 · 탐욕 · 분노 · 소유물을 버리고, 나의 것이라는 이기심 없이 평화로운 사람은 브라흐만과 하나가 되기에 적합하다고 말한다(18.53).

여기서 자아의식이란 육체 등을 진실한 참된 자아와 동일하게 보는 것이다. 폭력이란 열정과 욕망이 결합된 힘이다. 오만은 해야 할 의무로서 행위를 어기도록 이끄는 것이다. 소유물은, 비록 몸을 유지하고 의무들을 지키는데 필요한 외적인 소유물을 많이 가지고 있다 할지라도, 그것조차도 버리는 최고의 고행자(paramahaṁsa), 곧 산야신이 되는데, 그러한 지혜를 지닌 사람은 브라흐만 상태가 되기에 적합하다고 샹까라는 해석하고 있다.[134]

• 완전한 행위(kṛtsna-karma)

이것은 행위에 대한 어떠한 대가를 기대하지 않고, 또 모든 고통의 두려움에서 벗어나서 이기적인 마음 없이 행위로부터 자유로운 행위로 이해될 수 있다. 이렇게 행위를 하면 마음에서 일어나는 집착과 욕망으로부터 자유로워진다. 다시 말해 부귀나 명예에 유혹되지 않고, 성공했을 때도 우쭐하거나 뽐내지 않고, 또는 실패했을 때도 좌절하거나 괴로움에 빠지지 않고, 행위의 결과에 집착하지 않고 아무런 욕망 없이 행하는 행위를 '완전한 행위'라고 말한다. 곧 세 속성을 초월한 완전한 행위, 이기적인 생각과 같은 내적 동기의 포기와 그 결과를 단념하는 마음을 지니고 하는 행위는 아무리 많이 한다고 하더라도 그 행위에 따른 속박이 없는 완전한 행위이다. 이런 완전한 행위는 행위 안에서 무행위를 볼 수 있고, 무행위

134 A. G Krishna Warrier(trans, 1983), p. 606.

안에서 행위를 볼 수 있으며, 행위로부터 자유와도 통하는 것으로 볼 수 있다. 그런데 행위로부터 자유를 실현하는 과정에 대해서는 뒤에서 다시 다룰 것이기 때문에 완전한 행위는 여기서 줄이고자 한다.

③ 특수의무의 수행

『기따』에서 자신의 특수의무는 중요한 가르침의 하나로 간주하며, 행위의 요가를 말한다. 행위의 요가의 특징은 자신을 위한 욕망을 떠나 자신에게 주어진 특수의무를 수행하는 것에 있다. 그러므로 자신의 특수의무는 계급의 의무와 뗄 수 없는 밀접한 관계에 있다. 네 계급의 구별은 속성과 행위의 배분에 따라 신이 창조한 것이므로 그 의무의 규정 또한 신성하다고 말한다. "네 종성은 나에 의해 속성과 행위의 배분에 따라 만들어졌다. 내가 그것을 만든 자이긴 하지만, 나를 영원히 행위를 하지 않는 자임을 알아라."(4.13)[135] 네 종성(cātur-varṇa)이란 브라흐만, 끄샤뜨리야, 바이샤, 슈드라이다. 이 네 종성은 세 속성의 배분과 어떤 행위를 하느냐에 따라 결정된다. 18.41에서 "브라흐만, 끄샤뜨리야, 바이샤, 슈드라의 행위는 타고난 본성으로부터 생겨난 물질원리의 속성들에 의해 구분되었다"[136]라고 하며, 먼저 선한 삿뜨바 속성이 우세한 브라흐만 종성의 행위로는 평정 · 자제 · 엄숙 · 순결 · 인내 · 정직 · 지식 · 통찰 · 믿음 등이 있다(18.42). 활동성이 강한 라자스 속성이 우세하고, 선한 삿뜨바 속성이 라자스 속성에 종속되는 끄샤뜨리야 종성의 행위에는 용맹, 활력, 굳셈, 기술, 전쟁에서의 물러섬이 없음, 베풂음, 지배자적 기질 등이 있다(18.43).

---

135 cāturvarṇyaṃ mayā sṛṣṭaṁ guṇakarmavibhāgaśaḥ, tasya kartāram api māṁ viddhy akartāram avyayam.

136 BG.18.41: brāhmaṇakṣatriyavaiśāṁ śūdrāṇāṁ ca paraṁtapa, karmāṇi pravibhaktāni svabhāvaprabhavair guṇaiḥ.

라자스 속성이 우세하고, 라자스 속성에 따마스 속성이 종속된 바이샤 종성의 행위에는 농업 · 목축업 · 상업 등이 있다. 따마스 속성이 우세하고 라자스 속성이 따마스 속성에 종속된 슈드라 종성의 행위에는 위의 세 종성에게 봉사가 있다고 한다(18.44). 이렇게 각자의 종성에 만족하여 즐겁게 자신의 종성에 규정된 의무를 수행하는 사람은 완성을 얻는다(18.45)고 말한다. 그렇지만 자신의 종성에게 주어진 특수의무가 불완전하더라도 자신의 특수의무를 행하는 것이 다른 종성의 특수의무를 행하는 것보다 뛰어나기 때문에 태어날 때부터 천성적으로 주어진 특수의무가 결점이 있더라도 버리지 말고 수행해야 한다. 왜냐하면 불이 연기에 덮여 있듯이 모든 일들은 결점을 가지고 있기 때문이다(18.48).

이렇게 각 종성에 주어진 의무를 피할 수 없다면 가족윤리(kula-dharma)와 자신의 특수의무와의 딜레마는 어떻게 해결할 수 있는가? 꾸루족과 빤두 족의 전쟁이 막 시작하려 할 때 아르주나는 같은 혈족 사이의 전쟁은 동족의 살생이라는 무거운 죄를 짓는 원인이기 때문에 '전쟁을 수행할 수 없다'(2.9)고 끄리슈나에게 말하게 된다(1.37-45). 더욱이 1.43에서 "가문을 파괴한 자들은 종성의 혼란을 일으키는 이러한 잘못들을 저지르기 때문에, 출생의 윤리(jāti-dharma)와 가족윤리를 영원히 무너뜨린다."[137] 그리고 1.44에서 가문의 질서를 파괴하면 지옥에 태어나는 죄를 짓게 된다고 한다.[138]

이에 대해 끄리슈나는 우선 '자아가 불멸한다는 것'(2.17-30)을 말해, 아르주나의 잘못된 이해를 정정하고 나서 자신의 의무를 수행하는 입장에

137 BG.1.43: doṣair etaiḥ kulaghnānāṁ varṇasaṁkarakārakaiḥ, utsādyante jātidharmāḥ kuladharmāś ca śāśvatāḥ.

138 종성의 의무나 가족을 지키기 위한 의무는 모두 특수의무에 속한다. 그러나 힌두의 다르마에서는 특수의무 가운데서도 종성의 의무가 가장 우선권이 있다. Manu-smṛti.1.107.

서 설명한다. 정의의 전쟁은 끄샤뜨리야 종성의 특수의무이다. “자신의 의무를 생각한다면 동요할 필요가 없다. 왜냐하면 끄샤뜨리야 계급에게는 의무에 따르는 전쟁수행보다 더 나은 다른 것은 없기 때문이다.”(2.31)[139] 그런데 만약에 그대가 끄샤뜨리야 종성의 의무로서 이 전쟁을 수행하지 않는다면, 그로부터 자신의 의무와 명예를 저버리는 죄를 짓게 된다(2.33).[140] 그렇기 때문에 즐거움과 괴로움, 얻음과 잃음, 승리와 패배를 차별 없이 평등하게 보아야 한다(2.38; 2.48)고 강조한다.

그런데 여기서 한 가지 문제가 발생한다. 그것은 2.37에서 “전쟁에서 지고 죽임을 당한다면 그대는 천상세계에 가는 행복을 얻을 것이요. 이긴다면 지상의 행복을 누릴 것이다. 그러므로 전쟁을 위해 결단을 내리고 일어서라”라고 말한다. 이것은 다음과 같은 모순에 부딪치게 된다. 그것은 계급의 의무(jāti-dharma)와 해탈의 종교(mokṣa-dharma) 사이의 충돌이다. 이 문제는 세속적 차원과 궁극적 차원의 두 차원으로 이해해야 된다.[141] 먼저 세속적 차원에서는 전쟁 수행을 하다가 패하든 승리를 하든 무사계급으로서 전쟁을 피하지 않고 전쟁 참여를 독려하는 방편적 차원이다. 둘째는 세속적인 차원을 승화시켜 천상세계든 지상의 인간세계든 모두 유한한 세계이므로 행위의 요가가 지향하는 행위의 결과에 대한 단념은 『기따』에서 궁극적 가치를 지향하는 해탈로 나아가는 것이라고 한다. 이것은 『기따』에서 빤두 족이 전쟁을 긍정하고 있는 것은 전쟁 그 자체가 아니고, 끄샤뜨리야 종성의 특수의무의 수행을 통해 두 가지를 모두

---

139 svadharmam api cā'vekṣya na vikampitum arhasi, dharmyād dhi yuddhāc chreyo'nyat kṣatriyasya na vidyate.

140 cf. BG.2.34-36.

141 김호성도 같은 맥락에서 진제(眞諦)적 윤리와 속제(俗諦)적 윤리라는 불교적 술어로 말하는데, 그것은 깨달음의 영역과 윤리의 영역 사이의 관계맺음이라고 말하고 있다. 김호성(1992), p. 135.

해결하려는 의도로 보인다.

첫째는 세속적으로 끄샤뜨리야 종성의 특수의무는 꼭 지켜져야 한다는 것이고, 둘째는 궁극적으로 참된 자아는 소멸하지 않는다는 것이다. 그런데 문제는 전쟁 수행을 하게 되면 어쩔 수 없이 인명 피해가 발생할 수밖에 없다. 이 두 문제를 해결해주는 전제조건은 어떠한 행위를 하든 그 행위의 결과로부터 벗어나라는 것이다. 그리고 육신의 파멸은 유한한 것이고, 궁극적으로 본질적 참된 자아는 소멸하지 않는다고 정확하게 아는 것이다.

육신가 소멸되더라도 참된 자아는 멸망하지 않는다는 것은 알 수 있지만, 아르주나는 이 세상에서 육신을 살상하는 것은 이미 죄를 짓는 것이라는 세속윤리에 얽매여 있다. 인도는 예로부터 브라흐만교 · 불교 · 자이나교 등은 불살생을 윤리의 덕목 가운데 으뜸으로 삼고 있다. 『기따』는 불살생을 특별하게 강조하고 있는 것은 아니더라도 덕목들[142] 가운데 넣고 미덕으로 들고 있다. 『기따』는 이것에 대해 자신의 의무가 피할 수 없는 도덕적 명령임을 제시한다. 종성제도는 원래 신의 창조와 관계가 있기 때문에 신성하고(4.13), 정의의 전쟁은 끄샤뜨라야 종성의 특수의무이다(2.31). 그러므로 자신의 의무를 이행하지 않는 것은 세속의무를 위반하는 것이고 죄를 짓는 일이다(2.33). 『기따』가 성립될 당시의 사회제도를 비판 없이 인정하는 것은 문제가 있다. 그 전통적 입장을 받아들인다고 하더라도, 또한 신의 의지에 거스른다는 것은 있을 수 없다. 왜냐하면 그것을 거스르는 것은 신에 대한 모독이기 때문이다. 아르주나는 이미 이에 대해 자유롭게 결정할 여지가 없다. 그렇기 때문에 신을 생각하며 모든 행위를 신에게 맡기고 전쟁에 참여해야 한다. 이것은 『기따』의 한계이다. 다시

---

142 cf. BG.10.5; 13.7; 16.2; 17.14.

말해 아르주나는 신의 의지를 실현하기 위한 도구에 지나지 않기 때문에 그것에 따라야 하는 한계이다. 끄리슈나는 절대적 운명(kāla)의 강력한 파괴자로 자신을 이 세상에 나타낸다. 그렇기 때문에 끄리슈나는 아르주나에게 두려움 없이 싸우라고 고무시킨다.

> 나 끄리슈나를 생각하는 자는 나의 은총으로 모든 어려움을 이겨낼 것이다. 그런데 만약 그대가 이기적인 자아의식 때문에 나의 말을 듣지 않는다면 파멸할 것이다. 이기적인 자아의식에 집착하여 싸우지 않겠다고 한다면 이 결심은 그릇된 것이다. 그대의 물질적 성향이 그대에게 명할 것이다. 아르주나여! 그대는 자신의 본래 타고난 행위에 의해 묶여 있다. 설령 그대가 미망 때문에 그 행위를 하기를 원하지 않더라도 자신의 의지와는 상관없이 하게 될 것이다. (18.58-60)[143]

2) 윤리와 희생제

① 윤리

『기따』는 욕망(kāma), 무지(ajñāna), 믿지 않음(aśraddha)은 해탈(mokṣa)을 가로막는 죄업으로 보고 배척한다. 이에 반해 욕망을 떠난 행위(niṣkāma-karma), 우주 및 신에 대한 참된 지식, 다른 존재를 경배하는 믿음은 해탈을 위해 장려되는 것으로 본다. 해탈을 목적으로 하는 관점에서 보면, 윤리는 이들과 밀접하게 관련이 있다. 윤회하는 존재에게도 선행은 인간의 향상을 돕고, 악행은 인간을 하락하게 한다. 물론 해탈 상태에 도달한 자는 이미 지상에서의 선과 악을 초월하여 그 너머의 저 세상에 영원한 불

143 BG.18.58-60: maccittaḥ sarvadurgāṇi matprasādāt tariṣyasi, atha cet tvam ahaṁkārān na śroṣyasi vinaṅkṣyasi. yad ahaṁkāram āśritya na yotsya iti manyase, mithyai'ṣa vyavasāyas te prakṛtis tvāṁ niyokṣyati. svabhāvajena kaunteya nibaddhaḥ svena karmaṇā, kartuṁ ne 'cchasi yan mohāt kariṣyasy avaśo'pi tat.

멸의 세계에 이른다. 하지만 보통 사람들에게는 선행(dharma)과 악행(adharma)은 확연하게 구별된다.

9.11-12에서는 의식이 있는 존재들에게 속하는 세 가지 성향(prakṛti)들을 말하고 있다. 그것은 삿뜨바 속성, 라자스 속성, 따마스 속성이다. 이 가운데 삿뜨바 속성의 존재는 신성(daiva)의 성향, 라자스 속성은 악마적인 존재(rākṣasa, rākṣasī)의 성향, 따마스적 속성은 악령적인 존재(āsura, āsurī)의 성향이 있다. 특히 라자스 속성과 따마스 속성은 망령된 악귀들의 물질적 성향으로 설명하고 있다. "미혹한 자들은 인간의 외모를 취한 나를 얕잡아본다. 존재의 대주재자인 나의 지고의 상태를 알지 못하고 헛된 희망과 헛된 행위와 이롭지 않는 지식으로 마음이 혼란한 자는 악마나 악령과 같은 망령된 물질적 성향에 의지한다."[144] 그런데 제16장에서는 이들에 대해 보다 더 자세하게 설명하고 있다. 가령 16.6에서는 "이 세상에는 두 가지 존재의 성향이 있다. 바로 신적인 존재의 성향과 악귀적인 존재의 성향이다"[145]라고 하면서 신적인 존재들의 물질적 성향(daiva-prakṛti)은 윤회로부터 해탈로 이끌고, 악마적이고 악령적인 존재들의 물질적 성향들은 속박(bandha)으로 이끈다(16.5)고 한다. 그렇기 때문에 이러한 덕목들은 아직 해탈하지 못한 세속적인 경험세계에서만 가치가 있는 윤리적인 영역으로 보고 있다. 또한 그것은 해탈을 기준으로 하여 평가를 받는다. 『기따』는 선행과 악행을 제시하고 있다.

16.1-3에서는 신적인 존재의 물질적 성향들을 나열하고 있다. "두려움 없음, 순수, 청정, 굳건한 지식의 요가, 보시, 절제, 제사와 독송, 고행, 정

---

144 BG.9.11-12: avajānanti māṁ mūḍhā mānuṣīṁ tanum āśritam, paraṁ bhāvam ajānanto mama bhūtamaheśvaram. moghāśā moghakarmāṇo moghajñānā vicetasaḥ, rākṣasīm āsurīṁ cai'va prakṛtiṁ mohinīṁ śritāḥ.

145 BG.16.6ab: dvau bhūtasargau loke'smin daiva āsura eva ca.

직, 불살생, 진실, 노하지 않음, 포기, 평안, 비방하지 않음, 존재에 대한 동정심, 탐하고 집착하지 않음, 유순함, 부끄러워함, 침착, 활력, 인내, 강건함, 순결, 악의 없음, 오만 없음 등은 생명을 지닌 이에게 신성이 갖추어진다."[146] 그리고 악령적인 속성을 지닌 사람들의 위선적인 행위와 그 운명은 16.4에서 제시되고 있다. "위선, 거만과 자만, 분노, 예의에 벗어남, 무지는 악령적인 운명을 지니고 태어난 사람들이 지고 있는 성향들이다."[147] 샹까라에 따르면, 이들 가운데서 특히 '예의에 벗어남'(pāruṣya)은 폭력에 가까운 욕설[148]이라고 한다. 예컨대 시각장애자를 잘 보이는 사람

---

146 BG.16-1-3: abhayaṁ sattvasaṁśuddhir jñānayogavyavasthitiḥ, dānaṁ damaś ca yajñaś ca svādhyāyas tapa ārjavam. ahiṁsā satyam akrodhas tyāgaḥ śāntir apaiśunaṁ, dayā bhūteṣv aloluptvaṁ mārdavaṁ hrīr acāpalam. tejaḥ kṣamā dhṛtiḥ śaucam adroho nā'timānitā, bhavanti saṁpadaṁ daivīm abhijātasya bhārata.

147 BG.16.4: dambho darpo'bhimānaś ca krodhaḥ pāruṣyam eva ca, ajñānaṁ cā'bhijātasya pārtha saṁpadam āsurīm.

148 이것은 욕설에 해당한다. 이것을 불교에서는 악구(惡口)라고 한역된다. 행위의 이론(karmavāda, 業說)에 따르면, 이는 원래 우빠니샤드 철학에서부터 통용되던 매우 중요한 개념이다. 행위(karma)는 업(業)라고 한역된다. 또한 행위는 더 나아가서는 그 행위에 대한 책임도 의미한다. 이를 세분해서 말하면, 업은 원인(karaṇa), 보(報, phala, vipāka)는 결과를 의미한다. 따라서 이 업과 보 사이에는 직접적인 인과관계가 있으므로 그들의 성질 또한 통일성(同一性)을 띠게 된다. 업이 선(善, kuśala)이면, 보도 선(善)이고, 업이 악(akuśala)이면 보도 악이다. 이른바 자업자득(自業自得)의 인과법칙이다. 업은 그저 마음속에서 생각만으로 이루어진 업과 이에 의해 몸과 말로써 표현된 것으로 구분된다. 불교에서 전자는 사업(思業)이라고 하며, 신 · 구 · 의 세 가지 업(三業) 가운데 의업에 해당하고, 후자, 곧 사이업(思以業)은 의업이 몸과 말로써 표현되었을 때를 말한다. 또 업을 짓는 주체의 기관에 따라 '몸으로 짓는 업'은 신업(身業, kāyā-karma), '입으로 짓는 업'은 구업(口業, vak-karma), '뜻으로 짓는 업'은 의업(意業, manas-karma)이다. 몸으로는 세 가지 악업을 짓고 괴로운 보(苦報)를 받는다. 그것은 곧 살생, 도둑질, 음란한 행위이다. 입으로는 네 가지 악업을 짓고 괴로운 보를 받는다. 그것은 곧 거짓말, 이간질하는 말, 욕설, 아첨하는 말이다. 뜻으로는 세 가지 악업을 짓고 괴로움을 받는데, 그것은 곧 탐욕 · 분노 · 어리석음이다. 이 열 가지를 통틀어 10가지 악업(十惡業, daśa-akuśala-karma)이라고 한다. 이 10가지 나쁜 행위와 반대로 선한 행위를 10선업(十善業, daśa-kuśala-karma)이라고 한다.

으로, 못생긴 사람을 잘생긴 사람으로, 낮은 신분의 사람을 높은 신분의 사람으로 말하는 것과 같이 언어적 폭력성을 지닌, 나쁜 언어적 행위[口業] 가운데 남에게 욕을 하고 험담을 하여 성내게 하고 번뇌에 휩싸이게 하는 존재들의 성향으로 보고 있다. 또한 무지는 자신의 의무를 잘못 이해하는 것이다.[149] 이것은 아르주나가 자신의 특수의무보다 '친족을 살생하지 않겠다'고 하는 가족윤리에 더 많은 무게중심을 두고 '전쟁의 참여'라는 끄샤뜨리야 계급윤리(jāti-dharma)[150]를 준수하지 않겠다는 것으로 이해한다. 이것은 16.5에서 "신성한 물질적 성향을 지닌 자는 해탈로, 악령적인 물질적 성향을 지닌 자는 속박으로 나아가게 한다. 아르주나는 신성한 운명을 위해 태어났으므로 슬퍼하지 마라"[151]고 밝히고 있기 때문이다.

16.6에서 밝히고 있듯이, 지옥에 떨어질 악령적인 존재의 성향들은 16.7-20에 걸쳐 자세하게 제시되고 있다. 악령적인 성향의 사람들은 해야 할 행위와 해서는 안 되는 행위를 알지 못한다. 그들 안에는 순수 마음도 올바른 행위도 진실도 찾을 수 없다(16.7)고 하고, 그들은 말하기를, 세계에는 진실도 없고, 도덕적 기초도 없으며, 주재자도 없다. 살아 있는 존재들의 유일한 원인은 성애적인 욕망만이 있을 뿐, 다른 아무것도 없다. 이와 같은 생각에 사로잡혀 마음이 타락한 사악한 자들은 형편없는 지성을 가지고 거친 행동을 한다. 그들은 세상의 적이 되어 세상을 멸망코자 하며(16.8-9), 나는 오늘 이것을 얻었다. 내가 하고자 하는 모든 소원을 곧 이룰 것이다. 이 재산은 나의 것이고, 저것 또한 나의 것이 될 것이다. 나

149 A. G Krishna Warrier(trans, 1983), p. 515.

150 cf. B. G. Tilak(B. S. Sukthankar, tr. 11th ed. 2004), p. 88.

151 BG.16.5: daivī saṁpad vimokṣāya nibandhāyā'surī matā, mā śucaḥ saṁpadaṁ daivām abhijāto'si pāṇḍava.

는 이 원수를 죽였고, 또한 다른 원수들도 죽일 것이다. 나는 모든 것의 주인이다. 나는 그것들을 즐길 것이다. 나는 성공했고, 강하며, 행복하다. 나는 부자이고 고귀한 가문의 출신이다. 그 누가 나와 같겠는가? 나는 제사를 올릴 것이고, 보시를 할 것이며 즐거울 것이라고 무지로 말미암아 미혹한 자들은 생각한다. 그들은 수많은 생각에 현혹되고 망상의 덫에 걸리며, 욕망의 충족에 탐닉하다가 더러운 지옥에 떨어진다(16.13-16). 그들은 이기적인 자아의식, 폭력, 오만, 욕망, 분노에 자신을 내맡긴 채, 자신의 몸과 다른 사람의 몸 안에 있는 끄리슈나를 미워하고 시기한다. 나는 그와 같이 나를 미워하고 시기하며, 잔인하고 성품이 비열하며 사악한 인간들을 윤회 속에서 악령의 자궁 속으로 끊임없이 내던진다. 그들은 악령의 자궁 안에 들어가 반복적인 태어남을 거듭하며 혼란하여 헛갈려서 끄리슈나에게 이르지 못하고 더 낮은 최악의 상태인 지옥으로 떨어진다(16.18-20)고 한다.

이와 같은 악령적인 성향은 다양하고 끝없이 많다. 그렇지만 『기따』에서는 이들은 모두 세 가지, 곧 탐욕(rāga), 분노(krodha, 성냄)와 어리석음(lobha)[152] 안에 포함된 것으로 파악한다. 그러므로 이 셋에 빠지는 것을 피하면, 모든 악의 근원인 악령적인 성향에 떨어지는 것을 피할 수 있다. 사람이 지옥으로 들어가는 길에는 세 가지가 있다고 말한다. 그것은 탐욕 · 분노 · 어리석음이다. 그러므로 이 세 가지를 피해야 한다(16.21). 이렇게 고통과 망상으로 가득 찬 이 세 길로부터 벗어난 사람은 자신의 진정한 행복을 위한 행위를 하기 때문에 최고의 목적지, 심지어는 해탈로 인도될 수 있다고 한다(16.22). 그러면 지옥의 문으로 들어가는 것을 피할

152 불교에서는 이 셋은 탐욕(貪慾), 진에(瞋恚), 우치(愚癡)라고 하고, 세 가지 독약이라 하여 삼독(三毒)이라고 한다. 『기따』에서도 그와 같은 맥락으로 이해하고 있다.

수 있는 방법은 무엇일까? 『기따』에서는 그것은 성전의 명령(vidhi)이라고 한다.

> 성전의 명령을 무시하고, 욕망의 충동에 휩쓸려 행동하는 자에게는 완성에도, 행복에도 최고의 목적지에도 도달하지 못한다. 그러므로 그대는 무엇을 할 것인가, 무엇을 하지 말아야 할 것인지를 결정을 내려야 할 때 성전의 가르침이 그 척도이다. 그러므로 성전의 가르침이 명령하고 있는 자신의 의무를 확실하게 알아차려 이제 그에 따른 자신의 특수의무를 다해야 한다. (16.23-24)[153]

왜냐하면 자신의 특수의무로서 행위를 만족하는 사람은 완성을 얻을 수 있기 때문이다. 그러면 자신의 특수의무로서 행위를 만족하는 사람은 어떻게 완성을 얻을 수 있을까? 그것은 아무리 낮은 계급일지라도 자신의 특수의무를 수행하는 것이 다른 종성의 특수의무를 잘 수행하는 것보다 뛰어나다고 아는 것이다. 왜냐하면 본성적으로 정해진 행위를 하면 죄과를 얻지 않기 때문이다(18.47). 그러므로 지성이 대상에 대한 집착에서 자유롭고, 자아를 다스릴 수 있으며, 아무런 욕망이 없어진 사람은 행위의 내적 동기를 포기함으로써 행위로부터 자유를 얻을 수 있다(18.49).

② 희생제

인도인들은 베다 성전을 계시문헌(śruti)으로 신성하게 여기고, 이것에 기초한 희생제(yajña)[154]를 인간의 의무(dharma)로 존중하였다. 그러나 그

---

153 BG.16.23-24: yaḥ śāstravidhim utsṛjya vartate kāmakārataḥ, na sa siddhim avāpnoti na sukhaṁ na parāṁ gatim. tasmāc chāstraṁ pramāṇaṁ te kāryākāryavyavasthitau, jñātvā śāstravidhānoktaṁ karma kartum ihā'rhasi.

154 yajña는 기도 또는 찬가로써 하는 숭배, 제식의 의례, 제사의식을 의미하지만, 베다 시대의

발달에 따른 희생제에 대한 규정과 방법은 번잡하게 흘러, 브라흐만 종성은 베다의 학습과 제사의식의 집행을 자신의 특권으로 독차지하게 된다. 희생제의 목적은 주로 죽은 뒤의 천상세계에 태어나고자 하는 승천설(昇天說)이나 물질적 욕망의 성취에 있었다.

『기따』의 베다 및 희생제에 대한 태도는 반드시 늘 같은 것이 아니다. 때로는 희생제를 인정하기도 하고, 때로는 배척하기도 한다. 『기따』는 베다의 전통을 받아들이기도 하지만, 다른 한편으로는 그것을 거부하고 약간 진보된 내용들을 제시하기도 한다. 요컨대 형식보다도 내용을 주된 목표로 하는 『기따』는 물질적인 욕망을 부추기는 경우에는 이를 반대하거나 거부하고 있다. 가령 2.42–44에서는 베다를 비판하고 있다. "베다의 화려한 말에 집착하고, 또 욕망에 사로잡혀 천상세계를 최고의 목표로 삼고, 이것 말고는 없다고 주장하는 자들은 어리석은 사람들이다. 베다의 화려한 말들은 쾌락과 권력을 얻기 위한 갖가지 특별한 제사를 말하는데, 이러한 것들은 다시 태어날 뿐이다. 쾌락과 권력에 마음을 빼앗긴 자들의 마음은 삼매로 나아가지 못한다."[155]

그러나 희생제를 의무적인 행위로 인정되는 경우에는 인정한다. 예컨

이러한 제사는 살아 있는 생명체를 제물로 바치기 때문에 일반적으로 희생제(犧牲祭)라고 부른다. 또한 베다는 모든 인생 문제를 이 제사를 통해 실현하기 때문에 '행위편'(karma-kāṇḍa, 베다 문헌 가운데 제사의식 또는 실천에 관한 부분)이라고 부른다. 그렇기 때문에 karma를 넓은 의미로 하나의 행위로 간주한다. 마찬가지로 『기따』에서 제사도 행위로 보고 있고, 또 제사를 마음에 어떤 욕망이나 제사 행위의 결과에 대한 집착, 또는 관심을 떠난 제사 행위를·의미하기 하기 때문에 이 책에서는 특별한 경우를 제외하고 제사를 '희생제'로 통일하여 부르기로 한다.

155 BG.2.42–44: yām imāṁ puṣpitāṁ vācaṁ pravadanty avipaścitaḥ, vedavādaratāḥ pārtha nā'nyad astī'ti vādinaḥ. kāmātmānaḥ svargaparā janmakarmaphalapradām, kriyāviśeṣabahulāṁ bhogaiśvaryagatiṁ prati. bhogaiśvaryaprasaktānāṁ tayā'pahṛtacetasām, vyavasāyātmikā buddhiḥ samādhau na vidhīyate.

대 3.9에서 "이 인간세상은 희생제로써가 아닌 이기적인 생각을 가지고 행위를 하면 속박된다. 그러므로 아무런 집착 없이 희생제를 위해 행위를 해야 한다."[156] 베다에서 희생제는 산 생명을 제사의 제물로 바치며 의식을 거행하는 것을 의미한다. 그렇지만 위 인용문에서 희생제는 자신을 위한 행위가 아니고, 신에게 공물을 바치듯이 자신을 희생하는 행위이다. 그러므로 신에게 아무런 대가를 바라지 않고 주어진 의무로서 행위를 하면 그 행위와 그 행위의 결과에 얽매이지 않기 때문에 행위로부터 자유로울 수 있다. 샹까라도 이런 맥락에 따라 희생제를 최고의 신, 곧 이슈바라와 동의어로 해석하고 있다. 그 전거로 『따잇띠리야 상히따』(*Taittriya-saṁhitā*) 1.7.4에서 "희생제는 실제로 비슈누이다"라는 구절을 제시한다.[157] 라마누자도 제사를 희생제로 이해한다.[158] 또한 라다끄리슈난은 희생제 자체를 보다 넓은 의미로 해석한다. 이 시편에서는 베다의 신들에 대한 종교적 의무는 최고의 신의 이름 아래 창조물에 대한 봉사하고 해석하고 있다.[159]

일부 현자들은 행위가 해로운 것이므로 버려야 한다고 주장한 것에 대해, 또 다른 현자들은 희생제 · 보시 · 고행과 같은 행위는 버리려 해서는 안 된다고 주장한다(18.3). 『기따』는 제사 · 보시 · 고행과 같은 행위를 버려서는 안 된다는 것에 동의하면서도 다른 한편으로는 그들에 집착하여 그 과보를 기대해서는 안 된다고 경계하고 있다. "해탈을 바라는 자들은 '땃'(tat)이라는 소리를 내고 나서 결과를 바라지 않고 희생제와 고행, 그리

---

156 yajñārthāt karmaṇo'nyatra loko'yam karmabandhanaḥ, tadarthaṁ karma kaunteya muktasaṅgaḥ samācara.

157 A. G Krishna Warrier(trans, 1983), p. 108.

158 M. R. Sampatkumaran(1985), p. 74.

159 S. Radhakrishnan(11th, 1976), p. 135.

고 각종의 보시 행위를 행한다."(17.25)[160] 그리고 끄리슈나는 이 윤회하는 세상에서 희생제 이외의 행위는 모두 행위의 결과를 가져오기 때문에 집착으로부터 벗어나 희생제의 의무를 다 마친 뒤에 희생제에 의한 신과 인간의 상호 의존관계를 설명한다.

> 태초에 창조주는 희생제와 함께 인류를 만들고 나서 이렇게 말하였다.[161] "희생제와 함께 번성할 것이다. 희생제는 그대들의 소원을 모두 들어주는 소[162]가 될 것이다. 희생제로써 신들을 풍요롭게 할 것이다. 그 신들도 그대들을 풍요롭게 할 것이다. 그대들 서로 간에 공양하고 풍요롭게 함으로써 보다 나은 지고의 것을 얻을 것이다. 왜냐하면 희생제에서 공양을 받은 신들은 원했던 즐거움을 그대들에게 줄 것이기 때문이다. 신들로부터 받은 것들을 그들에게 보답하지 않고 자신을 위해서만 즐기기만 하는 자야말로 도둑이다. [……] 모든 창조물은 음식으로부터 생겨나고, 음식은 비로부터 생겨난 것이며, 비는 희생제로부터 생기고, 희생제는 행위로부터 생겨난 것이다. 행위는 브라흐만으로부터 생겨난 것이고, 브라흐만은 옴[163]으로부터 생겨난 것임을 알아야 한다. 그러므로 이 우주에

---

160 tad iti anabhisaṁdhāya phalaṁ yajñatapaḥkriyāḥ, dānakriyāś ca vividhāḥ kriyante mokṣakāṅkṣibhiḥ. cf.17.11.

161 BG.3.10-15는 창조주 쁘라자빠띠(prajāpati)가 한 말을 끄리슈나가 인용한 내용이다.

162 여기서 창조주 쁘라자빠띠는 '자손들의 주인'의 뜻이고, 『샤타빠따 브라흐마나』 1.1.8.2 이하에 따르면, 쁘라자빠띠는 자신을 신들에게 바쳐서 제사를 만들어냈고, 제사는 신들을 살아갈 수 있도록 도와주는 음식이 되었다고 한다. 또 '소원을 들어주는 소'는 누구든 원하는 것이 있으면 모든 것을 이루어주도록 한다는 전설로부터 나오는 것으로서 인드라 신의 신비적인 암소를 가리킨다.

163 akṣara의 단어 자체의 의미는 '불멸하는 것'이지만, 그것에 발전하여 무궁무진한 것, 최고신, 성스러운 음인 옴(AUM=OṀ) 등을 의미한다. 여기서 특히 옴은 모든 음절을 아우르는 글자를 상징한다. 따라서 옴은 모든 생명체를 가리킨다고 보아도 무방하다. 또한 akṣara는 불멸하는 것으로 만물의 근원으로서의 궁극적 실재, 곧 최고신인 브라흐만을 뜻한다고 볼 수도 있다. 이렇게 볼 때 브라흐만은 옴으로부터 생겨나고, 또 브라흐만은 행위를 낳는다고

편재하는 브라흐만은 늘 희생제 안에 머무르고 있다. (3.10-15)[164]

『기따』는 다시 희생제의 의의를 확장하여 모든 수행을 희생제의 이름 아래 종합하는 것, 요가명상, 재물에 의한 공양(供養), 보시, 고행, 정신의 다스림, 학습, 지식의 수련을 들고 있다(4.25-29). 또한 이들의 가르침은 해탈을 지향하는 자를 위해 제공되고 있다. "희생제에 바치고 남은 음식인 불멸하는 감로의 음식을 먹는 자들은 영원한 브라흐만에 이른다. 이 세상은 희생제를 행하지 않는 자를 위한 것이 아니다. 하물며 더 높은 다른 세상들은 어찌 하겠는가?"(4.31)[165] 이 세상의 법칙은 희생제이고, 그것을 어긴 자는 이 세상이나 저세상에서 지배하는 힘을 얻을 수 없다. 그렇기 때문에 베다의 명령에 따르면, 해탈을 바란다면 희생제를 통해 때가 무르익으면 그들은 브라흐만과 하나가 될 수 있다고 샹까라는 해석하고 있다.[166]

그러나 지식의 희생제는 재물의 희생제보다 뛰어나다. 곧 "지식의 희생제는 물질적인 희생제보다 뛰어나다. 모든 행위는 지식 안에서 완전히 절

말하고 있는 것은 아마도 궁극적 실재로서의 브라흐만이 아니고, 창조적인 힘(śakti)을 지닌 물질원리, 또는 물질성향인 쁘라끄리띠로 보는 편이 더 타당한 것으로 생각된다. cf. BG.14.3-4.

164 BG.3.10-15: sahayajñāḥ prajāḥ sṛṣṭvā puro'vāca prajāpatiḥ, anena prasaviṣyadhvam eṣa vo'stv iṣṭakāmadhuk. devān bhāvayatā'nena te devā bhāvayantu vaḥ, parasparaṁ bhāvayantaḥ śreyaḥ param avāpsyatha. iṣṭān bhogān hi vo devā dāsyante yajñabhāvitāḥ, tair dattān apradāyai'bhyo yo bhuṅkte stena eva saḥ. [……] annād bhavanti bhūtāni parjanyād annasaṁbhavaḥ, yajñād bhavati parjanyo yajñaḥkarmasamudbhavaḥ. karma brahmodbhavaṁ viddhi brahmā'kṣarasamudbhavam, tasmāt sarvagataṁ brahma nityaṁ yajñe pratiṣṭhitam.

165 yajñaśiṣṭāmṛtabhujo yānti brahma sanātanam, nā'yaṁ loko'sty ayajñasya kuto'nyaḥ kurusattama.

166 A. G Krishna Warrier(trans, 1983), p. 171.

정에 이른다."(4.33)[167] 신의 본질은 학습 · 보시 · 고행을 통해서는 볼 수 없고, 다만 다른 허튼 생각 없이 끄리슈나에 대한 헌신적인 믿음과 사랑을 통해서만 볼 수 있다(4.35). 더 나아가 "누군가가 나에게 나뭇잎 하나, 꽃송이 하나, 과일 하나, 또는 물 한 잔을 헌신적인 믿음과 사랑으로써 바치면, 나는 그와 같이 마음이 순수한 사람들의 경건한 희생제의 음식물로 받는다."(9.26)[168] 왜냐하면 바로 나는 모든 희생제의 주인이고, 그것을 즐기는 자이기 때문이다. 그러나 그들은 실제로는 나를 알지 못하므로 그 이전에 쌓은 공덕이 다한 뒤에는 천상세계에서 이 세상으로 떨어진다(9.24). 또한 8.4에서도 희생제의 주인은 최고의 신성한 자아, 곧 끄리슈나임을 강조하고 있다. "현상적 물질적인 존재의 본질은 소멸하는 성질이 있고, 신들의 본질은 모든 존재 안에 있는 최고의 신성한 자아이다. 희생제의 본질은 자아의 몸 안에 있는 바로 나 자신이다"라고 하는데, 샹까라는 희생제가 끄리슈나, 또는 비슈누 자신이라고 하며, 『따잇띠리야 상히따』(1.7.4)의 구절을 제시한다. 그리고 희생제의 행위는 몸으로 행해져야 하므로 희생제는 자신의 몸 안에 존재한다고 해석하고 있다.[169] 그리고 다른 신들을 숭배하는 사람들은 신들에게로 가고, 조상을 숭배하는 사람들은 조상세계[祖靈]로 간다. 악귀를 숭배하는 사람들은 악귀세계로 가고, 나에게 제사를 지내는 사람들은 나, 또는 나의 세계로 온다. 궁극적으로는 소원의 성취는 희생제를 행한 자 스스로 받기 때문에 신들을 숭배하는 과보는 한계가 있을 수밖에 없다(9.25). 그러나 다른 존재들이 아닌 오로

167 śreyān dravyamayād yajñāj jñānayajñaḥ paraṁtapa, sarvaṁ karmā'khilaṁ pārtha jñāne parisamāpyate.

168 pattraṁ puṣpaṁ phalaṁ toyaṁ yo me bhaktyā prayacchati, tad ahaṁ bhaktyupahṛtam aśnāmi prayatātmanaḥ.

169 A. G Krishna Warrier(trans, 1983), p. 276.

지 끄리슈나에게 귀의하게 되면 미천한 태생, 여자, 바이샤, 그리고 가장 낮은 슈드라 종성이라 할지라도 최고의 경지에 도달한다(9.32). 그러므로 나를 생각하고, 믿으며, 나에게 희생제를 올리고 나에게 경배하면 바로 궁극의 목표에 도달할 수 있다(9.34)고 말하고 있다.

3) 단념과 포기

샹까라는 6.1을 주석하면서 스스로 이의를 제기한다. 계시문헌과 전승문헌 및 요가 논전들에서는 포기자와 행위의 요가수행자는 불의 희생제를 올리지 않고 행위들도 하지 않는 사람이라고 선언하고 있다. 그러면 왜 끄리슈나는 불의 희생제를 올리고 행위를 하는 사람을 포기자이고, 행위의 요가수행자라고 하는 것일까? 샹까라는 이에 대해 그렇지 않다고 한다. 왜냐하면 포기자는 부차적인 의미에서 행위의 결과에 매달리지 않고 포기하는 자이고, 또한 행위의 요가수행도 요가수행의 일부로서 행위를 하고, 행위들의 결과를 포기하기 때문이다. 이 둘은 부차적인 것이며, 그가 실제로 포기자이거나 요가수행자가 아님을 의미한다고 한다. 이것이 샹까라의 주장이라면, 포기라든지, 단념 그 자체는 중요한 의미가 아니라는 말[170]로 이해된다. 그러나 『기따』의 가르침을 정확하게 이해하는 데는 단념과 포기의 의미를 바르게 이해하는 것이 중요하다. 다시 말해, 지식의 요가 또는 명상요가에 초점을 맞추어 『기따』를 이해하고, 그 입장에서 『기따』를 해석하고 있기 때문이라고 생각된다.[171] 아무튼 이 두 술어의 차이를 구별하는 것은 중요하다. 특히 행위의 요가를 이해하고 실천에 옮기는 데는 더욱 그렇다.

---

170 A. G Krishna Warrier(trans, 1983), p. 218.

171 A. G Krishna Warrier(trans, 1983), p. 219.

① 단념

단념을 의미하는 tyāga는 동사 √tyaj(피하다, 단념하다, 무시하다, 버리다)에서 파생한 명사이다. 이것은 '단념'(斷念), '방기'(放棄), '사리'(捨離), '원리'(遠離), '자기생명의 희생', '증여', '관대' 등의 의미가 있다.[172] 18.2에서 단념의 본질이 "학식이 있는 사람들은 모든 행위의 결과를 기대하지 않은 것이 단념이다"라고 정의하고 있듯이,[173] '모든 행위에서 결과에 대한 기대의 포기', '모든 행위의 결과에 대한 집착의 포기', '행위의 결과에 대한 집착 내려놓기', '모든 행위의 결과를 버리는 것'을 '단념'이라고 보고 있다. 그런데 18.2에서 '단념'과 '포기'는 그 단어에 함축된 의미가 뚜렷이 구별되지 않는다. 그래서 몇몇 현자들은 '포기'를 이기적인 생각과 같은 내적 동기로서 욕망에서 나오는 행위들의 포기로 이해하고 있다. 그러나 어떤 학식이 있는 사람들은 '단념'에 의해 행해진 모든 행위들, 곧 일상적인 의무와 비일상적인 의무의 결과에 대한 기대를 단념하는 것, 곧 행위자에게 주어질 수 있는 행위의 결과에 대한 단념을 의미한다고 말한다.

참된 단념자란 행위의 결과에 대한 집착을 버리고 행위를 하는 자라고 말하고 있다. 만약에 자신의 의무적 행위가 육체적 고통 때문에 두려움이 앞서 그 행위를 포기하는 자라면 그는 진실한 단념자라고 할 수 없다는 것이다. 자신의 의무로 주어진 행위를 하고 난 다음에 그 결과에 대한 집착이 없는 것을 진실한 단념이라고 말하고 있다. "희생제, 보시, 고행의 행위를 단념해서는 안 된다. 그것은 진실로 행해야 하는 것이다. 또한 희생제, 보시와 고행은 지혜로운 사람(manīṣin)을 정화시키는 수단들(pāvanāni)이다. 그렇지만 이 행위들 또한 집착과 행위들의 결과를 단념을

---

172 Georg Fuurstein(2000), p. 371.

173 『기따』에서 단념이 직접 언급되는 시편은 BG.2.51; 4.20; 4.21; 6.24; 12.11; 12.16; 12.17; 16.2; 18.1; 18.2; 18.3; 18;4; 18.6; 18.8; 18.9; 18.10; 18.11 등 17회에 걸쳐 나온다.

해야 한다. 이것이 지고자 끄리슈나의 확고한 믿음이라고 한다."(18.5-6)[174] 그렇지 않으면 행위의 결과에 집착하는 행위는 윤회의 세계에 속박되어 해탈할 수 없기 때문이다. "왜냐하면 지성에 전념한 현명한 자들은 행위로부터 생겨난 결과를 단념한 뒤에 다시 태어남의 속박으로부터 벗어나고 괴로움이 없는 편안한 곳으로 가기 때문이다."(2.51)[175]

그런데 우리가 해야 할 것은 행위의 결과에 대한 관심이나 집착이 아니고, 행위의 결과를 행하는 원인 또는 동기로 삼지 말아야 한다. 그렇다고 무행위에 집착해서도 안 된다. 해야 할 일은 오직 행위 그 자체이다. 그래야 윤회의 속박으로부터 벗어나 행위로부터 자유를 얻을 수 있다. "그대가 할 일은 오직 행위 자체일 뿐 결코 그 결과가 아니다. 행위의 결과를 행위의 동기로 삼지 말며, 행위를 하지 않는 것에도 집착하지 말아야 한다"(2.47),[176] "그러므로 늘 행위의 결과에 집착 없이 해야 될 행위만을 해야 한다. 집착 없이 행위를 행하는 사람은 최고의 세계를 얻을 수 있기 때문이다."(3.19)[177]

『기따』에서 가장 큰 특징은 행위의 결과에 대한 집착과 관심을 단념하고 자기에게 주어진 의무적인 행위를 충실하게 수행하는 것이다. 그러므로 『기따』에서는 행위의 결과에 대한 단념에 바탕을 둔 행위를 하라고 적극적으로 권장한다. 그런데 어떤 사람들은 행위를 할 때 모든 행위들은

174 yajñadānatapaḥkarma na tyājyaṁ kāryam eva tat, yajño dānaṁ tapaś cai'va pāvanāni manīṣiṇām. etāny api tu karmāṇi saṅgaṁ tyaktvā phalāni ca, kartavyānī'ti me pārtha niścitaṁ matam uttamam.

175 karmajaṁ buddhiyuktā hi phalaṁ tyaktvā manīṣiṇaḥ, janmabandhavinirmuktāḥ padaṁ gacchanty anāmayam.

176 karmaṇy evā'dhikāras te mā phaleṣu kadācana, mā karmaphalahetur bhūr mā te saṅgo'stv akarmaṇi.

177 tasmād asaktaḥ satataṁ kāryaṁ karma samācara, asakto hy ācaran karma param āpnoti pūruṣaḥ.

그 자체가 해롭기 때문에 모든 행위를 포기해야 한다고 말한다. 그러나 또 다른 사람들은 행위를 단념해서는 안 된다고 한다. 이 내용에서 미루어보면, 『기따』가 성립할 당시에는 이에 대한 다른 의견들이 있었음을 암암리에 드러내고 있다. 그것의 흔적은 18.3에서 볼 수 있다.

> 일부 지혜로운 사람들은 행위가 해로우므로 단념해야 한다고 말했고, 또한 다른 지혜로운 사람들은 희생제 · 보시 · 고행과 같은 행위들을 단념해서는 안 된다고 말한다.[178]

샹까라에 따르면, 모든 행위는 무지한 우리를 속박하기 때문에 단념해야 한다고 주장하는 사람들은 고전 샹캬철학의 가르침을 따르는 사람들이고, 그들은 행위의 요가에 적합한 사람들조차도 모든 행위를 단념해야 한다고 말한다. 다른 한편으로는 행위의 요가에 적합한 사람이라고 할지라도 희생제 · 보시 · 고행과 같은 행위는 단념해서는 안 된다고 말한다. 이 시편은 행위의 요가수행자에 관한 것일 뿐, 3.3에서 말하듯이[179] 지식의 요가수행자들이나 모든 세속적인 관심을 초월한 포기자는 그 대상이 아니라고 하며[180] 일정한 선을 긋고 있다.

그런데 두 가지 주장 가운데 희생제 · 보시 · 고행과 같은 행위는 단념해서는 안 된다고 주장하는 부분적 근거가 "희생제를 목적으로 하는 행위

---

178 tyājyaṁ doṣavad ity eke karma prāhur manīṣiṇaḥ, yajñadānatapaḥkarma na tyājyam iti cā 'pare.

179 거룩하신 존자께서 말씀하셨다: 나는 이 이전에 이 세상에서 두 가지 완성으로 가는 길을 말하였다. 죄가 없는 아르주나여! 이론적인 사람들에게는 지식의 요가에 의한 것, 그리고 실천적인 사람들에게는 행위의 요가에 의한 궁극의 상태의 완성으로 이르는 길이다(śrībhagavān uvāca: loke'smin dvividhā niṣṭhā purā proktā mayā'nagha, jñānayogena sāṁkhyānāṁ karmayogena yoginām).

180 A. G Krishna Warrier(trans, 1983), p. 551.

말고는 이 세상은 행위로 묶여 있다. 아르주나여! 집착으로부터 벗어나 희생제를 위해 행위를 해야 한다."(3.9) "이것[181]을 알 때 요가수행자는 베다 · 희생제 · 고행 · 보시 등에 따른 공덕의 결과를 모두 초월하여 가장 뛰어난 경지 등으로 나아간다"(8.28), "해탈을 바라는 자들은 '땃'(tat)이라는 소리를 내고 나서 결과를 바라지 않고 희생제와 고행의 행위 그리고 각종의 보시 행위를 한다"(17.25), "용맹, 활력, 굳셈, 기술, 전쟁에서의 물러서지 않음, 보시, 지배자적 기질 등은 본성적으로 끄샤뜨리야 종성의 행위이다"(18.43)에 두고 있다면, 행위를 단념하는 것이 모든 행위들은 해로운 것이므로 해서는 안 된다고 보는 쪽보다 타당한 것으로 보인다.[182]

---

181 Cf. BG.8.26: 왜냐하면 이 밝음과 어두움의 두 길은 세상에서 영원한 길로 간주되기 때문이다. 하나(밝음의 길)에 의해 [사람은] 다시는 태어나지 않는 곳(브라흐만의 세계)으로 가고, 다른 하나(어두움의 길)에 의해 [사람들은] 다시 태어난다(śuklakṛṣṇe gatī hy ete jagataḥ śāśvate mate, ekayā yāty anāvṛttim anyayā'vartate punaḥ). 여기서 밝음의 세계는 우빠니샤드의 윤회설에 기초하면, 신의 세계로서 해탈세계로 가는 길이라면, 어둠의 세계는 조상들이 가는 세계로서 윤회하는 세계이다. 이와 비슷한 사고를 가진 우빠니샤드의 내용을 소개하면 다음과 같다. 예컨대 『쁘라슈나 우빠니샤드』(Praśna-Up.1.10-11)를 보면, "그런데 북쪽의 길을 통해서 고행, 범행, 믿음 그리고 지혜에 의해 아뜨만을 추구하는 자들은 태양의 세계에 태어난다. 이것이야말로 생명체들의 의지처이고, 이곳은 죽지 않는 곳이며, 두려움이 없는 곳이고, 최고의 목적이며, 그들로부터 다시는 돌아오지 않는다고 하는, 그것은 윤회의 끝(nirodhaḥ)이다. 그것은 다음 제1시편에서 말한다." 여기서 nirodha는 다른 방식으로 설명된다. 샹까라의 주석에 따르면, 그것은 '끝', 윤회 과정의 끝의 의미이다. 죽은 뒤에 태양을 얻은 사람들은 지구로 되돌아오지 않는다. 그들은 브라흐만에 대한 명상 속에 동화되어 이 주기의 끝에 최고의 브라흐만과 하나가 되어 궁극적인 자유를 얻는다. cf. Ṛg-Veda.1.164.12. Chānd-Up.4.15.5; 5.10.1-10, Bṛhad-Up.6.2.14-16.

182 cf. BG.16.1-3: 거룩하신 존자께서 말씀하셨다: 무외, 순수 청정, 굳건한 지식의 요가, 보시, 절제, 희생제와 독송, 고행, 정직, 비폭력, 진리, 노하지 않음, 단념, 평안, 비방하지 않음, 존재에 대한 동정심, 불탐착, 유순함, 부끄럽고 창피하게 생각함, 침착, 활력, 인내, 강건함, 순결, 악의 없음, 오만 없음 등은 생명을 지닌 이에게 신성이 구족되게 한다오. 아르주나여!(śrībhagavān uvāca: abhayaṁ sattvasaṁśuddhir jñānayogavyavasthitiḥ, dānaṁ damaś ca yajñaś ca svādhyāyas tapa ārjavam. ahiṁsā satyam akrodhas tyāgaḥ śāntir apaiśunaṁ, dayā bhūteṣv aloluptvaṁ mārdavaṁ hrīr acāpalam. tejaḥ kṣamā dhṛtiḥ

그러나 다른 한편으로는 이와 반대되는 내용, "베다, 희생제, 학습, 보시, 의례, 극심한 고행 등 무슨 방법에 의해서든 그대가 아닌 다른 사람들은 이와 같은 나의 모습을 인간세계에서는 볼 수 없다. 아르주나여!"(11.48), "베다 · 고행 · 보시 · 희생제 등으로는 그대 아르주나가 나를 보았던 그와 같은 나의 모습을 볼 수 없다"(11.53) 등도 있지만, 그렇더라도 『기따』에서는 그런 행위는 단념해서는 안 된다는 쪽이 더 우세해 보인다.

그런데 끄리슈나는 단념에 대한 자신의 견해를 설명하겠으니 들어보라고 하면서 단념에는 세 가지가 있다고 말한다(18.4). 여기서 세 가지 단념이란 지금까지 논의해온 희생제 · 보시 · 고행을 각각 단념하는 것이다. "희생제 · 보시 · 고행의 행위를 버려서는 안 된다. 그것은 진실로 행해야 한다. 또한 희생제 · 보시 · 고행은 지혜를 지닌 사람들을 정화시키는 수단이다."(18.5) 이런 행위는 해야 한다고 하면 지혜로운 사람, 곧 행위의 결과를 바라지 않는 사람들은 그들에 의해 정화되는 수단으로 작용하기 때문이다. 그런데 이들 세 가지 행위마저도 행위의 결과에 대한 기대 없이 해야 됨을 끄리슈나는 확고하게 믿고 있다(18.6)는 것이다. 만약에 이들 세 가지 행위의 결과에 기대를 걸고 한다면—특히 희생제를 올리고 나서 그 행위의 결과에 어떤 기대를 걸고 있다면— 이것은 베다의 희생제와 같은 결과를 가져오고, 또한 『기따』에서 행위의 요가를 강조하는 것과 정면으로 충돌할 것이기 때문이다. 요컨대 『기따』에서는 행위의 단념을 강조하는 것이 아니고, 행위의 결과에 대한 기대의 단념을 강조하는 것으로 이해해야 한다. 또한 『기따』에서 말하는 세 가지 단념이란 세 속성과 관련된 행위의 결과에 대한 단념으로 말해지고 있다.

śaucam adroho nā 'timānitā, bhavanti saṁpadaṁ daivīm abhijātasya bhārata). cf. BG.17.20-22.

• 세 속성을 지닌 행위의 결과에 대한 단념

첫째, 자신의 특수의무로서 천성적으로 주어진 정당한 행위는 결코 단념해서는 안 된다. 만약에 미혹으로 말미암아 그것을 단념한다면 그러한 단념은 어리석은 따마스 속성을 지닌 사람의 무지 때문이다. "절제된 의무적인 행위의 포기는 옳지 않다. 그것을 단념하는 것은 혼동하기 때문이고, 이런 단념은 어리석은 따마스 속성을 지닌 사람들의 단념에 속한다고 말해진다."(18.7) 왜냐하면 이미 잘 절제된 의무적인 행위를 포기하는 것은 자기모순이기 때문이다. 그러므로 이런 행위를 단념하게 하는 원인은 무지라고 하며, 이런 무지 때문에 혼동하는 행위를 하는 것을 경계하고 있는 것이다.

둘째, 그렇다고 어떤 의무적 행위가 육체적으로 괴롭다거나 상처를 입을 것이라는 생각을 단념하여 주어진 선한 행위를 포기하는 자는 격정적 라자스 속성을 지닌 사람의 단념이기 때문에 그런 단념으로는 행위를 통한 단념의 결과를 결코 얻을 수 없다고 말한다(18.8).

셋째, 선한 삿뜨바 속성을 지닌 사람의 단념은 의무로서 해야 할 행위를 하고, 또 행위의 결과에 대한 모든 욕망을 단념하고, 다만 그 행위 자체만을 생각하는 행위의 단념이다(18.9). 그렇기 때문에 행위의 결과에 대해 단념하는 자는 의심을 끊고 좋아하는 것에 집착하지 않고, 싫어하는 것에 증오하지 않는, 행위의 결과에 대한 단념을 하는 자이다. 다시 말해 "순수함으로 가득 차서 현명하게 단념하는 사람은 의혹을 끊고서 선하지 않은 행위도 싫어하지 않고 선한 행위에도 집착하지 않는"(18.10) 것이다. 여기서 선하지 않은 행위란 윤회의 원인이 되는 '욕망이 개입된 행위'(kāmya-karma)를, 선한 행위란 의무적인 행위(nitya-karma)를 의미한다. 그러면 누가 선한 행위를 하는 사람인가? 그는 집착과 욕망을 단념한 사람, 행위의 결과에 대한 집착을 단념하고 의무적인 행위를 하는 사람이다. 그런 사람은 선한 삿뜨바 속성으로 가득 찼을 때 그런 행위를 한다. 이로부터 미루어 보면 선한 삿뜨바 속성을 지닌 사람의 행위가 의무로서의 행위임을 알 수 있다.

• 참된 단념은 행위의 결과를 기대하는 마음의 단념

궁극적인 목적을 실현시켜주는 단념은 행위 자체의 단념이 아니라 행위의 결과를 기대하는 마음의 단념이다. 행위의 결과를 기대하고 행위를 하는 사람은 그 행위로 말미암아 반복적으로 찾아오는 즐거움과 괴로움으로부터 벗어날 수 없다. 사람들은 어떤 결과를 기대하고 행위를 하지만, 대부분은 기대하는 결과를 얻지 못한다. 하지만 행위의 결과에 대한 기대를 단념한 사람은 어떤 행위를 하더라도 행위의 결과로부터 자유롭다. "지성에 전념하는 자는 이 세상에서 선행과 악행의 둘 다를 버린다. 그렇기 때문에 그대는 행위의 요가를 위해 전념해야 한다. 행위의 요가는 행위들로부터 자유를 실현하는 데 있어서 훌륭한 방법이다. 왜냐하면 지성에 전념한 현명한 자들은 행위로부터 생겨난 결과를 단념한 뒤에 다시 태어나는 윤회의 속박으로부터 벗어나고 괴로움이 없는 편안한 곳으로 가기 때문이다"(2.50–51)라든지 "행위의 결과에 대한 집착을 단념하고도 늘 만족하고, 아무것에도 집착하지 않는 사람은 행위에 전념할지라도 어떠한 행위도 하지 않는 사람이다. 아무런 욕망 없이 마음을 다스리고 모든 소유의 관념을 단념하고서 다만 몸을 지탱하는 데 필요한 행위를 한다면 그는 어떠한 죄의 과보도 받지 않을 것이다."(4.20–21) 왜냐하면 몸을 소유한 자가 행위를 완전히 단념하는 것은 있을 수 없기 때문이다.

그런데 18.11에서는 행위의 결과를 단념하는 자가 진실한 단념자라고 한다. 왜냐하면 그러한 사람은 행위들을 할 때 자기 자신을 행위자라고 생각하지 않기 때문이다. 이러한 행위자는 세 속성을 초월한 자이다. "공경과 무례함을 같게 여기고, 친구와 적을 같게 여기며, 모든 시도를 단념한 자, 그를 세 속성을 초월한 자(guṇ ātīta)라고 한다."(14.25)

② 포기

포기를 의미하는 산야사(saṅnyāsa)는 '결합'을 의미하는 접두어 'sam'과 '아래'를 의미하는 'ni', 그리고 '세속적인 일을 내려놓다', '세속적인 일을 버리다', '고행자가 되다'의 의미인 제4류 동사의 어근 √as로부터 파생한 명사이다. 그것은 모든 세속적인 관심과 집착을 '아래로 내려놓다', 또는 '옆으로 버리다'를 의미하여 자신의 세속적인 물질적 이익이나 자기에 주어진 권리 등을 '내려놓는 것', '절제'라는 의미에서 '단념'(tyāga)과 구별하여 '포기'로 번역한다.[183] 포기는 욕망에 의해 명령된 행위를 포기하는 것, 또는 포기는 6.2에서 행위의 포기가 아니라 행위를 유발시키는 '이기적인 생각'과 같은 내적인 의지, 또는 동기(saṅkalpa)[184]의 포기로 설명된다.

> 포기라고 부르는 것은 요가임을 알아야 한다. 왜냐하면 이기적인 생각을 포기하지 않고는 어느 누구도 요가수행자가 될 수 없기 때문이다.[185]

샹까라는, 산야사란 모두 행위와 그 결과까지 포기하는 진정한 포기를

---

183 『기따』에 포기가 직접 언급되는 곳은 다음과 같다. BG.3.4; 4.41; 5.1; 5.2; 5.3; 5.6; 5.13; 5.19; 6.1; 6.2; 6.4; 6.38; 9.28; 12.6; 18.1; 18.2; 18.7; 18.12; 18.49 등 19회에 걸쳐 나온다.

184 saṅkalpa는 분별, 목적의식, 내적 동기, 의욕(意欲), 이기적인 생각 등으로 번역되는데, 내적 동기라든가 이기적인 생각 등은 행위를 하도록 부추기는 동력인을 의미하기 때문에 이하에서는 '이기적인 생각'으로 번역한다. cf. BG.6.4와 6.24에 나온다.

185 yaṁ saṁnyāsam iti prāhur yogaṁ taṁ viddhi pāṇḍava, na hy asaṁnyastasaṁkalpo yogī bhavati kaścana.

말한다. 그렇다면 행위를 하는 것(pravṛtti)인 행위의 요가와 행위의 중지(nivṛtti)인 순수한 포기가 같다는 설명은 어떤 유사성에 근거한 것인가? 라고 의문을 던진다. 이에 대한 대답은 이렇다. 행위자의 입장에서 볼 때, 행위의 요가는 참된 포기와 어느 정도 유사한 성격이 있다. 진실한 포기자는 행위를 하도록 욕망들을 일으키는 이기적인 생각들과, 행위들과 그들의 결과에 관한 이기적인 생각들까지의 포기를 말한다. 행위의 요가수행자 또한 행위를 하는 동안 행위의 결과를 포기한다. 행위의 대가에 대한 이기적인 생각을 포기하지 않고 행위를 하는 사람은 그 누구도 확고부동한 요가수행자가 될 수 없다. 왜냐하면 인과응보에 관한 이기적인 생각에 마음이 흔들리기 때문이다. 다시 말하면 행위의 응보에 대한 모든 이기적인 생각을 포기하고 행위를 하는 사람은 행위의 요가수행자가 될 수 있다. 그는 마음이 확고하지 못하고 흔들리게 하는 원인인 응보에 대한 이기적인 생각을 모두 포기하였기 때문이라고 그는 해석한다.[186] 또 라다끄리슈난도 샹까라의 해석과 비슷하게 포기에 대해 다음과 같이 말하고 있다. "saṅnyāsa는 포기(rerunciation)로 번역되며, 응보에 대한 내적인 애씀 없이 당연히 해야 할 행위를 성취하는 것이다. 이것은 자기 스스로 확고하게 다스리는 것이고, 완전한 감정의 억제이며, 이것이 진실한 행위의 요가이다."[187]

그러면 포기의 본질은 무엇인가?(18.1) 라다끄리슈난은 이 시편을 설명하면서, "『기따』는 행위의 포기가 아니라 행위 안에 담겨 있는 이기적인 욕망을 포기한 채로 행위를 해야 함을 주장한다. 이것이 참된 포기이다. 이 시편에서 포기를 의미하는 산야사가 모든 행위의 포기로 사용된 것이

186 A. G Krishna Warrier(trans, 1983), p. 219.
187 S. Radhakrishnan(1976), p. 187.

라면, 단념은 모든 행위의 결과에 대한 생각을 내려놓는 것으로 사용되었다."[188] 하지만 라다끄리슈난의 포기에 대한 이런 설명은 18.2에서 말하는 포기의 본질과 맞지 않는 것 같다. 거기서는 현자들이 알고 있는 포기란 욕망으로부터 나오는 모든 행위들을 포기하라는 것일 뿐인데 절제된 행위들까지도 포기하라는 의미로 이해될 수 있기 때문이다. 이를 확인하기 위해 18.2를 보면,

> 거룩하신 존자께서 말씀하셨다: 현자들은 욕망으로부터 나오는 행위들을 버리는 것을 포기로 알았고, 학식이 있는 사람들은 모든 행위의 결과에 대한 기대를 단념이라고 하였다.[189]

그런데 이 부분에 대한 라다끄리슈난의 설명을 보면, "『기따』는 무행위가 궁극적인 목적(ideal)이 아니다. '나는 행위자가 아니다, 나는 이기적인 개아를 포기한 보편적인 자아라는 정신에서 수행된 어떤 이기적인 욕망, 또는 이득을 얻을 수 있을 것이라는 기대가 없는 행위가 궁극적인 목적이다. 『기따』는 행위의 완전한 포기를 가르치는 것이 아니고, 모든 행위를 욕망으로부터 벗어난 행위(niṣkāma-karma)로 전환할 것을 가르친다"[190]고 하여 앞의 18.1에 대한 해설에서 설명했던 것과는 뉘앙스가 다르다. 그는 또한 자신과 샹까라의 주장을 아래와 같이 소개하고 있다.

> 샹까라는 이 시편에서 가르친 단념은 행위의 요가수행자들에게만 적용할 수 있

---

188 S. Radhakrishnan(1976), p. 351.

189 śrībhagavān uvāca: kāmyānāṁ karmaṇāṁ nyāsaṁ saṁnyāsaṁ kavayo viduḥ, sarvakarmaphalatyāgaṁ prāhus tyāgaṁ vicakṣaṇāḥ.

190 S. Radhakrishnan(1976), p. 352.

다면, 반면에 행위들의 완전한 포기는 지식의 요가수행자들에게 명령임을 단정적으로 말하며, 지식과 행위는 서로 양립할 수 없다고 주장한다.[191]

그런데 이렇게 샹까라의 해석을 소개하고 있는 의도가 18.2에 대한 그의 해석과 샹까라의 해석이 다르다는 것을 보이기 위한 것인지, 어떤지에 대한 언급이 없기 때문에 정확히 알 수 없다. 다만 샹까라의 해석을 소개하는 내용으로 볼 때, 자신과 샹까라의 해석이 다른 시각임을 넌지시 보이는 것으로 이해된다. 그것은 샹까라가 보는 포기와 단념, 지식의 요가수행자와 행위의 요가수행자의 관계에 대한 일방적인 생각이 문제가 있다고 본 것으로 판단된다. 라다끄리슈난이 샹까라의 주장이라며 소개한 내용은 샹까라의 『기따』의 주석에는 실제로 나오지 않는다. 다만 그럴 가능성이 있는 내용이라면, 몇몇 현자들은 마사제(馬祀祭, aśvamedha)와 같은 희생제를 실례로 들며, 포기란 행위의 결과들에 대한 욕망에서 일어나는 행위의 포기로 이해하였다. 다시 말해, 샹까라는 베다나 미망사 학파에서 주장하는 행위를 제사 행위로 이해하고, 지식의 요가수행자들은 그런 행위들을 포기해야 한다고 본 것이 아닐까. 아무튼 샹까라의 이해로부터 보면, 행위의 요가는 지식의 요가를 하기 위한 예비적 수행이고, 지식의 요가가 완전한 수행이라는 생각이 깔려 있는 것 같다.

그러나 제6장의 내용 가운데는 샹까라의 주장과는 맞지 않는 시편들이 나온다. "거룩하신 존자께서 말씀하셨다: 행위의 결과를 추구하지 않고, 해야 할 행위를 하는 사람, 그 사람이야말로 포기자이고, 행위의 요가수행자[192]이다. 그는 단지 제사의 불을 지피지 않거나 희생제를 행하지 않

191 S. Radhakrishnan(1976), p. 352.

192 제6장에서 요가의 의미는 karma-yoga로 시작하고, 이어서 요가의 핵심인 마음의 통일로 옮겨간다. 이것과 관련된 명상요가를 말하고 있다. 요가수행자도 이런 맥락에서 이해해야

는 사람이 아니다. 포기라고 부르는 것은 요가임을 알아야 한다. 왜냐하면 이기적인 생각들을 포기하지 않고는 어느 누구라도 요가수행자가 될 수 없기 때문이다."(6.1–2) 그리고 "감각의 대상들과 행위들에 집착을 하지 않고 모든 이기적인 생각들과 같은 내적 동기를 포기했을 때, 그때 행위의 요가의 완성에 도달한 자라고 말해지기 때문이다."(6.4)

그런데 띨락은 행위의 포기, 또는 행위의 요가를 샹까라처럼 해석하는 것을 비판한다. 예컨대 "요가에 도달하기를 바라는 성자에게는 행위가 수단이라고 말해진다. 요가에 이미 도달한 자에게는 행위의 중지야말로 해탈의 수단이라고 말해진다"(6.3)에서 주석자들(샹까라와 라마누자?)은 이 시편의 의미를 완전히 잘못 해석한다. 6.1에 쓰인 '요가'라는 단어는 '행위의 요가'를 의미한다. 그리고 그것은 요가에 도달하고자 바라는 자에게 행위는 수단이다. 그러나 주석자들은 이미 요가에 도달한 자에게 행위의 중지(śama, upaśama)[193]는 수단이고, 요가에 이미 도달한 자는 행위를 포기해야 한다고 해석한다. 왜냐하면 그들에 따르면, 행위의 요가는 부분(aṅga), 곧 포기의 예비적인 수행이기 때문이다. 그러나 이런 해석은 단지 하나의 교설을 지지하는 해석일 뿐, 정확한 해석이 아니다. 6.1에서 거룩한 존자 끄리슈나가 '행위의 결과를 추구하지 않고 해야 할 행위를 하는 사람이 포기자이고 행위의 요가수행자'라고 이미 말하고 있듯이, 행위를 하지 않는 사람은 참된 행위의 요가수행자가 아니다. 그런데 6.3은 행위를 포기하려고 하는 자에게 그것을 포기하지 말 것을 충고한 내용이다. 비록 이미 요가에 도달한 사람은 해탈을 얻은 뒤에는 행위를 해서는 안 된다는 것이 행위의 포기를 주장하는 학파들의 입장일지라도, 그런 견해는 『기

한다. cf. 6.4; 6.24.

193 śama가 언급되고 있는 시편은 다음과 같다. BG.6.3; 10.4; 11.24; 18.42. 그리고 14.12에서는 그것의 부정어 aśama가 나온다.

따』에서는 받아들여질 수 없다. 행위의 요가수행자는 요가의 완성 상태에서조차도 욕망 없이 단순히 의무로서 살아 있는 동안 모든 행위를 계속해야 한다고 주장하고 있기 때문이다.[194]

이와 같이 포기의 의미에 대한 학자들마다 해석의 차이를 보이고 있다. 그것은 산야사가 다양한 의미를 지니고 있기 때문으로 이해된다. 이것의 가장 일반적인 의미는 인생의 네 번째 주기로, 세속생활을 하는 사회인이 모든 사회적인 유대를 끊고 세상을 멀리하는 것을 의미한다. 이것은 세상의 모든 일을 무관심한 태도로 살아가는 삶의 방식을 가리킨다. 그러나 보다 엄밀한 의미로는 모든 세속적인 집착과 욕망, 그리고 그로 인한 행위를 버리는 것과 관련되고, 궁극적으로는 이기적인 자아의식을 버리는 것을 뜻한다. 따라서 포기는 '욕망으로부터 자유로운 것', 또는 '이기적인 행위의 멈춤' 등의 의미로도 해석할 수 있다. 『기따』에서 포기는 모든 행위의 거부를 의미하기보다는 세속적인 집착과 욕망, 그리고 그와 관련되는 이기적인 생각과 같은 내적인 동기가 들어간 행위를 내려놓은 것을 의미한다고 이해해야 한다.

여기에서 행위는 흥미, 관심과 욕망을 가지고 하는 행위의 결과에 대한 집착을 끊는 행위이며, 행위에 대한 이기적인 욕망의 포기를 포함한다. 그러므로 행위의 포기란 단순히 행위의 포기가 아니고 자신의 특수의무에 어긋나는 행위를 하지 않는 것이다. 참된 포기는 탐욕 · 분노 · 미혹의 형태를 띤 이기적인 욕망과 집착을 일으키고자 하는 이기적인 생각들의 포기라고 할 수 있다.[195] 어디에서나 지성이 대상에 대한 집착으로부터

---

194 B. G. Tilak(B. S. Sukthankar, tr. 11th ed. 2004), pp. 984~985.

195 지금까지 언급된 시편들 말고도 포기에 대해 말하고 있는 시편들이 꽤 많다. 다음은 포기를 언급하고 있는 시편들이다. BG.3.4; 4.41; 5.1; 5.2; 5.3; 5.6; 5.13; 5.19; 6.1; 6.2; 6.4; 9.28; 12.6; 18.1; 18.2; 17.7; 18.12; 18.49.

자유롭고, 자신을 다스릴 수 있으며, 모든 욕망이 사라진 사람은 내적 동기를 지닌 행위들을 포기함으로써 행위로부터 자유의 완성에 도달할 수 있게 된다(18.49).

제5장

세 속성을 초월한 평등한 마음의 실현

세 속성을 초월한 평등한 마음의 실현에는 '양 극단을 벗어나 평등한 마음에 머물기', '감관의 제어를 통한 삼매에 머물기', '청정한 마음에 머물기', '행위로부터 벗어난 자유로운 상태에 머물기', '평등한 마음을 얻는 방법' 등 다섯 가지로 나누어 설명할 수 있다.

1. 양 극단을 벗어나 평등한 마음에 머물기

> 요가에 머물러 집착을 단념하고 행위를 해야 한다. 아르주나여! 성공과 실패를 평등하게 여기고 행위를 해야 한다. [지식의] 요가는 평등한 마음에 머문다고 말해진다. (2.48)[1]

위의 인용에서 볼 수 있듯이 지식의 요가는 평등한 마음에 머물기이다.

1 yogasthaḥ kuru karmāṇsaṅgaṁ tyaktvā dhanaṁjaya, siddhyasiddhyoḥ samo bhūtvā samatvaṁ yoga ucyate.

평등한 마음에 머문다는 것은 좋음과 싫음, 선과 악, 성공과 실패 등과 같은 양극단의 떠남이고, 양극단을 단념하는 것이다. 그렇게 떠남과 단념을 통해 행위의 내적 동기로서 집착과 욕망으로부터 벗어나게 되면, 지식의 요가가 완성에 이르게 된다. 이처럼 이해(利害)와 득실(得失)로부터 벗어나 자신의 본래 의무를 수행하기 위해서는 모든 상대적 관념으로부터 벗어나는 것(nirdvaṅdva)이 필요하다. 이것이 '평등한 마음에 머물기'(samatva)로 정의되고 있다. 이렇게 평등한 마음에 머물려고 하면 세 속성으로부터 벗어나 늘 참된 자아에 머물러야 한다고 말한다.

> 베다는 세 속성을 대상으로 삼고 있다. 아르주나여! 이 세 속성으로부터 벗어나라. 대립으로부터 벗어나라. 언제나 선한 삿뜨바 속성 안에 머물러라. 얻고자 하거나 이미 얻은 재물에 대한 관심으로부터 벗어나 늘 [참된] 자아에 머물러라. (2.45)[2]

샹까라에 따르면, 세 속성[3]의 영역은 모두 윤회하는 삶으로 가득 차 있다. 베다의 희생제들은 세 속성으로 이루어져 있다. 다른 한편 아르주나는 그들의 영역인 모든 욕망들로 가득 찬 세 속성을 초월해야 한다. 즐거움과 괴로움을 일으키는 서로 반대되는 것으로부터, 그 반대되는 쌍의 대상들로부터 자유로워져야 된다. 그리고 얻고자 열망하거나 이미 얻은 것을 지키고자 열망하지 말아야 한다. 왜냐하면 얻지 못한 것을 얻고자 하고, 이미 얻은 것을 지키고자 열망하는 자는 선행의 공덕을 쌓을 수 없기

---

2 traiguṇyaviṣayā vedā nistraiguṇyo bhavā'rjuna, nirdvandvo nityasattvastho niryogakṣema ātmavān.

3 여기서 베다란 구체적으로 베다의 희생제(yajña)를 말한다. 그것은 물질적인 결과를 추구하는 것이기에 세 속성(sattva, rajas, tamas)으로부터 벗어나야 한다는 것을 말하고 있다.

때문이다. 그러므로 새로 얻거나 이미 얻은 것을 지키려고 바라지 말아야 한다. 그리고 늘 자아를 지키고 방심하지 않아야 한다. 이것은 자신의 의무를 행하는 자가 따라야 할 가르침이다.[4]

이에 대해 라다끄리슈난은 다르게 해석을 하고 있다. 그에 따르면, "아르주나는 세 속성을 초월하고 삿뜨바 속성에 굳게 기초해야 해야 함을 요구받고 있다. 그러나 샹까라와 라마누자는 초월해야 할 것은 삿뜨바 속성을 가리키는 것으로 이해한다. 윤회의 삶을 유지하는 데 필수적인 희생제의 실행은 이들 세 속성의 결과들이다. 보다 높은 완성의 대가를 받기 위해 우리는 관심을 최고의 실재로 돌려야 한다. 그렇지만 해탈을 얻기 위한 행위는 선한 삿뜨바 상태에 있는 그것과 표면상 같은 것이 될 것이다. 그의 행위는 고요하고 무관심하게 될 것이다. 그는 행위의 결과들에 관심 없이 행위를 하고, 베다의 희생제 부분(karma-kaṇḍa)을 따르는 추종자들과 같지 않다"[5]고 주장한다.

또한 라마누자에 따르면, 베다의 추종자는 세 속성과 관련이 있는 사람들이다. 그들은 지나친 집착 때문에 베다는 따마스 속성이 우세한 사람들, 라자스 속성이 우세한 사람들과 삿뜨바 속성이 우세한 사람들에게 바람직한 것을 가르친다. 이 시편의 전반부는 베다에서 말하는 세 속성이 주제이다. 그러나 이 시편에서는 세 속성으로부터 자유로워야 함을 가르친다. 지금 아르주나 그대 안에는 삿뜨바 속성이 우세하다. 이것은 세 속

---

4 A. G Krishna Warrier(trans, 1983), p. 67. 한편 띨락은 이런 세 속성으로 이루어진 베다의 영역에 속하는 희생제를 주제로 하는 학파로서 미망사 학파를 들며 비판적 시각을 지니고 있다. 그는 이 시편은 이 학파의 견해로부터 벗어나야 함을 강조하고 있는 것으로 파악한다. 이러한 그의 입장은 곳곳에서 발견된다. 그는 행동주의 입장에서 『기따』를 해석하고 있기는 하지만, 『기따』에서 행위는 베다의 희생제와 같은 결과를 가져오는 행위가 아님을 주장하는 것으로 이해된다. B. G. Tilak(B. S. Sukthankar, tr. 11th ed. 2004), p. 889.

5 S. Radhakrishnan(1976), p. 118.

성이 뒤섞인 상태에서 삿뜨바 속성의 우세에 종속되지 말아야 한다는 의미이다. 그리고 서로 반대되는 쌍들로부터 자유로워져야 하고, 윤회의 삶에 어울리는 모든 특성들을 없애야 한다고 해석한다.[6] 그러나 라다끄리슈난은 상까라와 라마누자의 해석과 다른 견해를 제시한다. 라다끄리슈난의 해석은 그들과의 두 가지 면에서 다르다.

첫째, 삿뜨바 속성을 어떻게 이해하느냐 하는 문제이다. 둘째, 영원한 진실(eternal truth)과 최고의 실재(supreme reality)에 대한 문제이다. 이 둘을 같이 보아야 되는지, 차원이 다른 것으로 보아야 하는지 하는 점이다. 먼저 삿뜨바 속성은 그것이 아무리 선한 속성을 지니고 지식을 낳은 원인이 된다고 하더라도 그것은 정신원리의 영역에 속하지 않고, 물질원리의 영역에 속하는 것이다. 이것은 보통 사람들이 빠지기 쉬운 함정이다. 그것은 『기따』에서 삿뜨바 속성에 대해 너무나 긍정적인 표현을 많이 쓰고 있는 것에서 비롯된 것이 아닌가 생각된다. 그러나 우리가 모든 것을 평등하게 보려면 먼저 세 속성을 지닌 물질성의 한계로부터 벗어나야 한다. 또 앞 장에서 이미 논의하였듯이, 물질원리와 정신원리의 차이를 확실하게 인식해야 한다. 그렇지만 삿뜨바 속성은 순수 물질원리에 속하는 것이기 때문에 정화되어도 물질원리를 벗어나지 못하므로 영원히 정신원리의 영역에 들어갈 수 없다. 물질원리의 영역으로부터 벗어나 정신원리의 영역으로 들어가려면 물질원리의 영역을 초월할 수밖에 없다. 다시 말해 물질원리의 세 속성을 초월해야만 실현될 수 있는 문제이다.

둘째, 영원한 진리와 최고의 실재의 해석 문제이다. 영원한 진실을 개인적 자아로 보고 있고, 최고의 실재를 해탈한 자아로 보고 있기 때문에 발생하는 문제일 수 있다. 그러나 삿뜨바 속성과 영원한 진실 가운데 초

6 M. R. Sampatkumarn(trans. 1985), pp. 48~49.

월해야 할 것이 있다면 그것은 당연히 삿뜨바 속성으로 생각된다. 그러나 라마누자도 세 속성으로부터 자유로워야 한다면서도 삿뜨바 속성이 우세한 사람들은 그것을 굳게 확립해야 한다고 해석하고 있다. 그것은 『기따』에서 삿뜨바 속성을 너무 긍정적으로 표현하고 있기 때문으로 이해된다. 물론 삿뜨바 속성은 앞으로 해탈로 이끈다고 하기 때문에 많은 사람들이 그것에 함몰되어 착각을 하고 있는 것이 아닌가 생각된다. 따라서 라마누자와 라다끄리슈난은 같은 이유로 그렇게 애매한 해석을 하고 있는 것으로 보인다.

> 싫어하지도 기대하지도 않는 사람은 영원한 포기자로 알아야 한다. 왜냐하면 아르주나여! 그는 싫어함과 기대함의 서로 반대되는 양 극단을 넘어서면 속박으로부터도 쉽게 벗어나기 때문이다. (5.3)[7]

여기서 포기자란 이기적 욕망이라는 내적 동기를 포기하는 수행자를 말한다. 괴로움과 그것을 일으키는 대상을 싫어하지 않고, 즐거움과 그것을 가져다주는 대상을 좋아하지 않는 행위의 요가수행자는 비록 행위는 하더라도 늘 포기한 사람이다. 왜냐하면 그것들을 평등하게 보는 마음이 있어 해탈의 길로 인도하기 때문에 그 결과에는 차이가 없다. 그런데 포기는 요가 없이는 성취되기 어렵다. 요가에 의해 절제된 성자는 머지않아 브라흐만에 도달하게 된다고 하기 때문이다(5.6). 라마누자는 여기서 포기를 지식의 요가로 해석하고 있다. 그리고 지식의 요가는 행위의 요가 없이는 이루어질 수 없다고 보고 있다.[8] 이것은 샹까라가 행위의 요가를 지

---

7 jñeyaḥ sa nityasaṁnyāsī yo na dveṣṭi na kāṅkṣati, nirdvaṁdvo hi mahābāho sukhaṁ bandhāt pramucyate.

8 M. R. Sampatkumaran(1985), p. 132.

식의 요가수행자, 곧 포기자가 되는 수단으로 보는 것과는 정반대의 시각이다.

그런데 『기따』에서 세 속성을 초월한 자의 특징이나 행위도 평등한 마음에 머물기에 의해 설명되고 있다. 방관자처럼 앉아 세 속성들의 활동에 흔들리지 않고, 즐거움과 괴로움을 똑같이 보고(2.15), 돌과 흙과 황금을 똑같이 보며(6.8), 승리와 패배를 똑같이 보고(2.38), 좋아함과 싫어함을 똑같이 보며, 비난과 칭찬, 명예와 불명예를 똑같이 보는 사람은 속성을 초월한 사람이다. 이러한 사상을 볼 수 있는 것으로는 다음과 같은 시편들이 있다.

> 주어진 대로 만족하고, 즐거움과 괴로움과 같은 모든 상대적인 대립을 넘어서며, 질투하는 생각 없이 성공과 실패에 대해서도 똑같이 보는 사람은 행위를 할지라도 그 무엇에도 얽매이지 않는다. (4.22)[9]

> 마음을 다스리고 고요함으로 되돌아간 사람의 최고자아는 추위와 더위, 괴로움과 즐거움 그리고 명예와 불명예 속에서도 삼매에 들어 있다(7). 그는 흙, 돌과 황금을 같은 것으로 본다(8d). 친구들, 동료들과 적들에게도, 무관한 사람, 중립적인 사람에게도, 미운 사람과 친척에게도, 착한 사람과 악한 사람에게도 마음이 평등한 자는 뛰어나다. (9)[10]

---

9 yadṛcchālābhasaṁtuṣṭo dvandvātīto vimatsaraḥ, samaḥ siddhāv asiddhau ca kṛtvā'pi na nibadhyate.

10 jitātmanaḥ praśāntasya paramātmā samāhitaḥ, śītoṣṇasukhaduḥkheṣu tathā mānāpamānayoḥ [······] samaloṣṭāśmakāñcanaḥ. suhṛnmitrāryudāsīnamadhyasthadveṣya bandhuṣu, sādhuṣv api ca pāpeṣu samabuddhir viśiṣyate.

기뻐하지도 않고 슬퍼하지도 않으며, 미워하지도 않고, 갈망하지도 않으며, 좋아하고 좋아하지 않는 것을 떠나 신심을 지닌 자가 나에게 사랑스러운 자이다. 원수와 친구에 대해, 마찬가지로 존경과 멸시에 대해 평등한 자, 추위, 더위, 즐거움, 고통에 대해, 평등하고 집착을 떠난 자, 비방과 찬사에 무관심하고 침묵하는 자, 무엇에나 만족하며 거처가 없는 자, [마음이] 확고부동하며 믿음이 있는 자가 나에게 사랑스러운 사람이다. (12.17-19)[11]

샹까라에 따르면, 서로 반대되는 것(pratipakṣa)을 평등하게 보는 사람[12]은 어떤 종류의 대상에도 집착하지 않는다. 그는 몸을 지탱하는 데 필요한 최소한의 것들에 만족한다고 하면서 MB.12.245.12 시편을 인용한다. "어떤 옷이라도 입고, 어떤 음식이라도 먹으며, 어디에서도 잠을 자는 사

11 yo na hṛṣyati na dveṣṭi na śocati na kāṅkṣati, śubhāśubhaparityāgī bhaktimān yaḥ sa me priyaḥ. samaḥ śatrau ca mitre ca tathā mānāpamānayoḥ, śitoṣṇasukhaduḥkheṣu samaḥ saṅgavivarjitaḥ. tulyanindāstutir maunī saṁtuṣṭo yena kenacit, aniketaḥ sthiramatir bhaktimān me priyo naraḥ.

12 이것을 YS.2.33에서는 대치명상(對治瞑想, pratipakṣa-bhāvana)이라고 정의하고, YS.2.34에서는 이 명상이 적용되는 대상을 말하고 있다. 곧 YS.2.33에서 금계와 권계의 실천이 거친 생각의 방해를 받을 때 그런 생각들을 치료하는 명상수행을 대치명상이라고 한다(vitarka-bādhane pratipakṣa-bhāvanam). 그 대상은 "폭력 등 나머지 네 가지 금계의 거친 생각은 탐욕, 분노, 잘못된 생각과 관련이 있는 자신이 이미 행한 것, 다른 사람이 자신에게 하도록 시키는 것, 또는 자신이 다른 사람에게 하도록 허락한 것이든, 그리고 그것의 강도가 약한 것, 중간인 것, 또는 강렬한 것, 이들은 모두 불만족과 무지라는 끝없는 결과를 가져온다. 그래서 그것들에 대한 반대로 치료하는 대치명상이 있다"(vitarkā hiṃsādayaḥ kṛta-kāritānumoditā lobha-krodha-moha-pūrvakāmṛdu-madhyādhimātrā duḥkhājñānāna nta-phalā itipratipakṣa-bhāvanam). 그리고 VS.2.35-45에 걸쳐 이 명상을 수행함으로써 얻어지는 효과들을 소개하고 있다. 또 『마누법전』 6.80과 81에도 이런 생각들이 들어 있는 내용이 발견된다. 곧 "그가 아무런 욕심 없이 모든 감정에 대해 그대로 느낄 때, 그는 영원히 이 세상에서나 저 세상에서나 행복을 얻는다. 이런 자세로 천천히 모든 것에 대한 집착을 버리면, 고통과 기쁨, 더위와 추위, 배고픔과 배부름, 명예와 모욕 등의 서로 반대되는 세상 모두에서 자유로워지고, 브라흐만의 세계에 들어가 자리를 잡는다." cf. 이재숙 · 이광수 옮김 (1999), p. 263.

람을 진실한 브라흐만 종성이라고 신들은 말한다."[13] 이런 평등관은 우빠니샤드에서의 범아사상의 결론으로도 발전하고, 다시 박애주의(loka-saṁgraha)로 확대된다.

> 무지한 사람들이 행위에 집착되어 행하는 것처럼, 아르주나여! 현명한 사람은 세상의 복리를 원하며 행위에 집착하지 않고 행위를 할 것이다. (3.25)[14]

완전한 바른 지식을 확고하게 지닌 사람들은 행위에 집착하는 무지한 사람들에게 마음에 혼란이 일어나지 않도록 해야 한다. 그들은 모든 행위들을 다스리며 행하면서 행위에 집착하는 무지한 사람들에게 모든 행위들을 즐기도록 해야 한다. 모든 행위들은 물질원리의 속성 때문에 행위를 하는 데도, 자아의식에 미혹된 자아는 '자신이 행위자'라고 그릇되게 생각한다(3.36-7). 그러나 그들은 모든 것에서 자아를 보고, 자아 안에서 모든 것을 본다. 왜냐하면 최상의 행복은 마음이 고요해지고 격정이 가라앉아 브라흐만과 하나가 되는 것이기 때문이다. 이와 같이 늘 자신을 수련하여 흠이 사라진 요가수행자는 브라흐만과 하나가 되어 한없는 행복에 쉽게 도달한다. 요가에 의해 마음을 다스리고, 모든 것을 같다고 보는 자는 모든 현상적 존재 안에서 본질적인 자아를 보고, 본질적인 자아 안에서 모든 현상적 존재를 본다. 그렇기 때문에 모든 것 안에서 나를 보고, 또 내 안에서 모든 것을 보는 자이다(6.27-30).

그리하여 나와 남을 구별하지 않기 때문에 완전한 바른 지식을 지닌 현명한 사람은 지식과 계율을 갖춘 브라흐만, 소, 코끼리, 또는 개 및 개고

---

13 A. G Krishna Warrier(trans, 1983), pp. 399~400.

14 saktāk karmaṇy avidvāṁso yathā kurvanti bhārata, kuryād vidvāṁs tathā'saktaś cikīrṣur lokasaṁgraham.

기를 요리하여 먹는 천민조차도 모두 평등하게 보며(5.18),[15] 본질에서 브라흐만과 하나가 된다.[16] 이렇게 나와 남을 같은 존재로 보게 되면 자신에게 즐거운 것은 모든 존재에게도 즐겁고, 자기에 괴로운 것은 모든 존재에게도 괴로운 것으로 본다. 이와 같이 자기에게 즐거운 것이나 괴로운 것은 모든 존재에게도 똑같이 즐겁고, 괴로운 것으로 보는 사람은 누구에게나 즐거움을 주고 누구에게도 괴로움을 주지 않고, 해치지도 않는다. 이런 사람은 모든 요가수행자들 가운데서 최고의 요가수행자이며, 이것은 박애사상의 취지와 합치한다(6.29–30).[17] 또한 "아르주나여! 모든 것을 자신과 유추를 통해, 즐거운 것이든 괴로운 것이든 평등하게 보는 자는 최고의 요가수행자로 생각한다"(6.32)[18]에서처럼 자기 자신과의 유추(ātma-upamya)를 통해 인류애의 절정에 이르러, 모든 존재들이 행복하기를 바라게 되면, '나와 남이 하나'라고 보는 일여관(一如觀, ekatva)이 확립된다. 이렇게 생각함으로써 최고의 자재신 끄리슈나를 모든 존재 안에서 보고 공경하며 사랑하는 사람은 어떻게 생활하더라도 자재신 안에서 생

---

15 지식을 지닌 현명한 사람은 지식과 계율을 갖춘 브라흐만, 소, 코끼리, 또는 개 및 개고기를 요리하여 먹는 천민조차도 모두 평등한 마음으로 본다(vidyāvinayasaṁpanne brāhmaṇe gavi hastini, śuni cai'va śvapāke ca paṇḍitāḥ samadarśinaḥ).

16 BG.4.35: 그대가 브라흐만을 알게 될 때 다시는 그와 같이 혼동하지 않을 것이다. 빤두의 아들이여! 그렇게 함으로써 모든 현상적 존재들을 완전히 그대의 자아 안에서, 또한 내 안에서 보게 될 것이다(yaj jñātvā na punar moham evaṁ yāsyasi pāṇḍava, yena bhūtāny aśeṣeṇa drakṣyasy ātmany atho mayi).

17 요가에 의해 마음을 다스리고, 모든 것을 같다고 보는 자는 모든 현상적 존재 안에서 본질적 자아를 보고, 본질적 자아 안에서 모든 현상적 존재를 본다. 모든 것 안에서 나를 보고, 또 내 안에서 모든 것을 보는 자, 그는 나를 잊지 않고, 나도 그를 잊지 않는다(sarvabhūtastham ātmānaṁ sarvabhūtāni cā'tmani, īkṣate yogayuktātmā sarvatra samadarśanaḥ. yo māṁ paśyati sarvatra sarvaṁ ca mayi paśyati, tasyā'haṁ na praṇaśyāmi sa ca me na praṇaśyati).

18 ātmaupamyena sarvatra samaṁ paśyati yo'rjuna, sukhaṁ vā yadi vā duḥkhaṁ sa yogī paramo mataḥ.

활하고, 행위의 요가를 가장 잘 실천하는 자, 또는 헌신적인 믿음과 사랑의 요가가 완성된 자로 생각된다.

> 모든 현상적 존재 안에 있는 나를 믿고 사랑하며 오직 나 하나에만 전념하는 요가수행자는 어떻게 살더라도 내 안에서 산다. (6.31)[19]

그리하여 초연하게 앉아 물질원리의 세 속성에 동요되지 않고, 속성이 작용할 뿐인 까닭에 굳게 서서 흔들리지 않는 자, 괴로움과 즐거움을 평등하게 여기고 스스로 만족하며 흙덩이와 돌덩이 그리고 황금을 평등하게 여기고, 좋아하는 것과 좋아하지 않는 것을 평등하게 여겨 변함이 없는 자, 자신에 대한 비방과 칭찬을 평등하게 여기는 자, 공경과 무례함을 평등하게 여기는 자, 친구와 적을 평등하게 여기는 자, 모든 시도를 단념한 자, 그는 세 속성을 초월한 자이다. 그리고 영속되는 헌신적인 믿음과 사랑의 요가로써 나를 공경하는 자는 이 속성들을 초월하여 브라흐만과 하나가 될 것이다. 왜냐하면 나 끄리슈나는 브라흐만의 토대이자, 죽지 않고 불멸하는 영원한 진리와 유일한 행복의 토대이기 때문이다(14.23-27).[20] 이처럼 평등한 마음에 머무는 사람은 선행과 악행의 둘 모두를 다 단념하게 된다. 이와 같이 평등한 마음에 머물게 하는 지식의 요가는 행

---

19 sarvabhūtasthitaṁ yo māṁ bhajaty ekatvam āsthitaḥ, sarvathā vartamāno'pi sa yogī mayi vartate.

20 udāsinavad āsīno guṇair yo na vicālyate, guṇā vartanta ity eva yo'vatiṣṭhati ne'ṅgate. samaduḥkhasukhaḥ svasthaḥ samaloṣṭāśmakāñcanaḥ, tulyapriyāpriyo dhīras tulyanindātmasaṁstutiḥ. mānāpamānayos tulyas tulyo mitrāripakṣayoḥ, sarvārambhaparityāgī guṇātītaḥ sa ucyate. māṁ ca yo 'vyabhicāreṇa bhaktiyogena sevate, sa guṇān samatītyai 'tān brahmabhūyāya kalpate. brahmaṇo hi pratiṣṭhā'ham amṛtasyā'vyayasya ca, śāśvatasya ca dharmasya sukhasyai'kāntikasya ca. cf. BG.7.27-28.

위들로부터 자유를 실현하는 훌륭한 방법이 되기 때문이다(2.50).

2. 감관의 제어를 통한 삼매에 머물기

2.54에서 아르주나는 끄리슈나에게 감관의 제어를 통해 삼매에 머무는 확고한 바른 지혜를 지닌 자의 특성에는 무엇이 있느냐고 묻는다. 다시 말해 최고의 브라흐만이라는 완전한 바른 지식을 확고하게 지녀 삼매상태에 머물고 있는 사람은 어떠한 사람인가? 라는 질문이다. 이에 대해 끄리슈나는 마음에 일어나는 모든 욕망들을 없애고 참된 자아에만 스스로 만족하고 기뻐할 때, 그때 그를 확고한 바른 지혜를 지닌 자라고 대답한다(2.55).

한편 요가철학에서는 "지식의 요가는 마음에서 일어나는 작용들을 그치게 하고 사라지게 하는 것이다. 그때에 자아는 자신의 참 모습 안에 머문다. 그렇지 않을 경우에는 자아는 마음 작용과 혼동이 일어난다"(YS.1.2-4)[21]고 말한다. 마음에서 일어나는 작용이 그치고 사라지도록 하기 위해서는 감각을 그 대상으로부터 거두어들여야 한다. 감각을 그 대상으로부터 거두어들인다는 것은 자기주체성의 확립을 의미한다. 자기주체성이 확립되면 완전한 바른 지식에 확고하게 머무는 자가 되기 때문이다. 예컨대 깜짝 놀란 거북이가 사방으로부터 네 발을 완전히 거둬들이듯이, 감각의 대상들로부터 감각들을 완전히 거둬들이는 자의 지식은 확고해서 흔들리지 않는다(2.58). 완전한 바른 지식을 확실하게 얻고자 하는

---

21 yogaś citta-vṛtti-nirodhaḥ tadā draṣṭuḥ svarūpe'vasthānam. vṛtti-sārūpyam itaratra. Yogasūtra를 주석한 븨야사는 "요가는 삼매이다(yogaḥ samādhiḥ)"(YSb.1.1)라고 해석한다. 비야사 지음(정승석 역주, 2010), p. 40; 316.

사람은 먼저 감각을 거두어들여야 한다. 만약에 감각들을 억제하지 않으면 그로부터 수많은 피해를 받기 때문이다.

그런데 지식을 지닌 현명한 사람이 아무리 애를 쓰더라도, 날뛰는 감각은 마음을 억지로 빼앗아간다(2.60). 이처럼 감각은 위험하다. 왜냐하면 감각은 대상에 쏠리는 마음을 확고하지 못하도록 흔들기 때문이다. 그러므로 모든 감각을 억제하고 마음을 하나의 대상에 몰입시켜야 한다. 왜냐하면 날뛰는 모든 감각이 제어될 때 그 사람의 완전한 바른 지식은 확고해지기 때문이다.

또한 감각의 대상을 구체적으로 생각할 때 대상에 대한 집착이 일어난다. 집착은 욕망을 낳고, 욕망은 분노를 낳으며, 분노는 미혹을 낳아서 옳고 그름을 분별하지 못하게 만든다. 이처럼 감각에 마음이 작용하기 시작하면 내적인 분별력을 잃어 모든 악의 근원이 된다. 그렇지만 집착과 욕망 그리고 분노로부터 벗어나면 자신의 지배 아래 있는 감각이 대상 사이를 오가더라도 자신을 제어한 자는 평화를 얻는다. 자신의 마음을 다스린 자는 마음의 평화를 얻어 모든 고통과 슬픔이 사라진다. 왜냐하면 평화를 얻은 자에게는 지성이 흔들리지 않기 때문이다(2.61–65). 그렇기 때문에 사방에서 감각의 대상으로부터 억제된 감각을 지닌 자는 그의 완전한 바른 지식이 확고하게 서 있는 사람이 된다(2.68).

그런 사람은 모든 욕망을 내던져버리고 탐욕과 집착을 떠나서 행동하는 사람이다. 나의 것이 없고 나라는 의식이 없는 사람은 마음의 평안을 얻는다. 이 상태가 최고의 브라흐만의 경지이다. 이것을 얻고 나면 더 이상 갈팡질팡 헤매지 않는다. 죽음의 마지막 순간에도 이 경지에서 확고히 서면 그는 브라흐만과 하나가 되는 브라흐만의 열반을 얻게 된다(2.71–2)고 말한다.

3. 청정한 마음에 머물기

『요가 수뜨라』에서는 청정한 마음에 머물도록 하기 위한 방법으로 대치명상(對治瞑想, pratipakṣa-bhāvana)을 제시하고 있다. 대치명상의 효과에는 외적인 효과와 내적인 효과의 두 가지가 있다. 먼저 외적인 효과로는 "몸과 마음을 청정하게 하고자 하는 마음에서 자신의 몸을 혐오하고 다른 사람들과 접촉하지 않게 된다"(YS.2.40)고 한다. 븨야사의 주석에 따르면, "자신의 몸을 증오할 때 몸의 청정을 굳게 지키는 사람은 몸의 결함을 보고 자신의 몸에 집착하지 않는 고행자가 된다. 아울러 몸의 본성을 보고서 남과 접촉하지 않고, 자신의 몸도 포기하려 하며, 흙이나 물 따위로 정화하더라도 몸이 청정하다고 보지 않는다. 이처럼 정결하지 않는 남의 몸과 어떻게 교접할 수 있겠는가?"라고 해석한다.[22]

그러나 단지 이 외적인 청정만으로는 우리의 마음이 완전히 청정해질 수 없다. 그러므로 내적인 청정을 위한 명상이 필요하다. 곧 YS.2.41에서 "청정의 권계를 지키면 선한 삿뜨바 속성이 청정하게 되고, 선한 삿뜨바 속성이 청정해짐으로써 마음의 만족이 생기며, 마음의 만족으로부터 하나의 대상에 집중되고, 하나의 대상에 집중한 마음에 의해 감각이 제어되고, 그리고 감각의 제어에 의해 지성의 선한 삿뜨바 속성은 참된 자아와 다르다고 통찰하는 능력이 생기게 된다"[23]고 한다. 이처럼 대치명상을 하게 되면, 그로부터 나오는 효과에는 다섯 가지가 있다. 첫째, '선한 삿뜨바 속성이 청정하게 되는 효과', 둘째, '마음에 만족감이 생기는 효과', 셋째, '하나의 대상에 집중할 수 있는 효과', 넷째, '감각이 제어되는

---

22 비야사 지음(정승석 역주, 2010), pp. 136~137.

23 sattva-śuddhi-saumanasyaikāgryendriya-jayātma-darśana-yogyatvāni ca.

효과', 다섯째, '순수한 지성과 참된 자아의 차이에 대한 통찰력이 생기는 효과'이다. 이것은 효과를 점층적인 인과관계로 설명하고 있다. 위의 인용문에서 내적인 마음이 청정해지기 위한 가장 기본적인 조건은 선한 삿뜨바 속성을 청정하게 해야 한다는 사실이다. 그만큼 마음의 청정함을 얻기 위해서는 세 속성의 청정이 먼저 선행되어야 할 과제임을 읽을 수 있다.

청정이란 마음의 청정이다. 청정을 의미하는 단어들로는 śauca, śuddha, śuddhi, viśuddha, viśuddhi 등이 있다. 이 가운데서 특히 viśuddhi는 완전한 지식, 또는 완전한 지성의 의미로 사용되고 있다. 『기따』에서는 종종 지식(Jñāna)과 지성(buddhi)이 동의어로 쓰이기도 한다. 지성이 청정해지면 지식이 완전해진다는 의미가 포함되어 있기 때문에 그렇다고 이해된다. 이와 같은 의미로 사용되는 용례는 18.51에서 볼 수 있다. "청정한 지성을 갖추고, 굳은 의지로 자아를 제어하고, 소리 등과 같은 감각 대상을 단념하며, 탐욕과 증오의 양 극단을 떠난다."[24]

샹까라에 따르면, 지성은 결정하는 능력[25]이고, 자아는 몸과 감각들의 집합체로 해석하고 있다.[26] 여기서 자아란 순수한 자아가 아니라 물질원리에 속하는 마음, 또는 현상적인 자아, 경험적인 자아를 가리킨다. 라마누자도 지성을 마음이라 하고, 자아는 실재 안에 있는 것으로서 자아의 원리에 관계된 마음이라고 해석한다.[27] 샹까라와 라마누자가 표현은 서로 다르지만 그것의 의미는 같은 것으로 이해된다. 또 라다끄리슈난은 각

---

24 buddhyā viśuddhayā yukto dhṛtyā 'tmānaṁ niyamya ca, śabdādīn viṣayāṁs tyaktvā rāgadveṣau vyudasya ca.

25 이런 해석은 『상캬까리까』 23에서 볼 수 있다. 곧 "지성은 결정적인 지혜이다."(adhyavasāyo buddhir)

26 A. G Krishna Warrier(trans, 1983), p. 604.

27 M. R. Sampatkumaran(1985), p. 465.

각 지성(understanding)과 자기 자신(oneself)으로 해석하고 있다.[28] 18.52에서는 청정한 마음, 또는 청정한 지성에 머물기 위한 방법으로 명상요가를 권장하고 있다.

그러나 명상요가에 대해서는 마지막의 제7장에서 논의할 것이므로 여기서는 간단하게만 언급한다. 명상요가에 열중하면 이기적인 마음이 없어져 평화로운 마음을 지니게 되고, 브라흐만과 하나가 되는 훌륭한 조건이 만들어진다고 말하고 있다. "외딴 장소에 머물면서 적은 양의 음식을 먹고, 말과 몸과 마음을 제어하고, 언제나 명상의 요가에 열중하며 욕망을 떠난 것에 의지하며, 자아의식, 폭력, 오만, 탐욕, 분노, 소유물을 버리고 이기심이 없이 평화롭게 된 자는 브라흐만이 되기에 적합하다"(18.52-53). 또한 욕망과 증오의 양 극단으로부터 벗어나 이 둘을 평등한 마음으로 보고 감각을 제어하면 삼매에 머물며 마음이 청정해지고 평화로워진다고 말한다(2.64). 이렇게 마음이 청정해지면 모든 고통들이 다 사라진다. 왜냐하면 청정한 마음을 지닌 자는 지성이 빨리 확고하게 되기 때문이다. 『기따』에서는 이러한 마음이 청정하기 위해서는 윤리적인 의미에서의 감각의 제어가 중요하다는 것을 말하고 있다. 감각의 제어를 통하여 청정에 이르지 않은 자는 지혜가 없다고 말하고 있기 때문이다(2.66). 그러므로 윤리적인 청정을 통한 마음의 청정이야말로 행위의 요가의 전제이다. 지식의 요가가 행위의 요가의 전제라고 하는 것은 시간적 순서가 아니라 논리적 순서이다. 논리적으로는 해탈 · 청정 등이 사회 윤리적 실천보다 앞선다.

28 S. Radhakrishnan(1976), p. 370.

4. 행위로부터 벗어난 자유로운 상태에 머물기

대부분의 인도인들은 『기따』가 우빠니샤드의 핵심을 담고 있다고 생각한다. 전체 18장의 각 장의 끝에서는 '이것이 『바가바드기따』라 일컫는 우빠니샤드 안에 있는 제○○장이다'라는 식으로 맺고 있다. 이렇듯이 『기따』의 주요 정신은 우빠니샤드의 정신에 있다는 의미로 이해될 수 있다. 그러나 『기따』는 우빠니샤드와 달리, 인생의 문제를 최고 존재 브라흐만에 대한 지혜(brahma-vidyā)를 얻는 것으로만 해결하려 하지 않고, 양심과 내면의 혼란으로 헝클어진 심리 상황을 극복하기 위해서 의무수행이나 신에 대한 헌신적인 믿음과 사랑 등의 방법들로도 인생 문제를 해결하고자 제작된 문헌이다.

『기따』에서 가장 핵심적인 주제 가운데 하나가 행위이다. 그래서 『기따』에서는 끄리슈나가 아르주나에게 행위를 권장하고 있다. 그렇다면 그는 아르주나에게 어떤 행위를 권장하고 있을까? 인도사상에서 행위에는 좋은 행위[善業]과 나쁜 행위[惡業]이 있다고 한다. 어떤 행위가 좋고 또 어떤 행위가 나쁜가? 이것은 행위를 하면 그에 따른 행위의 결과가 발생하기 때문에 그렇게 말한다. 그런데 행위의 결과[業報]가 발생하면 인생의 목표인 해탈을 실현하는 데 장애가 된다. 장애가 된다는 것은 좋지 않는 행위라고 보아야 한다. 하지만 좋은 행위가 즐거운 결과[樂果]를 낳지만, 그것 또한 인생의 궁극적인 문제를 완전히 해결해주지는 않는다고 본다. 그렇기 때문에 좋은 행위이든 나쁜 행위이든 행위를 하되, 그 결과를 낳지 않는 행위를 해야 인생의 궁극적인 문제를 해결해줄 수 있다고 말한다. 인간의 삶 자체가 바로 행위이다. 그러므로 살아가면서 아주 간단한 행위라도 하지 않고는 한순간도 생명을 유지할 수 없다. 우리가 살기 위해서 행위를 해야 한다면 그 결과가 발생하지 않는 행위, 다시 말해 행위를 하되 그 행위의 결과를 낳지 않는 행위를 해야 하는데 그런 행위에는 어떤 것이 있을까?

『기따』에서는 그것을 '행위로부터 자유로운 상태가 실현되면 가능하다'고 하고 있다. 그러면 행위로부터 자유(naiṣkarmya)란 도대체 어떤 의미이고, 그 행위는 과연 좋은 결과나 나쁜 결과와 같은 행위의 결과를 낳지 않는 것일까? 그리고 행위로부터 자유가 실현되면 어떤 상태에 이르게 되는가?[29]

1) 행위로부터 자유의 의미

행위로부터 자유는 naiṣkarmya라는 용어의 번역이다. Naiṣkarmya는 어원적으로 접두어인 'naiṣ'는 'nis'의 모음계차의 브릿디(vṛddhi)된 것으로서 '~이 없는', '~로부터 벗어난', '~하지 않는' 등의 의미이고, karmya는 karma(행위)에서 파생한 중성명사이다. 이것의 사전적인 의미는 '활동의 방기(放棄), 또는 방척(放擲)', '활동을 하지 않는 것',[30] '행위로부터 벗어난' 등의 의미로서, 『기따』에서는 '행위를 하지 않음[無行爲]', '행위로부터 초월함', '행위의 요가를 초월한 상태'(a state transcending karma-yoga),[31] '행위로부터 자유로움'(freedom from works)[32] 등을 의미한다. 여기서 행위란 '해서는 안 될 나쁜 행위(vikarma)'를 포함한 모든 행위를 가리킨다.

---

29 이하의 내용은 개별적으로 연구된 성과를 이 책의 의도에 따라 수정하고 보완한 것이다. cf. 문을식(2011)a.

30 鈴木學術財團 編(1986), p. 715b.

31 M. R. Sampatkumarn(trans. 1985), p. 69. cf. BG.3.4.

32 A. G. Krishna Warrier(trans. 1983), p. 103. cf. BG.3.4. 샹까라는 이어서(p. 104, BGb.3.4-1) "행위로부터 자유는 행위를 하지 않음을 행하지 않는 자의 상태이다. 다시 말해 행위의 부재, 또는 지식의 수련을 말한다. 그것은 고요한 존재, 행위를 하지 않는 자아의 본질이다. 일반 사람에게 이 상태는 행위를 삼감으로써도 성취되지 않는다."

따라서 행위로부터 자유는 행위의 동기와 행위의 결과에 대한 무관심을 통해 실현되는 완전한 행위를 의미한다. 곧 행위를 하되, 그 행위를 유발시키는 욕심을 버림과 아울러 행위의 결과에 대한 관심의 단념을 의미한다. 그러므로 행위로부터 자유는 행위를 하되 행위를 하지 않는 것으로 온전한, 또는 완전한 행위(kṛtsna karma)와 동의어로도 볼 수 있다. 온전한 행위란 4.18에서 볼 수 있듯이, 행위 속에서 무행위를 보고, 무행위 속에서 행위를 보는 것을 말한다. 결국 이것은 행위를 하지 않는 것이 아니고, 이기적인 생각과 같은 내적 동기로서 욕망 없이 행위를 하되 그 행위에 집착하지 않고, 또한 그 행위의 결과를 절대자에게 조건 없이 바치는 것과 같은 행위이다. 이렇게 행위를 하면 그 행위에 대해 집착을 하지 않을 뿐만 아니라 행위의 결과에도 관심을 두지 않고 행위를 하기 때문에 행위와 지식이 하나로 융합될 때 표현하는 용어로 이해될 수 있다.

> 그대의 특권은 바로 행위에 있는 것이지, 결코 행위의 결과에 있는 것이 아니다. 어느 때건 행위의 결과가 그 행위의 원인이 되어서는 안 된다. 그대는 무행위에도 집착하지 마라. (2.47)

위 인용문은 아르주나가 네 종성 제도에서 끄샤뜨리야 종성의 의무를 완수하는 것을 말하고 있다. 끄샤뜨리야 종성의 특수의무는 자신의 개인 영달이 아니고, 나라나 사회에 위기가 닥쳤을 때 그 위기로부터 벗어나도록 국토와 국민의 생명을 보호하기 위해 용감하게 싸우는 데에 있다.[33] 그

33 『마누법전』 1.89에서 끄샤뜨리야 종성에게 주어진 의무는 "국민을 지키는 일, 보시, 희생제, 베다의 학습, 감각적 대상에 현혹되지 말 것 등이다." BG.18.41에서 네 종성의 행위는 본성으로부터 생겨난 물질적 속성에 따라 구분된다고 하며, 18.43에서는 끄샤뜨리야 종성이 해야 할 행위는 용맹, 대담, 굳셈, 날렵함, 전쟁에서의 물러서지 않음, 보시, 통솔력 등이다. 두

러므로 아르주나의 의무는 싸우는 행위에 있기 때문에, 싸워서 이기든 지든, 또는 명예를 얻거나 불명예를 얻는 것은 끄샤뜨리야 종성의 1차적인 의무가 아니다. 그것은 싸워 이기는 것에 목적을 두고 전쟁을 일으킨다거나 전쟁터에 나가서 싸우는 것이 아니다. 그것은 싸우겠다든지 싸우지 않겠다든지 하는 것에 집착하지 않고 주어진 자기 종성의 특수의무로서 마땅히 임무를 수행하고 끝까지 완수하는 데에 목적이 있다.

『기따』에 따르면, 행위의 주체는 모든 존재의 물질적 측면, 곧 몸을 이루고 있는 물질원리의 구성요소인 속성이다. 그런데 인간이 자신을 행위자와 동일시하는 것은 속성들로 구성된 몸을 자신의 본질적인 참된 자아로 착각하는 무지 때문이다. 그러나 세 속성을 초월한 사람은 자신이 행위자라는 의식이 없고, 행위와 그 결과에도 집착하지 않는다. 따라서 행위자라는 의식 없이 행위를 하면 그 행위는 결과가 쌓이지 않는 온전한 행위가 된다.

『기따』는 확고하게 완전한 바른 지식에 바탕을 둔 행동주의적 가르침에 주된 메시지가 있다. 상대적인 것을 평등하게 보는 마음은 자기를 극복한 것, 곧 즐거움과 괴로움, 시기와 질투, 성공과 실패 등과 같은 상대적인 이원성의 어느 하나에 편협하게 집착하는 마음의 상태가 아니고, 이들을 넘어서서 공평무사하게 세상을 보는 것을 의미한다.

> 요가에 의지하여 행위를 하라. 집착을 버리고 성공과 실패를 평등하게 하고 행위를 하라. 평등한 마음에 머물기를 요가라고 한다. (2.48)

문헌의 내용에서는 약간의 차이가 보이지만 그 가운데 국민을 지키기 위해서는 용맹스럽고 대담하며 전쟁에서 물러서지 않는 성격을 지녀야 함은 공통적이라고 보아야 할 것이다.

무행위란 단순히 행위를 하지 않는 것이 아니라고 하였다. 무행위는 이기적 욕망을 가지고 하는 행위가 아니고, 또한 그 결과에 집착하여 하는 행위가 아니다. '해야 할 행위'와 '해서는 안 되는 나쁜 행위'를 잘 알아서 자신의 특수의무에 벗어나지 않는 행위이다. 다시 말해 이기적인 생각과 같은 내적 동기에 끌리지 않는 집착이 없이 하는 행위를 말한다. 따라서 "무행위는 행위 안에서, 그리고 행위는 무행위 안에서 발견될 수 있다. 곧, 행위 속에서 무행위를, 무행위 속에서 행위를 보는 사람이 지혜로운 사람이고, 참된 행위자이다."(4.18) 이렇듯이, 무행위란 단순히 행위를 단념하거나 포기하는 것을 의미하는 것이 아니다. 그것은 내적 동기로서 욕망하고 집착하는 행위의 포기와 행위의 결과가 어떠하든 그것에 대한 기대를 단념하는 행위를 말한다.

2) 행위로부터 자유로운 상태

'행위로부터 자유로운 상태'란 naiṣkarmya를 번역한 말이다. 여러 학자들의 생각들도 이와 같은 맥락으로 해석하고 있다. 길희성은 "무위(naiṣkarmya)는 아무런 행위를 하지 않는 무행위(akarma)와는 구별되어야 한다. Naiṣkarmya는 행위로부터 자유로운 상태를 가리키는 개념으로서, 이러한 상태는 단순히 아무런 행위를 하지 않음으로써, 또는 행위의 포기(saṅnyāsa)로써 이루어지는 것이 아님을 말하고 있다"[34]고 하면서, "행위를 하지 않음으로써 무위를 얻는 것이 아니며, 행위의 포기로써 행위의 완성에 이르는 것이 아니다"[35]라고 말한다. 일본 학자 가미무라 가츠히코(上村勝彦)는 "모든 행위를 최고신에게 바치는 사람은 행위의 초월을 실현할

34 吉熙星 譯(1994), p. 58.

35 BG. 3.4: na karmaṇām anārambhān naiṣkarmyaṁ puruṣo'śnute, na ca saṁnyasanād eva siddhiṁ samadhigacchati.

수 있다"[36]고 한다. 라다끄리슈난은 "naiṣkarmya는 모든 행위를 초월한 상태이지, 모든 행위로부터 완전한 철회가 아니다"라고 말하면서 그런 행위의 철회와 같은 행위의 포기는 몸을 지니고 살고 있는 동안에는 불가능하기 때문에(3.5) 『기따』는 내적 동기의 포기를 주장한다고 말한다.[37] 또한 스와미 감비라난다(Swami Gambhirananda)도 "naiṣkarmya는 모든 의무들로부터 자유로운 상태로서, 행위를 하지 않는 자아로서 자신의 참된 본성에 머물러 있는 상태이다"[38]라고 하며, naiṣkarmya는 "어떠한 것에도 집착하지 않는 지성을 가지고 자신을 극복하고 바라는 것을 초월한 사람은 포기에 의해 행위를 초월한 최고의 완성에 도달한다"[39]고 하는 시편을 그 근거로 제시하고 있다.

『기따』에서 naiṣkarmya라는 술어는 3.4와 18.49에서 두 번밖에 나오지 않지만, 아주 중요한 위치를 차지하고 있다는 것에 유의할 필요가 있다. 먼저 전자(3.4)에서는 "행위를 하지 않음으로써 행위로부터 자유를 얻는 것이 아니고, 행위의 포기를 통해서만 행위[40]의 완성에 이르는 것이 아니다"[41]라고 하고, 후자(18.49)에서는 "어떠한 것에도 집착하지 않는 지성을

36 上村勝彦(1995), p. 233.

37 S. Radhakrishnan(1976), p. 367.

38 Swāmī Gambhīrānanda(trans, 1984), p. 717.

39 BG.18.49: asaktabuddhiḥ sarvatra jitātmā vigataspṛhaḥ, naiṣkarmyasiddhiṁ paramāṁ saṁnyāsenā'dhigacchati.

40 여기서 '행위의'라는 말은 『기따』 원문에는 나오지 않는다. 필자가 보충하고자 부가적으로 써 넣은 것이다. 그 다음의 '완성에 이르는 것이 아니다'라는 말과 연결시켜서 보면, '행위의 완성'이라고 볼 수도 있고, 또 '행위로부터 자유의 완성, 또는 실현'이라고도 볼 수 있다. 하지만 여기서 행위의 완성이라고 보는 것이 3장의 전체적 맥락에서 볼 때 그렇게 해석하는 것이 타당하지 않을까 하는 필자의 생각이 들어가 있다. 그렇다고 '행위로부터 자유의 완성, 또는 실현'이 될 수 없다는 말은 아니다. 다만 행위를 하지 않는 것으로는 행위의 완성, 곧 행위로부터 자유가 실현되지 않는다는, 말하자면 18장에서 말하는 완전한 행위로부터 자유의 실현보다 이전 단계로 보아야 하지 않는가 하는 생각 때문이다.

41 a karmaṇām anārambhān naiṣkarmyaṁ puruṣo'śnute, na ca saṁnyasanād eva siddhiṁ

지니고 경험적 자아인 마음을 이겨내고 바라는 것을 초월한 사람은 포기에 의해 행위로부터 자유로운 최고의 완성에 도달한다"라고 하고 있다. 라다끄리슈난이 정의한 대로 '내적 포기'란 단순한 행위의 포기가 아니라 '행위의 내적 동기로서 욕망, 집착 등의 포기'를 의미한다고 볼 수 있는데, 그것은 18.49에서 '경험적 자아인 마음을 이겨내고'가 이에 해당한 것으로 이해된다. 또 행위는 행위의 내적 동기의 포기에 의해서만 완성되는 것이 아니다. 행위의 결과로부터의 초월도 함께 이루어질 때 모든 행위로부터 자유로울 수 있기 때문에 '지성을 지니고 경험적 자아인 마음을 이겨내고 바라는 것을 초월한 사람만이 행위로부터 자유를 완성할 수 있다'고 말하고 있는 것이 이에 해당한 것으로 이해된다.

『기따』에서 끄리슈나는 아르주나에게 전쟁이라는 행위의 결과에 집착하지 말고 끄샤뜨리야 종성에게 주어진 특수의무로서 전쟁이라는 행위를 수행하라고 말하고 있다. 그것은 전쟁에서 승리와 패배라는 상대적인 이원성의 결과에 관계없이 끄샤뜨리야 종성에 천성으로 주어진 특수의무로서 모든 행위의 결과를 단념하고 행위를 하라고 하는 것이다. 그렇지만 이런 끄리슈나의 아르주나에 대한 가르침은 말로는 쉬울지 모르겠지만, 실제로 실행하는 것은 쉽지 않은 일이다. 그래서 가미무라(上村)가 말하고 있듯이, 모든 행위를 최고신에게 바치듯이 행위를 해야 한다고 말하고 있는 것이다. 그런 태도를 지니고 전쟁터에 나가 싸우면 적군을 죽이더라도 죄를 짓지 않기 때문에 자신의 종성에 규정된 사회적인 특수의무에 따라 끄샤뜨리야 종성인 아르주나는 전쟁을 수행해야 한다. 아르주나는 모든 자아의식과 집착을 포기하고 전쟁을 해야 하고, 또 전쟁의 결과가 좋든 나쁘든 행위의 결과를 모두 단념하고 전쟁을 수행해야 한다. 이렇게 이기

samadhigacchati.

적인 생각과 같은 내적 동기로서 욕망의 지배를 받는 행위와 그 결과에 무관심하게 되면 비로소 모든 행위로부터 자유가 실현될 수 있고, 또한 행위의 요가도 완성될 수 있다.[42]

3) 행위로부터 자유를 실현한 사람

『기따』에서 행위의 요가, 또는 행위의 길은 '행위의 결과를 기대하지 않는 것'이다. 이러한 '행위의 결과에 기대하지 않는 행위는 선한 삿뜨바 속성을 지닌 사람의 행위라고 말하고 있다(17.11; 17.20). 이 행위의 특징은 모두 선한 삿뜨바 속성을 지닌 행위이다. 선한 삿뜨바 속성을 지닌 행위란 희생제 · 보시 · 고행 등을 말하는데 자신에게 주어진 의무로서 행하는 것이라도 규범에 나타난 것만 해야 한다. 이것이 행위의 요가를 실천하는 요가수행자의 모습이다. 그러므로 선한 삿뜨바 속성에 속하는 행위, 곧 "사람들이 행위의 결과를 기대하지 않고, 다만 규범에 나타난 희생제만을 마음을 모아 지내는 희생제가 선한 삿뜨바 속성을 지닌 희생제이다"[43]라고 하여 선한 삿뜨바 속성에 속하는 행위를 실천하는 자는 모두 행위의 요가를 실천하는 행위의 요가수행자라고 할 수 있다.

왜 희생제 · 보시 · 고행의 세 가지 행위가 주어진 의무를 수행하는 것인가 하는 것에 대해서는 18.5에서 "희생제 · 보시 · 고행의 행위를 단념해서는 안 된다. 그것은 참으로 해야 하는 것이다. 또한 희생제와 보시와 고행은 현자들을 정화시키는 수단이다"라고 하고 나서, 18.6에서 "그들의 행위는 내적 동기로서 욕망 등에 대한 집착과 행위의 결과를 단념하고서 행위를 해야 한다. 이것이 나의 최고의 믿음이다"라고 말하고 있다. 그런

42 上村勝彦(1995), pp. 234~235.

43 BG.17.11: aphalākāṅkṣibhir yajño vidhidṛṣṭo ya ijyate, yaṣṭavyam eve 'ti manaḥ samādhāya sa sāttvikaḥ.

데 앞에서 내적 동기로서 욕망 등에 집착하지 않는 것을 '포기'라고 하였고, 행위의 결과를 기대하지 않는 것을 '단념'이라고 하였다. 여기서 희생제 · 보시 · 고행 등의 행위도 그와 같은 포기와 단념이 동시에 이루어질 때 행위로부터 자유가 실현되는 길로 들어갈 수 있다고 보아야 한다. 더 나아가 행위로부터 자유를 실현하는 길은 행위의 요가, 지식의 요가뿐만 아니라 최고신에게 모든 행위를 바치는 헌신적인 믿음과 사랑의 요가가 조화롭게 될 때 실현되는 것으로 이해될 수 있다.

그렇기 때문에 지혜이든 행위이든 최고신에 대한 절대적인 믿음과 사랑이든 모두 세 속성이 지닌 모든 행위를 포기와 단념의 정신에 입각하여 해야 한다는 것을 의미하기도 한다. 다시 말해 '제어된 행위를 포기하고, 미망 때문에 행위의 결과를 단념한다든지(18.7), 또한 육체의 괴로움이 두려워 행위를 포기한 것 등은 정당한 단념이 아니기 때문에 행위로부터 자유라는 결과를 얻지 못한다(18.8). 그렇지만 단지 자신의 종성에 주어진, 해야 할 의무로 생각하고서 욕망 등이 다스려진 행위를 해야 행위의 내적 동기로서 욕망 등에 대한 집착을 포기하고, 행위의 결과를 단념하는 것이 완성된다. 그때 진정한 단념이라고 해야 한다'(18.9). 이렇게 행위뿐만 아니고, 완전한 바른 지식에 바탕을 둔 행위의 요가나 행위의 요가수행자도 마찬가지로, 내적 동기로서 욕망과 그에 대한 집착을 떠나 행위를 하고, 행위의 결과도 기대하지 않으며, 좋고 싫음 없이 의무로서 행위를 하고(18.23), 집착에서 벗어나 자기를 내세우지 않으며 용맹정신의 열정으로 성공과 실패 등에 관계없이 행위를 하며(18.26), 또 활동과 활동하지 않음, 해야 할 것과 하지 말아야 할 것, 위험과 안전, 속박과 해탈을 아는 지성을 지닌 행위를 한다면(18.30) 행위로부터 자유가 실현되는 길로 들어가는 것이다. 이와 같은 수습을 통해 행복을 얻게 되면 고통이 끝나게 되는데(18.36), '그것은 자아에 관한 지성의 청정함으로부터 생겨난다'(18.37)고 말한다.

한편 『기따』에서 세속적인 생활을 하는 사회인은 네 종성에 따라 의무가 정해져 있기 때문에(18.41-44) 각각의 의무를 완수해야 한다고 생각한다. 이렇게 각 종성에게 정해진 의무를 온전하게 수행한 사람이 행위를 완성할 수 있는 것이다. 18.45ab에서 "바로 자신의 행위에 대해 만족하는 사람은 완성을 얻는다"고 말하면서 자신의 행위에 만족하는 사람이 어떻게 행위의 완성, 행위로부터 자유가 실현될 수 있는지 그 방법을 제시하고 있다.

4) 행위로부터 자유의 실현

행위로부터 자유가 실현된 사람은 인도 사회에서 사회인으로서 행위를 완수한 사람이고, 절대자 브라흐만의 경지에 도달한 사람을 일컫는다.

> 행위로부터 자유가 실현한 사람이 어떻게 브라흐만과 하나가 되는 것인지를 설명하겠다. 나에게 간략하게 들어보라. 그것은 지식의 최고 경지이다. (18.50)[44]

위 인용문에서 행위로부터 자유를 실현한 사람이 브라흐만과 하나가 된 사람임을 확인할 수 있다. 그리고 브라흐만과 하나가 된 경지는 지식 가운데 가장 높은 지식을 얻은 사람의 경지임을 밝히고 있다. 그리고 이어지는 시편들에서 그러한 순수한 지식을 통해 자신을 단단하게 억제하면서 감각의 대상에 대한 집착을 버리고 탐욕과 증오의 두 극단을 벗어나서 명상요가(dhyāna-yoga)에 전념하면 모든 이기적인 생각에서 벗어나 브라흐만과 하나가 된다고 말하고 있다.

---

44 siddhiṁ prāpto yathā brahma tathā'pnoti nibodha me, samāsenai'va kaunteya niṣṭhā jñānasya yā parā.

순수한 지식을 통해 인식주체와 대상이 결합되어 자신을 굳게 억제하면서 소리 등의 감각대상을 버리고 탐욕과 증오를 떠나 인적이 드문 외딴곳에 머물면서 가벼운 식사를 하고, 말과 몸과 마음을 억제하며, 늘 명상요가에 열중하고, 욕심을 떠나는 것에 의지하여 자아의식 · 폭력 · 오만 · 욕망 · 분노 · 소유에서 벗어나서 이기적인 생각이 없이 마음이 고요하게 된 자는 브라흐만과 하나가 될 수 있다. (18.51-53)

순수한 지식을 통해 경험적 자아를 잘 제어하고 감각의 대상을 내려놓으며 자신과 타자에 대한 좋아하고 싫어하는 마음으로부터 벗어나 인적이 드문 외딴곳에 머문다는 것은 세속생활을 하면서 실천하기란 쉽지 않다. 그러나 모든 세속적인 행위로부터 자유로운 사람이라면 그렇게 할 수 있는 것이고, 식사의 양이나 횟수를 줄이고 신체적 · 언어적 · 심리적인 행위들을 다스리는 명상요가를 실천수행하면서, 모든 이기적인 욕망에서 벗어나면 모든 마음이 고요하게 되어[45] 브라흐만과 하나가 될 수 있다고 말하고 있다.

여기서 명상요가란 세속적인 생활에서 행위를 통해 실현되어야 할 경지이기 때문에 그것을 목적으로 명상을 실천 수행하는 것을 가리킨다. 『기따』에서 보면, 그것은 최고 존재에 지성을 집중한다는 의미로 이해될 수 있기 때문에 지성의 요가(buddhi-yoga)와 같은 의미로 볼 수 있다.[46]

---

45 BG.6.3에서 "요가에 오르기를 원하는 성자에게는 행위가 수단이라고 말해진다. 요가에 이미 오른 바로 그러한 자에게는 적정이 수단이라고 말해진다"라고 하는 데서 볼 수 있듯이, 요가수행을 시작한 초보자에게는 요가가 행위의 수단이겠지만, 이미 요가수행을 완성한 자에게는 인생의 목적을 실현하기 위해서는 마음의 적정이 이루어져야 한다는 의미이기 때문에 브라흐만과 하나가 되는 데는 적정이 그 수단이 된다고 보아야 한다.

46 여기서 Buddhi-yoga는 BG.2.49-72에 걸쳐서 다루어지고 있다. 그 가운데 buddhi-yoga라는 술어가 나오는 시편들은 다음과 같다. BG.2.49: 왜냐하면 지성 요가로부터 멀어지면

2.49에서는 '행위는 지성의 요가보다 훨씬 열등하다'고 하고, 2.50에서는 '지성에 의해 다스려진 사람은 이 세상에서 선한 행위와 악한 행위 둘 모두를 버린다'고 하면서 요가를 모든 행위로부터 자유롭게 하는 '숙련된 행위의 기술'(karmasu-kauśala)이며(2.50), '지성에 의해 다스려진 현자들은 행위가 낳는 결과를 포기하여 윤회의 속박으로부터 벗어난다'고 말하고 있다(2.51). 그렇기 때문에 최고 경지에 도달한 사람은 자아의식 · 폭력 · 오만 · 욕망 · 분노 등의 모든 소유욕으로부터 벗어나 '나의 것'이라는 생각조차 사라져 상대적 차별성으로부터 벗어난 평등한 마음에 머물기가 완성되고,[47] 마음이 순수하고 청정해져 어떤 일에도 슬퍼하거나 어떤 일을 갈망하지도 않고, 모든 것들을 평등하게 바라보며, 절대자에 대한 지고의 헌신적인 믿음과 사랑을 바치게 된다(18.54).[48] 여기서 지고의 헌신적인 믿음과 사랑(para-bhakti)이란 최고의 지식(jñāna), 또는 지성(buddhi)이고, 최고신 끄리슈나와 하나가 되는 것이다. 행위로부터 자유를 실현하기 위해서는 최고신에 대한 완전한 바른 지식과 헌신적인 믿음과 사랑이 필요하다.

그렇지만 행위로부터 자유가 실현되고, 마음의 평화에서 의지할 곳을 찾으며, 브라흐만과 하나가 되었을 때, 곧 요가를 완성했을 때는 최고의 헌신적인 믿음과 사랑 및 진실한 지식을 얻어 최고신 끄리슈나와 하나가 된다는 것이다. 따라서 행위, 지식, 헌신적인 믿음과 사랑과 같은 요가가

저열한 행위가 되기 때문이다. 아르주나여! 지성에서 의지처를 찾아라. 행위의 결과를 행위의 원인으로 삼는 자들은 가련한 자들이라오(dūreṇa hy avaraṁ karma buddhiyogād dhanaṁjaya, buddhau śaraṇam anviccha kṛpaṇāḥ phalahetavaḥ); BG.10.10: 항상 제어되어 사랑으로 나를 헌신적으로 믿고 사랑하는 그들에게 이 지성 요가를 준다. 그들은 이것에 의해 나에게 이른다(teṣāṁ satatayuktānāṁ bhajatāṁ prītipūrvakam, dadāmi buddhiyogaṁ taṁ yena māṁ upayānti te); BG.18.57에도 나오지만 나중에 인용하기 때문에 여기에 그 내용은 밝히지 않겠다.

47 cf. BG.2.48.

48 cf. BG.10.10.

모두 절대의 경지와 관계가 있다는 의미로 이해된다. 그러므로 행위의 요가, 지식의 요가(jñāna-yoga, buddhi-yoga, dhyāna-yoga), 헌신적인 믿음과 사랑의 요가는 다른 것이 아니고, 하나의 목적인 행위로부터 자유를 실현하는 수단임을 알 수 있다.[49] 그렇다면 세속적인 생활에서 의무로서 주어진 행위를 하면서 요가를 통한 자유를 실현하려면 어떻게 해야 하는가? 18.56에서는 최고신 끄리슈나에게 의지할 곳을 찾고, 늘 모든 행위를 하면서도 끄리슈나의 은총에 힘입어 영원히 변하지 않는 경지에 도달할 수 있다고 말하고 있다. 그리고 이어서

> 마음으로 모든 행위를 나에게 맡기고 나에게 전념하며 지성의 요가에 의지하여 항상 나를 생각하는 자가 되어라. 나를 생각하는 자는 나의 은총으로 모든 어려움을 극복할 것이오. 그렇지만 만약 그대가 아만 때문에 끄리슈나의 말을 듣지 않는다면 그대는 파멸할 것이다. (18.57-58)

여기서 최고신 끄리슈나에게 귀의하고, 모든 행위를 끄리슈나에게 바치며 끄리슈나에게만 전념하고 지성의 요가에서 의지처를 찾으면 세속생활을 하면서도 최고신 끄리슈나의 은총을 받아 요가를 완성할 수 있지만, 이기적인 자아의식 때문에 그렇게 하지 않으면 파멸에 이를 것이라고 하고 있다. 『기따』에 따르면, 세속생활을 하면서 구제받을 수 있는 유일한 길은 늘 끄리슈나에게 마음이 향해 있고, 그의 은총으로 모든 어려움을 이겨낼 수 있기 때문에 모든 행위의 과보를 최고신인 끄리슈나에게 바치는 행위자가 되어야 하고, 즐거움과 괴로움 등을 평등한 마음으로 보는 평화롭고 평등한 경지에 도달하게 된다고 다음과 같이 결론을 맺고 있다.

---

49 上村勝彦(1995), pp. 238~239.

> 나를 생각하고 나에게 헌신적인 믿음과 사랑을 하며, 나에게 희생제를 올리고, 나를 경배하라. 그러면 바로 나에게 오게 될 것이라고 그대에게 진실로 약속한다. 나에게 그대는 사랑스러운 자이다.[50] 모든 의무들을 단념하고 나를 유일한 귀의처로 삼아라. 나는 그대를 모든 악에서 자유롭게 벗어나게 할 것이니, 슬퍼하지 마라. (18.65–66)[51]

그러나 고행을 하지 않거나 헌신적인 믿음과 사랑이 없다든지, 아니면 들으려고 하지 않는 자라든지, 나에게 불만을 가지고 있는 자처럼 가르침을 들을 자격이 없는 자들에게는 '모든 악으로부터 자유롭게 해 주겠다'고 말해서는 안 된다. 그렇지만 '모든 악으로부터 자유롭게 해 주겠다'고 하는 이 최고의 비밀을 말해주는 자는 최고신 끄리슈나로부터 구원을 받는다. 이러한 자들은 무지로부터 생긴 미혹이 사라져 올바른 생각을 얻게 되고, 또한 의심도 사라져서 완전한 바른 지식이 확고하게 된다(18.67–73).

5. 평등한 마음을 실현하는 방법

『기따』에서 가장 찬미된 삶은 마음이 안온하여 항상 만족하고, 상대적 이원성에서 벗어나 평등한 마음에 머물며 사는 것이다. 욕망으로부터 벗

---

50 cf. BG.9.34: 나를 생각하고, 나를 헌신적으로 믿고 사랑을 하며, 나에게 제사를 올리고, 나를 경배하라. 이와 같이 자신을 제어하고 나를 최고의 목표로 삼는 자는 바로 나에게 이르게 될 것이다(manmanā bhava madbhakto madyājī māṁ namaskuru, mām evai'ṣyasi yuktvai'vam ātmānaṁ matparāyaṇaḥ).

51 BG.18.65–66: manmanā bhava madbhakto madyājī māṁ namaskuru, mām evai'ṣyasi satyaṁ te pratijāne priyo'si me. sarvadharmān parityajya mām ekaṁ śaraṇaṁ vraja, ahaṁ tvā sarvapāpebhyo mokṣayiṣyāmi mā śucaḥ.

어난 이욕행(離欲行, niṣkāma-karma)의 실천은 평등한 마음에 머물기를 본질로 해서 이루어진다. 평등한 마음에 머물기는 다음의 세 단계를 거쳐 얻을 수 있다. 다스굽따(S. Dasgupta)에 따르면, 이에는 첫째, '주관에 대한 평등한 마음내기'(viṣayin-samatva), 둘째, '객관대상에 대한 평등한 마음내기'(viṣaya-samatva), 셋째, '세 속성을 지닌 세속세계를 초월한 평등한 마음내기'(guṇ ātīta-samatva)가 있다고 한다.[52]

첫째의 '주관에 대한 평등한 마음내기'는 살아가면서 모든 상황에서 즐거움과 괴로움, 칭찬과 비난에 불편부당하지 않도록 평등한 마음을 내어 그 자리에 머무는 방법이다. 둘째의 '객관대상에 대한 평등한 마음내기'는 모든 사람들에게 편견이 없는 정신에 입각해 친구나 적을 보는 방법이다. 셋째의 '세 속성을 지닌 세속세계를 초월한 평등한 마음내기'는 모든 세속적인 것들에 의해 있는 그대로 봄으로써 참된 자아를 실현시키는 방법이다. 이것은 세속적 세계를 무지에 의해 만들어내고 지탱하는 물질원리의 세 속성을 초월하는 상태이다. 이들 가운데 세 번째 단계가 실현되면 모든 행위로부터 자유로워지는 해탈의 경지에 도달하여 최고 존재인 끄리슈나와 하나가 될 수 있다.

> 괴로움과 즐거움을 평등하게 여기고 스스로 만족하며, 흙덩이와 돌과 황금을 평등하게 여기고, 좋아하는 것과 좋아하지 않는 것을 평등하게 여기고 변함이 없는 자는(14.24), 자신에 대한 비방과 칭찬을 동등하게 여기고, 공경과 무례를 동등하게 여기고, 친구와 적을 동등하게 여기며, 모든 시도를 단념한 자를 세 속성을 초월한 자라 한다(14.25). 그리고 영속되는 헌신적인 믿음과 사랑의 요가로써 나를 공경하는 자는 세 속성을 초월하여 브라흐만과 하나가 된다. (14.26)

---

52 Surendranath, Dasgupta(1972), pp. 511~512.

1) 주관에 대한 평등한 마음내기

주관에 대한 평등한 마음을 내기 위해서는 자기 자신의 마음속에서 일어난 것에 대한 극단적인 상황이나 그들 사이에는 차이가 있다는 생각으로부터 벗어나는 것이다. 삶의 모든 상황에서 즐거움과 괴로움, 또는 슬픔, 명예와 불명예, 승리와 패배, 얻음과 잃음 등에 의해 방해받지 않고 둘 모두를 똑같이 보는 자이다. 이 양자가 서로 다르다는 이원성(dvaita, dvaya)으로부터 벗어난 마음의 자세로 행위를 한다면 결코 죄를 짓지 않는다.

그러나 여기서 문제는 자신에게 천성적으로 주어진 종성의 의무이다. 특히 끄샤뜨리야 종성인 아르주나에게 주어진 종성의 특수의무는 국민과 나라를 악으로부터 구해내는 정의의 전쟁을 수행하는 것이다(2.31). 그것을 수행할 때 그에 따른 명예와 같은 내적인 보상도 받을 수 있다. 또한 지상에서 행복을 누릴 수 있으며, 내세에는 천상세계로 들어갈 수 있는 문이 열린다(2.32). 그렇지만 친족의 살상과 같은 다른 이유들을 들이대며 수행하지 않고 포기하면 죄악이 발생한다(1.31-44). 만약에 자신에게 천성적으로 주어진 정당한 의무를 포기하면 그에 따른 행위의 결과(karma-phala, karma-vipāka)[53]로서 현세에는 끄샤뜨리야 종성들이 가장 가치 있는 덕목으로 여기는 명예를 떨어뜨리고 불명예를 얻게 된다(2.33-36). 더 나아가 내세에서는 지옥(naraka), 악귀(rakṣās, yakṣa), 또는 악령(asura)의 세계로 떨어지는 나쁜 과보인 죄악이 뒤따른다고 말한다(2.37). 그러므로 끄리슈나는 아르주나에게 자신의 의무로서 일어나 싸우라고 한다. 그러나 싸울 때는 내적인 청정, 곧 주관적인 마음을 청정하게 하고 평등한 마음으

53 이것은 업과(業果), 업보(業報)로 한역된다. 특히 karma-vipāka는 행위의 결과이기는 하지만, pāka, vipāka는 이숙(異熟) · 성숙 · 완성 등으로 번역되어, 행위의 결과가 성숙하는 것을 의미하며, 이 한 단어만으로도 행위의 결과인 업보로 번역되어 과보의 의미로 사용된다.

로 싸우라고 한다. 싸울 때 그것이 즐겁든 슬프든, 또는 자신에게 이로움을 가져다주든 손해를 가져다주든, 승리하든 패배하든, 이러한 양 극단에 치우치지 않고 내적인 평등한 마음을 내서 싸울 준비를 하게 되면 앞에서 제시한 죄악들을 받지 않는다고 말한다(2.38).

인간이 해야 하는 것은 자신의 의무를 행하는 것이지, 행위의 결과를 바라는 것이 아니다. 그러므로 행위의 결과를 바라거나 의무의 이행을 포기하는 것은 옳지 못하다. 주관에 대한 평등한 마음을 지니고 승리와 패배 등에 관계없이 자신의 의무를 수행하면 요가의 궁극적 목적이 얻어진다고 한다.

> 아르주나여! 그대의 특권은 바로 행위에 있는 것이지 결코 그 결과에 있는 것이 아니다. 어느 때건 행위의 결과가 그 행위의 원인이 되어서는 안 된다. 그대는 행위를 하지 않는 것에도 집착하지 말아야 된다. 요가에 의지하여 행위를 하여라. 집착을 버리고 성공과 실패를 평등하게 여기고 행위를 하여라. 평등한 마음에 머무는 것을 요가라고 한다. (2.47–48)

라다끄리슈난에 따르면, 2.47은 '이기적인 동기로부터 자유로움'(disinterestness)의 본질적인 원리를 담고 있다고 말한다. 또한 2.48에서 평등한 마음(samatva)은 '내적 균형', 또는 '내적 평정'의 의미로 자신을 극복한 상태이다. 곧 노여움, 신경과민, 자만하는 마음과 의기충천 등을 이겨내는 것이라고 해석하고 있다.[54] 여기서 내적 균형이나 내적 평정은 마음이 어디에도 치우치지 않고 흔들림 없이 평온한 상태를 말한다.

따라서 주관에 대한 평등한 마음이 갖추어진 자는 어떤 것을 얻거나 잃

54 S. Radhakrishnan(1976), p. 119.

든, 성취하든 성취하지 못한 것이든 개인적인 욕심이 없다. 주관에 대한 평등한 마음은 마음속에서 일어나는 모든 집착과 욕망을 버리고, 있는 그대로 만족할 때 고통 속에서도 마음이 흔들리지 않고, 행복 속에서도 어떤 대상에 집착하여 머물지 않으며, 좋아함과 싫어함의 이원성과 어리석음으로부터 벗어날 수 있다고 한다.

> 거룩하신 존자께서 말씀하셨다: 아르주나여! 마음에서 일어나는 모든 욕망을 없애고 다만 자아에 스스로 만족하며 기뻐할 때, 그를 확고한 지식을 지닌 자라고 한다. 고통 속에서도 마음이 흔들림이 없고, 즐거움 속에서도 탐욕과 집착에서 영구히 벗어나 격렬한 욕망과 두려움과 노여움이 마음에서 평정된 자는 성자라고 말해진다. 어떠한 경우에도 집착하지 않고, 좋은 것을 얻든 싫은 것을 얻든 그것에 대해 기뻐하지도 않고 싫어하지 않는 사람은 완전한 바른 지식이 확고하게 서 있는 자이다. (2.55–57)

또한 완전한 바른 지식이 확고한 사람은 슬픈 것에 낙담하거나 기쁜 것에 의기가 충천하지 않기 때문에 어떤 것에도 집착하지 않는다. 또한 특별히 즐거움을 좋아하거나 고통스러운 것을 싫어하거나 하는 후회하는 마음이 없기 때문에 절대로 자아에 구속되지 않고, 자기만족에 빠지지 않는다. 그러므로 주관에 대한 평등한 마음에 머무는 자는 어떤 것을 얻거나 성취하는 데 개인적인 욕심이 없다. 주관에 대한 평등한 마음에 머무는 자는 세상에서 그를 위해 성취해야 할 개인적인 대상이 없는 상태가 된다고 말한다.

> 자아 안에서만 만족하는 자, 자아와 함께 기뻐하는 자, 그리고 자아와 더불어 만족하는 자에게는 해야 할 일이 없다. 그에게는 이 세상에서 행하였거나 행하지

않았던 일에 대한 어떠한 목적이 결코 없다. 또한 그에게는 모든 현상적 존재들에 대해서도 목적을 삼아 의존하는 일이 없다. 그러므로 언제라도 집착 없이 해야 할 행위를 하라. 왜냐하면 집착이 없는 사람은 행위를 하면서도 최고의 존재를 얻을 수 있기 때문이다(3.17-19).[55] 마치 자나까(Janaka) 왕[56]이나 아쉬바빠띠 까이께야(Aśvapati kaikeya),[57] 쁘라바하나(Pravāhaṇ a)[58] 등과 같이 옛날의 학식이 있는 끄샤뜨리야 출신이 행위로 완성에 이르기 위해 노력하였듯이, 인류의 번영을 위해서라도 욕망이나 집착 등의 이기적인 생각과 같은 내적 동기를 버리고 행위를 해야 한다. (3.20)

2) 객관대상에 대한 평등한 마음내기

객관대상에 대한 평등한 마음을 내기는 모든 생명체에게 평등하여 친구와 적을 같은 눈높이로 보고, 공평무사한 정신으로 보는 것이 갖추어진 자의 심적 상태이다. 이러한 심적 상태를 갖춘 자에게는 친구와 적, 호의를 보이는 사람, 중립적인 사람, 증오심이 있는 자, 친족, 선한 사람, 나쁜 사람을 차별하지 않고 평등한 마음을 지닌 자이다.

---

55 yas tv ātmaratir eva syād ātmatṛptaś ca mānavaḥ, ātmany eva ca saṁtuṣṭas tasya kāryaṁ na vidyate. nai'va tasya kṛtenā'rtho nā'kṛtene'ha kaścana, na cā'sya sarvabhūteṣu kaścid arthavyapāśrayaḥ. tasmād asaktaḥ satataṁ kāryaṁ karma samācara, asakto hy ācaran karma param āpnoti pūruṣaḥ.

56 자나까 왕은 쁘라바하나(Pravāhaṇa), 아쉬바빠띠 까이게야(Aśvapati Kaikeya)와 함께 끄샤뜨리야 출신의 우빠니샤드의 철학자로서 Bṛhad-Up.4.1.1-7; 4.2.1 등에 등장하는 비데하 국의 왕, 또는 미틸라 국의 왕으로서 서사시 『라마야나』의 주인공 라마(rāma) 왕의 부인 시따(sītā)의 아버지로 전해온다. cf. 정태혁(1984), p. 162.

57 Chānd-Up.5.11.4 이하, 아쉬바빠띠 까이께야는 브라흐만에 대한 지식의 전문가이고, 또한 현명한 행정가이다. 그는 지혜와 일을 병행하였다. cf. Radhakrishnan, S.(1923; 2nd, 1968), p. 435; 정태혁(1984), p. 162.

58 그는 우빠니샤드에서 윤회와 업사상에 관련된 오화이도설(五火二道說)을 주장한 빤짤라 국왕이다. cf. Chād-Up.1.8.1-2; Bṛhad-Up.6.2.1 이하.

호의적인 사람, 친구와 적, 무관심한 사람, 중립적인 사람, 미운 사람들과 친척들, 착한 사람과 악한 사람에게도 평등한 마음을 지닌 사람은 뛰어난 자이다. (6.9)[59]

샹까라에 따르면, 호의적인 사람이란 다른 사람에게 선행을 하되 어떤 보상도 기대하지 않고 돕는 사람이다. 친구란 사랑이 넘치는 사람이고, 적이란 적대하거나 해치려는 사람이다. 무관심한 사람이란 편을 가르지 않고 어느 쪽에도 치우치지 않는 사람이다. 중립적인 사람이란 대립하는 양 편의 사람들 모두 몸과 마음이 편안하고 행복을 추구하도록 호의를 베푸는 사람이다. 미운 사람이란 닮은 것이 없는 사람이다. 친척이란 일가친척, 또는 친척과 아는 사람이다. 착한 사람이란 경전을 따르는 사람이고, 나쁜 사람이란 해서는 안 되는 행위들을 자주 하는 사람을 의미한다.[60]

객관대상에 평등한 마음을 내는 사람은 자신과 유추를 통해 즐거움과 괴로움을 똑같이 보고 똑같이 생각하며 모든 이에게 이로운 것을 바라며, 일체와 자신이 같음을 알고 내 안에서 모든 것이 있다고 본다.

요가에 의해 자신을 제어한 자는 모든 존재 안에 머무는 자아를 보고 자아 안에서 모든 존재를 본다. 그는 모든 것들을 평등하게 본다. 모든 것들 안에서 나를 보고, 내 안에서 모두를 보는 자, 그는 나를 잊지 않고 나도 그를 잊지 않는다. 모든 존재 안에 머무는 나를 믿고 사랑하며 오로지 나에게만 전념하는 요가수행자는 어떻게 살든 내 안에서 사는 자이다. 즐겁건 괴롭건 어디에서나 그것을 자신

59 suhṛnmitrāryudāsīnamadhyasthadveṣyabandhuṣu, sādhuṣv api ca pāpeṣu samabuddhir viśiṣyate.

60 A. G. Krishna Warrier(trans. 1983), pp. 225~226.

과 유추를 통해 평등하게 보는 자는 최고의 요가수행자로 생각한다. (6.29-32)

객관대상에 평등한 마음을 내는 사람은 자기에게 즐거운 것은 모든 존재들에게도 즐겁고, 자신에게 고통스러운 것은 모든 존재들도 고통스러움으로 본다. 이와 같이 자신에게 즐거움이나 괴로움은 모든 존재들에게도 똑같이 즐거움이나 괴로움으로 보기 때문에 그는 누구에게도 괴로운 일을 강요하지 않고, 해를 끼치지 않는다.[61]

또한 그런 사람은 출신성분의 높고 낮음이나 귀천도 평등하게 보는 단계에 도달한다. "학식을 갖춘 사람들은 완전한 지식과 예의가 바른 마음을 지닌 브라흐만, 소 · 개 · 돼지 · 코끼리, 그리고 개고기를 먹는 천민까지도 모두 평등한 마음에 머물며 본다."(5.18) 샹까라에 따르면, 예의가 바른 마음이란 자아가 잘 단련된 상태에 이른 마음이고, 브라흐만 계급은 완전한 바른 지식과 예의가 바른 마음을 지닌 사람으로서 선한 삿뜨바 속성이 우세한 사람이다. 소 · 개 · 돼지 등은 지식도 없고 예의도 없는 격정적인 라자스 속성이 우세한 존재들이다. 코끼리 · 개고기를 먹는 천민은 어리석은 따마스 속성이 우세한 존재들이다. 학식을 갖춘 사람들은 그 모든 존재들 안에서 똑같고, 단일하며, 변하지 않는 궁극적 실재로서 브라흐만을 알아차리는 훈련이 된 사람이고, 선한 삿뜨바 속성과 같은 속성들로부터 전혀 영향을 받지 않는 사람이라고 해석한다.[62] 그러나 이 단계보다도 더 발전된 세 속성을 완전히 초월하여 만물을 평등한 마음에 머물며 보는 상태가 아직 남아 있다.

---

61 cf. BG.2.15.

62 A. G. Krishna Warrier(trans. 1983), p. 202.

3) 세 속성을 지닌 세속세계를 초월한 평등한 마음내기

① 세 속성

이 단계는 세속적인 모든 것에서 절대적으로 벗어나 자아가 실현된 심적 상태이다. 이 상태에 이르면 육체를 가진 자가 물질원리가 지닌 세 속성을 초월하여 생로병사로부터 자유로워진다. 그러면 세 속성이란 무엇이고, 그들은 어떻게 정신, 곧 몸을 소유한 주인을 묶는가? 이에 대한 간단한 정보는 "선한 삿뜨바 속성, 격정적인 라자스, 어리석은 따마스라고 하는 속성들은 물질원리로부터 생겨나며, 소멸하지 않는 몸을 지닌 정신을 몸에 묶는다"(14.5)[63]라고 하는 데서 볼 수 있다. 이들 세 속성은 물질원리의 기본적인 구성요소들이고, 모든 물질들의 기초이다.

이런 속성의 본질은 무엇이고, 또한 그것은 어떤 기능을 하는가? 삿뜨바 속성은 더러움이 없고 빛나며 건강하지만, 즐거움과 지식에 대한 집착으로 말미암아 정신을 몸에 묶는다. 동적인 라자스 속성은 탐욕을 본질로 하고, 갈애와 집착으로부터 생겨난다. 그것은 행위에 집착함으로써 몸을 지닌 정신을 묶는다. 어리석은 따마스 속성은 무지로부터 생겨나고, 모든 몸을 지닌 정신을 미혹시킨다. 그것은 방일과 나태와 수면에 의해 몸을 지닌 정신을 몸에 묶는다(14.6-8). 여기서 특히 정신, 또는 참된 자아는 행위자가 아니다. 그렇지만 동적인 라자스 속성 때문에 '나는 행위자이다'라고 하며 행위를 하도록 한다. 또한 어리석은 따마스 속성은 미혹하거나 분별하지 못하게 한다. 따라서 세 속성의 활동은 다음과 같다. 삿뜨바 속성은 즐거움에 집착하게 하고, 라자스 속성은 행위에 집착하게 하며, 따마스 속성은 지혜를 가려 무분별에 집착하게 한다. 다시 말

---

63 sattvaṁ rajas tama iti guṇāḥ prakṛtisaṁbhavāḥ, nibadhnanti mahābāho dehe dehinam avyayam.

해 따마스 속성은 당연히 해야 할 의무를 이행하지 않는 것에 집착하게 한다(14.9).

이들 세 속성은 어떻게 작용하는가? 다시 말하면 세 속성은 자신의 결과를 동시에 낳는가, 서로 다르게 낳는가? 아니면 각각 차례대로 낳는가? 『기따』에서는 각자 차례로 활동하며 결과를 낳는다고 본다. 곧 삿뜨바 속성은 라자스 속성과 따마스 속성을 누르고 생겨나고, 라자스 속성은 삿뜨바 속성과 따마스 속성을, 또한 따마스 속성은 삿뜨바 속성과 라자스 속성을 누르고 생겨난다(14.10). 곧 삿뜨바 속성이 라자스 속성과 따마스 속성의 두 속성보다 우세하면 자신의 결과인 지식과 즐거움을 낳는다. 마찬가지로 라자스 속성이 삿뜨바 속성과 따마스 속성보다 우세하면 자신의 결과인 행위를 낳고, 따마스 속성이 삿뜨바 속성과 라자스 속성보다 우세하면 지식을 장애하는 무분별을 낳는다.

그러면 어떤 속성이 언제 우세하는지를 알 수 있는 특징적인 표시는 무엇인가? 첫째, 삿뜨바 속성이 우세할 때 보이는 특징적인 표시는 이 몸 안의 모든 감각의 문에서 지식이 빛난다(14.11). 둘째, 라자스 속성이 우세할 때 보이는 특징적인 표시는 탐욕, 활동, 행위의 시작, 불안, 갈애 등이 생겨난다(14.12). 샹까라는 이들 탐욕 등의 각각에 대해서, 탐욕은 다른 사람이 가지고 있는 소유물들을 자기가 가지려고 하는 욕망이다. 활동은 일반적인 행위이고, 행위의 시작은 일들을 시작하는 것이다. 불안은 기쁨이나 집착 등의 유혹에 의한 수고로움이다. 갈애는 일반적인 모든 대상들을 얻고자 하는 갈증이라고 해석한다.[64] 셋째, 따마스 속성이 우세할 때 보이는 특징적인 표시는 어두움과 활동하지 않음, 방일과 미혹들이 생겨난다(14.13). 샹까라에 따르면, 활동하지 않음은 식별하는 능력이 없는 것이

64 A. G. Krishna Warrier(trans. 1983), p. 477.

다. 방일은 활동하지 않음의 결과로 극도로 활동하지 않는 것이다. 미혹은 활동하지 않음의 결과로 분별하는 능력이 모자라는 것이라고 해석한다.[65] 라다끄리슈난에 따르면, 지식의 빛남이 삿뜨바 속성의 결과라면, 지식의 어둠은 따마스 속성의 결과이다. 실수, 잘못된 이해, 부주의와 행위를 하지 않음은 따마스 속성을 지닌 기질의 특징적인 표시라고 해석한다.[66] 그러면 세 속성의 지배를 받은 사람들은 죽은 뒤에 어떠한 삶을 사는가? 욕망과 집착 때문이든 세 속성 때문이든 죽은 뒤에 그 결과를 얻는다.

첫째, 삿뜨바 속성이 다른 두 속성보다 우세할 때 몸을 지닌 자아가 죽으면, 최고의 존재를 아는 자들이 가는 도덕적인 결함이 없는 세계에 태어난다(14.14). 라다끄리슈난에 따르면, 최고의 존재를 아는 자들이란 해탈을 얻는 것은 아니고, 브라흐만의 세계(brahma-loka, 梵天)[67]에 태어남을 의미한다. 따라서 세 속성의 초월(nistraiguṇ ya)이란 해탈의 상태이다.[68] 이러한 해석은 샹까라가 '최고의 존재'를 물질원리로부터 전개되는 23개 원리[69]들 가운데 첫 번째 원리인 '대'(mahat)로 해석하는 것과 관련이 있어

---

65 A. G. Krishna Warrier(trans. 1983), p. 478.

66 S. Radhakrishnan(1976), p. 320.

67 범천(brahma-loka)은 브라흐마 신이 사는 세계로 범천세계(梵天世界)로도 번역된다. 불교에서는 욕계(欲界) 위에 있는 색계(색계, rūpa-dhātu)의 사선천(四禪天: 초선천 · 이선천 · 삼선천 · 사선천) 가운데 초선천(初禪天)에 속하는 왕이며, 제석천(帝釋天, śakra-deva-indra)과 함께 부처 존상의 좌우에서 모시는 불교의 진리를 지키는 수호의 신, 또는 그 신이 사는 세계이다. 불교에서 중생(衆生=有情, sattva: 부처가 구제할 대상이 되는, 깨달음을 얻지 못한 사람이나 생명을 지닌 모든 존재들의 총칭)은 욕계와 색계에 사는 존재들을 말하기 때문에 범천은 해탈, 또는 열반의 세계가 아니고, 윤회를 거듭하는 아직 깨닫지 않은 존재들이다. 중생들이 태어나고 사는 세계이기 때문에 여기에 그 공식을 대입하더라도, 삿뜨바 속성이 아무리 우세할 때 죽더라도 죽으면 해탈하는 것이 아니고, 윤회의 삶을 사는 세계를 의미한다.

68 S. Radhakrishnan(1976), p. 321.

69 고전 샹캬철학의 전개이론에 따르면, 23개 원리란 지성(buddhi) 또는 대(大, mahat), 자아의식(ahaṅkāra), 사고기관(manas), 다섯 행위기관(pañca-karmendriya), 다섯 지각기관

보인다.[70] 왜냐하면 라다끄리슈난에 따르면, 삿뜨바 속성이 우세할 때 죽더라도 인생의 궁극적 목표인 해탈을 얻는 것이 아니고, 신들의 세계(daiva-loka)에 태어난다고 해석하는 것과, 샹까라의 해석은 서로 통한다. 곧 삿뜨바 속성을 지닌 것은 불완전한 상태로 파악하여 아직 완전한 바른 지식을 얻은 것이 아니다. 왜냐하면 정신원리의 독존상태(puruṣa-kevala)를 아직 얻지 못한 것과 일맥상통하기 때문이다.

둘째, 라자스 속성이 다른 두 속성보다 우세할 때 몸을 지닌 자아가 죽으면, 그는 행위에 집착하는 자들이 사는 곳에 태어난다. 셋째, 따마스 속성이 다른 두 속성보다 우세할 때 몸을 지닌 자아는 소나 돼지와 같은 가축들과 같은 분별력이 없는 존재들의 자궁 안에서 태어난다(14.15). 14.15를 정리하면 다음과 같다. 삿뜨바 속성이 다른 두 속성보다 우세하여 그들을 지배할 때는 선한 행위에 의한 깨끗하고 좋은 결과가 있다. 라자스 속성이 다른 두 속성보다 우세하여 지배할 때는 고통스러운 결과가 있다. 따마스 속성이 다른 두 속성보다 우세하여 지배할 때는 방일과 미혹 그리고 무지라는 결과를 가져온다(14.16).[71] 또한 세 속성의 기능들도 요약하면 14.17-18과 같다. 삿뜨바 속성이 다른 두 속성보다 우세하고 지배적일 때는 그로부터 지식이 나온다. 라자스 속성이 다른 두 속성보다 우세하고 지배적일 때는 그로부터 탐욕이 생겨난다. 따마스 속성이 다른 두

(pañca-buddīndriya), 다섯 가지 미세원소(pañca-tanmātra), 다섯 가지 거친 원소(pañca-mahā-bhūta)의 23가지를 가리킨다.

70 A. G. Krishna Warrier(trans. 1983), p. 478.

71 샹까라의 해석에 따르면, 삿뜨바 속성이 우세하여 지배적일 때는 선한 행위를 하고, 라자스 속성이 우세하여 지배적일 때는 고통스러운 결과를 가져오는데, 그것은 라자스 속성이 행위를 다루고 있다. 왜냐하면 결과는 원인과 일치해야 하기 때문이다. 그리고 따마스 속성이 우세하여 지배적일 때는 의무적인 행위로부터 벗어난 죄를 짓는 결과를 가져온다고 말한다. A. G. Krishna Warrier(trans. 1983), p. 479.

속성보다 우세하여 지배적일 때는 방일, 미혹 그리고 무지가 생겨난다(14.17). 그리고 삿뜨바 속성을 지니고 그것의 살아가는 방식을 따르는 사람들은 다음 삶에서 신 등의 세계에 태어난다. 라자스 속성을 지니고 그것의 살아가는 방식을 따르는 사람들은 다음 생애에 중간, 곧 사람들 사이에 태어나고 인간세계에 태어난다. 따마스 속성을 지니고 그것의 살아가는 방식을 따르는 사람들은 다음 생애에 아래, 곧 축생과 같은 존재들의 자궁에서 태어난다(14.18)[72]고 말한다. 이것에 대해서는 앞의 '윤회'에서 이미 다루었기에 여기서는 생략한다.

② 세 속성의 초월

물질원리로부터 생겨난 삿뜨바 · 라자스 · 따마스의 세 속성은 불멸하는 참된 자아를 몸에 묶는다. 삿뜨바 속성은 즐거움과 지식에 대한 집착, 라자스 속성은 행위에 대한 집착, 그리고 따마스 속성은 무분별, 나태, 게으름 때문에 불멸하는 자아를 몸에 묶는다고 하였다. 이것은 윤회의 원인이 불멸하는 영원한 참된 자아를 물질원리와 동일시하는 잘못된 지식의 영향을 받아 경험의 대상들을 집착함으로써 일어나는 현상이다. 그러나

72 고전 상캬철학에서 윤회의 세계는 천상세계 · 인간세계 · 동식물세계의 3도(三道) 또는 3취(三趣)로 구분을 짓고 있다. 이런 분류는 『기따』에서도 그대로 적용된다. 곧 '천상세계'에는 brāhman, prajāpatyam, saumyam, aindram, gāndharvam, rākṣasam, paiśācam 등 여덟 가지가 있고, '동식물세계'에는 가축(paśu), 들짐승(mṛga), 조류(pakṣi), 파충류(sarīsṛpa), 초목(sthāvara)의 다섯 가지가 있으며, '인간세계'에는 인간 한 가지만 있다(SK.53). 천상세계에서 맨 위인 브라흐만 세계(brahma-loka, 梵天)로부터 동식물세계에서 가장 낮은 나무와 풀들까지의 수직적 위계에서 위로 올라갈수록 삿뜨바 속성이 우세하고, 아래로 내려갈수록 불순한 따마스 속성이 더 우세하며 중간인 인간세계에서는 격정적 라자스 속성이 더 우세하다. 곧 SK.54: 천계는 삿뜨바 속성이 풍부하고, 동식물세계에는 따마스 속성이 풍부하며, 인간계에는 라자스 속성이 풍부하다. 이와 같이 브라흐만의 세계로부터 초목에까지 이른다(ūrdhvaṃ sattva-viśālas, tamo-viśālaś ca mūlataḥ sargaḥ, madhye rajo-viśālo, brahmā'di-stamba-paryantaḥ). cf. SK.44.

이와 같이 세 속성 이외에 다른 행위자가 없다는 것을 알아야 한다. 자신의 변화된 모습이 바로 세 속성임을 볼 때 세 속성과 다른 것은 행위자가 아님을 알 수 있을 것이다. 그것을 다만 목격자로 알 때 이러한 잘못된 지식은 사라진다(14.19). 다시 말해 몸을 지닌 자아가 몸의 근원인 세 속성을 초월하면 생 · 노 · 병 · 사의 괴로움으로부터 벗어나 죽지 않는 불멸의 세계에 도달할 수 있다(14.20). 그러면 어떻게 하면 세 속성은 초월할 수 있을까?

아르주나는 세 속성을 초월하면 불멸의 길을 얻을 수 있음을 알고서 끄리슈나에게 묻는다. '이 세 속성을 초월한 사람은 어떠한 특징적인 표시들로 알 수 있습니까? 그는 어떻게 행동하고, 어떻게 세 속성을 초월할 수 있습니까?'(14.21)

첫째, 세 속성을 초월한 사람들은 세 속성의 결과가 나타날 때 그것을 싫어하지 않고, 사라진 것을 갈망하지 않는 자가 된다. 모든 인류의 평화와 복리 증진을 위해 종사하여 기뻐하고, 광명, 집착, 미망이 나타날 때 증오하지도 않고, 그들이 사라질 때 갈망하지도 않는 자가 된다.

> 거룩한 존자께서 말씀하셨다: 그는 빛, 활동 그리고 미망이 생겨나는 것을 싫어하지 않고, 이것들이 사라지는 것을 갈망하지도 않는다. 아르주나여! (14.22)[73]

샹까라에 따르면, 여기서 빛(prakāśa)은 삿뜨바 속성의 결과이다. 활동(pravṛtti)은 라자스 속성의 결과이다. 미망(moha)은 따마스 속성의 결과이다. 이들이 의식의 대상으로 분명하게 나타날 때 세 속성을 초월한 사람

73 prakāśaṁ ca pravṛttiṁ ca moham eva ca pāṇḍava, na dveṣṭi saṁpravṛttāni na nivṛttāni kāṅkṣati.

은 그것을 싫어하지 않는다. 또 그것이 각기 자신의 의식에 나타났다가 사라지는 세 속성의 결과를 갈망하는 사람과 달리, 세 속성을 초월한 사람은 그것이 사라지는 것을 갈망하지 않는다. 따라서 그것은 각 속성을 지닌 자신을 위한 특징적인 내적 표시들이기 때문에 자신 이외의 다른 사람의 의식에 나타나는 싫어함과 좋아함을 자각할 사람은 아무도 없고, 다만 자신만이 자각할 수 있을 뿐이라고 그는 해석한다.[74]

둘째, 세 속성을 초월하면 세 속성의 어느 한쪽에 치우치지 않고 모든 것을 평등하게 보는 행복의 토대가 형성된다. 이것은 세 속성을 초월한 사람은 어떻게 행동하는지에 대한 대답이다. 그는 모든 것이 세 속성의 작용에 따른 것일 뿐임을 확고하게 안다. 그는 바라지 않는 것과 바라는 것, 흙덩이와 돌과 황금, 명예와 불명예, 친구와 적, 비방과 칭찬, 공경과 무례 등을 동등하게 보고 여기는 자이기 때문에 세 속성을 초월한 자라고 한다(14.23-25). 여기에 묘사된 특징들은 해탈을 추구하는 사람들이 해야 하는 행위의 규범들이다. 이들은 자기 자아의 본성에 대한 완전한 바른 지식이 확고하게 될 때 나타나는 세 속성의 초월을 나타내는 특징적인 표시들이다.

셋째, 세 속성을 초월하면 브라흐만과 하나가 될 수 있고 해탈할 수 있는 자격을 지녔으며, 영원한 진리의 실현과 행복의 기틀이 마련된다. 어떻게 하면 세 속성을 초월할 수 있는가에 대해서 끄리슈나는 다음과 같이 대답하고 있다.

> 확고한 헌신적인 믿음과 사랑의 요가로써 나를 공경하는 자는 이 세 속성을 초월하여 브라흐만과 하나가 되기에 적합한 사람이다. 왜냐하면 끄리슈나는 브라

---

74 A. G. Krishna Warrier(trans. 1983), p. 484.

흐만의 토대이자 죽지 않고 불멸하는 영원한 진리와 유일한 행복의 토대이기 때문이다. (14.26-27)[75]

이와 같이 세 속성을 초월한 평등한 마음에 머무는 단계에 이르면 주관적 평등한 마음에 머무는 것은 물론이고, 객관대상에 대해서도 평등한 마음에 머물 수 있게 된다. 평등한 마음에 머물기 사상은 우빠니샤드의 범아일여 사상의 귀결로 발전하여, 다시 인류의 평화로 확대된다. 자신과 남을 동일하게 보고, 남을 해치는 것이 곧 자기 자신을 해치는 것과 같다고 보기 때문에 박애사상이 나타나며, 모든 객관대상을 자기와 동일하게 봄으로써 인류애의 절정에 이르게 된다. 더 나아가서 궁극적인 최고의 자아 안에서 모든 존재를 보고, 모든 존재들 안에서 자신의 궁극적인 최고의 자아, 또는 최고의 자재신 끄리슈나를 봄으로써 모든 생명체의 유일한 행복을 실현하는 토대가 마련된다. 따라서 세 속성을 초월함으로써 우빠니샤드의 아뜨만, 또는 브라흐만 일원론과 끄리슈나, 또는 끄리슈나-바수데바의 유일신론 사상이 하나로 조화를 이루게 된다.

---

75 māṁ ca yo'vyabhicāreṇa bhaktiyogena sevate, sa guṇān samatītyai 'tān brahmabhūyāya kalpate. brahmaṇo hi pratiṣṭhā'ham amṛtasyā'vyayasya ca, śāśvatasya ca dharmasya sukhasyai'kāntikasya ca.

제6장

요가수행을 통한 자아실현

1. 요가의 의미

『기따』에서 요가(yoga)의 의미와 용법은 여러 갈래로 나누어 설명되고 있다. 『기따』 안에는 이 술어와 이로부터 파생된 술어들이 빈번하게 나온다. 여기서 요가는 수행 방법 및 해탈에 관한 가르침의 중요한 부분으로 이해되고 있다. 『기따』 사본의 각 장의 말미에 따르면, 『기따』는 일명 요가논전(yoga-śāstra)으로도 불린다. 요가라는 단어의 뜻을 파악하는 것은 『기따』를 정확하게 이해하는 데 중요한 관건이다. 그러나 『기따』에서 요가는 동사어근 √yuj(말의 멍에를 씌우다, 결합하다, 실행하다) 및 이에 관련된 단어, 예컨대 '요가수행자', '행위의 요가수행자'를 의미하는 yogin,[1] '제어된', '절제된', '전념한', '다스려진' 등을 의미하는 yukta[2] 등이 사용된

1 yogin이 나오는 시편들은 다음과 같다. BG.3.3; 4.25; 5.11; 6.19; 6.27; 6.42; 6.47; 8.14; 8.23; 10.17; 15.11 등이다.

2 yukta가 나오는 시편들은 다음과 같다. BG.2.39; 2.50; 2.51; 2.61; 2.64; 2.66; 3.26; 3.36; 4.18; 5.6; 5.7; 5.8; 5.12; 5.21; 5.23; 5.26; 6.8; 6.14; 6.17; 6.18; 6.29; 6.47; 7.17; 7.18;

시편들을 꼼꼼하게 따져 연구하는 일은 특수한 연구에 속한다. 그러므로 이 책에서는 다만 『기따』의 가르침을 이해하는 데 필요한 주요한 요점만 논의하는 데 그칠 것이다.

1) 해탈을 얻는 방법으로서 실천수행, 또는 수련의 의미

『기따』에서 해탈에 이르는 길은 우빠니샤드처럼 '브라흐만에 대한 앎을 얻는 지식의 길'만 인정하는 것이 아니다. 『기따』는 사람의 성향과 능력에 따라 인생의 궁극적 목표인 해탈을 실현하기 위한 선택할 수 있는 다양한 가능성을 열어놓고 있다. 그러나 해탈에 이르는 다양한 길들 가운데 주요한 것은 대체로 육체와 정신의 관계를 정확히 구별하여 아는 신성의 인식에 바탕을 둔 지식의 요가, 행위의 결과에 관계없이 자신에게 주어진 특수의무의 수행에 바탕을 둔 행위의 요가, 신에 대한 열렬한 믿음과 사랑에 바탕을 둔 헌신적인 믿음과 사랑의 요가 등 셋으로 요약된다. 이들 세 길은 언뜻 보기에는 서로 독립된 해탈에 이르는 길처럼 보이지만, 내적으로는 밀접하게 관련되어 있고 서로 보완관계가 있다. 『기따』의 작자나 주석자들은 이 셋 모두 해탈에 이르는 길이라는 데 이견이 없다. 그러나 이 셋에다 '하나의 대상에 마음, 또는 정신을 집중하기 위한 수행법'인 명상요가를 주요한 요가의 하나로 인정하여 셋이 아닌 넷으로 보는 학자도 있다.[3]

요가는 그것의 원래 의미에 따라 우선 '실천수행, 실천, 수련' 등을 의미한다. 실천은 목적을 달성하기 위한 수단이기 때문에 '방법', 또는 '길'(mārga)의 의미를 아울러 가지고 있다. 따라서 karma-yoga를 직역하

7.22; 7.30; 8.8; 8.10; 8.14; 8.27; 9.14; 9.22; 9.28; 9.34; 10.10; 12.1; 12.2; 15.14; 17.5; 17.17; 18.28; 18.51 등.

3 Sachidra Kumar. Majumdar(trans, 1991), p. 125.

면 '행위의 실천수행, 또는 행위의 실천'이고, karma 없이 단지 yoga만으로도 이 의미를 나타내는 경우에 자주 사용되고 있다. 이 길을 따르는 수행자를 단순히 요가수행자, 또는 요가행자(yogin)라고 부른다. 하지만 그 안에는 행위의 요가수행자라는 의미가 함축되어 있다. 예컨대 5.6-7 시편이 이 경우에 해당한다. "그러나 아르주나여! 행위의 포기란 요가의 실천 없이 얻기 어렵다. 요가에 의해 다스려진 성자는 머지않아 브라흐만에 도달하게 될 것이다. 요가에 의해 다스려진 자아가 청정하게 된 자, 그리고 자아를 이기고 감각을 정복하여 그의 개아가 모든 현상적 존재의 본질적 자아가 된 자는 행위를 하더라도 더럽혀지지 않는다"[4]에서 '요가에 전념하는 사람', 또는 '요가에 의해 마음이 다스려진 사람'(yoga-yukta)은 '행위의 요가에 전념하는 사람'으로도 해석된다.[5] 또한 jñāna-yoga는 '지식의 수련'이고, bhakti-yoga는 '헌신적인 믿음과 사랑의 실천'으로 이해된다.

그러나 요가를 넓게 해탈하는 방법을 의미하는 술어로 인정한다면 각각 '행위에 의한 해탈 방법', 또는 '행위에 의한 해탈의 길', '지식에 의한 해탈 방법', 또는 '지식에 의한 해탈의 길', '헌신적인 믿음과 사랑에 의한 해탈의 방법', 또는 '헌신적인 믿음과 사랑을 통한 해탈의 길'로도 이해할 수 있을 것이다. 다시 『기따』는 지성의 요가(buddhi-yoga)라는 말도 사용하고 있다. 예컨대 2.49에서 "왜냐하면 행위가 지성의 요가로부터 멀어지면 수준이 낮은 행위가 되기 때문이다. 아르주나여! 지성에서 의지할 곳을 찾아라. 가련한 자들은 행위의 결과에서 행위를 하는 동기들을 찾는

4 BG.5.6-7: saṁnyāsas tu mahābāho duḥkham āptum ayogataḥ, yogayukto munir brahma nacireṇā'dhigacchati. yogayukto viśuddhātmā vijitātmā jitendriyaḥ, sarvabhūtātmabhūtātmā kurvann api na lipyate.

5 A. G Krishna Warrier(trans, 1983), p. 192.

다."[6] 또 buddhi-yukta가 사용되기도 한다. 예컨대 2.50에서 "지성에 전념하는 사람은 이 세상에서 선행과 악행의 둘 다에 단념한다. 그렇기 때문에 그대는 요가를 위해 전념하라. 요가는 행위들로부터 자유를 실현하는 데 있어 훌륭한 방법이다."[7] 이것은 행위의 요가나 헌신적인 믿음과 사랑의 요가도 필수적인 마음의 수련, 또는 정신수양, 인격도야의 의미를 지니고 있음을 알 수 있다. 그것은 감각, 또는 마음을 다스려 통일하는 것을 목적으로 한다는 것이다. 다만 각각의 요가를 수련할 때 좌법(坐法, āsana)이나 조식(調息, prāṇāyāma) 등과 같은 일정한 형식, 또는 단계를 전제로 하지 않는다.[8] 그런데 문제는 buddhi-yoga라는 단어가 '지성의 수련'인지, 아니면 '지성에 의한 수련'인지가 분명하지 않다. 그러나 2.39에서는 "이것은 그대에게 설명된 상캬사상에서 지성[9]이다. 이제 요가의 지식에 대해 들어보아라. 그대의 지성에 집중한다면, 아르주나여! 그대는 행위의 속박으로부터 벗어나게 될 것이다"[10]라고 하는 데서 볼 수 있듯이, 이 시편에서 사용되는 'buddhyā-yukta'를 고려하면 후자의 '지성에

6 cf. BG.10.10; 18.57.

7 buddhiyukto jahātī'ha ubhe sukṛtaduṣkṛte, tasmād yogāya yujyasva yogaḥ karmasu kauśalam. cf. BG.2.39; 2.51.

8 辻直四郎(1980), p. 404.

9 『기따』에서 상캬(sāṁkhya)는 여섯 철학파의 하나인 고전 상캬 학파(sāṁkhya-darśana)를 가리키는 것이 아니고, 지식의 길을 따르는 것, 곧 욕망의 포기를 강조하는 것을 의미한다. 아뜨만이나 뿌루샤와 같은 정신원리와 물질원리, 물질원리(prakṛti)와 그것의 전개 원리들(buddhi, ahaṃkāra, manas, indriyas, bhbūtas 등)이 서로 완전히 다른 차원의 존재임을 아는 것이다. 요가도 빠딴잘리의 요가 학파의 그것이 아니고 행위의 길, 곧 행위로부터 오는 속박으로부터 벗어나는 행위를 가리킨다. 여기서 buddhi는 일반적으로는 인지하고 분별하는 기능을 지닌 '지성'으로 번역하고 있다. BG.2.44에서 buddhi는 '결단력 있는 성격을 지닌 지성'으로 번역되고, 또 고전 상캬철학에서도 그와 같이 정의되고 있다. SK.23에서 '결정적인 지혜'(adhyavasāyo buddhir, 決智)라고 한다.

10 eṣā te'bhihitā sāṁkhye buddhir yoge tv imāṁ śṛṇu, buddhyā yukto yayā pārtha karmabandhaṁ prahāsyasi.

의한 수련'이 타당하다고 생각된다. 그러나 『기따』에서 이것은 지식의 요가와 같은 의미로 인정하고, '지성에 의한 수련'으로 번역하기도 한다.

2) 요가의 기술적 의미

『기따』에서 요가의 의미는 '결합'(saṃyoga)과 '분리'(viyoga)의 두 가지 의미가 포함되어 있다. 여기서 '분리'는 행위의 결과와 욕망에 의해 행위를 하고자 하는 내적 동기를 일으키는 집착하는 마음으로부터 벗어난다는 의미로서의 '분리'이다. 그러나 『기따』에서는 이와 관련하여 요가를 여러 가지로 정의하고 있다. 요가는 '평등한 마음에 머물기'(samatva), '행위의 숙련된 기술'(karmasu-kauśalam), '행위를 하고자 하는 내적 동기의 포기'(saṅkalpa-saṁnyāsa), '삼매에 이르는 심적 상태', '괴로움과의 결합으로부터 분리' 등이 그것이다.

① 평등한 마음에 머물기

요가를 '평등한 마음에 머물기', 또는 '평등성', '평등한 마음에 이른 상태'라고 한다면 지식의 요가, 행위의 요가, 헌신적인 믿음과 사랑의 요가 등은 모두 마음이 객관 사물에 집착하지 않고 절대적으로 평등한 자유를 얻는 것으로 본다. 이러한 상태가 요가의 본질을 나타낸 것으로 보고 있다.

> 아르주나여! 그대는 행위의 결과에 대한 집착을 단념하고 요가에 굳게 머물면서 성공과 실패에 평등한 마음을 지녀라. 평등한 마음에 머무는 것을 요가라고 부른다. (2.48)[11]

---

11 yogasthaḥ kuru karmāṇi saṅgaṁ tyaktvā dhanaṁjaya, siddhyasiddhyoḥ samo bhūtvā samatvaṁ yoga ucyate.

완전히 평등한 마음에 머무는 것은 모든 세속적인 것으로부터 절대적으로 완전히 벗어난 참된 자아가 실현된 상태이고, 이러한 상태에서는 바라는 것은 아무것도 존재하지 않는다.

② 행위의 숙련된 기술

요가를 '행위의 숙련된 기술'이라고 하며, 요가의 본질은 행위를 하면서 행위의 결과와 관계없이 숙련된 기술을 얻는 방법으로 본 것이다.

> 지성에 전념하는 자는 이 세상에서 선행과 악행의 둘 다를 버린다. 그렇기 때문에 그대는 요가를 위해 전념하라. 요가는 행위들로부터 자유를 실현하는 데 있어서 숙련된 기술이다. 왜냐하면 지성에 전념한 현명한 자들은 행위로부터 생겨난 결과들을 단념한 뒤에 윤회의 속박으로부터 벗어나서 욕망으로부터 자유로운 상태에 도달하기 때문이다. (2.50-51)[12]

③ 행위를 하고자 하는 내적 동기의 포기

요가는 행위를 통해 요가의 궁극적인 목표에 이르지만, 요가를 성취한 다음에는 이 행위로부터도 자유로워야 진정한 포기자가 되고, 요가수행자가 된다고 한다.

> 행위의 결과를 추구하지 않고 주어진 의무로서 해야 할 행위를 하는 사람, 그 사람이야말로 포기자이고 행위의 요가수행자이다. 그는 단지 희생제의 불을 지피지 않거나 희생제를 행하지 않는 사람이 아니다. 포기라고 부르는 것, 그것이 행

12 buddhiyukto jahātī'ha ubhe sukṛtaduṣkṛte, tasmād yogāya yujyasva yogaḥ karmasu kauśalam. karmajaṁ buddhiyuktā hi phalaṁ tyaktvā manīṣiṇaḥ, janmabandhavinirmuktāḥ padaṁ gacchanty anāmayam.

위의 요가임을 알아야 한다. 아르주나여! 왜냐하면 내적 동기를 포기하지 않고는 어느 누구도 진정한 행위의 요가수행자가 될 수 없기 때문이다. (6.1–2)[13]

④ 삼매에 이르는 심적 상태

요가수행의 최고 단계인 삼매(samādhi)에서 정신통일이 절정에 이른 심리적 상태(samāhita)를 나타낸다. 'samāhita'는 '마음을 집중하다', '삼매에 잠기다', '명상에 들다' 등을 의미하기 때문에 마음과 대상이 하나가 되면, 마음은 어떤 나쁜 영향을 받지 않게 된다. 삼매의 절정에 이르는 상태에서는 모든 사물에 감각의 작용이 없이 텅 빈 마음의 상태가 되고, 어떠한 가치의 관념도 갖지 않는다. 이러한 상태에 이르는 것을 '요가'로 정의하기도 한다.

마음을 다스리고 고요함으로 되돌아간 사람의 최고자아는 추위와 더위, 괴로움과 즐거움 그리고 명예와 불명예 속에서도 삼매에 들어 있다. (6.7)[14]

⑤ 괴로움과의 결합으로부터 분리

『기따』에서는 '괴로움과의 결합으로부터 분리', 곧 '대상과의 분리'를 요가로 정의한다. 결합은 반드시 분리를 해야 하기 때문에 결합에서 분리를, 분리에서 결합을 자유롭게 하는 것을 요가로 정의한 것이다. 이런 사고는 몸과 마음의 분리를 목적으로 하는 상캬철학적 의미가 짙게 풍긴다.

13 anāśritaḥ karmaphalaṁ kāryaṁ karma karoti ya, sa saṁnyāsś ca yogī ca na niragnir na cā'kriyaḥ. yaṁ saṁnyāsam iti prāhur yogaṁ taṁ viddhi pāṇḍava, na hy asaṁnyastasaṁkalpo yogī bhavati kaścana.

14 jitātmanaḥ praśāntasya paramātmā samāhitaḥ, śītoṣṇasukhaduḥkheṣu tathā mānāpamānayoḥ.

그것이 괴로움과의 결합을 분리하는 경지를 요가라는 이름으로 불리고 있음을 알아야 한다. 이 요가는 마음이 흔들림 없이 결연하게 닦아야 한다. (6.23)[15]

특히 이 상태를 명상요가, 또는 마음을 하나의 대상에 집중하는 방법으로 부르기도 한다. 6.20-23은 이 요가를 통해 도달되는 완전한 상태를 말하고 있다.

『기따』에서 요가는 결국 평등한 마음에 머무는 상태를 얻어 해탈에 이르는 것을 목적으로 한다. 그렇기 때문에 먼저 흔들리지 않고 평등한 마음에 머물기 위해서는 어떠한 행위나 욕망에 집착하지 않고 행위를 함으로써 괴로움과 즐거움, 이익과 손해, 성공과 실패 등 세속적인 이분법적 사고에 얽매이지 않고, 자신에게 천성적으로 주어진 의무만을 하는 것을 요가로 정의한다. 이른바 행위를 포기하는 낮은 단계에서 몸과 마음이 적극적으로 그의 삶에서 행위를 하도록 주어진 특수의무를 완수하려는 동안 욕망을 버리고 고요하고 끊임없는 평등한 마음에 머무는 상태에서 최고자아와 하나가 되는 것이다.

결국 요가는 단지 수행법만으로 존재의 가치가 있는 것이 아니다. 인도의 모든 종교의 이상인 해탈을 구현하기 위한 방법이기 때문에 여기에는 필연적으로 철학과 종교를 요구하게 된다.

3) 헌신적인 믿음과 사랑의 요가와 그것의 실천자

『기따』가 바가바따 파의 문헌임을 생각하면 요가는 가끔 헌신적인 믿음과 사랑의 요가와 동의어로 사용되고 있다는 것을 인정해야 할 것이다.

---

15 taṁ vidyād duḥkhasaṁyogaviyogaṁ yogasaṁjñitam, sa niścayena yoktavyo yogo'nirviṇṇacetasā.

따라서 yukta는 bhakta와 마찬가지로, '헌신적인 믿음과 사랑을 실천하는 자'를 가리키기도 한다. 예컨대 7.17에서 "이들 네 부류[16] 가운데 나와 하나이면서 늘 나에게 헌신적인 믿음과 사랑의 마음을 지닌 사람이 가장 뛰어난 자이다. 나는 지식을 추구하는 자를 가장 소중하게 여기고, 그도 또한 나를 소중하게 여긴다"[17]라고 하는데, 여기서 '헌신적인 믿음과 사랑을 지닌 자'의 원어로 yukta가 쓰이고 있지만, 실제로는 bhakta의 의미를 지닌다. 그러나 yukta가 행위의 요가에 의한 '마음을 통일시키는 자'를 의미하는지, 아니면 '헌신적인 믿음과 사랑을 실천하는 자'를 의미하는지를 결정하기는 쉽지 않을 때도 있다. 그렇기 때문에 그것은 그때그때의 문맥에 따라 해석할 수밖에 없는 어려움이 있다.

4) 세 요가의 보조수단으로서 명상요가

요가는 그것의 가장 일반적인 용법의 하나로서 일정한 법칙에 따르는 좌법이나 명상요가를 의미한다. 이 '명상요가'[18]는 예로부터 인도에서 널리 사용되어온 수행 방법이다. 그것은 요가학파에서 정리되고 발달하였다. 『기따』는 해탈을 얻는 데 장애를 없애는 중요한 수단으로 이것을 장려하고 있다. 이 길을 선택하는 자에게도 그 방법으로 장려하고 있는데

---

16 BG.7.16에서 나오는 네 부류의 헌신적인 믿음과 사랑을 지닌 사람을 가리킨다. ① 고뇌하는 사람, ② 지식을 얻고자 하는 사람, ③ 부자가 되고 싶어 하는 사람, ④ 지식을 가진 사람이다. 이 가운데 가장 소중한 자는 지식을 가진 사람이라고 BG.7.18에서 밝히고 있다. 샹까라의 주석에 따르면, 지식을 가진 자가 가장 소중한 이유는 '그가 바로 나의 참된 자아이고, 나와 다르지 않으며, 또 그 자신이 바수데바 신이고, 그와 다르지 않다고 믿고, 또 최고의 브라흐만인 나만을 숭배하며, 그는 그것을 도달해야 할 최고의 목표로 삼고 있기 때문이라고 말한다. A. G Krishna Warrier(trans, 1983), p. 264.

17 teṣāṁ jñānī nityayukta ekabhaktir viśiṣyate, priyo hi jñānino'tyartham ahaṁ sa ca mama priyaḥ. cf. BG.12.2.

18 辻直四郎(1980), p. 404에서 명상요가를 요가관법으로 번역하고 있다.

그것이 명상요가이다. 명상요가는 좌법과 조식에 의해 외적 세계의 영향을 막고, 삼매의 상태에 도달하는 것을 이상으로 한다. 그렇기 때문에 그 과정과 결과에 따라 말하면, 요가는 감각의 철회(pratyāhāra), 명상(dhyāna), 정신집중(dhāraṇā)을 의미한다. 따라서 요가를 '명상요가', 또는 '요가명상'으로 보는가, 아니면 '마음의 집중', 또는 '마음의 통일'이나 '요가관법'으로 번역하는가는 맥락에 따라 다를 뿐, 분명한 기준이 있는 것은 아니다.

명상요가는 독립된 해탈의 방법을 말하고 있다기보다는 오히려 다른 여러 요가수행의 보조수단으로 존중받고 있다. 이 수행법은 일찍이 발달하였다, 고대 우빠니샤드에서는 6지분 요가(支分, ṣaṣaṇ ga-yoga)[19] 등으로 알려져 있다. 빠딴잘리의 요가, 곧 『요가 수뜨라』에서는 이것을 8지분 요가(aṣṭāṅga-yoga)로 정리하고 있다. 불교에서도 고따마 싯달타 시대부터 집중명상(śamatha)의 수행법으로 사용되어온 것이다. 『기따』는 좌법 · 조식 등의 일정한 순서 방식을 예상할 수는 있지만, 각 지분을 조직적으로 열거하고 있지는 않는다. 그러나 음식의 조절, 고요한 장소에서 조용히 앉아 호흡을 조절하거나 중지(ruddha)하는 방법이 가끔 열거되고 있고, 호흡조절을 의미하는 술어인 prāṇ āyāma[20]는 언급되고 있다. 다섯 개 감각

19 Maitrī-Up.6.18에 "이것은 이 합일을 성취하기 위한 규칙이다. 호흡법 · 감각억제 · 선정 · 집중 · 사색 · 삼매를 6단계 요가라고 한다"라고 하여 수행체계는 빠단잘리의 『요가 수뜨라』에서의 8지분 요가와 유사하다. 다른 점은 금계(yama)와 권계(niyama) 그리고 좌법(āsana)의 항목이 없고, 명상(dhyāna)과 집중(dhāraṇā)의 순서가 바뀐 것과 『요가 수뜨라』에 없는 사색(tarka, 觀想)이 나온 것이다. 그러나 사색은 "사색에 의해 브라흐만을 본다"라는 구절이 있으므로 브라흐만에 집중하거나 숙고하는 명상과 같은 의미로 볼 수 있다. 이 내용은 『요가 수뜨라』에서의 8지분 요가 가운데 앞 단계의 몇 지분이 누락되거나 순서가 바뀌기는 하였으나, 이 6지분 요가는 빠딴잘리의 『요가 수뜨라』에서의 8지분 요가의 수행체계의 선구로 간주되고 있다.

20 BG.4.29: 어떤 요가수행자들은 들숨을 날숨에 바치고, 그와 같이 날숨을 들숨에 바쳐, 들숨

의 활동을 다스리거나 내적 기관의 작용을 통일하는 것은 늘 강조되고 있지만, 특별히 새로운 술어는 눈에 띄지 않는다. 다만 "모든 감각의 문을 닫고, 마음을 심장 안에 가두며, 호흡을 자신의 미간에 집중하고, 요가명상을 통해 마음을 하나의 대상에 집중하는 자"(8.12)[21]에서 '요가명상'을 통해 하나의 대상에 마음을 집중하는 자(yoga-dhāraṇā)라는 술어가 사용되어 부동의 요가에 의해 생각(manas), 호흡(prāṇa), 감각(indriya)을 견고하게 유지하는 것(dhṛtyā yayā dhārayate)[22]이 열거되고 있는 것은 정신집중(dhāraṇā)을 생각나게 한다. 또한 빠딴잘리의 요가에서 제7지분의 명상과 제8지분의 삼매에 해당하는 dhyāna와 samādhi는 가끔 사용되고 있다. 그렇지만 그것들은 엄격하게 구분되어 정의된 술어가 아니다. 오히려 그것은 일반적으로 '명상'(meditation, contemplation)을 가리킨다. 예컨대 "왜냐하면 수습보다는 지식이 더 낫고, 지식보다는 명상이 뛰어나기 때문이다. 그리고 명상보다는 행위의 결과에 대한 포기가 더 뛰어나기 때문이다. 행위의 결과에 대한 포기로부터 즉각적으로 평안을 얻게 된다"(12.12)[23]고 하는 곳이라든지, "외딴곳에 머물며 적게 먹고 말과 몸과 마음을 다스려 늘 명상요가에 열중하고 이욕에 의지한다"(18.52)[24]고 하는 데서 dhyāna는 명상의 의미로 사용된다.[25] 또 "베다의 가르침에 의해 혼

과 날숨의 흐름을 억제하면서 호흡조절을 최고의 목적으로 삼는다(apāne juhvati prāṇaṁ praṇe'pānaṁ tathn'pare, prāṇāpānagatī ruddhvā prāṇāyāmaparāyaṇāḥ).

21 sarvadvārāṇi saṁyamya mano hṛdi nirudhya ca, mūrdhny ādhāyā'tmanaḥ prāṇam āsthito yogadhāraṇām.

22 BG.18.33.

23 sreyo hi jñānam abhyāsāj jñānād dhyānaṁ viśiṣyate, dhyānāt karmaphalatyāgas tyāgāc chāntir anantaram.

24 viviktasevī laghvāśī yatavākkāyamānasaḥ, dhyānayogaparo nityaṁ vairāgyaṁ samupāśritaḥ.

25 이것은 불교에서 선(禪)이나 정려(靜慮)로 번역되는데, 그 뜻은 생각을 고요하게 하는 것이고

란스러운 그대의 지식이 흔들림 없는 명상의 목표에 확고하게 설 때, 그대는 요가의 완성에 도달할 것이다"(2.53)[26]라고 하는 데서는 삼매(samādhi)를 명상, 또는 명상의 목표로 해석하는 것이 자연스럽다.

그렇지만 명상요가의 이론 및 기술에 대해 대부분은 『기따』에서는 찾을 수 없다. 다만 명상의 대상으로서 끄리슈나를 선택하는 것을 허락하고 있다는 점은 『기따』의 특징으로서 주목할 만하다. 이에 대한 더 구체적인 내용은 제7장에서 다시 논의하기로 한다.

2. 세 속성의 포기를 통한 지식 요가의 목표 실현

1) 세 속성을 지닌 지식의 포기

물질원리의 세 속성으로부터 자유로운 존재는 동식물과 인간들이 사는 지상세계에는 물론이고, 신성들이 사는 천상세계에도 없다(18.40). 『기따』에서 포기의 본질은 '욕망에서 비롯되는 행위를 포기하는 것'(18.2)임은 앞장에서 이미 보았다. 그런데 일반적으로 포기란 모든 개인의 세속적인 사회적 관계를 끊고 세상을 멀리하는 것을 의미하지만, 보다 엄밀한 의미는 모든 세속적인 집착과 욕망 그리고 그것을 원인으로 하는 행위를 버리는 것과 관련되고, 궁극적으로는 자아의식을 포기하는 것을 뜻한다. 따라서 포기는 무집착(asaṅga), 무욕망(akāma, akāmatā, niṣkāma), 또는 무행위(akarma)의 의미로도 해석할 수 있다. 또한 『기따』에서 포기는 모든 행위

생각을 비우는 닦음이라는 의미이다. 다시 말해 명상은 명상을 하는 장소나 몸을 조용히 하는 것이 아니고 또 조용히 생각하는 것이 아니라 생각을 조용히 하고 생각을 비우는 것이다.

26 śrutivipratipannā te yadā sthāsyati niścalā, samādhāv acalā buddhis tadā yogam avāpsyasi.

를 거부한다는 의미라기보다는 세속적인 집착과 욕망 그리고 그것과 관련되는 내적인 동기, 또는 내적 의지가 들어간 행위의 포기를 의미한다. 행위에 대한 내적 동기의 포기란 탐욕, 증오, 미혹의 형태를 지닌 욕망이라든지 집착과 같은 내적 동기를 포기하는 것이다. 그런데 행위를 일으키고자 하는 내적 동기의 포기는 지식의 요가를 통해 실현될 수 있다. 그러면 따마스 속성과 라자스 속성을 지닌 지식의 포기는 무엇이고, 삿뜨바 속성을 지닌 지식의 포기는 어떤 의미인가?

① 따마스 속성을 지닌 지식의 포기

내적 동기를 지닌 행위의 포기와 행위의 결과에 대해 단념하는 행위의 요가는 지고선에 이르게 한다. 그렇게 되면 모든 행위의 내적 동기를 포기하고 행위에 집착하지 않는 행위를 할 수 있기 때문이다. 또한 자기 자신에 의해 자신이 극복되어 어떠한 행위에도 욕망이 없는 지혜로운 행위를 하기 때문이다. 그러나 따마스 속성을 지닌 지식은 어떠한 행위를 할 때나 내적 동기를 가지고 하기 때문에 그 행위의 결과에 집착하여 결과적으로 좋은 결실을 맺지 못하는 상태에 빠지고 만다.

18.22에서 따마스 속성을 지닌 지식은 진리에 부합하지도 않고, 있는 그대로 보지도 못하며, 협소하고, 하나의 결과를 전부인 것처럼 집착한다. 이런 지식은 하나의 결과를 마치 모든 것인 것처럼 과대 포장하는 지식이다. 왜냐하면 따마스 속성에 속하는 지식은 무지로부터 생겨나기 때문이다. 곧 따마스 속성은 무지로부터 생겨나기 때문에(14.8) 따마스 속성을 지닌 지성은 그 무지에 가려 그른 일을 옳은 일이라고 생각하는 등 모든 대상들을 뒤바꾸어 보기 때문에(18.32) 참된 자아를 미혹시킨다. 그리하여 무분별과 나태와 게으름에 의해 자아를 속박시켜 윤회하게 한다. 마음이 다스려지지 않는 사람은 무지 때문에 내적 동기에 의해 욕망을 추구

하고, 그 결과에 집착하기 때문에 이 세상에 묶인다(5.12).

이런 상태는 따마스 속성이 증가하여 삿뜨바 속성과 라자스 속성보다 우세해졌을 때 일어나는 현상이다. 그때는 무지가 완전한 바른 지식을 가림으로써 자만하는 마음이 일어난다. 따마스 속성으로부터 생겨난 무지 때문에 미혹한 자들은 '나는 저 원수들을 죽였고, 또한 다른 적들도 죽일 것이다. 나는 모든 것의 주인이고, 나는 즐기는 자이며, 나는 성공하였고, 권력이 있으며, 나는 모든 면에서 행복하다. 나는 부유하고 고귀한 출신이며, 다른 사람들과 다르다. 나는 희생제를 지내고 베풀면서 즐거워할 것이다.' 이와 같이 그들은 수많은 생각들에 사로잡혀 미망의 그물에 걸리고 욕망을 충족하는 것에 집착하며 더러운 지옥에 떨어진다(16.14-16). 그들은 자신을 이기적인 마음, 폭력, 오만, 욕망, 분노에 내맡긴 채 자신과 타인의 몸 안에 있는 나를 미워하며 시기한다(16.18). 이러한 식별력이 없는 따마스 속성을 지닌 지식은 억제되고 포기해야만 하는 그릇된 지식이다. 식별력을 지닌 지식은 무지 때문에 생겨난 따마스 속성을 지닌 그릇된 지식을 [완전한 바른] 지식의 등불로 사라지게 한다(10.11).

② 라자스 속성을 지닌 지식의 포기

우리는 하나의 대상에 마음을 집중하기에 앞서 모든 감각의 대상[27]으로부터 마음을 철수시켜야 한다. 우리의 마음을 외부대상으로부터 거두어들여 자신의 내면에 고정시켜야 한다. 행위의 기관들을 억제하면서 마음으로는 감각의 대상을 생각하는 사람은 라자스 속성을 지닌 지식의 소유자이다. 그런 사람을 위선자라고 부른다.

---

27 감각의 다섯 대상들이란 색(色, 형상), 성(聲, 소리), 향(香, 향기), 미(味, 맛), 촉(觸, 접촉)의 다섯 가지를 가리키고, 이들에 대응하는 다섯 감각은 시각기관(眼), 청각기관(耳), 후각기관(鼻), 미각기관(舌), 접촉기관(身)이다.

> 행위기관들[28]을 억제한다고 하면서 마음으로는 감각의 대상을 생각하는 자는 미혹된 자아를 지닌 사람이며, 위선자라고 불린다. (3.6)[29]

그런데 라자스 속성이 우세한 자는 행위에 집착한다(14.9). 라자스 속성이 우세할 때의 지식은 모든 현상적인 다양한 종류의 존재들을 개별적으로 분별하여 알도록 한다(18.21). 그리하여 라자스 속성을 지닌 지성은 옳은 일과 옳지 않은 일, 해야 할 일과 하지 말아야 할 일을 잘못 알게 한다(18.31). 따라서 라자스 속성이 우세할 때는 탐욕, 활동, 행위의 시작, 불안, 갈망 등이 생겨난다(14.12). 이런 행위에 집착하여 행위를 하게 되면 탐욕이 생겨 결과적으로 괴로움을 발생시킨다(14.16-17). 라자스 속성이 우세할 때 죽게 되면 행위에 집착하는 자들이 사는 세계, 곧 인간세계에 태어난다(14.15). 라자스 속성은 끝없는 갈애(tṛṣṇa)와 집착(saṅga)으로부터 발생한다. 그것의 본질은 애욕이다. 라자스 속성이 우세한 사람은 행위에 집착하고 그릇되게 분별함으로써 이 세상에 자아를 속박시킨다(14.7). 여기서 행위에 집착하는 행위는 '해서는 안 되는 나쁜 행위'이다. 이런 행위는 갈애와 집착을 지닌 그릇된 지식에 뿌리를 두고 한다. 라자스 속성을 지닌 지식을 지닌 자는 이런 '해서는 안 되는 나쁜 행위'에 욕심내고 기대하며 집착한다. 그리고 그런 결과는 다음 생애에서 괴로운 결과를 가져오게 된다. 또한 '해서는 안 되는 나쁜 행위'로 말미암아 참된 자아를 행위자로 그릇되게 분별함으로써 잘못을 반복적으로 범하게 된다. 그러므로 '해서는 안 되는 나쁜 행위'에 집착하지 않기 위해서는 그런 행위를 요구하는 그릇된 지식을 포기해야 한다. 그것을 포기하면 라자스 속성의 행위로

---

28 행위기관이란 언어기관 · 손 · 발 · 배설기관 · 생식기관의 다섯 가지를 가리킨다. cf. SK.26.

29 karmendriyāṇi saṁyamya ya āste manasā smaran, indriyārthān vimūḍhātmā mithyācāraḥ sa ucyate.

부터 자유롭게 되기 때문이다. 다시 말해 지성이 대상에 대한 집착으로부터 자유롭고, 경험적 자아를 다스릴 수 있으며, 아무런 욕망이 없어진 사람은 행위의 내적 동기를 포기함으로써 행위로부터 자유를 얻을 수 있게 된다(18.49).

③ 삿뜨바 속성을 지닌 지식의 포기

18.20에서는 세 속성을 지닌 지식 가운데 삿뜨바 속성을 지닌 지식은 모든 현상적 존재 가운데 불멸하는 하나의 존재, 분할된 것 가운데 분할되지 않는 존재를 본다고 말한다. 그런데 14.9에서는 순수한 삿뜨바 속성은 즐거움에 집착한다고 말한다. 순수한 삿뜨바 속성이 다른 두 속성들보다 우세할 때 몸 안에 있는 시각 · 청각 · 후각 · 미각 · 촉각 등과 같은 모든 감각의 문에서 지식의 빛이 나온다(14.11)고 한다. 여기서 빛이란 지성을 의미한다. 그런데 18.30에서 삿뜨바 속성을 지닌 지성은 행위와 무행위, 해야 할 일과 하지 말아야 할 일, 두려워해야 할 일과 두려워하지 말아야 할 일, 속박과 해탈을 안다고 설명한다. 샹까라에 따르면, 여기서 행위는 속박을 낳는 행위이고, 무행위는 해탈을 낳는 행위인 포기의 길이다. 이 두 술어는 속박과 해탈이라는 술어와 함께 나타나며, 우리는 그것을 행위의 길과 포기의 길을 의미하는 것으로 받아들인다. 해야 할 일과 하지 말아야 할 일은 베다 경전과 세속적 영역에서 권고되거나 금지된 것에 따라 보이거나 보이지 않는 결과를 낳는 행위들을 말한다. 두려워야 할 것과 두려워하지 말아야 할 것은 도둑이나 호랑이처럼 그것의 원인을 가리킨다. 지성은 속박과 해탈의 원인과 함께 그것들에 대해 아는 것이다. 지식은 지성의 기능이나 상태를 말한다면 지성은 지식과 관계하는 지성의 상태 변화이다.[30]

이른바 삿뜨바 속성이 우세하게 되면 지성이 활동하며 그것이 강화된다. 지성이 강화된다는 것은 내외적 기관들로부터 들어온 정보들을 종합하여 마지막으로 판단하는 작용이 강화된다는 것을 의미한다. 지성이 강화됨으로써 자신에게 어떤 것이 좋은 것인지 나쁜 것인지, 이로운 것인지 해로운 것인지, 즐거운 것인지 괴로운 것인지 등을 판단함으로써 자신에게 좋고, 이로우며, 즐거운 것에 마음을 기울게 만들기 때문에 행위도 자신에게 좋고, 이로우며, 즐거운 것에 집착하게 만든다. 이 말은 자신에게 어떤 것이 도움이 되는 행위인지를 알게 된다는 것이다. 따라서 자신에게 도움이 되지 않은 행위는 하지 않기 때문에 다음 생애에는 즐거운 결과만 받게 된다는 사실을 아는 지식이 생겨난다(14.18). 이것을 삿뜨바 속성을 지닌 지식이라고 한다(14.17).

그러나 이런 삿뜨바 속성을 지닌 지식은 한계가 있다. 이것은 뒤에서 논의하게 될 명상요가가 아직 완성되지 못했을 경우에서 볼 수 있다. 그 내용은 6.41-45에 언급되어 있다. 곧 선행을 한 사람은 선한 공덕을 쌓은 자가 가는 천상세계에 태어나 오랜 시간을 머문 뒤, 이 세상에 돌아와서는 고결하고 부귀한 집안에 다시 태어거나, 아니면 아무나 태어나기 힘든 지혜로운 수행자의 집안에 태어나게 된다. 더 나아가 이렇게 태어난 자는 전생에 닦았던 명상요가가 무엇인지 모르면서도 자기도 모르게 명상의 길로 접어들게 되고, 그는 모든 심리적인 장애로부터 벗어나게 되고, 궁극에는 명상요가 수행의 궁극적 목표에 도달하여 마음의 완전한 평안에 도달하게 된다고 한다. 명상요가의 완성을 이룬 자이든 그렇지 못한 자이든 궁극에는 모두 명상요가의 완성에 도달할 수 있기 때문에 중간에 그만두었다고 해서 절망하거나 포기하지 말아야 한다고 말한다. 또한 16.5에서 "신성의 성취는 해탈로 향하게 한다고 생각한다. 아르주나여! 그대는

30 A. G. Krishna Warrier(trans. 1983), pp. 578~579.

신성을 성취하기 위해 태어났으니 슬퍼하지 마라"라고 한 것과도 관련지어 생각할 수 있다. 다시 말해 삿뜨바 속성을 지닌 지식은 아직 완전한 상태에 이르는 것은 아니지만, 앞으로 지식이 완성되면 해탈 상태에 이를 수도 있다. 왜냐하면 14.14에서 삿뜨바 속성이 우세할 때 죽으면 그 사람은 지성을 아는 사람들이 가는 브라흐마의 세계인 범천에 이른다고 말하고 있기 때문이다. 그러므로 삿뜨바 속성을 지닌 지식은 아직 완전한 바른 지식이 아니기 때문에 삿뜨바 속성을 지닌 지식도 포기해야 한다.

또 고전 샹캬철학의 문헌인 SK.23에 따르면, "지성은 선과 악을 판단하여 결정하는 지식이다. 지성에는 삿뜨바 속성과 따마스 속성을 합해 여덟 가지 성질이 있다. 그 가운데 금지하는 윤리(yama)와 권장하는 윤리(niyama)에 바탕을 두고 성취되는 '선한 행위', 정신원리와 물질원리를 구별하는 '지식', 정신원리와 물질원리를 구별하는 지식에 바탕을 두고 물질원리로부터 벗어나는 '욕심을 떠남'(virāga)[31] 및 미세하고, 편재하고, 가벼움의 여덟 가지의 '자재력'이 지성의 삿뜨바 속성에 속하는 성질이다. 또한 이 네 속성과 정반대인 '악한 행위', '무지', '욕망', '자재력 없음'의 네 가지 성질은 지성의 따마스 속성에 속하는 성질"[32]이라고 한다. 지성의

---

31 YS.1.15-16: 욕심으로부터 벗어나는 이욕이란 감각적으로 경험되거나 경험되지 않고 다만 논전에서 설한 객관대상에 대한 집착으로부터 벗어난 사람에게 있는 지배의식이다. 이욕은 자아를 식별하는 지식에 의해 세 속성에 대한 집착으로부터 벗어난 자유의 최고 상태이다(dṛṣṭānuśravika-viṣaya-vitṛṣṇasya vaśīkāra-saṃjñā vairāgyam. tat-paraṃ puruṣa-khyāter guṇa-vaitṛṣṇyam). SK에서 이욕(virāga)과 YS(vairāgya)에서 이욕으로 사용되는 산스끄리뜨는 다르기는 하지만, 그 의미에서는 차이는 없다. YS에서 사용되는 그 용어가 수습, 또는 수련(abhyāsa)의 술어와 함께 BG.6.35에도 언급되고 있다: 거룩하신 존자께서 말씀하셨다: 아르주나여! 마음은 확실하게 다스리기 어렵고 불안정하다. 그러나 아르주나여! 마음은 수련과 이욕에 의해 붙잡을 수 있다(śrībhagavān uvāca: asaṁśayaṁ mahābāho mano durnigrahaṁ calam, abhyāsena tu kaunteya vairāgyeṇa ca gṛhyate). cf. YS.1.12. 또 『기따』에서는 이욕이 BG.13.8과 18.52에도 언급되고 있다.

32 adhyavasāyo buddhir, dharmo jñānaṃ virāga aiśvaryam, sāttvikam etad-rūpaṃ,

여덟 가지 성질들 가운데 삿뜨바 속성에 속하는 지식을 뺀 나머지 셋과 따마스 속성에 속하는 것의 넷은 스스로 자신을 묶는다. 그렇지만 지성의 삿뜨바 속성에 속하는 지식도 아직 완전한 지식이 아니다. 그것은 SK.63의 내용에서 확인된다. "그와 같이 여러 원리들에 대한 수련(abhyāsa)으로부터 '나는 물질원리와 그 전개물들이 아니다. 그러한 전개물들은 나의 것이 아니다. 나는 그러한 원리들 안에 있는 것이 아니다'라고 남김 없고, 뒤바뀐 생각이 없을 때 청정하고, 완전한 바른 지식이 일어난다."[33]

세 속성을 지닌 지식의 포기가 이루어질 때 모든 존재는 대립으로부터 벗어나 해탈에 도달하게 된다. 현상세계는 세 속성의 결합으로 나타나고, 또한 변화를 한다. 현상세계의 모든 존재들은 이 세 속성의 영향력 아래에 있다. 그러나 이들 세 속성들의 영향력으로부터 벗어나야만 참된 자유인 해탈이 실현된다. 이런 맥락에서 보면, 밝고 순수한 기운인 삿뜨바 속성을 지닌 지식조차도 포기를 하고 넘어서야 한다. 진정한 자유, 진정한 해탈은 물질세계의 너머에 있는 영원한 참된 자아의 영역으로 들어가야 실현되기 때문이다. 물질 차원의 영역에 속하는 세 속성 그 너머에 있는 것을 아는 사람은 지식의 요가로 제어된 포기자로 보기 때문이다.[34]

---

tāmasam asmād viparyastam.

33 evaṃ tattvābhyāsān nāsmi na me nā'ham ity apariśeṣam, aviparyayād viśuddhaṃ kevalam utpadyate jñānam. 그런데 고전 상캬철학에서 완전한 바른 지식은 물질원리와 자아를 구별하는 것이 자아의 독존을 실현시켜주는 구별지이다. 불교에서도 다섯 구성요소, 곧 5온(蘊: 색 · 수 · 상 · 행 · 식)의 무아성(無我性, nirātmyatā), 또는 공성(空性, śūnyatā)을 직관하는 것이 최고의 깨달음인 무상정등각(無上正等覺, anutatasamyaksambodhi)이다. 그리고 이런 상캬의 자아의 독존(kaivalya)에 대응하는 것은 불교에서는 열반(nirvāṇa), 또는 진여(眞如, tathāgata), 공성(空性), 법성(法性, dharmatā)으로 표현되는 의식의 차원이다.

34 cf. BG.6.3; 18.12.

2) 지식의 요가를 통한 자아실현

『기따』는 고전 상캬철학의 가르침대로 지식의 요가란 세 속성으로 이루어진 물질원리와 정신원리인 참된 자아를 구별하는 것이다. 그리고 참된 자아와 생멸을 거듭하는 몸이 엄밀하게 다르다고 인식함으로써 완전한 바른 지식을 확고하게 얻으면 그로부터 지식의 요가가 완성된다. 절제된 감각을 지닌 사람은 자기의 본질적 참된 자아에게 전념하게 된다. 왜냐하면 감각이 그 대상으로부터 철회될 때 그의 지식은 확고하게 확립되기 때문이다. 또한 "모든 일에 욕망과 이기적인 내적 동기가 없는 사람, 행위가 지식의 불로 타버린 사람, 지식을 지닌 현명한 사람들은 지식을 지닌 사람이라고 말한다"(4.19)고 하는 것이나 "불이 연료들을 태워 재로 만들듯이, 그와 같이 지식의 불은 모든 행위들을 재로 만든다"(4.37)고 하듯이, 완전한 바른 지식은 모든 행위를 무력하게 만드는 원인임을 알아야 한다. "왜냐하면 이 세상에 지식에 견줄 만한 마음을 정화시키는 수단은 없기 때문이다. 행위의 요가와 삼매의 집중 요가[35]에 의해 완성을 이룬 사람은 시간이 지나면 스스로 그것을 자아 안에서 발견하기 때문이다."(4.38) 그러나 완전한 바른 지식이 없을 때는 감각의 대상에 대한 기호가 소멸될 수 없다. 날뛰는 모든 감각을 억제하고 집중한 자는 자신에게 전념하는 상태를 유지할 수 있다. 왜냐하면 날뛰는 모든 감각이 제어될 때 그 사람의 지식은 확고해지기 때문이다(2.61). 그러므로 완전한 바른 지식을 확고하게 얻어야 한다.

완전한 바른 지식이 확고하게 확립되어 있는 사람은 모든 행위가 물질원리의 활동임을 알게 된다. 현상세계의 모든 존재는 세 속성의 결합으로

---

35 본 시편은 단순히 요가로만 되어 있으나, 샹까라는 요가를 행위의 요가와 삼매의 집중요가로 해석하고 있다. A. G. Krishna Warrier(trans. 1983), p. 176.

나타나고 변화할 뿐이다. 그러므로 세 속성의 영향력으로부터 벗어나야만 참된 자유로 나아갈 수 있다. 밝고 순수한 기운인 삿뜨바 속성조차도 넘어서야 한다. 그래서 진정한 자유, 진정한 해탈은 물질원리로부터 나온 물질세계 너머에 있는 참된 자아의 영역으로 들어가야 실현된다.

『기따』는 지식과 헌신적인 믿음과 사랑, 그리고 행위의 결과에 단념과 같은 다양한 방법을 통해 행위를 무행위와 절충하고자 한다. 행위와 무행위를 절충함으로써 진정한 무행위를 실천하는 자야말로 상대적 양극단으로부터 벗어나고, 속박에서 벗어날 수 있기 때문에 행위를 하려는 내적 동기의 포기를 지식의 요가, 또는 지식의 길로 본다. 집착하지 않고 해야 할 의무로서 행위를 하는 사람은 내적 동기를 포기하는 자이고, 지식의 요가를 수행하는 자이다. 여기서 내적 동기를 포기하는 자는 행위를 포기하는 자가 아니다. 그는 욕망을 가지고 행위를 하지 않는, 욕망으로부터 자유로운 자이다. 이러한 자는 지식 없이는 행위를 할 수 없기 때문에 완전한 바른 지식에 의해 욕망과 집착을 포기해야 한다. 그런데 『기따』는 지식을 세 속성과 관계를 지어 설명하면서 이들로 말미암은 지식은 지양해야 한다고 말하고 있다. 모든 행위는 세 속성의 상호작용에서 비롯되지만, 최고의 존재를 보는 사람은 최고의 존재에 대한 지식의 요가로 선한 행위와 악한 행위 등의 모든 행위를 포기한다. 왜냐하면 요가에 의해 모든 행위를 포기하고 항상 자신에 전념하는 사람이야말로 좋은 행위이든 나쁜 행위이든 그 결과에 집착하지 않기 때문이다. 그러므로 "행위의 요가에 의해 행위를 포기하고, 지식의 요가에 의해 의심을 끊고 스스로 제어할 줄 아는 자들은 행위에 얽매이지 않는다"(4.41)고 말한다. "그러므로 무지로부터 생겨난 그대의 가슴 안에 자리를 잡고 있는 이 의심을 자신의 완전한 바른 지식의 칼로 잘라버리고 행위의 요가에 전념하고 싸워라."(4.42)

여기서 말하는 의심은 가장 큰 죄악의 원인이다. 그것은 무지로부터 생겨나고, 지성 안에 자리를 잡고 있다. 그러므로 지식의 요가로 참된 자아는 생멸하는 유한한 존재라는 의심을 없애야 한다. 왜냐하면 지식, 또는 지식의 요가는 괴로움, 어리석음과 같은 모든 악을 소멸시켜주기 때문이다. 여기서 아르주나의 의심은 영원한 본질적인 참된 자아에 대한 의심이다.[36] 그러므로 끄리슈나는 사랑스러운 부류를 넷으로 제시한 뒤에 그들 가운데 지식을 추구하는 사람이 가장 사랑스럽다고 말한다. 그 이유는 자신의 마음을 잘 다스리고 최상의 경지인 바로 영원한 본질적 참된 자아에 머물기 때문이다.

> 고뇌하는 사람, 탐구적인 사람, 부자가 되고자 하는 사람 그리고 지식을 추구하는 사람의 네 부류 가운데 지혜롭고 항상 마음이 잘 다스려져 있으며 나 하나만을 믿고 사랑하는 사람이 가장 뛰어난 자이다. 나는 지식을 추구하는 자에게 더할 나위 없이 아주 사랑스러운 존재이다. 그 또한 나에게 사랑스러운 존재이다. 참으로 이들 네 부류는 모두 고상한 사람들이지만, 나는 지식을 추구하는 사람이 바로 나 자신인 영원한 본질적 참된 자아라고 생각한다. 왜냐하면 그는 자신의 마음을 잘 다스리고 최상의 경지인 바로 영원한 본질적 참된 자아에 머물기 때문이다. (7.17–18)

그러므로 지식을 추구하여 그것을 자신의 것으로 만든 자는 세 속성에

---

36 cf. BG.4.39–40: 믿음이 있는 사람은 오로지 감각을 제어하고서 지식을 얻는다. 그는 지식을 얻는 순간 지고의 평안에 이른다. 그리고 무지한 자와 믿음이 없는 자는 자아마저 의심하여 멸망한다. 자아를 의심하는 자에게는 이 세상도, 다른 세상도, 그리고 행복도 없다 (śraddhāvāṁl labhate jñānaṁ tatparaḥ saṁyatendriyaḥ, jñānaṁ labdhvā parāṁ śāntim acireṇā'dhigacchati. ajñaś cā'śraddadhānaś ca saṁśayātmā vinaśyati, nā'yaṁ loko'sti na paro na sukhaṁ saṁśayātmanaḥ).

의해 어쩔 수 없이 행위를 해야만 한다. 또 그 과보가 초래된다는 것은 즐거워하지 않고, 오직 자신의 내면에서 오는 완전한 바른 지식에서 기쁨과 희열을 찾았을 때, 브라흐만의 열반에 도달하게 된다. 그렇게 완전한 바른 지식이 확고하게 확립된 자는 감각의 대상에 대한 즐거움에 빠지는 죄를 짓지 않는다. 그는 즐거움을 오직 참된 자아 안에서만 찾고, 참된 자아에서 만족하며, 참된 자아에 기뻐하는 사람이다. 그런 사람은 좋아하는 것을 얻어도 즐거워하지 않고, 싫어하는 것을 얻어도 불쾌하지 않는다. 왜냐하면 완전한 바른 지혜가 확고하게 되어 미혹됨이 없을 때 브라흐만을 아는 자는 브라흐만 안에 존재하기 때문이다. 이런 완전한 바른 지식을 확고하게 지닌 사람은 세 속성을 지닌 지식을 포기하였을 때 얻게 되는 네 가지 성품을 지니게 된다. 첫째, 양극단을 떠난 평등한 마음에 머물게 된다. 둘째, 감각이 제어되어 삼매에 머물게 된다. 셋째, 청정한 마음에 머물게 된다. 넷째, 행위로부터 벗어난 자유로운 상태에 머물게 된다.

3. 세 속성의 단념을 통한 행위의 요가 실현

1) 세 속성을 지닌 행위의 결과 단념

『기따』에서 단념의 본질은 모든 행위의 결과를 바라지 않은 것이다(18.2). 행위 가운데서도 희생제 · 보시 · 고행[37]과 같은 고결한 행위는 지혜로운 사람들의 마음마저도 정화시켜주기 때문에 단념을 해서는 안 된다. 하지만 이런 행위를 할 때도 행위에 대한 집착과 행위의 결과를 단념해야 한다(18.6). 그런데 참된 자아를 몸과 같다고 봄으로써 참된 자아가

37 희생제 · 보시 · 고행, 이 세 속성과 관련된 내용은 BG.17.7-22에 설명되어 있다.

행위자라고 하는 식별하는 능력이 없는 어리석은 사람은 모든 행위를 단념할 수 없다. 그러나 행위의 결과를 단념하고 주어진 의무로서 행위를 할 때, 그가 비록 행위를 하는 자일지라도 행위를 단념하는 자라고 불린다(18.11). 따라서 모든 행위의 포기는 오로지 최고의 실재, 또는 최고의 자아인 브라흐만을 알고, 몸을 참된 자아와 같다고 보지 않는 사람만이 할 수 있다. 그러므로 행위의 결과에 대한 모든 집착을 단념한 사람은 언제나 만족한다. 그는 어떠한 감각의 대상에도 집착하지 않는다. 그는 자신의 목적을 이루기 위한, 곧 현재의 삶에서나 다음 생애에서 즐거움을 얻기 위한 어떤 수단을 찾지 않고, 어떠한 이기적인 목적도 지니지 않는다.

그렇기 때문에 그는 행위와 그것에 따르는 모든 결과에 대한 기대를 포기할 수 있다. 그런 사람은 행위에 전념하더라도 아무런 행위도 하지 않는 사람이다. 또한 그는 아무것도 바라지 않고, 몸과 마음을 잘 조절하며, 모든 소유의 관념을 단념하고, 단지 몸을 지탱하는 데 필요한 행위만을 하기 때문에 그는 아무런 죄를 짓지 않는다(4.20-21). 그러나 단념하지 못한 자[38]에게는 죽은 뒤에 원하든, 원하지 않았든 세 가지의 행위의 결

38 띨락의 설명에 따르면, 단념하지 못하는 자란 행위의 결과를 기대하는 자이며, 그는 그가 죽은 뒤에 세 가지 행위의 결과를 얻는다고 말한다. 그런데 문제는 포기하는 자란 행위의 결과에 대한 기대를 포기하면서 모든 행위를 실행하는 자라고 하는 데서 발생한다. 단념(tyāga), 단념하는 자(tyāgin), 그리고 포기에 관한 개념은 『기따』 제18장 이전에도 여러 곳에 보인다(3.4-7; 5.2-10; 6.1). 그들은 BG.18.12에서 개괄된다. 『기따』는 온갖 종류의 문자 그대로 포기는 결코 받아들이지 않는다. 『기따』에 따르면, 진짜, 또는 영구적으로(niya) 포기하는 자는 '행위의 결과만을 포기하는 자'라고 하면서 BG.5.3(싫어하지도 기대하지도 않는 사람은 영원한 포기자로 알아야 한다. 왜냐하면 포기하는 자는 싫어함과 기대 둘 다 없어 얽매임으로부터도 쉽게 벗어나기 때문이다)을 그 근거로 제시하고 있다. 또 진짜 단념은 행위의 결과에 대한 기대의 단념이다. 그때 기대는 이기적인 마음에 물들여진 것, 다시 말해 이기주의의 단념이다. 그런데 지금까지 포기의 기본적인 의미는 내적 의지, 또는 내적 동기에 의한 행위를

과[39]가 있게 된다(18.12).

단념이란 행위의 결과에 대한 집착과 기대를 끊고 자신에게 주어진 의무로서 행위만을 충실히 수행한다. 왜냐하면 우리를 속박하는 것은 행위 자체가 아니라 행위의 결과이기 때문이다. 이것은 행위의 결과를 기대하지 않는 자에 의해 집착하는 마음이나 탐욕, 노여움이 없을 때, 의무로서 행위를 할 수 있다. 세 속성에 따른 행위의 결과에 대한 단념에는 따마스 속성을 지닌 행위의 결과 단념, 라자스 속성을 지닌 행위의 결과 단념 그리고 삿뜨바 속성을 지닌 행위의 결과 단념이 있다.

① 따마스 속성을 지닌 행위의 결과 단념

따마스 속성을 지닌 단념은 무지 때문에 의무로서 하는 행위를 단념하도록 하는 잘못된 단념이다. 무지는 따마스 속성을 지닌 행위를 하도록 하는 원인이다. 따마스 속성은 무지로 말미암아 옳고 그름을 분별할 수 없어 그것에 집착하고, 또 미망에 빠져 참된 자아를 행위자로 헷갈리기

포기하는 것이다. 다시 말해 이기적인 욕심이나 집착 등이 개입된 행위를 포기하는 사람을 포기하는 자, 그리고 행위의 결과를 기대하지 않는 자를 단념하는 자로 이해해왔다. 그런데 띨락은 이와 달리 해석하고 있다. 그의 이런 해석은 일반적으로 알고 있던 사실과 반대되는 것으로 이해된다. 그 예로서 이기적인 마음, 또는 이기주의 단념은 나쁜 생각들과 같은 내적 동기(saṅkalpa)의 포기로 이해되었던 내용이다. 그리고 그에 따른 포기의 해석은 어쩌면 단념의 개념을 둘로 나누어 '행위의 결과에 대한 포기 또는 단념'과 '행위의 결과에 대한 기대의 단념 또는 포기'로 나눈 것 같다는 생각도 들지만 또한 그것도 아니다. 그가 행위 중심주의를 주장하는 이면에는 행위, 그의 말대로라면 영국으로부터 인도의 독립을 쟁취하기 위한 방법으로서 행위가 폭력이든 비폭력이든 상관없이 결과인 영국으로부터 독립만 쟁취하면 된다는, 이른바 동기야 어찌 되었든 그 결과에 대한 집착, 또는 결과에 대한 기대를 하지 않는 것을 행위의 요가로 파악한 것으로 보인다. B. G. Tilak(B. S. Sukthankar, tr. 11th ed. 2004), pp. 1180~1181.

39 『기따』에서는 고전 상캬철학과 마찬가지로, 죽은 뒤에 윤회하는 세계를 셋으로 나누어 말한다. 원했던 좋은 결과는 천상세계, 원하지 않았던 결과는 동식물세계, 원하기도 하고 원하지 않기도 한 결과는 인간세계이다. cf. A. G. Krishna Warrier(trans. 1983), p. 562.

때문이다(14.8–9). 그러므로 따마스 속성을 지닌 자의 행위는 단념해야 한다. 하지만 잘 절제되어 당연히 해야 할 의무로서 행위는 단념하지 말아야 한다. 또 따마스 속성을 지닌 행위의 결과와 그 결과에 대한 관심, 또는 기대는 당연히 단념되어야 한다. 왜냐하면 따마스 속성을 지닌 행위를 단념하고 얻는 결과는 동식물의 세계에 태어나는 윤회의 삶을 살도록 하기 때문이다.

② 라자스 속성을 지닌 행위의 결과 단념

라자스 속성이 다른 두 속성보다 우세할 때 행위에 집착하고(14.9), 그로부터 탐욕 · 갈애 등이 생겨난다(14.12; 14.17). 라자스 속성이 우세한 사람은 해서는 안 되는 나쁜 행위에 집착하므로 그로부터 탐욕 등이 생겨나서 잘못된 행위인지도 모르고 그 행위를 하려고 한다.

그런데 라자스 속성을 지닌 사람은 당연히 해야 하는 의무로서 행위를 단지 고통스럽다는 이유 때문에, 그리고 몸에 상처를 입거나 죽임을 당할 수 있지 않을까 하는 두려움 때문에 모든 행위를 단념하려고 한다. 이것은 라자스 속성을 지닌 자의 단념이다(18.8). 이것은 단념의 참된 의미를 잘못 이해한 것이다. 왜냐하면 단념이란 행위의 결과에 무관심, 또는 그것을 기대하지 않는 것이지 모든 행위의 단념이 아니기 때문이다(18.2). 이것은 마땅히 해야 하는 의무로서 행위와 모든 행위의 결과에 관심 없고, 기대하지 않는 단념을 혼동하고 있는 것이다. 이렇게 혼동하여 해서는 안 되는 끝없는 갈망을 지닌 행위를 하면 결코 좋은 결과를 얻을 수 없다(18.8; 14.16). 다시 말해 라자스 속성을 지닌 단념으로는 행위로부터 자유인 해탈을 얻을 수 없다. 왜냐하면 해탈이란 모든 행위로부터 자유로운 상태이기 때문이다(18.49).

③ 삿뜨바 속성을 지닌 행위의 결과 단념

삿뜨바 속성을 지닌 행위의 단념은 의무로서 행위(nitya-karma)를 해야 한다고 생각하면서 그 행위에 대한 집착과 그 결과에 대한 관심과 기대를 단념하고 행위를 하는 것이다(18.9). 이런 단념이란 행위가 당연히 해야 할 의무라고 하더라도 그것에 대한 집착과 그것의 결과에 대한 기대의 단념을 의미한다. 샹까라에 따르면, 이것은 행위에 대한 단념과 그 결과들에 대한 욕망의 단념이라는 공통된 특징을 나타낸다. 따라서 라자스 속성을 지닌 단념과 따마스 속성을 지닌 단념을 비난하면서 행위의 결과에 대한 욕망, 또는 집착의 단념을 삿뜨바 속성을 지닌 단념이라고 해석하고 있다. 행위와 그것의 결과에 대한 집착 없이 의무로서 행위를 하기에 적합한 사람의 마음은 동요하지 않고, 순수해진다. 따라서 순수하게 정화된 마음은 참된 자아를 잘 생각하기에 적합하게 된다.[40] 삿뜨바 속성으로 가득 찬 지혜로운 단념을 하는 자는 의심을 끊고, 악한 행위를 싫어하지 않고, 선한 행위에도 집착하지 않는다(18.10). 샹까라에 따르면, 나쁜 행위란 몸을 만들어냄으로써 윤회의 원인이 되는 욕망이 개입된 행위(kāmya-karma)를, 선한 행위란 의무로서 행위를 의미한다. 그러므로 삿뜨바 속성으로 가득 찬 지혜로운 단념을 하는 사람은 집착과 욕망을 단념한 사람과 행위와 그 결과에 대한 집착을 단념하고 의무로서 행위를 하는 자이다. 이런 사람은 삿뜨바 속성으로 가득 찰 때 자아와 자아가 아닌 것, 곧 정신원리와 물질원리를 구분할 수 있는 지식으로 인도한다고 해석한다.[41] 삿뜨바 속성으로 가득 차서 마음이 순수해지고 완전히 나쁜 행위들을 정화시키는 지식을 얻게 되면, 그 지식은 선행과 악행을 직접적으로 소멸시키

---

40 A. G. Krishna Warrier(trans. 1983), p. 559.

41 A. G. Krishna Warrier(trans. 1983), p. 560.

는 역할을 한다. 이러한 지식은 행위의 결과에 대한 욕망과 집착의 단념으로부터 오는 결과이다. 마음이 정화되어 지고의 실재인 참된 자아를 인식할 때 이런 단념은 나타나게 된다.

2) 행위의 요가를 통한 자아실현

행위의 결과에 관심을 두지 않고 해야 할 행위를 하는 사람이 진실한 포기자이고, 요가의 목표를 이룬 진실한 단념자라고 한다. 행위의 요가란 자신의 영원한 참된 자아와 하나 되는 길이자 목표이다. 이 길을 가는 사람과 이 목표에 도달한 사람을 모두 행위의 요가수행자라고 부른다. 그러므로 행위의 결과에 대한 집착과 기대를 떨쳐버리지 못하는 사람은 행위의 길을 가지 못한다. “인간은 행위를 하지 않음으로써 세속적인 행위로부터 자유를 얻는 것이 아니다. 그리고 다만 행위를 포기하는 것만으로도 행위로부터 자유의 완성을 얻지 못한다. 왜냐하면 어느 누구도 한순간이라도 행위를 하지 않고는 결코 존재할 수 없기 때문이다. 또한 모든 것은 물질원리가 선천적으로 지닌 세 속성으로 말미암아 자신의 동기와는 상관없이 행위를 하기 때문이다.”(3.4-5)

그러나 마음으로 감각을 억제하면서 행위기관으로 행위의 요가를 집착 없이 실천하는 사람은 뛰어난 자이다(3.7). 그러나 감각을 탐내고 집착하는 자는 헛되이 사는 자이다(3.16). 그러면 왜 끄리슈나는 아르주나에게 이런 가르침을 주는 것일까? 바로 자신의 행위에 대해 만족하는 사람만이 자아의 실현, 곧 해탈에 이를 수 있다고 끄리슈나는 확신하고 있기 때문이라고 이해된다. 그러므로 집착 없이 해야 할 행위를 해야 한다. 왜냐하면 집착이 없는 사람은 행위를 하면서도 최고의 자아에 도달하기 때문이다(3.19). 또한 어디서나 집착 없는 지성으로 자신을 극복하고 탐욕과 집착을 없앤 자는 포기로써 행위로부터 자유가 완성된다(18.49).

다시 말해 행위의 요가란 몸과 마음을 확실히 제어하여 어떠한 것에도 집착하지 않고, 욕망과 집착으로부터 벗어나는 행위를 의미한다. 행위 그 자체에 만족하고 성취함과 성취하지 못함을 평등하게 받아들이는 무행위의 행위이다. 세 속성과 더불어 정신원리와 물질원리를 구분하여 확실히 아는 자는 어떠한 상태에 있더라도 다시 태어나지 않는다. 정신원리와 물질원리는 시작이 없다. 현상세계의 변화는 물질원리의 변이로부터 일어날 뿐이고, 정신원리, 곧 참된 자아와는 아무런 관계가 없다.

몸과 마음과 지성과 감각이 제어되지 않은 자는 무지 때문에 욕망이 일어나 세 속성으로부터 자유롭지 못하다. 그렇기 때문에 궁극적인 자유, 해탈, 자아실현은 내적 동기인 욕망과 집착과 같은 나쁜 생각들로부터 벗어난 행위의 포기와 행위의 결과에 대한 기대를 단념하는 데 있음을 알아야 한다. 행위의 요가수행자란 행위의 결과에 대한 집착을 버리고 늘 만족하고, 비록 온갖 행위를 할지라도 행위의 결과를 단념하는 자이다. 왜냐하면 모든 욕망을 버리고 욕망과 집착이 없이 행위를 하는 사람, 나의 것이 없고, 자아의식이 없는 사람은 최고의 행복을 얻기 때문이다. 이 상태가 브라흐만과 하나가 되는 경지이다(2.71). 또한 끄리슈나는 행위의 요가 자체가 헌신적인 믿음과 사랑의 길이라고 한다. 또한 지식의 요가에 의지하여 자신을 믿고 사랑하는 자가 되어야 한다고 가르친다.

> 어떤 행위를 끊임없이 할지라도 항상 나를 의지할 때 나의 은총에 힘입어 영원히 불멸하는 곳에 도달한다. 마음으로 모든 행위를 나에게 맡기고 나에게 전념하며 지식의 요가에 의지하여 항상 나를 생각하는 자가 되어야 한다. (18.56-57)[42]

4. 박띠 요가를 통한 온전한 삶의 실현

1) 박띠의 의미

① 박띠의 기원과 사전적 의미

인도 종교에서 사랑은 여러 술어로 표현된다. 만족을 위한 본능적인 사랑은 애욕(愛欲, 愛慾), 또는 욕망(慾望), 성애(性愛) 등의 의미를 지닌 kāma[43]라면, 신의 은총에 대해 이기적인 마음을 버리는 사랑인 애정(愛情)의 의미를 지닌 prema가 있다. 부부나 연인 사이의 사랑의 감정은 자애(慈愛), 애락(愛樂)의 의미를 지닌 priya[44]가 있다. 시에서 사랑의 감정을 나타내는 성애적 감정(性愛的 感情)의 의미를 지닌 śṛṅgara가 있다. 다른 사람의 괴로움을 볼 때 생기는 슬픈 정성의 사랑인 동정(同情), 애민(哀愍)의 의미를 지닌 karunā가 있고, 깊은 연정의 갈망(渴望), 갈애(渴愛)의 의미를 지닌 tṛṣṇa도 있다. 여기서 karunā는 호의(好意), 우정(友情) 등을 의미하는 maitrī와 결합하여 maitrī-karunā의 합성어로 자비(慈悲)를 나타낸다. 특히 이것은 불교에서 인간이 추구해야 할 이상적인 보살(菩薩, bodhisattava)의 실천덕목[45]으로 중요시된다. 힌두교에서는 사랑의 종류에 따라 의미가 주어진 것이 아니고, 그런 행위를 하는 사람이 사회와 어떤

---

42 sarvakarmāṇy api sadā kurvāṇo madvyapāśrayaḥ, matprasādād avāpnoti śāśvataṁ padam avyayam. cetasā sarvakarmāṇi mayi saṁnyasya matparaḥ, buddhiyogam upāśritya maccittaḥ satataṁ bhava.

43 kāma와 그에 상응하는 단어들은 BG.255; 2.62; 2.70; 2.71; 3.37; 3.39; 3.43; 4.49; 5.12; 5.23; 5.26; 6.18; 6.24; 7.11; 7.20; 7.22; 9.21; 10.1; 15.4; 16.8; 16.10; 16.11; 16.12; 16.16; 16.18; 16.21; 16.23; 17.5; 18.2; 18.24; 18.34; 18.53 등 32여 시편에 나오고 있다.

44 priya와 그에 상응하는 단어들은 BG.5.20; 7.17; 9.28; 11.48; 12.14; 12.15; 12.16; 12.17; 12.19; 14.24; 17.7; 17.10; 17.15; 18.65; 18.69 등 15여 시편들에 나오고 있다.

45 보살의 대표적인 실천행은 육바라밀이다. 육바라밀이란 보시, 지계, 인욕, 정진, 선=명상, 지혜바라밀이다.

관계에 있느냐에 따라 달리 나타난다. 세속적인 물질세계에 바탕을 두고 삶을 사는 사람에게 가장 큰 관심의 대상은 성적 욕망을 의미하는 kāma 이다.[46] 반면 세속적인 물질세계를 초월한 포기자에게는 성적 욕망을 비롯한 모든 형태의 사랑을 포기하고, 그로부터 욕망을 다스리고자 한다. 그들은 세속적인 사랑이 궁극적 실재인 브라흐만, 또는 끄리슈나와 같은 자재신의 의지에 의해 그 힘이나 능력이 브라흐만이나 자재신과의 조화 속에서 하나가 될 수 있다고 믿는다. 그렇기 때문에 그들은 그 안에서 진정한 삶의 의미인 해탈, 또는 자아실현을 추구한다. 힌두교는 성적 욕망과 세속적 욕망을 포기하는 삶과 달리, 다른 범주의 사랑의 의미를 '헌신적인 믿음과 사랑'의 의미를 지닌 박띠(bhakti)에서 찾는다. 이것은 인간적 사랑이 종교적 차원으로 승화된 것이다. 힌두교, 특히 『기따』 이후의 힌두교에서 그것은 궁극적 구원의 길로 간주되고 있다.[47]

그러나 그것에서는 박띠의 의미의 표준화된 형태를 찾아보기 어렵다.[48] 그래서 그것의 원천적인 의미를 알기 위해 산스끄리뜨 사전에서는 어떤 의미를 지니고 있는지를 알아보기로 보자. 모니에르 윌리엄스(Monier Monier Williams)에 따르면, bhakti는 제1류 동사 √bhaj(분배하다, 나누다, 주

46 밧츠야야나(Vyātsyāyana, B. C. 4세기)가 편찬한 『까마 수뜨라』(*Kāma-sūtra*, 性愛經)에서 체계화되었다. 인도에서 성애는 예로부터 실질적인 경제적 이익(artha), 도덕(dharma)과 함께 세속세계에서 세 가지 목표였는데, 이 책은 아름다운 운문으로 씌어졌고, 전체 7장으로 이루어져 있는, 당시까지의 성애에 관한 학설을 모은 것이다. 성애의 기술을 가르치는 책으로 유명할 뿐만 아니라 고대 인도 사회의 생활을 아는 데도 중요한 문헌이다. 이것의 우리말 번역은 정태혁 옮김(1999), 『카마수트라』, 동문선(문예신서 93)과 송미영 옮김(2004), 『카마수트라』, 범우사(범우문고 205)가 있다.

47 이광수(1993), pp. 223~224.

48 힌두교에서 박띠의 개념을 볼 수 있는 문헌들로는 『기따』를 비롯하여 『바가바따 뿌라나』(*Bhagavata-purīṇa*), 나라다(Nārada)와 샨딜야(Śaṇḍilya)의 『박띠 수뜨라』(*Bhakti-sūtra*) 등이 있다.

다, 존경하다, 숭배하다, 따르다, 호의를 나타내다)의 명사로서, 행위와 지식과 함께 구원을 위한 하나의 종교적 원리, 또는 방법으로의 믿음(faith, trust), 또는 사랑(love), 헌신(devotion), 존경(worship, homage), 신심(piety) 등이라고 하였다.[49] 또 카르만(John B, Carman)에 따르면, 산스끄리뜨어의 bhakti는 영어로 'devotion'(사랑 · 헌신 · 전념)으로 번역되고, 어떤 신격이나 스승을 존경하는 태도로 가득 차 있는 마음이며, 사람의 입장에서 경험된 신성과 인간 사이의 강렬한 감정 상태들의 영역이라고 한다.[50] 비드야랑까르(Bharat Bhushan Vidyalankar) 등에 따르면, 그것의 의미를 경의(reverence), 숭배(worship), 헌신(devotion), 충성(loyalty), 성의(faithfulness), 분리(separation), 구분(division), 부분(portion), 할당(share)으로 번역한다.[51] 한역으로는 신(信), 신심(信心), 심신(深信), 경(敬), 경중(敬重), 경봉(敬奉), 존경(尊敬), 공경(恭敬), 공경심(恭敬心), 존중(尊重) 등으로 번역한다.[52]

마드바에 따르면, "박띠는 인격신에 대한 확고하고, 끊임없이 흔들림 없는 사랑이다. 그것은 애정과 집착과 같은 모든 다른 형태를 억누르고, 그의 초월적인 존엄에 대한 완전한 지식에 의해 영감을 받은 것으로, 다른 어떤 수단들에 의해서가 아니라 오로지 그것에 의해서만 해탈을 얻을 수 있는 것"으로 정의한다.[53] 일본에서는 애착, 헌신(獻身),[54] 복종, 존경, 존중, 숭배, 성신(誠信),[55] 신앙, 신애(信愛)[56] 등의 용어로 표현되고 있다.[57]

---

49 M. Monier-Williams(ed. 1988), p. 743.

50 John B. Carman(M. Eliade ed., 1987), p. 130.

51 Bharat Bhushan Vidyalankar etc.(1999), p. 269.

52 鈴木學術財團 編(1986), pp. 941~942.

53 Svāmī Tapasyānanda, viii.

54 三浦關造 譯(1978), p. 116. 또는 헌신근행(獻身勤行)으로 번역하기도 한다.

55 辻直四郎(1985), pp. 155~158; 402~403. 이것의 의미를 '신에 대한 절대적인 귀의'로 풀어 번역하기도 한다. p. 402.

56 上村勝彦(1995), p. 141; 142.

또한 국내에서는 길희성,[58] 임승택,[59] 정태혁[60]은 '신애'로, 김호성[61]과 이거룡[62]은 '믿음'으로, 임근동[63]은 '귀의'로, 이광수는 신헌(信獻)[64]으로 번역한다. 이러한 박띠의 번역들은 모두 그 나름대로 의의가 있는 것으로 보이지만, 이광수의 지적대로 인격신, 또는 우주의 유일한 원리로서 브라흐만에 대한 믿음[65]이 중요하다. 또 인격신에 대한 열정적인 사랑의 감정 없

57 鈴木學術財團 編(1986), p. 941.

58 길희성(1984), p. 40; 217; 229; 233; pp. 235~238; 길희성 역(1988), p. 10; pp. 146~150; 192~193; 길희성(1989), p. 73; 79; 80.

59 임승택(1998), p. 237; pp. 244~249 등.

60 정태혁(1984), p. 117; 348.

61 김호성(2007), p. 275.

62 함석헌(19996), p. 43. 특히 그는 박띠 요가를 인격신에 대한 믿음과 사랑으로 해석한다. p. 45.

63 임근동(2006), p. 74; 84.

64 이광수(1993), p. 226. 그가 박띠를 '신헌'으로 번역하는 이유는 박띠 행위에서 가장 필수적인 요소가 인격신이나 유일원리 브라흐만에 대한 '믿음'[信]과 그에게 모든 것을 바치는 '드림'[獻]이기 때문에, 그리고 힌두교에서 사랑은 종교적 행위에 기본적으로 내재되어 있는 행위이기 때문에 박띠를 '신애'로 해석하면 그런 사랑의 의미를 자칫 오도(誤導)할 수 있다는 데 두고 있다. 또한 그는 사랑이 '드림'보다 우선시되는 것은 초기 서구의 인도 학자들이 힌두교에 대한 이해가 부족하여 기독교의 사랑의 개념을 힌두교의 bhakti로 대비하고, 힌두교의 bhaktism을 기독교의 유신론으로 표현함으로써 발생한 것임을 설명하고 있다.

65 불교에서는 믿음[信]이 어떤 의미인지를 알게 되면 힌두교에서 믿음을 이해하는 하나의 준거로 삼을 수 있을 것이다. 불교에서 믿음의 대상은 사람이 아니고, 스스로에 대한 믿음, 곧 자신감이다. 이것이 오근(信, 精進, 念 定, 慧)에서 말해지는 믿음을 의미한다. 『밀린다왕문경』에서 밀린다 왕이 나가세나 존자에게 믿음의 특징이 무엇인가를 묻자 나가세나 존자는 "청정하게 하는 것", "뛰어들게 하는 것"이라고 대답한다. 이어서 비유를 들어 "청정하게 하는 것"(sampasādana)을 설명하는데 마니(maṇi)라는 구슬이 더러운 물을 청정하게 하는 능력이 있듯이, 이처럼 믿음은 그 믿음을 가진 사람을 청정하게 하여 다섯 가지 장애를 없애준다고 설명한다. "뛰어들게 하는 것"을 설명하길, 큰비가 와서 강물을 건너지 못하고 있을 때 어느 힘센 사람이 먼저 강을 건너간다면 뒤에 머뭇거리고 있던 사람들이 용기를 얻어서 따라 강을 건너가듯이, 이 세상에서 해탈한 자가 나타날 때 그를 보고 나도 해탈할 수 있다는 자신감으로 수행을 시작하게 된다는 것이다. 이것이 믿음의 특징인 "뛰어들게 하는 것"이라고 설명한다. 여기서도 믿음은 "사람을 믿는 것"이 아니라 "자신의 마음이 청정해지는 것" 또는 "자신

는 행위로는 진정한 인격신으로부터의 은총을 기대하기 힘들 것이다. 거기에 더해 자신의 이기적인 생각들과 행위의 결과에 대한 기대, 또는 관심으로부터 자유로운 행위를 할 때 진정한 박띠의 실천자(bhakta)가 된다고 본다. 따라서 이 책에서는 박띠를 '헌신적인 믿음과 사랑'이라는 의미로 사용하거나, 그렇지 않을 경우에는 bhakti의 음역인 '박띠'로 사용한다. 바가바따 파에서는 바가바뜨(bhagavat)에 대한 bhakti의 실천 강령을 아홉 가지로 말하고 있어 여기에 소개한다.

첫째, 인격신에 대해 듣기.

둘째, 그의 위대함에 대해 노래하기.

셋째, 그를 기억하기.

감이 생기는 것"이란 것을 알 수 있다. 또 『대지도론』 권1(대정장 25, p. 62c17)에서 믿음을 이렇게 설명하고 있다. "불교의 도리라는 큰 바다는 믿음으로써 들어가며, 지혜로써 그것을 건넌다"(佛法大海 信爲能入 智爲能度). 여기서는 '불교의 도리'를 '바다'라고 비유하고, '믿음'이 '그 바다에 들어가게 하는 것'이라고 설명한다. 이 '들어간다'는 표현은 『밀린다왕문경』에서 말하는 '뛰어드는 것'과 같은 의미라고 보면 된다. 많은 깨달은 사람들을 보고 "이것이 할 수 있는 일이구나!" "나도 할 수 있겠구나!"라는 '자신감으로 뛰어 들어가는 것'을 말하고 있다. 또한 '신해행증'(信解行證)의 수행체계를 말하는 『화엄경』(대정장 10, p. 72)에서 다음과 같이 믿음을 강조한다. "믿음은 도의 근본이요, 공덕의 어머니이다. 갖가지 선한 법을 자라나게 하며, 갖가지 의혹을 모두 소멸케 하여 위없는 도를 열어 보인다"(信爲道元功德母 增長一切諸善法 除滅一切諸疑惑 示現開發無上道). 그러나 위 게송도 『밀린다왕문경』에서 설명하는 믿음과 같은 의미이다. 첫째, '갖가지 선한 법을 자라나게 하며, 갖가지 의혹을 모두 소멸케 한다는 것'은 마음이 청정해져서 다섯 가지 장애가 없어진다는 의미이고, 둘째, '위없는 도를 열어 보인다'는 것은 "나도 할 수 있겠구나!"라는 '자신감'으로 뛰어든다는 의미이다. 일반적으로 사전적인 의미에서 믿음은 '불법승의 삼보를 믿는 것'이라고 설명한다. 그러나 붓다가 붓다인 것을 알려면 그가 한 말을 이해해야 한다. 승보란 붓다의 말을 이해하고 실천하는 사람들이다. 이렇게 승보에 대한 믿음도 결국은 법에 대한 이해로 귀결된다. 그래서 붓다는 왁깔리 존자의 병문안을 가서 "왁깔리여! 그만두어라. 나의 부서져가는 몸을 보아서 무엇하느냐? 왁깔리여! 법을 보는 자는 나를 보고 나를 보는 자는 법을 본다"(SN.III.120)라고 말씀하신 것이다. 이와 같이 불교에서 말하는 믿음이란 '스스로 내면이 청정해지고 자신감이 생기는 상태'를 믿음이 생겼다고 말한다는 것이다.

넷째, 그의 구체화된 모습으로서의 모든 존재들에 대한 봉사를 통해 섬기기.

다섯째, 그를 성스러운 신상으로 숭배하기.

여섯째, 그에게 경의를 나타내며 절하기.

일곱 번째, 그를 향한 섬기는 자의 태도를 실천하기.

여덟 번째, 그와 애정 깊게 친교하기.

아홉 번째, 그에게 몸, 마음 그리고 영혼을 던지기 등이다.

이 아홉 가지를 열렬하게 진실하게 마음속으로 바치는 사람은 높은 지식을 지닌 사람이라고 말한다.[66] 그러면 박띠는 언제, 어디에서 기원을 찾을 수 있을까?

라이차우드리(H. C. Raychaudri)에 따르면, 박띠의 기원은 『리그베다』 시대에 바루나(Varuṇa) 신에게 바치는 찬가에서 찾을 수 있다고 한다. 그 찬가에 나타난 신에 대한 친밀한 관계를 열정적인 사랑의 감정에서 찾는다.[67] 그러나 라다끄리슈난는 "그것은 박띠가 아니라 박띠에 의해 주어지는 인격신의 은총(prasāda)에 해당한다"고 주장한다.[68] 이러한 감정은 모든 종교에서 거의 공통적으로 나타나고 있다. 따라서 엄밀한 의미에서 볼 때 이것은 인도 특유의 박띠와는 분명히 다르다. 그리고 그것은 집단적으로 나타나는 것이 아니기 때문에 『리그베다』에 나타나는 인간과 신들과의 관계를 박띠라고 볼 수 없다.[69] 왜냐하면 『리그베다』에서 물질을 추구하는 것이나 그 이후 브라흐마나 시대의 기계적이고 형식적인 의례중심주의에서도 신과 신을 섬기는 자 사이에 섬김의 관계로서 박띠의 관념이

66 Svāmī Tapasyānanda, viii.

67 H. C. Raychaudri(1936), p. 18. cf. Bhandarkar, R. G(reprint, 1982), p. 42.

68 S. Radhakrishnan(1977), p. 78.

69 이광수(1993), pp. 228~229.

발생할 수 없다.

박띠 사상은 바가바따[70] 숭배가 유행하던 서력 전 4세기 무렵부터 시작된 것으로 보아야 한다. 박띠라는 단어가 문헌에 처음 등장하는 것은 후기 우빠니샤드에서이다. 『슈베따슈바따라 우빠니샤드』 6.23을 보면, "신과 신으로서의 그의 영적인 스승에 대한 최고의 헌신적인 믿음과 사랑을 지닌 위대한 자아를 설할 때야말로 위대한 자아가 빛을 내리라."[71] 그리고 박띠를 받는 대상으로서 신은 인격체이고, 전지전능한 자재신이며, 궁극적인 실재이다. 박띠는 이러한 존재에 대한 실제적인 믿음이다. 궁극적으로 박띠는 인격신과의 사랑을 통한 일치를 의미한다.[72] 그렇지만 박띠가 반드시 유신론 안에서만 성립되는 것이 아니다. 박띠의 개념은 『기따』에서 본격적으로 정리되기 시작되고, 그 후의 모든 대중 신앙운동과 유신론적 철학 사상에 아주 큰 영향을 끼치게 된다.[73]

② 『기따』에서 박띠의 의미

그런데 『기따』에서는 그것을 '단순한 믿음'을 의미하는 śraddhā와 다른 것으로 취급하고 있다. 다시 말해 아르주나가 끄리슈나에게 누가 가장 헌신적인 믿음과 사랑을 잘 실천하는 자입니까? 라고 묻자, 끄리슈나의 대답 가운데 박띠가 단순한 믿음의 사랑보다 훨씬 더 높은 차원이라고 말하는 시편들에서 이것을 볼 수 있다. "아르주나가 말했다: 이와 같이 늘 당신을 숭배하고 헌신적인 믿음과 사랑을 실천하는 자들과 불멸의 존재이

---

70 bhagavata란 베다에서 재물을 뜻하는 bhaga와 소유를 뜻하는 vat가 합쳐져 '재물을 가진 자'를 뜻한다.

71 yasya deve parā bhaktir yathā deve tathā gurau, tasyaite kathitā hy arthāh, prakāśante mahātmanaḥ, prakāśante mahātmanaḥ.

72 이광수(1993), p. 232.

73 길희성(1984), p. 81.

며 미현현을 숭배하는 자들 가운데 누가 요가를 가장 잘 아는 자들입니까? 거룩하신 존자께서 말씀하셨다. 나에게 그들의 마음을 고정시키고, 언제나 확고부동하며, 지고의 믿음을 가지고 나를 공경하여 나에게 온 자가 나는 최고의 요가수행자라고 생각한다."(12.1-2)[74] 왜냐하면 '단순한 믿음'은 세 속성에 따라 그 등급이 매겨지는 것과 달리, 박띠는 그것을 초월한 것이기 때문이다. 17.1에서 아르주나가 끄리슈나에게 묻는다. "어떤 사람들은 논전에 규정된 규범을 따르지 않지만, 단순한 믿음에 순종하여 제사지내는 그러한 자들의 종국은 어떠합니까? 끄리슈나시여! 그들은 삿뜨바 속성, 라자스 속성, 따마스 속성 가운데 어디에 기초한 것입니까?"[75] 이에 대해 끄리슈나는 아르주나가 질문한 믿음에는 세 가지가 있고, 그것은 천성적으로 생겨난 것이라고 말한다. 17.2에서 끄리슈나는 "인간의 믿음에는 세 가지 부류가 있다. 그것은 선천적인 것으로 삿뜨바 속성을 지닌 믿음, 라자스 속성을 지닌 믿음 그리고 따마스 속성을 지닌 믿음이다. 그것에 관해 들어보아라."[76] 그런데 각자의 믿음은 그 사람의 특정한 성향을 지닌 마음과 일치한다. 바로 사람들은 그의 믿음으로 이루어져 있다(17.3). 먼저 삿뜨바 속성을 지닌 사람들의 믿음은 그것의 특징적인 결과들, 곧 신과 같은 존재들에 대한 숭배로부터 미루어 견주어야 한다. "삿뜨바 속성을 지닌 사람들은 신에게 제사를 지내고, 라자스 속성을 지닌 사람들은 부와 힘을 탐하여 허공에 살고 있는 반신신인과 악마들에게, 그리

74 arjuna uvāca: evaṁ satatayuktā ye bhaktās tvāṁ paryupāsate, ye ca'py akṣaram avyaktaṁ teṣāṁ ke yogavittamāḥ. śrībhagavān uvāca: mayy āveśya mano ye māṁ nityayuktā upāsate, śraddhayā parayo 'petās te me yuktatamā matāḥ.

75 ye śāstravidhim utsṛjya yajante śraddhayā'nvitāḥ, teṣāṁ niṣṭhā tu kā kṛṣṇa sattvam āho rajas tamaḥ.

76 trividhā bhavati śraddhā dehināṁ sā svabhāvajā, sāttvikī rājasī cai'va tāmasī ce'ti tāṁ śṛṇu.

고 따마스 속성을 지닌 사람들은 죽은 유령과 귀신의 무리들에게 제사를 지낸다."(17.4)[77] 따라서 최고의 믿음(para-śraddhā)으로서 박띠는 속성이 없는 믿음(nirguṇa-śraddhā)이다. 또한 그것은 무신론에 입각하고 있기 때문에 『기따』는 브라흐만의 일원론과 끄리슈나의 일신론의 절충, 또는 조화를 이루고 있다고 말한다.[78] 그렇기 때문에 박띠 가운데서 최고의 박띠를 '지식을 추구하는 자'(jñānin)라고 표현하고 있다. "고뇌하는 사람, 탐구적인 사람, 부자가 되고자 하는 사람 그리고 지식을 추구하는 사람의 네 부류 가운데 지혜롭고 항상 마음이 잘 다스려져 있으며 하나만을 믿고 사랑하는 자가 뛰어난 자이다. 나는 지식을 추구하는 자가 더할 나위 없이 아주 사랑스러운 존재이고, 그 또한 나에게 사랑스러운 존재이기 때문이다."(7.17)[79]

그러므로 민중들은 천성적으로 한계를 지닌 단순한 믿음보다는 한계를 초월하는 존재, 곧 최고의 존재를 필요로 한다. 그것이 『기따』에서는 인격신 끄리슈나가 헌신적인 믿음과 사랑의 대상이 되고, 또한 그것이 세 속성의 한계 너머로 갈 수 있는 가장 효과적인 것으로 인정되기에 이른다. 그러므로 끄리슈나 이외의 신에 대한 믿음과 사랑은 한계가 있는 기쁨이다. 그렇지만 끄리슈나, 또는 끄리슈나-바수데바에 대한 헌신적인 믿음과 사랑은 한계를 지을 수 없는 무한한 기쁨(ānanda)[80] 그 자체이다. 그렇기 때문에 『기따』에서는 헌신적인 믿음과 사랑을 실천하는 자(bhakta)

---

77 yajante sāttvikā devān yakṣarakṣāṁsi rājasāḥ, pretān bhūtagaṇaṁś cā'nye yajante tāmasā janāḥ.

78 BG.8.21-22.

79 Chandhar Sharma(1960, reprint 2009, p. 35)는 참된 지식을 추구하는 사람(jñāni)만이 이욕행(離欲行, niṣkāma-karma)을 실천할 수 있다고 보고 있다.

80 이것은 후대에 이르면, 브라흐만 자체(sat), 브라흐만에 대한 있는 그대로 완전한 바른 인식(cit)과 함께 궁극적 실재를 표현하는 것으로서 sat-cit-ānanda라는 술어로 표현된다.

가 최고의 요가수행자라고 말한다. "믿음으로 나를 숭배하고, 자신을 나에게 주는 요가수행자를 나는 요가수행자들 가운데 최고의 요가수행자로 여긴다."(6.47)[81] 또한 헌신적인 믿음과 사랑을 통해 최고의 인격신에게 가장 사랑을 받을 수 있는 존재가 될 수 있고,[82] 큰 죄를 지었거나 나쁜 행위를 일삼는 자들도 구제해주고 선행을 하는 방향으로 마음을 돌려주며,[83] 천성적으로 주어진 세 속성을 초월할 수 있도록 도와주고,[84] 윤회의 세계로부터 구원해준다고 한다.[85]

2) 박띠 요가를 통한 온전한 삶의 실현

박띠의 요가는 인격신에 대한 헌신적인 믿음과 사랑을 통해 실현되는 길이다. 『기따』에서는 이 길을 통해 최고의 길이 실현될 수 있음을 말하고 있다. "모든 행위를 포기하고 오직 나에게 귀의하여라. 나는 그대를 모든 악으로부터 자유롭게 해주겠다. 그러니 슬퍼하지 마라."(18.66) 여기서 모든 행위는 나쁜 행위와 좋은 행위를 포함한다. 이 시편은 모든 행위로부터 자유롭게 되는 길을 가르치는 데에 목적이 있다. 그러므로 좋은 행위이든 나쁜 행위이든 모든 행위들은 다 내려놓아야 한다. 그리고 나 자신이 바로 자재신 끄리슈나이기 때문에 오로지 나 끄리슈나에게 모든 행위를 맡기면 나쁜 생각으로부터 유발되는 모든 행위의 포기와 그 행위의 결과들에 대한 관심을 단념하면 모든 죄악으로부터 자유롭게 해주겠다고 약속을 하고 있다. 그렇기 때문에 그대는 자재신에 대한 헌신적인 믿음과

---

81 yogināām api sarveṣāṁ madgatenā'ntarātmanā, śraddhāvān bhajate yo māṁ sa me yuktatamo mataḥ.

82 BG.4.3; 8.22; 9.54; 12.13-20.

83 BG.9.3-34.

84 BG.14.26-27.

85 BG.8.10; 9.34; 12.7; 17.55; 17.65.

사랑을 실천하는 자가 될 수 있기 때문에 슬퍼하지 말라고 하고 있다.

인격신에 대한 숭배는 지식의 높고 낮음이라든지 사회적 계급의 높고 낮음을 떠나 누구나 할 수 있는 대중적 구원의 길이다. 그렇기 때문에 『기따』가 성립된 이후에 자재신에 대한 헌신적인 믿음과 사랑의 길이 인도 전역에서 대중적 신앙운동으로 발전할 수 있었던 것으로 이해된다. 또한 『기따』에는 우빠니샤드 시대에는 해탈의 길이 막혀 있던 낮은 계급이나 여자들에게도 구원의 희망이 제시되고 있다(9.32).

『기따』는 행위의 요가를 강조하고 있다. 이 세계 자체는 행위에 의존한다. 게으름이나 타성은 자유가 아니고 죽음이다. 『기따』의 이상적인 목적은 부정주의, 엄격한 금욕주의, 도피주의가 아니다. 행위는 행위의 부정이 아니고, 대상에 대한 집착하지 않는 마음 상태에서 행위의 실행이다. 행위의 요가는 행위와 행위의 결과에 대한 이기적인 욕망이 없는 행위(niṣkāma-karma)이다. 그러나 이기적인 욕망 없이 하는 행위는 완전한 바른 지식 없이는 이루어질 수 없다.[86] 또한 최고의 자재신(Pareśvara), 또는 인격신(Puruṣottama)에 대한 헌신적인 믿음과 사랑으로 하는 행위는 신에 대한 봉사이다.[87] 그것은 자재신에 대한 헌신적인 믿음과 사랑의 요가 없이는 완전하게 실현하기 어렵다. 박띠는 고행이나 물질세계의 포기 등을 부정한다. 왜냐하면 행위는 박띠가 궁극적으로 추구하는 세속세계로부터 초월과 같은 효과를 가져 오기 때문이다. 따라서 박띠의 요가는 세속적인 생활을 하는 사람과 이 세속세계를 포기하는 사람들 사이에서 영원한 본질적 참된 자아를 추구하는 사람들을 위한 길이다.[88]

86 Chandradhar Sharma(1960, reprint 2009), p. 35.

87 Chandradhar Sharma(1960, reprint 2009), p. 36.

88 이광수(1993), p. 236.

『기따』는 헌신적인 믿음과 사랑을 실천하는 자(bhakta)가 최고의 요가 수행자라고 한다(6.47). 그러면 최고의 요가수행자가 되면 어떤 모습이 될까? 이에 대한 『기따』의 내용은 네 가지로 분석될 수 있다.

첫째, 최고의 인격신에게 가장 사랑을 받을 수 있는 존재가 된다. 둘째, 헌신적인 믿음과 사랑의 길은 지극히 나쁜 짓을 하고 나쁜 행위를 일삼는 자들을 구원해주고 마음을 선행으로 돌려주는 기능을 한다. 셋째, 천성적으로 주어진 세 속성을 초월할 수 있도록 도와준다. 넷째, 윤회의 세계로부터 구원해준다. 인격신 끄리슈나에게 헌신적인 믿음과 사랑을 바치고 전념하게 되면 머지않아 윤회의 세계로부터 벗어나 인격신, 최고의 자아와 하나가 될 수 있다는 것을 끄리슈나는 아르주나에게 약속한다.

첫째, 최고의 인격신에게 가장 사랑을 받을 수 있는 존재가 된다.

인격신에게 헌신적인 믿음과 사랑으로 자신을 맡기게 되면, 그에 따른 은총이 있게 된다. 이것은 박띠 요가의 가장 큰 특징이다. 은총은 인격신(Puruṣottama)이 내린다. 그에게 자신을 맡긴다고 하여 그동안의 노력이 완전히 부정되지 않는다. 이것은 인도사상에서 말하는 행위의 결과는 반드시 행위자 자신이 받게 된다는 자업자득(自業自得)의 행위의 법칙[業說]에서 가장 중요한 내용이다. 선한 행위를 하면 즐거운 결과를 얻게 되고, 나쁜 행위를 하게 되면 괴로움을 받게 된다는 것이다.

그런데 이것은 행위의 법칙과 신의 은총이 양립할 수 있는지, 아니면 양립할 수 없는지를 문제로 삼을 수 있겠지만,[89] 행위는 신의 의지로 받아

89 임승택은 『기따』에 나타난 유신론적 업 해석의 긍정적 · 부정적 측면들에 대해 고찰하면서 인간에게 요구되는 행위 자체를 신의 명령으로 해석하여 그것을 통해 업의 문제에 관한 유신론적 접근 가능성을 열었지만, 우빠니샤드와 상캬의 형이상학이 상반된 것인데도 『기따』에는 이러한 차이에 관한 문제의식이 나타나지 않는 논리적 일관성이라는 측면에서 중대한 취

들이는 『기따』의 내용을 염두에 둔다면(9.10; 9.17), 둘 사이의 관계는 양립할 수 있다고 보아야 한다. 왜냐하면 9.27에서 "나는 모든 존재에 대하여 평등하다. 나에게는 적도 없고 사랑하는 사람도 없다. 그러나 나를 헌신적인 믿음과 사랑으로 숭배하는 사람들은 내 안에 있고, 나 또한 그들 안에 있다"고 하듯이, 오히려 그것은 박띠 요가를 통해 행위의 법칙으로부터 벗어나 이 사회에 정의가 실현될 수 있다는 근거가 된다.

신의 은총에 대한 강조는 라마누자의 『기따주석』(*Gītā-Bhāṣya*)에서 더욱 현저하게 나타난다.[90] 그는 신이 사람들의 신분(jāti), 외양(akara), 신조(jñāna), 또는 본성(svabhāva)의 높고 낮음에 관계없이 모든 사람의 귀의처임을 말한다.[91] 라마누자에 따르면, 우빠사나(upāsana),[92] 또는 명상(dhyāna) 그 자체도 신의 은총 없이 개아의 마음속에 일어날 수 없다고 말하기도 한다.[93] 이와 같이 해탈을 위한 인간의 노력이 신의 은총을 전제로 한다는 것은 다분히 결정론적인 측면을 지닌 것으로 보인다.[94] 비록 신은

약점을 드러내고 있다고 하고, 또 불평등한 사회제도 아래서 사회의 평등사상을 드러내는 것은 모순이기 때문에 결정적인 취약점이 지적된다고 한다. 임승택(2009), pp. 142~145.

90 cf. ampatkumaran, M. R(trans, 1985), p. 404; 433. cf. BG.16.15; 18.8.

91 Sampatkumaran, M. R(trans, 1985), p. 244. cf. BG.9.29.

92 존경 · 귀의 · 숭배 · 실행 등의 의미가 있다. 라마누자는 그의 『기따주석』 등에서 박띠를 우빠사나(upāsana, 존경 · 숭배 · 귀의)와 같은 것으로 보고 있다. 宋本照敬(1991), pp. 63~77. 그러나 샹까라 파에서도 후대에는 bhakti를 자신 본질의 탐구와 정의라고 하며, 우빠사나와는 약간 성격이 다르고, nididhyāsana(깊은 명상, 심사숙고)와 bhakti를 같은 것으로 본다. 그런데 샹까라는 upāsana와 nididhyāsana를 동의어로 취급하지만, 그의 제자 수레슈바라(Sureṣvara)는 샹까라의 주장과 달리, upāsana와 nididhyāsana가 동의어가 아니라고 하며, 달리 해석하고 있다. 吉田健翁(1994), p. 989; 987 fn.3.

93 cf. BG.2.63; 16.15; 18.8. 이런 의미에서 자재신, 또는 브라흐만은 목표인 동시에 이에 이르는 수단이라고 할 수 있다. 다시 말해 오직 그만이 숭배자가 그에게 도달할 수 있는 목표이자 수단이다.

94 이거룡(1995), p. 243. 그런데 이거룡은 여러 전거들을 통해 라마누자의 시각을 대변하는 논의를 전개하고 있다. 그것의 한 예로 박띠 요가가 다른 두 요가, 곧 행위의 요가와 지식의 요

아무 차별 없이 평등하게 그의 은총을 내린다고 하지만(12.18), 인간의 입장에서 볼 때 이 은총은 결코 아무런 노력 없이 얻어지는 것이 아니기 때문이다. 신의 은총은 누구에게나 내리지만, 이것을 받기 위해서는 인간의 노력과 책임이 뒤따른다.[95] 라마누자는 신에게 선택을 받은 자란 그에게 가장 사랑을 받는 자이고(12.13–20), 신을 가장 경애하는 자가 신에게 가장 사랑을 받는 자라고 이해해야 할 것이다. 이것은 행위에서 선악의 기준은 인격신을 기쁘게 하는지, 아니면 기쁘지 않게 하는지에 달려 있다. 행위가 신을 기쁘게 할 때 그로부터 은총이 주어진다. 비록 신의 은총이 조건이 없고 차별이 없다고 하더라도 이것을 받아들이는 입장에서는 그것을 위한 노력은 반드시 필요하다. 또한 무한한 신의 은총을 받기 위해

가보다 상위에 있고, 다른 두 요가는 그것의 보조수단이라고 말하는 것에서 그것을 감지할 수 있다. 그에 따르면(pp. 240~241), 박띠는 궁극자에 대한 끊임없는 명상과 성찰을 통해서만이 마음속에 굳게 확립될 수 있다고 볼 때 라마누자에게 있어 세 요가의 구분은 형식적인 것에 지나지 않고, 단지 박띠의 진전 과정에 따라 행위, 지식, 박띠의 측면들이 순차적으로 뚜렷해지는 것을 의미할 뿐이다. 라마누자가 박띠를 최고의 박띠(para–bhakti), 최고의 지식(para–jñāna), 가장 최고의 박띠(parama–bhakti)라는 점진적인 세 단계로 나누어 설명하는 것도 이런 의미로 해석되어야 한다. 개아에게 참된 지식이 일어나는 것은 오직 그가 종교적인 의무의 온전한 이행과 종교적인 실천수행이 있은 뒤에 있을 수 있는 것이며, 이 지식은 개아가 박띠의 상태를 지향하게 된다고 보고 있다. 그의 이해, 또는 그의 해석대로라면 세 요가 가운데 행위의 요가가 수준이 가장 낮고, 그 다음은 지식이며, 가장 높은 것은 박띠라고 이해되지만, 엄밀하게 말하면 박띠도 행위 가운데 하나이기 때문에, 그런 면에서 보면 앞에서 도식한 세 박띠 가운데 맨 앞의 para–bhakti는 행위, 또는 행위의 요가로 본 것으로 이해된다. 그러나 일반적으로 학자들, 예컨대 샹까라파의 불이일원론 베단따 학자(advaita–vedāntin)들로 분류되는 S. 라마끄리쉬난(1976, p. 65)에 따르면, 박띠는 지식의 요가, 또는 행위의 요가로 인도한다고 하며, 지식의 요가가 최고라고 하고(p. 75), C. 샤르마(2009, p. 35)에 따르면, 지식의 전제 없이는 온전한 행위가 이루어질 수 없고, 또 박띠 요가는 지식이 없이는 불가능하고, 이욕행(niāṣkāma–karma)처럼 참된 지식을 추구하는 자에 의해서만 실행될 수 있다(p. 36)고 주장하고 있는 것에서 보더라도 이러한 라마누자나 이거룡의 견해는 박띠 지상주의의 입장으로밖에 이해되지 않는다.

95 이거룡(1995), p. 243; 임승택(2009), p. 137.

서는 그가 좋아하고 기뻐하는 일을 해야 한다. 그러므로 그러한 행위가 곧 헌신적인 믿음과 사랑의 길을 완성하는 것으로 이해된다. 그것의 완성은 완전한 바른 지식을 확고하게 지닌 자가 내적 동기를 지닌 행위의 포기, 그리고 행위에 대한 집착과 그 결과에 대한 기대를 내려놓음으로써 실현될 수 있다. 그래야 『기따』에 제시되어 있는 모든 입장들을 종합하여 자아의 실현이 이루어질 수 있다. 다음은 그러한 내용들을 한눈에 볼 수 있는 시편들로 생각된다.

> 모든 존재에 대해 싫어하는 마음이 없는 자, 실로 다정하고 자비로우며 '나의 것'이 없고, '나'가 없으며, 괴로움과 즐거움에 평등하며 인내하는 자는 늘 만족하는 요가수행자이고, 자신을 제어하고 굳건한 결심을 지니며 나에게 마음과 생각을 바치며 나에게 귀의한 자는 내게 있어 사랑스러운 자이다. 세상 사람이 그로 말미암아 두려워하지 않고, 그 자신이 세상 사람들에 의해 두려워하지 않고 기뻐하고, 싫어하지 않으며, 두려움과 마음의 흔들림으로부터 자유로운 사람이 나의 사랑스러운 자이다. 바라는 것이 없고 순수하며 능력이 있고, 초연하여 걱정이 없으며, 모든 일에 대해 단념하고 나에게 귀의한 자가 내게 사랑스러운 사람이다. 쉽게 기뻐하지도 않고 미워하지도 않으며, 슬퍼하지도 않고 갈망하지도 않으며, 좋아하고 좋아하지 않는 것을 다 내려놓고 믿는 마음을 지닌 자가 내게 사랑스러운 사람이다. 원수와 친구, 존경과 멸시에 대해 평등한 자, 추위와 더위, 즐거움과 괴로움에 대해 평등하며 집착을 떠난 사람, 비난과 칭찬에 무관심하며 침묵하는 사람, 무엇에나 만족하고 고정된 거주지가 없는 자, 마음이 안정되어 있는 사람이 내게 사랑스러운 사람이다. (12.13-20)

위의 인용에서 보면, 이제까지 말한 사람들도 모두 나에게 소중하고 사랑스러운 사람이다. 그러나 인격신 끄리슈나에게 가장 사랑스러운 사람은 불멸에 이르게 하는 진리를 헌신적인 믿음과 사랑을 지니고 나를 자신의 최고의 목표로 삼고 따르는 사람이다(12.20).

둘째, 헌신적인 믿음과 사랑의 길은 지극히 나쁜 짓을 하고 나쁜 행위를 일삼는 자들을 구원해주고 마음을 선행으로 돌려주는 기능을 한다.[96]

"만약에 품행이 지극히 나쁜 자라고 할지라도 다른 것을 믿지 않고 사랑하지 않으며 나를 믿고 사랑한다면, 그는 진실로 선한 자로 간주되어야 한다. 왜냐하면 그는 바른 신념을 갖고 있기 때문이다. 그는 머지않아 정의를 존중하는 자가 될 것이며 마음의 평화가 찾아올 것이기 때문에 확실히 믿고 진실한 마음으로 나에게 헌신적인 믿음과 사랑을 실천하는 사람은 멸망하지 않을 것이다"(9.30-31)라고 하여 인격신 끄리슈나에게 박띠를 하면 모두 좋은 방향으로 나아가도록 해주겠다고 말하고 있다. 왜냐하면 인격신 끄리슈나에게 전적으로 행위를 맡기면 정결한 브라흐만과 왕족의 현자들은 말할 것도 없고, 미천한 태생, 여자, 바이샤, 슈드라 종성까지도 끄리슈나를 헌신적으로 믿고 사랑하면 참된 자아가 실현되기 때문이다.

셋째, 천성적으로 주어진 세 속성을 초월할 수 있도록 도와준다.

끄리슈나가 이르주나에게 말한다. 나 끄리슈나는 삿뜨바 속성의 빛, 라자스 속성의 활동, 따마스 속성의 미망이 생겨나는 것을 싫어하지 않고, 이것들이 사라지는 것을 바라지도 않는다. 초연하게 앉아 세 속성에 흔들리지 않고, 세 속성이 작용하는 것일 뿐이라고 생각하며 참된 자아가 확고하게 있고, 괴로움과 즐거움을 평등하게 여기며, 스스로 만족하며 흙덩

96 cf. BG.9.3-33.

이와 돌과 황금을 평등하게 여기고, 좋아하는 것과 좋아하지 않는 것에 대해 똑같이 여겨 변함이 없는 자, 자신에 대한 비방과 칭찬을 같다고 여기는 자, 명예와 불명예를 같은 것으로 여기고, 친구와 적을 같다고 여기며, 모든 시도를 단념한 자를 세 속성을 초월한 자라고 한다. 그리고 다함이 없는 헌신적인 믿음과 사랑의 요가로써 나를 공경하는 자는 세 속성을 초월하여 브라흐만과 하나가 될 수 있는 자격을 지닌 사람이다. 왜냐하면 끄리슈나는 브라흐만의 토대이자, 죽지 않고 불멸하는 영원한 진리이고 유일한 행복의 토대이기 때문이다(14.22-27).

넷째, 윤회의 세계로부터 구원해준다.

인격신 끄리슈나에게 믿음과 사랑을 바치고 전념하게 되면 머지않아 윤회의 세계로부터 벗어나 인격신, 최고의 자아와 하나가 될 수 있다고 끄리슈나는 약속한다. '나에게 마음을 전념하는 자들에게 나는 머지않아 죽음과 윤회의 바다로부터 그들을 구제하는 구제자가 된다'(12.7)라든지, 또는 '나를 생각하는 자가 되어라. 나에게 헌신적인 믿음과 사랑을 행하는 자가 되어라. 나에게 희생의 제사를 올리는 자가 되어라. 나를 경배하는 자가 되어라. 이와 같이 자신을 낮추고 나를 지고의 목표로 삼으면서 나와 늘 하나로 있으면 진실로 그대는 나에게 오게 될 것이다'(9.34)라든지, '마음으로 나에게 귀의한 자가 되고, 나에게 희생의 제사를 올리는 자가 되며, 나에게 경배하는 자가 되어라. 그러면 그대는 바로 나에게 오게 될 것이다. 나는 그대에게 진실로 약속한다. 그대는 나의 가장 사랑스러운 자이다'(18.65).[97]

97 cf. BG.8.10; 18.55.

제7장
명상요가를 통한 자아실현과 현대인*

* 이 내용은 기존의 연구 성과를 이 책의 목적에 따라 수정 · 보완한 것이다. 문을식(2011b), pp. 120~149.

1. 명상과 마음

요가에서 신체적인 측면을 다루는 요가가 하타요가(haṭha-yoga)[1]라면, 정신적인, 또는 심리적인 측면을 다루는 요가는 라자요가(rāja-yoga)이다.[2] 라자요가에 속하는 주요 문헌으로는 『기따』와 『요가수뜨라』 등이 있다. 『하타쁘라디삐까』(*Haṭhapradīpikā*) 1.1-2에 따르면, "가장 높은 라자요가의 경지에 오르기를 바라는 자에게 하타요가의 지식을 사다리처럼 단계

1 하타요가에서 하타(haṭha)란 다시 ha+ṭha의 둘로 나누어진다. 하(ha)는 우주에서 태양[日]이고, 생리학적으로는 남성에너지, 남성적 요소이며, 타(ṭha)는 달[月]이고 여성에너지, 여성적 요소이다. 하타요가의 사상적 배경은 딴뜨리즘(tantrism)이다. 딴뜨리즘은 인간의 내면에서 신성을 찾는다. 남성적 요소는 원리적이고 비활동적인 쉬바(śiva) 신을 말하고, 여성적 요소는 변화하고 활동적인 샥띠(śakti, 性的 能力), 또는 꾼달리니(kuṇḍalinī)를 말한다. 인간에게 샥띠는 정신과 몸의 근원적인 생명력이다. 일반적으로 하타요가는 인간에 내재된 샥띠, 또는 꾼달리니를 각성시키기 위해 생리적 · 심리적 에너지를 개발하는 수행을 한다. 이 하타요가는 꾼달리니를 각성시키는 의미가 있기 때문에 꾼달리니 요가라고도 한다. 하타요가의 수행법에는 체위법, 호흡법, 반다(bandha), 무드라(mudrā)와 짜끄라(cakra) 명상법 등이 있다.

2 임근동(2006), p. 74.

적으로 알려주신 성스런 최초의 절대 지존께 경배를 드립니다. 존경하는 스승 쉬바 신에게 경배를 드린 뒤에 스바뜨마라마(Svātmārāma)가 하타요가의 지식을 자세하게 설명하는 것은 라자요가를 성취하기 위한 유일한 목적 때문입니다"라고 하는 데서 확인할 수 있듯이, 하타요가의 몸 수련은 방편이라면, 라자요가의 마음 수행은 목표에 해당된다고 한다.[3]

명상이란 마음의 고요함과 평화를 얻어가는 과정이다. 그리고 그런 내적인 마음의 평화는 명상의 결과이다.[4] 불교의 선가에서는 참선 수행을 위해 화두(話頭)를 잡는 것에서 시작되고, 요가에서는 하나의 대상(ekāgra)에 정신집중(dhāraṇā)을 통해 명상(dhyāna)에 들어가고, 다시 삼매 상태에 도달함으로써 마음의 안정과 평화를 얻는 것을 명상요가의 과정으로 말한다.

---

3 Digambaraji(1970), p. 1. 하타요가는 그 자체가 목적이 아니고, 라자요가의 목표를 실현하기 위해 거쳐야 하는 예비단계로 간주된다. 요가에서 신체적인 측면을 다루는 요가가 하타요가라면, 정신적인, 또는 심리적인 측면을 다루는 요가가 라자요가(Rājayoga)이다. 라자요가에 속하는 주요 문헌으로는 『기따』와 『요가수뜨라』 등이 있다. 하타요가의 주요 문헌들로는 『게란다 상히따』(*Geraṇḍa-saṁhitā*), 『하타쁘라디삐까』, 『쉬바 상히따』(*Śiva-saṁhitā*), 『요가 우빠니샤드』(*Yoga-Upaniṣads*) 등이 있다. 요가 관련의 다양한 문헌들에서 볼 수 있는 라자요가라는 말은 범아일여(梵我一如)를 직관하는 삼매를 가리킨다. 라자요가는 고차원의 정신적 체험과 그것의 교리적인 해석에 관한 실천수행이라고 정의한다. 遠藤康(1997, pp. 90~93)에 따르면, 『요가 수뜨라』 자체에는 라자요가라는 말이 발견되지 않지만, 라자요가가 『요가수뜨라』의 요가를 가리킨다는 전거는 비갸나빅슈(Vijñānavikṣu, 16세기 후반)의 『요가의 정수를 모음』(*Yogasārasaṅgraha*) 2.1-2와 나라야나 띠르타(Nārāyaṇa-tīrtha, 17세기)의 Yogsiddhānta-candrikā.1.1(p. 2, 3~4줄; 1.20, 19~24줄)에서 발견된다. 『요가수뜨라』의 주된 목적은 삼매를 얻는 데 있기 때문에 그런 면에서 『요가수뜨라』는 라자요가, 곧 하타요가가 완성된 상태를 일컫는다. 그것은 하타요가의 실천수행을 통한 최고의 정신적 체험, 곧 인식을 수반하지 않는 삼매(asamprajñātasamādhi, 무상삼매)라는 의미에서 최고의 요가, 곧 만뜨라 요가(mantra-yoga), 라야요가(laya-yoga, 소멸) · 하타요가 · 라자요가의 순서에 따라 점차로 높은 차원의 요가로 나아가는데, 그들의 마지막 단계를 라자요가로 간주하기 때문에 '최고의 요가'라는 의미로 그렇게 부른 것이다.

4 인경스님(2011), p. 4.

마음은 일반적으로 '사람이 본래부터 지닌 성격이나 품성'[5]으로 정의된다. 제이콥슨(Reonard Jacobson)은 "마음은 의식의 한 상태로서 모든 과거 경험과 더불어 모든 관념과 개념, 견해와 믿음, 태도와 판단들로 이루어져 있다"[6]라고 마음을 정의하면서 분리의 세계, 환영의 세계로서 바로 지금 여기에 있지 않고, 과거나 미래의 세계에 머물러 진실한 삶의 세계를 경험할 수 없는 것이라고 말한다. 또한 이지수는 "정신원리(draṣṭṛ, 보는 자)와 물질원리(dṛśya, 보여주는 대상) 사이의 결합이 일어날 때 현상적 자아이자 현상적 인식인 마음(citta)이 나타난다. [……] 마음(citta)은 윤회(속박)와 해탈, 뿌루샤의 경험(bhoga)과 해방(apavarga) 모두의 바탕이다"[7]라고 하듯이, 고전 상캬와 요가철학에서 마음은 본래부터 존재하는 실체적 존재가 아니고, 현상적 · 경험적인 존재이기 때문에 시시각각으로 변하고 종잡기 힘들다. 또한 하나의 통일된 상태로 유지하기도 쉽지 않다. 그렇기 때문에 마음은 속성들을 지닌 현상적이고 경험적인 존재로 본다.

이런 의미에서 마음의 다른 표현으로는 세 속성과 '보여주는 대상'(dṛśya, 현상세계)이라고 한다. 세 속성은 본성적으로 물질적인 존재로서 변하는 것이고, 상반되는 기능을 가지고 있다. 세 속성의 기능이 상반된다는 것은 그들 세 속성 사이의 균형이 깨진 것을 뜻한다. 세 속성의 불균형 때문에 우리 마음은 병이 생기고, 그에 따라 몸의 균형이 깨지면 몸의 질병을 낳는 원인이 된다. 따라서 심신의 불균형은 모든 질병의 원인이 된다. 또한 마음은 지성처럼 '보여주는 대상'으로서 속성을 지닌 물질원리와 그것이 변화된 현현물을 합쳐서 넓은 의미의 마음이라고 한다.

---

5 또는 '사람이 다른 사람이나 사물에 대하여 감정이나 의지, 생각 따위를 느끼거나 일으키는 작용이나 태도'의 의미도 있다.

6 Reonard Jacobson(2010), pp. 100~101.

7 이지수(1998), p. 137.

『기따』에서 마음은 '바람 앞에서 등불처럼 가만히 있지 못하고 늘 이랬다 저랬다 하는 것'이라고 정의하고 있다. "아르주나가 말했다: 당신이 평등하다고 말씀하신 이 명상요가의 흔들리지 않는 확고한 경지를, 마음이 불안하기 때문에 저는 볼 수가 없습니다. 왜냐하면 저의 마음이 불안하고 난폭하며 길들여지지 않았고 완고하기 때문에 이 명상요가의 흔들리지 않는 확고한 경지를 볼 수 없습니다. 저는 마음을 다스리는 것이, 마치 바람을 잠재우는 것처럼 매우 어렵다고 생각합니다." 그러면 이렇게 마음이 혼란한 원인은 무엇일까? 그것은 집착이다. 집착이란 감각들이 감각의 대상과 만날 때 시작되고, 집착은 탐욕과 욕망으로 변하고, 더 나아가 노여움으로 치달음으로써 괴로워한다. "감각들의 대상들을 생각하는 사람에게는 감각들의 대상들에 대한 집착이 생기고, 집착으로부터 욕망이 생기며, 욕망으로부터 노여움이 생긴다."(6.62)[8]

한편 『기따』에서도 자아(ātman)를 현상적, 또는 경험적 자아로 표현하기도 한다. 이에 대해 마줌다르(Majumdar)는 "ātman은 마음(mind)의 의미로 사용된다. 그리고 자아의 대용어가 될 수 있다"[9]고 해석하고, 삼빠뜨꾸마란(Sampatkumaran)은 마음,[10] 스지 나오시료(什直四郎)는 그것을 마음[心]으로 번역하고 있다.[11] 그렇게 쓰인 예는 다음 구절에서 볼 수 있다.

> ①자신의 ②마음을 잘 다스린 자에게 ②마음은 ③영원한 본질적 자아(참된 자아)의 친구이지만, ②마음을 잘 다스릴 능력이 없는 자에게는 그 ②마음이야말로

8 cf. BG.2.48; 2.56–57; 3.19; 3.25–26.

9 Sachidra Kumar Majumdar(1991), p. 127.

10 Sampatkumaran(1985), p. 151.

11 什直四郎(1980), p. 106.

적과 같이 ③영원한 본질적 자아에게 적대감이 있게 된다. (6.6)[12]

이 인용문에서 자아는 세 가지 의미로 사용되고 있다. ①은 자신, 또는 스스로의 의미이고, ②는 현상적 자아, 곧 마음(manas, citta)이며, ③은 영원한 본질적 자아, 참된 자아의 의미이다. 일반적으로 마음은 manas, citta, buddhi, cetas 등으로 쓰이지만, 위 인용문에서는 현상적, 또는 경험적 자아를 의미하며, 마음은 양면적인 의미가 있다고 말한다. 마음이라는 강은 좋은 방향과 나쁜 방향으로 흐른다. 마음의 향상하는 경향은 집착으로부터 벗어나는 실천을 통해 강화된다. 이러한 마음이 선한 방향으로 흘러 스스로 다스릴 능력을 갖추면 참된 자아와 하나가 될 수 있다. 하지만 그것이 나쁜 방향으로 흘러 다스릴 능력을 잃게 되면 마음은 본질적 자아와 다른 방향으로 흘러 친구가 아니라 적처럼 적대감을 갖게 된다.[13] 그러므로 마음을 어떻게 잘 다스리느냐에 따라 인간의 참된 자아와 같게 보느냐 그렇지 않느냐에 달려 있다는 의미로 이해해야 할 것이다. 이것은 마음 수행을 통해 현상적인 마음이 자기의 참된 마음의 주인이 되느냐 아니면 나쁜 마음에 이끌리고 얽매이는 존재가 되느냐가 달려 있다. 만약에 마음의 주인이 된다면 자유자재로 생각하고 말하며 행동하면서 어디에도 얽매이지 않고 심신이 편안한 인생을 살아갈 수 있지만, 그와 반대로 된다면 마음은 물론이고, 몸도 불편하고 괴롭게 될 것이다.

그러면 그러한 모든 불편함과 괴로움은 어디에서 오고, 어떻게 없앨 수 있을까? 심신의 불편함과 괴로움은 자기 위주로 생각하는 이기적인 집착에서 오고, 행복은 나와 남을 같게 보고 남을 배려하는 마음에서 온다. 이

---

12 bandhur ātmā'tmanas tasya yenā'tmai'vā'tmanā jitaḥ, anātmanas tu śatrutve varteta̅'tmai'va śatruvat.

13 Sachidra Kumar Majumdar(1991), p. 127.

런 마음은 마치 우리가 생각한 대로 골라 기를 수 있는 꽃밭에 비유될 수 있다. 마음이라는 꽃밭은 아름답고 향기로운 꽃을 키울 수 있지만, 반대로 가시덤불과 같은 무성한 잡초만 키울 수도 있다. 마음수행이 없는 사람은 주위의 환경에 따라 좋은 일이 생기면 기뻐하고 행복해 하다가도 나쁜 일이 생기면 금방 괴로워하고 힘들어한다. 이렇게 마음은 이리저리 종잡지 못하고 흔들리는 현상적 존재이다. 그러면 어떻게 하면 자기 마음의 주인이 될 수 있을까? 일반적으로 '명상'이라는 마음을 다스리는 방법을 통해 흔들리지 않고 의식을 하나의 대상에 집중하여 몰입할 때 마음의 주인이 될 수 있다.

요가에서 명상이란 크게 세 차원에서 활용된다. 첫째는 『요가 수뜨라』에 언급되고 있는 여덟 지분 요가(aṣṭāṅga-yoga)에서 제6, 7, 8지분인 '집중 · 명상 · 삼매'라는 이른바 총제(saṁyama)에 해당하고, 둘째는 이 셋, 곧 8지분 요가 가운데 일곱 번째 지분인 명상(=dhyāna)을 가리키며, 셋째는 요가와 동의어로 쓰인다. 그런데 실제로 『기따』에서 분석하고 있는 개념은 '요가'이다.

『기따』는 주인공 끄리슈나가 전쟁의 참여에 대해 회의하며 흔들리고 있는 아르주나의 마음을 치유하고 전쟁에 참여하도록 독려하는 내용으로 되어 있다. 여기서 그 방법은 요가(yoga)로 표현하고 있다. 『기따』에서 요가는 여러 의미로 표현하고 있다. 대표적인 것으로는 사물의 본질에 대한 '완전한 바른 지혜를 확고하게 지닌 자'(sthita-prajñā)가 될 수 있는 방법(jñāna-yoga), 자기에 주어진 의무를 이기적인 생각 없는 실천을 통해 행위로부터 자유를 얻어가는 방법(karma-yoga), 최고의 신, 또는 최고의 인격신 끄리슈나에게 이기적인 마음 없이 자신의 헌신적인 믿음과 사랑을 바침으로써 마음의 평안을 얻어가는 방법(bhakti-yoga)을 말하고 있으나, 여기서는 그들 이외에도 제6장에서 주로 설명되고 있는, 하나의 대상에 마음을 집중하고 몰입하여 갖가지 잡스런 생각을 다스리는 방법인 명상요가(dhyāna-yoga)가 있다.

여기서는 명상요가, 또는 명상요가의 방법을 통해 현대인들에게 많이 유발되는 스트레스와 같은 마음의 병을 치유하고자 할 때, 그 치유 과정이 어떻게 말해지고 있는지를 『기따』의 내용 분석을 통해 논의를 진행한다. 그리고 『기따』에서 어떤 개념에 대해 정확하게 정의되고 있지 않거나, 또는 부연설명이 필요할 때는 요가와 관련된 문헌들, 곧 우빠니샤드들, 『요가 수뜨라』와 그 주석서, 하타요가 문헌들을 참고하여 분석하고 논의할 것이다.

2. 명상요가 수행의 외적 조건

6.36에서는 마음은 마치 바람을 잠재우는 것처럼 다스리기 힘들다고 말한다. 그렇지만 자신에게 마음을 다스려야 한다는 의지만 있다면 적절한 방법을 통해 얼마든지 다스릴 수 있다고 말하고 있다. "마음을 다스리지 않고서는 요가의 완성을 얻기 힘들다는 것이 나의 생각이다. 그렇지만 자신의 의지에 따라 노력하는 사람은 올바른 방법을 통해 요가의 완성을 얻을 수 있다."(6.36) 이것은 마음을 다스릴 수 있다는 의지를 가지고 노력한다면 하나의 대상에 대해 집중하는 명상요가와 행위의 결과에 대한 욕심과 집착으로부터 벗어나는 것을 의미한다.[14] 이것은 적절한 방법을 통해 마음을 다스릴 수 있다는 것을 의미한다. 적절한 방법에는 명상수행인

14 샹까라는 BG.6.3의 주석에서 "명상요가를 달성하지 못하는 자에게 행위는 그 목표를 실현하는 수단이고, 그의 목표는 명상요가이다"라고 한다. Warrier, A. G. Krishna(trans, 1983), p. 220.

반복적인 수련(abhyāsa)과 욕망으로부터 자유로움(離欲, vairāgya)이 있다(6.36). YS.1.12에서도 이 두 가지 방법을 통해 마음을 다스릴 수 있다[15]고 한다. 명상요가는 반복적인 수련과 이욕에 의해 마음을 다스릴 수 있다. 명상요가는 반복적인 끊임없는 노력이고, 정신적 목적을 추구하기 위한 끈질김의 의미이다. 이것의 경전적인 근거로는 YS.1.13을 들 수 있다. 거기서 명상요가 수행은 '마음 작용을 다스려 마음이 안정되게 머무르도록 하는 노력'이라고 정의되고 있다. 그리고 YS.1.14에서는 그 실천 방법이 제시되고 있다. 명상요가란 '오랜 시간 끊임없이 주의를 기울여서 근면하게 실행되는 확고한 정신집중의 토대가 된다'고 말한다. 만약 하나의 대상에 마음을 집중할 수 없는 사람이 있다면 끊임없이 반복적으로 수련하는 명상요가를 통해 하나의 대상에 마음을 집중할 수 있도록 할 것을 권장하고 한다.[16]

그러면 마음을 하나의 대상에 집중하고 전념할 수 있기 위해서는 그에 선행하는 어떤 조건이 필요하지 않을까? 『기따』는 『요가수뜨라』처럼 체계적이지는 않고, 또 그 방법이 분명하게 제시되어 있지는 않지만, 『요가수뜨라』에서 발견되는 내용들, 곧 8지분 요가의 내용을 거의 대부분 말하고 있다. 그 기본적 조건은 논의의 편의에 따라 외적 조건과 내적 조건으로 나누어 본다. 첫째로 외적 조건은 명상요가를 수행하기 위한 윤리적 조건, 주변, 또는 환경적 조건, 곧 수행하기 위한 적절한 장소와 시간, 앉는 자리와 명상 자세, 적당한 음식과 수면시간에 대해 알아본다. 둘째로 내적 조건은 호흡법, 감각 철회 그리고 심리적 수행의 세 단계를 알아본

15 "수습과 이욕에 의해 그것들(다섯 가지 마음작용: 바른 인식작용, 그릇된 인식, 분별작용, 잠, 기억작용)은 다스려진다"(abhyāsa-vairāgyābhyāṃ tan-nirodhaḥ).

16 BG.12.9: "그러나 나에게 마음을 확고히 집중할 수 없다면, 수습의 요가로써 나에게 이르기를 바란다."

다. 그리고 본 수행인 심리적 수행의 세 단계를 논한 뒤 명상요가 수행의 결과의 순서대로 분석하고 설명하며 논의한다.

1) 윤리적 조건

명상요가를 할 때 가장 기본적인 것은 윤리적인 조건이다. 그 가운데 『기따』에서는 성적 욕구의 절제 있는 생활은 매우 중요시하며 강조하고 있다. 『요가 수뜨라』에서는 윤리적 조건을 '금지하는 계율'(禁戒, yama)과 '권장하는 계율'(勸戒, niyama)의 둘로 나누어 말한다. 그러나 『기따』에서는 그렇게 둘로 구분하지 않고 둘을 한꺼번에 말하고 있다. 그 중에서도 6.14a에서처럼 "마음을 평온하게 하고 두려움에서 '성적 욕구로부터 벗어나 절제 있는 생활'을 살아라"[17]라고 하여 '성적 욕구의 절제 있는 생활'을 권장하고 있다.[18]

이것은 『기따』보다 이른 시기의 우빠니샤드 시대에서 브라흐만의 지혜(brahmavidyā)를 얻기 위한 기본적인 덕목으로 언급된다. 우빠니샤드에서는 지혜를 얻고자 하는 자는 스승 브라흐만의 집에 1년 이상 머물면서 고행과 경전의 가르침과 스승에 대한 믿음과 함께 '절제 있는 생활'을 해야 스승에게 가르침을 받을 자격이 주어진다. 『쁘라슈나 우빠니샤드』(*Praśna-Up.*) 1.2에서 "그대들은 고행과 절제 있는 생활을 실천하고, 경전

17 praśāntātmā vigatabhīr brahmacārivrate sthitaḥ [……]

18 『기따』의 전체 내용에서는 불살생을 큰 이슈로 삼고 있지만, 명상요가에서 윤리적 수행은 이와 달리, 수행자에게 가장 기본적으로 요구되는 것은 '성적 욕구로부터 벗어나 절제 있는 생활'이다. 그러나 『요가수뜨라』를 비롯한 다른 인도 종교철학들의 문헌들에서는 윤리적 수행의 근본이 아힘사인 불살생 또는 불상해(不傷害)로 보는 것은 동일하다. 그러므로 다른 항목들은 이것의 완성을 위해 제시된 것들로 이해해야 한다. 불살생이란 생명체를 해치지 않는 소극적인 것만을 뜻하지 않고, 마음속에서 일어나는 모든 생명체에 대한 적대감이 사라진 상태가 되도록 하는 것을 의미한다. 그렇게 될 때 다른 윤리적 수행의 근본으로 삼을 수 있기 때문이다.

의 가르침과 스승에 대한 확고한 믿음을 가지고[19] 진실로 일 년 이상을 나와 같이 내 집에 머물며,[20] 그대들이 알기를 원하는 것에 대해 질문들을 하면, 내가 아는 모든 것을 그대들에게 확실하게 말해주겠노라"라고 말한다. 이처럼 '절제 있는 청정한 생활'이 선행되어야 비로소 명상을 시작할 수 있다. 이것은 힌두교에서 인생의 네 주기 가운데 첫 번째로 범행기에 지켜야 할 덕목이고, 또 요가철학의 8지분 요가에서 첫 번째의 '해서는 안 되는 계'(yama)의 하나이다. YS.2.30에서 "비폭력, 진실한 말, 도둑질하지 않는 것, 성적 욕구를 절제하는 것, 무소유가 금지하는 계이다"[21]라고 하고, 이에 대한 븨야사의 『요가주석』(*Yogasūtrabhāṣya*)에서 "성적 욕구의 절제된 생활이란 감춰진 기관인 생식기에 대한 절제"[22]라고 하는 데서 볼 수 있듯이, 성적 욕구의 절제 있는 생활이란 세속을 떠나 독신생활을 하는 전문적인 수행자라면 이성과의 성관계를 금해야 하는 금계에 속하지만, 세속에서 가정을 꾸리고 사는 일반 사람들에는 부부의 성생활을 금지하는 것이 아니라 부부관계는 적절한 시기나 시간, 곧 밤에만 하는 절제하는 생활을 해야 한다는 의미로 받아들여야 할 것이다.[23] 17.14에서 "신과 브라흐만과 스승과 지혜로운 자에 대한 공경 그리고 청결, 정직, 성적 욕구의 절제 있는 생활, 불살생 등을 신체적 고행이라고 한다"[24]고 하여,

---

19 여기서 고행이나 스승에 대한 믿음 등은 『요가수뜨라』에서 8지분 가운데 두 번째 지분인 '권장하는 계'(niyama)의 덕목들이다. cf. Bṛhad-Up.4.4.22.

20 cf. Chānd-Up.8.9.3; 8.10.4; 8.11.3.

21 ahiṃsā-satyāsteya-brahmacaryāparigrahā yamāḥ.

22 brahmcaryaṁ guptendriyasyopasthasya saṁyamaḥ(YSb.2.30_8).

23 cf. Praśna-Up.1.13: "낮과 밤이야말로 쁘라자빠띠이다. 그(낮과 밤) 가운데 낮은 쁘라나이고, 밤은 물질이다; 그런데 낮 동안에 이성과 동침을 하는 사람들은 그들의 생명을 줄이는 것이다. 진실로 청정행을 지키는 그들은 밤에 이성과 동침을 한다"(aho-rātro vai prajāpatiḥ, tasyāhar eva prāṇo rātir eva rayiḥ; prāṇaṃ vā ete praskandanti ye divā ratyā samyujyam te brahmacaryam eva tad yad rātrau ratyā samyujyante).

24 devadvijaguruprājñapūjanaṁ śaucam ārjavam, brahmacaryam ahiṁsā ca śārīraṁ tapa

신체적 고행, 언어적 고행, 마음의 고행[25] 가운데 신체적 고행의 하나로 이를 말하기도 한다. YSb.2.43에서는 고행을 하게 되면 더러운 장애가 없어지기 때문에 몸과 감각의 초능력이 생긴다고 한다. 그와 마찬가지로 고행의 하나인 성적 욕구의 절제 있는 생활을 하게 되면 몸과 감각의 불순물이 제거되기 때문에 신체적인 건강을 얻을 수 있다고 한다.

2) 장소와 시간

① 적당한 장소와 그 조건

명상요가를 수행하는 데는 우선 어디서 어떠한 분위기에서 할 것인지도 중요하다. 6.10에서는 그것에 대해 간단하게 언급하고 있다.

> 명상요가의 수행자는 인적이 드문 한적한 곳에 머물면서 몸과 마음을 다스리며 바라는 것 없고 소유하고자 하는 욕망도 없이 항상 자신을 닦아야 한다.[26]

위의 인용문 가운데 '인적이 드문 한적한 곳에 머물면서'라는 부분이 명상요가를 할 때 적당한 장소란 어떠한 곳이고, 어떤 상태에서 해야 하는지를 보여주는 가장 기본적인 내용이다. 명상요가를 잘하기 위한 적당한 장소는 수행자의 성향에 따라, 어떤 사람은 시끄러운 시장이나 사람이 많이 모이는 도심, 우물가, 또는 다른 어떤 사람은 라디오나 TV 또는 MP3 같은 데서 나오는 소리나 음악 등을 들으면서도 할 수 있다. 하지만

---

ucyate.

25 BG.17.14에서는 신체적 고행(śārīra tapas), 17.15에서는 언어적 고행(vāc tapas), 17.16에서는 마음의 고행(manas-tapas)에 대해서 말하고 있다.

26 yogī yuñjīta satatam ātmānaṁ rahasi sthitaḥ, ekākī yatacittātmā nirāśīr aparigrahaḥ. 이와 유사한 내용은 BG.18.52에서도 볼 수 있다.

일반적으로 하나의 대상에 마음을 집중하려고 하면 주위가 조용하고 고요한 곳이 좋다. 옛날이나 현대에도 조용한 곳이라면 사람의 왕래가 잦지 않은 동굴이나 산림 등과 같은 곳일 것이다. 특히 명상요가를 처음 시작하는 초보자에게 명상의 장소는 중요하다. 그래서 위 인용문에서도 명상요가를 하는데 적당한 곳을 인적이 드문 한적한 곳이라고 말하고 있다고 판단된다.

그것은 『기따』 시대 이전이나 그 이후 시대에서 마찬가지임을 문헌들에서 확인할 수 있다. 인도에서 명상요가가 시작된 것으로 이해되는 우빠니샤드 시대의 문헌에는 이와 비슷한 내용이 나온다. 『슈베따슈바따라 우빠니샤드』(*Śvetaśvatara-Up*) 2.10을 보면, "평평하고 깨끗한 곳에서 자갈, 모래, 불이 있는 곳을 피해 우물가나 시장터의 시끄러운 곳이 아니며, 거센 바람을 막아주는 동굴에서 명상을 하여라"[27]라고 한다. 이 시기에는 사람이 일부러 인위적인 수행 공간을 만들지 않고 자연적으로 주어진 상태에서 적당한 장소를 찾고 있음을 볼 수 있다. 또 『마이뜨리 우빠니샤드』(*Maitri-Up*) 6.30에서도 "깨끗한 곳에서 스스로를 깨끗하게 하고 좋은 곳에 머물면서 실재를 공부하고, 실재에 대해 말하며, 명상을 하며 희생제를 행해야 한다"[28]라고 하고 있는 데서도 이를 다시 확인할 수 있다. 또한 수행할 장소는 청결해야 한다고 말하고 있다.

또 『기따』보다 시기적으로 늦게 제작된 하타요가 문헌들에서는 요가수행을 위한 적당한 장소에 대해 더 구체적으로 언급하고 있다. 만약 하타요가를 수행하기 위한 적당한 장소가 명상요가를 수행하는 데도 그대로 적용될 수 있다면, 하타요가 수행자를 위한 수행 조건들을 통해 명상요가

27 same śacau śarkarā vahhni vālikā vivarjite śabda jalāśrayādibhiḥ, mano'nukūle na tu cakṣu pīḍane guhā nivātaśrayaṇe prayojayet.

28 aum śacau deśe śuciḥ sattvasthaḥ sad adhīyānaḥ sad vādī sad dhyāyī syad [……]

의 수행 조건을 간접적으로 엿볼 수 있다. HP.1.12에서 "하타요가 수행자는 온화하면서도 정의로운 나라와 보시물이 잘 걷히고,[29] 사방에 물이나 불, 바위 등과 같은 장애물이 없는 곳에 작은 오두막을 짓고 홀로 수행에만 전념할 수 있는 곳에 머물러야 한다"라고 하여 자연재해와 같은 수행의 장애가 없는 곳을 적당한 장소로 보고 있다. 또 GS.5.3-7에서는 "마을과 너무 멀리 떨어진 숲속, 도심이나 많은 사람이 모이는 시장과 같은 곳[30] 등에서는 요가수행을 하지 말라. 이런 곳에서는 요가수행을 성공하기 어렵다. 마을과 너무 멀리 떨어진 곳에서는 자신감이 부족해지고, 산림 속에서는 안전하지 못하며, 도심이나 사람이 많이 모이는 곳에서는 사람들에게 너무 많이 노출된다. 선량하고 평화로우며 식량이 풍부하고 재해가 없으며 평화하고 정의로운 나라에 작은 암자를 짓고 울타리를 세워야 한다. 동굴이나 수행하는 곳에 우물이나 연못을 만들고, 수행하는 곳은 너무 높거나 낮지 않게 하여 해충이 들어오지 못하도록 한다. 수행하는 곳의 내부에는 규정대로 쇠똥을 바른다. 이렇게 격리된 장소에서 오직 홀로 요가명상을 해야 한다"라고 하여, 앞의 『하타쁘라디삐까』에서 말하는 내용들보다 훨씬 구체적으로 언급되고 있다. 이들 인용문에서 언급되듯이 마을과 너무 외진 숲속이나 도심과 시장과 같이 많은 사람이 왕래하는 곳은 명상수행을 위한 적절한 장소가 아니다. 필수조건들이 갖추어진 곳에서 수행을 하도록 하고 있는 내용은 『기따』에 언급된 내용보다 훨씬 구체적이다. 그러나 앞의 인용 내용 가운데 해충의 침입을 막아주는 데 효과

---

29 보시물을 베풀어야 할 때와 장소에서 베푸는 것은 선행을 닦는 데 도움이 된다는 의미를 지닌 내용은 BG.17.20에서 볼 수 있고, 그렇지 않고 대가를 바라는 목적을 지닌 보시에 대해서는 BG.17.21-22에 언급되고 있다.

30 이 내용과는 직접적인 관련은 적어 보이지만 진실한 나를 찾는다는 데서는 서로 관련이 있어 보이는 내용이 있다. cf. BG.13.10([……] 산란하지 않은 것, 한가한 장소를 자주 찾는 것, 사람들이 모이는 것을 싫어하는 것 [……]).

가 있는 '쇠똥을 바르는 것'과 같은 것은 한국인의 정서에 맞지 않을지 모르지만, 그것은 아열대 기후의 인도의 오래된 특수한 문화전통이라는 점을 고려한다면 특별히 문제가 되지 않는다고 판단된다.

② 시절과 시간

『기따』에는 명상요가를 하는데 적절한 시절, 또는 시간에 대해서는 아무런 언급이 없다. 그러나 일반적으로 명상요가 수행이 어느 정도 수준에 다다른 수행자는 장소나 시간, 또는 시절에 별로 신경을 쓰지 않아도 된다. 그러나 이제 갓 명상요가를 시작하는 초심 수행자라면 마음을 한곳에 집중하기 위해서는 반드시 고려해야 할 사항들이다. GS.5.8에서 "요가명상은 쌀쌀한 계절, 겨울, 여름, 우기에 시작해서는 안 된다. 이 시기에 시작하면 병들기 쉽다. 봄이나 가을에 요가를 시작하는 것이 좋다. 그래야만 요가에 성공하고 병에 걸리지 않는다"라고 한다. 초보자는 좋은 시기에 요가를 시작해야 건강에도 좋고, 요가수행의 목표에 성공할 가능성이 높다고 말한다. 이것은 지극히 당연한 말이다. 날씨가 너무 덥거나 추울 때 수행을 시작하면 몸에 무리가 생겨 건강을 해쳐서 수행을 지속할 수 없기 때문이다. 특히 초보자에게는 적절한 시기의 선택이 중요하다. 또한 명상요가를 위한 적절한 시간대도 중요하다. 그러나 『기따』에는 이에 대한 특별한 언급이 없다. 일반적으로 적절한 시간대는 보통 새벽이나 자정, 해가 뜰 때나 정오 또는 해가 질 무렵이 좋다고 한다. 물론 수행 정도가 높은 수행자라면 이러한 조건들의 제약을 극복할 수 있기 때문에 시간은 별로 문제되지 않는다.

3) 음식과 수면

① 적절한 음식

명상요가를 잘하려면 음식과 잠을 잘 다스려야 한다. 다음 내용은 음식이나 잠에 대해 간단하지만 요령 있게 설명되어 있다.

> 명상요가를 하는 자는 지나치게 많이 먹거나 지나치게 적게 먹어서는 안 된다. (6.16ab)[31]

위 인용문과 마찬가지로 "어떤 요가수행자들은 음식의 양을 조절한다"(4.30a)[32]라고 하는 데서도 알 수 있듯이, 요가수행을 할 때 적당한 음식의 양을 섭취해야 함을 강조하는 내용이다. 그렇다고 아무런 영양가 없는 음식을 먹어도 안 되겠지만, 너무 기름진 음식을 먹어도 안 된다. 또 너무 많이 먹거나 적게 먹는 것은 명상요가의 수행자에게는 적절하지 않다. 먹기는 먹되, 심신을 유지하는 데 필요한 만큼 먹어야 한다. 수행자에게는 먹어야 할 음식과 먹지 말아야 할 음식이 있다. 먼저 먹어야 할 음식은 곡물 · 채소 · 과일 및 우유[33]와 같은 비육식이다. 그러나 네발짐승을 먹거나 술을 마시거나 담배를 피워서는 안 된다. 왜냐하면 육식을 함은 남의 생명을 빼앗는 죄를 지어 선한 삿뜨바 성품을 사라지게 하고, 무지한 따마스 성품을 자라나게 하는 것이기 때문이다.[34] 한편 샹까라의 주석에서는 음식의 양에 대해 다음과 같이 규정하고 있다. "위를 네 등분할 때 2/4는 음식과 양념으로, 1/4는 물로 채우고, 나머지 1/4는 공기가 자유롭

---

31 nā'tyaśnatas tu yogo'sti na cai 'kāntam anaśnataḥ.

32 apare niyatāhārāḥ.

33 인도에서 채식주의자 가운데 달걀이나 유제품을 먹는 자도 있고 먹지 않는 자도 있는데 전자의 경우에는 우유는 육식에 속하지 않는다고 본다. 우유나 달걀과 같은 유제품은 순수 채식으로 결핍되기 쉬운 영양소의 공급원으로 생각하며 채식주의자도 먹는 것이 어느 정도 허락되기도 한다.

34 Prabhupāda(1983), pp. 324~325. cf. BG.3.12.

게 드나들도록 남겨두어야 한다. 이와 아울러 요가수행자는 자신에게 적절한 양보다 많이 먹어서도 안 되지만 적게 먹어서도 안 된다. 왜냐하면 요가수행자를 위해 규정된 양보다 더 먹는 사람은 요가에 도달할 수 없기 때문이라고 한다.[35] 그런데 음식의 양에 대한 똑같은 내용이 후대 문헌인 GS.5.21-22에서 발견된다. "깨끗하고 맛이 있으며 영양이 풍부하고 부드러운 음식을 먹되, 위의 반을 채우는 절식을 하라고 하는데 그때 위의 반은 음식으로 채우고, 나머지 1/4는 물로 채우고, 1/4는 공기가 자유롭게 드나들도록 남겨 놓아야 한다"라고 하고 있다.

그런 다음 먹어서 좋은 음식은 '소화가 잘되는 음식, 달고 맛있는 음식, 영양이 풍부한 음식, 몸을 서늘하게 하는 음식 가운데 기호에 따라 먹는 것이 좋다'(GS.5.29)고 한다. 이와 반대로 '먹지 말아야 하는 음식[36]은 소화가 잘되지 않는 음식, 부패한 음식, 싱싱하지 않는 음식, 썩어 냄새나는 음식, 매운 음식, 발효시킨 음식, 지나치게 뜨겁거나 찬 음식 등이다(GS.5.30). 『기따』에도 각 수행자의 기질(guṇa)에 따라 음식을 세 가지로 나누어 말하고 있다.

첫째, 선한 삿뜨바 속성을 지닌 사람은 장수케 하고, 활력과 힘을 증진시켜주며, 건강하고, 즐거움과 만족을 주며, 맛이 좋고 기름지고 든든하며 마음에 드는 유쾌한 음식을 좋아한다(17.8).

둘째, 격정적인 라자스 속성을 지닌 사람은 자극적이고 시고 짜고 아주 맵고 쏘며, 거친 음식을 좋아한다(17.9).

셋째, 무지한 따마스 속성을 지닌 사람은 부패하여 맛을 잃고 썩고 오

35 Warrier, A. G. Krishna(trans, 1983), p. 231.

36 GS.5.17-19에서는 요가수행자들이 먹지 말아야 하는 음식을, 5.20에서는 먹어야 할 다섯 가지 채소를 열거하고 있다. 5.23에서 먹어서는 안 되는 음식으로는 맵고, 시고, 짜고, 쓰고, 기름에 튀긴 것, 치즈, 다섯 가지 매운 채소, 술, 야자열매즙 등을 들고 있다.

래되고 먹다 남은 음식을 좋아한다(17.10).[37]

이 세 가지 음식 가운데 첫 번째 음식이 명상요가를 하는 자에게 좋은 음식이다. 하지만 앞의 하타요가 문헌에서는 너무 기름진 음식은 좋지 않다고 하고 있다. 여기서는 선한 성품을 지닌 사람에게는 기름진 음식이 좋다는 것에 대해서는 각기 다르다. 반면에 두 번째의 음식은 고통과 슬픔과 질병을 가져오기 때문에, 세 번째의 음식과 함께 좋지 않은 음식이기 때문에 수행자에게 좋지 않은 음식이라고 한다. 식사의 횟수는 대체로 낮과 저녁의 두 끼를 권장하고, 하루에 한 끼만 먹거나 완전히 굶지 말아야 하고, 또 식사를 한 뒤 세 시간 안에 다시 식사를 해서는 안 된다(GS.5.31)고 한다.

② 적절한 수면시간

잠자는 시간의 양에 대해서 "너무 많이 자거나 너무 적게 자서도 안 된다"(6.16cd)[38]는 것과 "잠과 깨어 있음을 잘 다스릴 줄 아는 자에게는 모든 고통을 없애주는 명상요가가 있다"(6.17)[39]라고 하는 내용 이외에는 발견되지 않는다. 이들은 하루에 몇 시간 정도를 자는 것이 명상을 하는데 도움이 된다든지, 아니면 몇 시간 이상을 자면 명상을 하는데 지장을 준다든지 하는 구체적 언급이 없다. 다만 음식 · 휴식 · 행위와 더불어 잠을 잘 다스릴 줄 아는 자만이 명상요가를 할 수 있는 자격이 있다고 암시하고

37 āyuḥsattvabalārogyasukhaprītivivardhanāḥ, rasyāḥ snigdhāḥ sthirā hṛdyā āhārāḥ sāttvikapriyāḥ(8). kaṭvamlalavaṇātyuṣṇatīkṣṇarūkṣavidāhinaḥ, āhārā rājasasye'ṣṭā duḥkhaśokāmayapradāḥ(9). yātayāmaṁ gatarasaṁ pūti paryuṣitaṁ ca yat, ucchiṣṭam api cā'medhyaṁ bhojanaṁ tāmasapriyam(10).

38 na cā'tisvapnaśīlasya jāgrato nai'va cā'rjūna.

39 yuktāhāravihārasya yuktaceṣṭasya karmasu, yuktasvapnāvabodhasya yogo bhavati duḥkhahā.

있을 뿐이다. 그러나 쁘라부빠따(Prabhupāda)는 이 구절에 대해, '하루 24시간 가운데 6시간 이상을 자면 안 된다. 왜냐하면 그렇게 잠을 많이 자는 것은 무지한 성품의 영향을 받은 것이다. 그렇기 때문에 잠을 너무 자면 게을러 명상요가를 수행할 수 없기 때문'이라고 한다.[40] 샹까라의 주석에 따르면, 명상요가는 경험적 생활에서 오는 모든 고통들을 없애주는 효과가 있지만, 습관적으로 잠을 너무 많이 자면 명상요가를 수행할 기회를 잃게 된다고 주장한다.[41] 그리고 14.8에서도 무지한 따마스 성품을 지닌 자는 어리석기 때문에 잠에 미혹되고, 잘못된 것을 탐닉하여 명상요가를 수행할 수 없게 된다고 말하고 있다.[42] 그와 반대로 6.18에서는 음식을 비롯한 행위와 잠을 잘 다스린다면 "명상요가를 수행함으로써 마음이 다스려져서 오로지 참된 자아에 머물며 모든 욕망들로부터 자유롭게 될 때, 그는 마음이 대상과 하나로 통일된 자라고 말한다"[43]고 하여 명상요가를 수행하면 심리적인 장애를 제거할 수 있는 효과가 있음을 말하고 있다.

4) 앉는 자리와 명상 자세

① 앉는 자리

먼저 현대에 명상요가를 할 때는 보통 맨바닥에 방석을 깔고 앉거나 의자 등과 같은 보조물을 이용한다. 그러나 『기따』 시대(A. D. 2~4세기 무렵)에는 명상요가를 위한 적당한 자리는 방석과 같은 인위적으로 제작한 것이 아닌 자연적으로 주어진 것을 좀 더 편안하고 견고하게 만들어 수행하

40 Prabhupāda(1983), p. 325.

41 Warrier, A. G. Krishna(trans, 1983), pp. 231~232.

42 cf. BG.18.35; 18.39.

43 yadā viniyataṁ cittam ātmany evā'vatiṣṭhate, niḥspṛhaḥ sarvakāmebhyo yukta ity ucyate tadā.

였음을 볼 수 있다.

> 수행하는 자는 깨끗한 곳에 자신을 위해 너무 높지도 않고 너무 낮지도 않고, 천이나 가죽이나 상서로운 풀로 만든 견고한 자리를 마련해야 한다. (6.11)[44]

먼저 앉을 자리를 고를 때는 나무나 바위 등과 같이 너무 우뚝 솟거나 울퉁불퉁하며 높거나 움푹 패여 너무 낮은 곳을 피하고, 너무 높거나 낮지 않고 오랜 시간 동안 흔들림 없이 편안하게 앉을 수 있도록 천이나 사슴 가죽, 또는 상서로운 풀을 앉을 곳에 깔아 자리를 만들어 수행하라고 한다. 또한 『요가수뜨라 주석』에 대한 샹까라(8세기 전반)의 해석에서는 "신성한 산에 있는 동굴이나 강안에 있는 작은 섬과 같은 깨끗한 곳, 불이나 흐르는 물과 너무 가깝지 않는 곳, 곤충들의 방해를 받지 않는 곳, 자갈이 없는 곳에 앉아 불편하지 않도록 천이나 상서로운 풀 위에 영양의 가죽을 깔고 자리에 올라 동쪽이나 북쪽을 향하고 앉아 수행을 해야 한다"[45]고 말하고 있다. 현대에는 앉아서만 명상을 하는 것이 아니고, 다른 여러 형태로 명상을 수행하고 있다. 하지만 그 당시에는 명상요가를 할 때는 앉아 하는 것이 일반적인 경향이었다. 이런 자리를 마련한 뒤에 비로소 어떤 자세로 명상요가를 하는 것이 가장 효과적인지를 알 필요가 있다.

일반적으로 앉을 때 가장 편안한 자세는 허리를 펴고 고개를 너무 치켜들지 않고 앉는다. 오랫동안 지속적으로 흔들림 없이 편안하게 앉아 명상

---

44 śucau deśe pratiṣṭhāpya sthiram āsanam ātmanaḥ, nā'tyucchritaṁ nā 'tinīcaṁ cailājinakuśottaram. tatrai'kāgraṁ manaḥ kṛtvā yatacittendriyakriyaḥ, upaviśyā'sane yuñjyād yogam ātmaviśuddhaye.

45 Trevor Leggett(1992), p. 273.

을 할 수 있는 자세에 대해 『기따』에서는 명상할 때는 몸을 곧게 세우고, 시선은 코끝이나 미간에 집중하는 자세가 좋다고 말한다.

> 몸과 머리와 목을 일직선으로 곧게 세우고 움직이지 않게 고정된 자세로 앉아 사방을 두리번거리지 않고 자신의 코끝에 시선을 집중하라. (6.13)[46]

이 자세는 집중하는 능력을 키우는 명상법이다. 이 인용문에서 '몸과 머리와 목을 곧게 세우는 것'은 척추를 곧바로 세우라는 뜻이다. 이와 유사한 구절은 『슈베따슈바따라 우빠니샤드』 2.8에서 볼 수 있다.[47] "요가 수행자는 그의 몸을 가슴 · 목 · 머리 등 몸의 상부에 있는 세 곳과 함께 똑바로 세워라"[48]라고 설명한다. 이렇게 몸을 똑바로 세우기 위해서는 엉덩이의 아래 부분을 약간 높게 해야 한다. 6.11에서 말한 것처럼, 그렇게 하기 위해서는 앉을 자리에 풀이나 사슴가죽 같은 것을 바닥에 깔아야 한다. 현대에는 풀이나 가죽이 아니라 방석을 깔고 앉으면 된다. 이렇게 방석을 깔고 앉으면 흔들리지 않고 자세가 고정된다. 그런 자세에서 시선은 코끝이나 미간에 집중한다. 시선을 코끝이나 미간에 집중한다는 것은 마음의 집중하는 힘을 키우기 위해서이다. 하나의 대상에 마음을 코끝이나 미간에 집중하기 위해서는 눈을 너무 크게 떠서는 안 되고, 또는 완전히 감아서도 안 된다. 눈은 반쯤만 뜨거나 지그시 감는 것이 좋다.

---

46 코끝을 응시하는 수행법은 연화좌로 앉아서 긴장을 풀고 편안한 상태에서 양 눈을 반쯤 뜨고, 아무런 기대도 없이 코끝을 응시한다. 코끝에 나타나는 빛에 의식을 집중하면 의식이 고양된 상태가 된다. 이 상태에서는 몸은 움직이지 않고, 마음은 어떠한 외부 대상도 지각하지 못하여 고정되는 상태이다.

47 이 우빠니샤드에서 나타난 요가사상은 『기따』의 요가사상과 많은 부분에서 밀접한 관계가 있는 것으로 보인다. 문을식(1986), pp. 96~107.

48 triunntaṁ sthāpya samaṁ śariraṁ [……]

② 명상 자세

YS.2.46에서 바르게 앉는 방법(āsana, 坐法)에 대해 정의하기를 "견고하고 안락하게 앉는 것"[49]이라고 한다. 이 자세가 몸과 마음의 안정을 위한 가장 이상적인 방법이다. 그렇지만 『기따』에는 명상을 할 때 세 부분을 똑바로 세우라고 하는 것 말고 구체적으로 어떠한 자세들이 있는지에 대해서 명시되어 있지 않다. 『요가 수뜨라』에는 몇 가지 앉는 자세[50]를 말하고 있다. 하지만 그 자세가 어떤 것인지에 대한 설명은 없기 때문에 『기따』보다 후대에 성립된 하타요가 문헌에 나오는 자세들을 참고하는 것이 좋을 것이다.[51]

이상의 세 가지 자세에서 모두 강조되고 있는 점은 허리, 또는 척추를 곧게 펴 세우고, 몸의 중심이 배꼽 아래의 단전에 오도록 하며, 몸과 머리가 일직선이 되도록 하고, 눈을 지그시 감거나 코끝이나 미간을 바라본다

49 sthira-sukham āsanam.

50 YSb.2.46.

51 많은 자세들 가운데 가장 널리 사용되고 있는 세 가지만 소개하면 다음과 같다. 첫째, 연화좌(padmāsana): 왼 넓적다리 위에 오른발을 얹고 오른 넓적다리 위에 왼발을 얹으며, 양손은 등 뒤로 돌려 양발의 엄지발가락을 꽉 잡고 턱을 가슴에 대고 코끝을 바라본다. 이 자세로 명상을 하면 수행자들의 질병을 고쳐준다고 한다. 이 자세는 명상할 때 가장 기본자세이고, 가장 안정된 자세이므로 길상좌(吉祥坐)라고 하고, 불교에서는 결가부좌(結跏趺坐)라고도 한다. 둘째, 달인좌(達人坐, siddhāsana): 한쪽 발꿈치를 회음 쪽으로 바짝 당겨 붙이고, 다른 발은 생식기 위에 고정시키며, 고개를 숙여 턱을 가슴에 닿도록 바짝 끌어당기고 상체를 곧게 세워 움직이지 않게 한다. 모든 감각을 외부 대상으로부터 안으로 돌려 조절하고, 두 눈은 양 미간에 단단히 고정시켜 지그시 바라본다(HP.1.35). 이것은 첫째의 연화좌가 되지 않는 사람에게 좋은 자세이다. 이 자세만큼 좋은 자세는 없기 때문에 항상 하는 것이 좋다(HP.1.33-43.). 이 자세는 반결가부좌라고도 하고, 모든 악귀를 물리쳐주기 때문에 항마좌(降魔坐), 금강좌(金剛坐), 또는 해탈좌(解脫坐)라고도 한다. 셋째, 행운좌(幸運坐, svastikāsana): 몸을 똑바로 세우고 앉아 무릎과 허벅지 사이에 두 발등이 오게 놓고 몸을 곧게 세워 앉는 것이다. 이 자세는 행운을 불러오는 자세라고 하여 붙여진 이름이고, 또한 연화좌와 비슷하여 구분하지 않는 경우도 있다. cf. 정승석(2004), pp. 257~271.

는 것이다. 이렇게 앉아야 귀와 어깨, 코와 배꼽이 일직선으로 정리되어 몸이 앞뒤와 옆으로 기울어지지 않게 된다. 여기서 눈을 지그시 감고 코끝을 바라보라는 것은 눈을 온전히 뜨면 눈에 들어오는 사물을 보게 되어 그곳으로 마음이 쏠려 마음이 산만해지기 때문이고, 또 그와 반대로 눈을 완전히 감으면 정신이 흐려지기 쉽기 때문이다. 그래서 눈을 지그시 또는 반쯤 뜨는 것이 좋다고 하는 것이다.[52] 입술은 가볍게 다물고, 혀는 윗니와 아랫니 사이에 대고, 호흡은 코로 조용히 들이마시고 내쉰다. 이때 온몸은 긴장되지 않아 편안한 자세가 된다.[53]

이와 같이 어떻게 앉든 움직이지 않고 고정되고 편안하게 앉는 것이 기본이다. 그리고 바르게 앉는 법의 원리는 '의지적 노력으로 마음의 이완과 무한자와 하나가 됨으로써'(YS.2.47) 몸은 움직이지 않고 바르게 앉는 법은 완성된다고 한다. 이렇게 앉는 자세가 완성되면 사방을 두리번거리지 않고 자신의 코끝이나 미간을 응시하여 마음을 평온하게 해야 한다. 여기서 '자신의 코끝을 응시하는 것은 코끝응시법이라고 하고, 미간을 응시하는 것은 미간응시법이라고 한다. 이 명상 방법은 연화좌로 앉아 긴장을 풀고 편안한 상태에서 양쪽 눈을 반쯤 뜬 채 아무런 기대도 없이 코끝을 응시한다. 코끝에 나타나는 빛에 의식을 집중하면 의식이 고양된 상태인 운마니(또는 마논마니) 삼매가 된다. 이 상태에서는 몸은 움직이지 않고, 마음은 어떠한 바깥 대상도 지각하지 못하여 고정된다.[54] 따라서 즐거움과 괴로움, 더위와 추위, 좋아함과 싫어함 등과 같은 상반되는 상황의 영향을 받지 않게 된다고 한다(YSb.2.47-48).

52 정태혁(1987), p. 31.

53 정태혁(1987), pp. 100~101.

54 이태영(2000), p. 133. 운마니 삼매는 다음의 시편을 참고. HP.4.39; 4.80.

3. 명상요가 수행의 내적 조건

이상과 같이 외적 조건들이 다 갖추어지면 그에 바탕을 두고 심리적인 안정을 가져오는 심리적인 수행을 해야 한다. 그래야 명상요가의 주요 목적인 심리적 불균형을 치유할 수 있는 길이 열린다. 『기따』에서는 명상요가를 위한 심리적인 실질적 조건들에는 어떠한 것들이 있다고 말하고 있을까? 구체적인 언급이 없기 때문에 좀 더 후대에 성립된 『요가수뜨라』 체계에 따라 이해하도록 한다. 그것에 따르면, 호흡법과 감각철회가 이에 해당한다.

1) 호흡법

요가철학의 입장에서 보면, 요가수행을 8지분으로 나누어 말한다. 이 8지분 가운데 금계 · 권계 · 좌법의 세 지분이 명상요가 수행의 외적 조건이라면, 호흡법과 감각철회는 명상요가 수행의 내적 조건에 해당되고, 집중 · 명상 · 삼매의 셋은 명상요가의 수행에 해당한다. 내적 조건 가운데 먼저 호흡법을 보겠다. 호흡법은 명상에서 중요한 위치를 차지한다. 그 자체로도 호흡명상이라는 이름을 붙여 하나의 명상으로 일컫기도 한다. 그러나 『기따』에서는 호흡명상이라는 단독 명상의 단계까지는 말하지 않지만 상당히 중요하게 여기고 있다. 그런데 호흡법을 닦기 전에 바른 자세가 이루어져야 한다. 바른 자세가 완성되어야 수행자는 즐거움과 괴로움, 더위와 추위, 좋아함과 싫어함 등과 같은 상반되는 환경의 영향을 받지 않기 때문이다(YS.2.48). 그때 들숨과 날숨의 진행을 멈추는 것이 호흡법이다(YS.2.49). 이와 같은 의미로 이해될 수 있는 내용이 4.29에서 발견된다. 호흡법의 최고 목적에 대해, "어떤 요가수행자들은 들숨을 날숨에 바치고, 그와 마찬가지로 날숨을 들숨에 바쳐, 들숨과 날숨의 흐름을 중지하는 호흡법을 최고의 목적으로 삼는다."[55] 여기서 '들숨과 날숨의 흐름을 중지하는 호흡법'은 지식(止息, kumbhaka)을 의미하고,[56] 이 상태에 이를 때 최고의 호흡법이 완성된다고 본다. 4.29에서는 YS.2.50-51에서처럼 호흡이 미치는 범위와 시간 그리고 호흡의 횟수, 더 나아가 이들의 범위마저도 없애는 것에 대해서는 언급이 없다.[57]

그러면 이런 호흡은 어디에 집중하면서 해야 하는가? 명상호흡을 할 때 보통 단전 · 코끝 · 미간 등에 마음을 집중해야 한다. 『기따』에서는 단전에 집중하는 것은 언급이 없고, 코끝(6.13)이나 미간(5.27; 8.10)에 집중하는 것만 말하고 있다. 그 가운데서 8.12를 보면, "감각의 모든 문을 닫아라. 마음을 심장 안에 모아라. 호흡을 미간에 집중한 다음에 집중의 요가를 수행하라"[58]라고 한다. 호흡을 미간에 집중하고 집중명상을 하라고 한다. 또한 호흡을 미간에 집중하는 것과 동시에 모든 대상으로부터 감각기능을 철회해야 함도 말하고 있다. 여기서 감각의 문을 모두 닫는다는 것은 다른 말로 '감각의 철회', 또는 '제감'(制感)이라고 한다.[59] 그러면 감각의 철회는 구체적으로 무엇을 의미하고, 어떻게 해야 감각이 그 대상으로부터 철회되는지를 알아보기로 하자.

2) 감각철회

명상요가를 성공적으로 수행하기 위한 또 다른 하나의 심리적 조건은

55 apāne juhvati prāṇaṁ praṇe'pānaṁ tathā'pare, prāṇāpānagatī ruddhvā prāṇāyāmaparāyaṇāḥ.

56 정승석(2007), pp. 106~112.

57 이에 대한 자세한 설명은 다음을 참고. 비야사 저(정승석 역주, 2010), pp. 284~285; 정승석(2007), pp. 113~118.

58 sarvadvārāṇi saṁyamya mano hṛdi nirudhya ca, mūrdhny ādhāyā 'tmanaḥ prāṇam āsthito yogadhāraṇām.

59 Prabhupāda(1983), p. 427.

감각의 철회이다. 감각철회는 일반적으로는 명상요가를 하기 위한 심리적 수행의 준비 단계에 속한다. 『요가수뜨라』에서 제6지분인 감각철회란 "감각이 자신의 대상과 결합하지 않을 때, 마치 마음의 본래 모습처럼 닮아가는 것이다."(YS.2.54)[60] 다시 말해, 감각기능이 마음 밖으로 향하는 것을 다스려 지각의식을 철회시키는 것이다. 이렇게 함으로써 수행자의 마음이 마음 밖의 대상세계로부터 자극을 받아들이지 않도록 하는 심리조작이다(YS.2.55). 곧 이것은 "모든 감각의 문을 닫아라"(8.12a)라고 하는 것을 가리킨다. 여기서 모든 감각의 문을 닫는다는 것은 보고, 듣고, 냄새 맡고, 맛을 보고, 접촉을 하는 다섯 가지 감각기능의 문을 그 대상으로부터 철회하는 것이다. 왜냐하면 감각은 끊임없이 그 대상을 향해 생명의 에너지를 흘러 내보내기 때문이다. 이 생명의 에너지가 다섯 가지 감각의 문을 통해 밖으로 흘러나가게 되면 그때 마음은 산란해져 사물의 진실한 모습을 그대로 볼 수 없다. 사물의 진실한 모습을 보기 위해서는 우선 감각을 그 대상으로부터 철회하여 분리시켜야 한다. 예컨대, 보는 감각기능(=시각)이 그 자체를 보기 위해서는 '내가 지금 보고 있는 상태에 집중하여 내면적으로 응시'해야 한다. 보는 대상이 움직이면 움직이는 대로 집중력도 이를 따라 집중해야 한다. 앞에 언급한 8.12a는 "거기서 마음을 하나의 대상에 집중하라"(6.12a)고 하는, '하나의 대상에 대한 의식을 집중시키는 능력을 통한 수행법'이다.[61]

우리의 마음작용은 본능적으로 마음 밖의 대상으로부터 받아들인 것을 자기 마음속의 인상으로 받아들여 저장하게 된다. 마음 밖의 대상으로부터 받아들인 인상은 우리의 생명보존과 마음 밖의 대상과의 적응력을 형

---

60 svaviṣayāsaṃprayoge cittasya sva−rūpānukāra ivendriyāṇāṃpratyāhāraḥ.

61 석지현(1992), pp. 233~235.

성하는 힘으로 작용한다. 그러므로 이렇게 마음 밖의 대상으로부터 받아들인 인상을 자기 스스로 다스리지 못하면 생명보존을 위한 발 빠른 대처를 할 수 없기 때문에 감각을 철회시키는 것은 매우 어렵게 된다. 그래서 『까타 우빠니샤드』[62]와 같은 이른 시기의 문헌에서는 감각철회가 명상요가의 목표처럼 취급되어 감각을 철회시킬 수 있는 여러 방법들이 고안되기도 하였다. 예컨대, 가장 직접적인 방법으로 양손으로 두 눈과 귀를 가려서 외부로부터 시각과 청각의 작용을 차단해야 한다. 이렇게 해도 밖으로부터 소리가 들리지 않는 것이 아니다. 오히려 귓속에서 소리는 더 크게 들려온다. 그때 귓속에 들려오는 소리에 의식을 집중하면, 그 소리가 여러 소리로 변해가는 것을 지각할 수 있다. 예컨대 그 소리는 폭포수가 떨어지는 소리와 같기도 하고, 천둥소리 같기도 하며, 또는 귀뚜라미가 우는 소리 같기도 하다. 이런 여러 소리 가운데 가장 아름다운 소리를 들으려고 의식을 집중하게 되면 나중에는 막았던 귓구멍을 열어놓아도 다른 소리들은 들리지 않고 아름다운 소리만 들리게 된다. 이것은 밖으로부터 들려오는 여러 가지 소리를 다 철회시키고, 단 한 가지 소리에 집중한 결과로 아름다운 소리만 들을 수 있게 된 것이다. 이렇게 의식의 집중이 이루어지면 마음 밖의 대상을 향하는 마음을 안으로 되돌려 자기 뜻대로 마음을 쓸 수 있게 된다. 이처럼 자기 스스로 자기 마음을 조절할 수 있는 능력이 생겨, 생각하고 싶으면 생각하고, 즐거운 마음을 가지고 싶으면 그렇게 가지면 된다. 그러나 명상은 이 단계에서 끝나는 것이 아니다.

---

62 Kaṭha-Up.2.3.9-11. "영원한 자아의 모습은 시각기관에 고정되어 있지 않다. 그러므로 어느 누구도 그것을 눈으로는 볼 수 없도다. 그것을 마음과 생각으로 그것을 알 수 있으면 죽지 않는 불멸의 존재가 될 것이다. 다섯 감각들이 마음과 함께 영원한 자아에 고정되면 감각들을 조정하던 그 지식도 전혀 움직이지 않는다. 이것을 최고의 상태라고 한다. 이처럼 감각들이 확고하게 고정된 단계에 이르는 것을 요가라고 부른다."

그 다음 단계로 나갈 때 감각기능을 마음대로 부릴 수 있다.[63] 이렇게 감각기능을 잘 다스려 마음대로 부릴 수 있을 때 본격적으로 심리적 수행의 단계에 따라 명상요가를 수행할 수 있는 모든 조건들이 갖추어지게 된다.

4. 명상요가의 심리적 수행

현상적인 마음을 정화하여 참된 자아를 회복하는 것이 심리적 수행이다. 심리적 수행은 명상요가를 반복적으로 수행함으로써 완성될 수 있다. 다음 인용문은 그 점을 보여주고 있다.

> ① 견고한 자리에 앉아 마음을 하나의 대상에 집중하고, ② 생각과 감각의 작용들을 잘 다스려야 한다. ③ 영원한 본질적 자아를 정화시키기 위해 명상요가를 계속 반복해 닦아야 한다. (6.12)[64]

> 모든 감각의 문을 닫고, ④ 마음을 심장 안으로 모으며, 호흡을 자신의 미간에 집중한 다음에 ⑤ 명상요가를 통해 마음을 하나의 대상에 집중하라. (8.12cd)[65] [번호는 필자가 붙임]

위 인용문은 명상요가 가운데 가장 기본이 되는 두 가지 심리적 수행

---

63 정태혁(1987), pp. 34~36.

64 sarvadvārāṇi saṁyamya mano hṛdi nirudhya ca, mūrdhny ādhāyā'tmanaḥ prāṇam āsthito yogadhāraṇām.

65 mūrdhny ādhāyā'tmanaḥ prāṇam āsthito yogadhāraṇām.

방법을 말하고 있다. 이 가운데 ①은 '하나의 대상에 의식을 집중시키는 능력을 통한 수행법'이고, ②는 '의식을 확산시키는 능력을 통한 수행법'이다.[66] ①은 마음의 다섯 단계(동요 · 미혹 · 산란 · 집중 · 억제)[67] 가운데 네 번째 단계인 '하나의 대상(ekāgra)에 마음을 집중하는 단계'이다. 이것을 다른 말로 표현하면, 모든 그릇된 생각을 그치게 하고 하나의 대상에 마음을 집중시키는 능력을 통한 수행법이다. 이 수행법은 견고한 자리에 앉아 생각과 감정을 한곳에 모으는 것이다. 이 경우 집중의 대상은 지정되어 있지 않고, 몸의 어떤 부위나 바깥 사물, 또는 추상적 사물일 수도 있다. 그리고 ②는 몸의 동작, 생각, 감각과 감정의 흐름을 따라다니며 그때그때마다 한곳에 의식을 집중시키는 수행법이다. 다시 말해 시시각각으로 변하는 변화 자체에 '집중하는 능력을 적용시키는 수행법'이다. 따라서 ②는 '의식을 확산시키는 능력을 통한 수행법'이다.[68] ④의 '마음을 심장 안으로 모으기' 위해서는 먼저 호흡을 미간에 집중해야 한다.[69] 호흡을 미간에 집중하기 위해서는 두 눈을 지그시 감고 미간에 의식을 집중해야

66 이들은 초기 불교에서 명상의 두 가지 요체인 '집중하여 통찰'(止觀)하는 명상이다. 이 가운데 집중[止]명상법은 산스끄리뜨어로 샤마타(śamatha), 빨리어로 사마타(samatha)라고 하며, 호흡과 같은 하나의 대상에 집중하는 수행법이라면, 통찰명상법은 산스끄리뜨어로 비빠샤나(vipaśyanā, 일명 위빠샤나), 빨리어로 비빳사나(vipassanā, 일명 위빳사나)로, 하나의 대상에 집중(止)하여 명상함으로써 얻은 지혜(vidyā)에 의해 사물을 있는 그대로 올바르게 통찰하는 명상법이다. 지관(止觀)은 집중명상/선정(禪定)과 지혜(智慧)에 해당되며, 집중명상(止, concentration meditation)과 통찰명상(觀, mindfulness meditation)의 양자는 마치 수레의 두 바퀴처럼 서로 의존 관계에 있다. 지관명상은 의식을 집중하는 수련 과정을 통해 다시 그것을 확산하는 수련 과정이다. 라자요가는 집중명상을 통해 통찰력을 얻는 명상 방법이다. 『기따』는 그런 과정을 확실하게 체계적으로 밝히고 있지는 않지만, 전체에 걸쳐 그와 같이 맥락을 읽을 수 있다. 달라이 라마(진현종 옮김, 1994)에 견주어보면, 『기따』에 나타난 명상 방법은 주로 집중명상의 방법과 비슷한 것으로 이해된다.

67 YSb.1.1_2: kṣiptam mūḍham vikṣiptam ekāgram niruddham iti cittabhūmi.

68 석지현(1992), pp. 195~196.

69 하타요가에서는 미간응시법이라고 부른다.

한다. 다시 말해 미간을 느껴야 한다. 그러면 명상하는 자의 마음이 저절로 심장 안에 모이게 된다. 그런 다음에 ③의 '자아를 정화시키기 위해 명상요가를 계속 반복해서 닦기'와 ⑤의 '집중의 명상요가를 수행하기'의 방법으로 우빠니샤드, 『기따』, 『요가 수뜨라』 등에서 권장하는 브라흐만의 상징인 'OṀ'[70] 만뜨라(mantra)를 반복적으로 소리를 내어 읊게 되면, 마음 또는 현상적 자아가 정화될 수 있다고 말한다. YS.1.29에서는 "옴 명상수행의 결과로 '영원한 참된 자아'를 보고 자기 자신 안으로 향하는 내적 의식이 성취되며, 삼매를 얻는 데서 발생하는 마음을 산란하게 하는 장애들이 사라진다"[71]고 하고, 8.13에서도 "OṀ이라는 한 음절의 브라흐만을 큰 소리로 반복하여 노래하면서 끄리슈나를 생각하고 몸을 버리고 세상을 떠나가는 자는 최고의 경지인 해탈에 도달한다"[72]고 말한다.

그런데 명상요가를 수행하는 심리적 수련법에는 논리적인 순서에 따라 세 단계로 나눈다. 세 단계는 정신집중의 낮은 단계로부터 차츰 높은 단계로 올라가는 과정이다. 6.14에서 "마음을 평온하게 하고 두려움에서 벗어나 성적 욕구의 절제 있는 생활을 하며, 마음에 대한 총제를 하면서 나를 생각하고, 나에게 집중하며 마음을 하나로 통일하고 앉아야 한다"[73]라고 하여, '총제'(saṁyama)가 언급되고 있다.[74] 『기따』에는 위의 인용문에서 'saṁyama'이라는 단어는 나오지만, 그것의 내용이 구체적으로 무엇인지는 명시되어 있지 않다. 그런데 『요가수뜨라』에서 보면, 총제란 '집

---

70 cf. BG.812; 9.17; 10.25; YS.1.28.

71 tataḥ pratyak–cetanādhigamo'py antarāyābhāvaś ca.

72 aum ity ekākṣaraṁ brahma vyāharan mām anusmaran, yaḥ prayāti tyajan dehaṁ sa yāti paramāṁ gatim.

73 praśāntātmā vigatabhīr brahmacārivrate sthitaḥ, manaḥ saṁyamya maccitto yukta āsīta matparaḥ.

74 cf. BG.2.61; 3.6; 4.26–27; 8.12.

중 · 명상 · 삼매'를 하나로 묶은 것을 일컫는다.[75] 이에 기초하여 심리적 명상요가 수행의 완성으로 가는 총제를 순서대로 논의하기로 하자.

1) 집중

YS.3.1에서 "집중은 마음의 한곳에 고정하는 것이다"[76]라고 정의되고 있다. 집중은 앞에서 본 6.12와 8.12cd가 그와 같은 의미를 지닌 구절로 이해된다. 마음의 집중은 생각의 대상을 줄이고 줄여서 마지막에는 어떤 하나의 대상에만 마음을 집중시켜 마음을 움직이지 못하도록 하는 심리 조작이다. 그러므로 집중은 감각철회가 전제되어야 한다. 가장 쉬운 방법은 자기 몸의 어느 한 부분에 마음을 집중시키는 방법이다. 앞에서 언급된 코끝[77] 또는 미간[78]이나 배꼽 등에 의식을 집중시킨다. 이렇게 한곳에 의식을 집중하는 수련이 잘 이루어지면 그때 다시 추상적인 관념에 의식을 집중하는 수련을 한다. 이것은 끄리슈나든지 불상이나 관음상, 또는 예수상이나 성모상을 보면서 거기에 의식을 집중하면 그 관념들이 인상 속에 그 자취, 예컨대 끄리슈나, 붓다, 예수의 가르침이 나타나게 된다. 이렇게 집중명상을 반복하면 그 생각과 내가 하나가 된 상태에 도달하게 된다.[79]

---

75 YS.3.4; 셋(집중 · 선정 · 삼매)은 하나의 대상에서 [일어나기 때문에] 총제라고 한다(trayam ekatra saṃyamaḥ).

76 deśa-bandhaś cittasya dhāraṇā.

77 cf. BG.6.13.

78 cf. BG.8.10; 8.12.

79 이러한 집중 방법에는 이밖에도 여러 가지가 있다. 예컨대 걸으면서, 한곳에 서 있으면서, 한곳에 어떤 자세로 앉아서, 또는 누워서 하는 행주좌와(行住坐臥)의 집중 방법을 그것의 하나로 들 수 있다. 또 촛불명상도 들 수 있다. 코끝에 촛불이 환하게 켜져 있다고 생각하여 그 불을 마음으로 바라보는 것이다. 앞에서 했던 것처럼 단계들을 거치면서 한곳에 집중시키는 것이 이루어지면, 그 다음에는 우리의 몸 어느 곳에라도 마음을 집중시킬 수 있는 능력이 생겨나게 된다.

그런데 우리의 마음에는 이런 '의식 세계'만 있는 것이 아니다. 흔히 '영적 세계'라고 말해지는 '무의식 세계'도 있다. '의식 세계'는 일상적인 지식, 감정이나 의지 등과 같은 마음이 지금 활동하고 있는 영역이다. 이 '의식 세계'는 끊임없이 변화하는 현상적 세계이므로 진정한 기쁨을 느낄 수 없다는 한계가 있다. 그렇지만 '무의식 세계'에 들어갈 때 비로소 진정한 기쁨을 맛볼 수 있다. 그러므로 지금까지 집중을 말할 때 하나의 대상에 의식을 집중한다고 하는 것은 '의식 세계'의 영역을 점점 줄이고 '무의식 세계'를 넓혀주는 것이다. 이렇게 '의식 세계'를 좁히고 '무의식 세계'를 넓히는 과정이 바로 명상이다. 다시 말해 '무의식 세계'로 들어가는 노력이 명상이기 때문에 감각철회나 집중은 명상을 본격적으로 수행하기 위한 준비 단계로 이해될 수 있다.[80]

2) 명상

요가철학에서 넓게는 하나의 대상에 대한 '집중 · 명상 · 삼매'를 통틀어 총제로 부른다고 하였다. 앞에서는 하나의 대상에 대한 정신집중에 대해 살펴보았다. 집중은 마음을 하나의 대상에 집중하여 대상을 좁혀가는 것이라면, 명상은 그것이 무의식 세계로 확대해가는 단계이다. "바람 없는 곳의 등불이 흔들리지 않는 것처럼, 마음을 다스리고 본질적 자아를 위한 명상요가를 닦는 요가수행자가 그와 같다는 비유가 전해온다"(6.19-20)[81]라고 하듯이, 명상요가를 끊임없이 수행하여 마음이 잘 다스려지면 고요한 상태에 도달한다. 정태혁은 이와 같은 상태를 '팽이 돌리기'의 비유를 통해 설명하고 있다.[82] 팽이를 돌릴 때 팽이가 처음에는 천천히 돌다

---

80 정태혁(1987), pp. 36~40.

81 yathā dīpo nivātastho ne'ṅgate so'pamā smṛtā, yogino yatacittasya yuñjato yogam ātmanaḥ.

가 본격적인 궤도에 접어들면, 그 팽이가 돌지 않고 고요하게 정지된 것처럼 보인다. 마치 팽이가 돌지 않는 것처럼 보이는 것은 팽이가 중심을 잃지 않고 아주 빨리 회전운동을 하기 때문이다. 그와 마찬가지로 명상상태에도 마음이 산란되지 않고 흔들리지 않으며 고요하고 안정된 상태를 유지하게 된다. 이것은 마음의 집중이 최고의 정점에 도달하면 의식의 얽매임으로부터 벗어나 무의식의 순수한 세계로 확대되어 들어가기 때문이다. 이 상태에 이르면 마음에 집중하는 힘이 분산되어 약해지는 것이 아니고, 오히려 마음이 집중하는 힘을 잃지 않고 전체로 확대되어 늘, 언제, 어디서나 집중되어 편안한 상태를 유지하게 된다. 이 사실은 2.66에서 잘 설명되고 있다. "마음을 잘 다스리지 못한 자에게는 지혜가 없고, 명상요가도 없다. 명상요가를 수행하지 않는 자에게는 마음의 평화가 없다. 마음이 평화롭지 않는 자에게는 행복이 없다."[83] 평화롭지 않는 사람에게 왜 지식이 없고 행복이 없을까? 그것은 마치 배가 바다 위의 배를 휩쓸고 가듯이 감각들을 좇는 마음은 지성을 휩쓸어 가버리기 때문이다. 그렇기 때문에 지성이 확고한 사람은 감각의 대상으로부터 주관적 감각이든 객관적인 감각이든 모든 감각을 완전히 철수해야 지식이 확고하게 되고 명상에 전념하게 된다(2.67–68).

3) 삼매

명상의 첫 단계인 집중 상태에서는 정신집중의 대상이 있었다. 다시 말해, 인식의 주체와 대상 사이의 이원적 대립이 있다는 뜻이다. 그러나 두 번째 단계인 명상 상태에 이르게 되면 의식의 주체와 객체의 구분이 없어

---

82 정태혁(1987), pp. 40~41.

83 cf. BG.6.3; 6.17; 6.23; 6.27–29.

져 둘이 하나가 된다. 이 단계에서 더 나아가면, "삼매는 진실로 명상의 객관적인 대상만이 마음속에서 빛나서, 마치 주관적인 자신은 존재하지 않는 것과 같은 상태이다"(YS.3.3)[84]라고 하듯이, 인식의 주관과 객관은 다 사라지고 단지 순수한 의식만 남는다. 그 상태를 삼매라고 한다. 6.7에서는 "마음을 잘 다스려 정적으로 되돌아간 사람의 최고 자아는 추위와 더위, 괴로움과 즐거움 그리고 명예와 불명예 속에서도 삼매에 들어 있다"[85]라고 하고, 6.18에서는 "마음이 잘 다스려져 오로지 참된 자아 안에 머물고 모든 욕망으로부터 자유롭게 될 때, 그를 마음이 하나로 통일된 자라고 말한다"[86]라고 하고 있다. 이것은 참된 자아와 마음이 하나로 통일된 상태이다. 또 2.53에서는 "베다의 가르침에 의해 혼란스러운 그대의 지식이 흔들림 없는 삼매에 굳건히 설 때, 그때 그대는 명상요가의 완성에 도달할 것이다"[87]라고 하여, 삼매는 명상요가 수행의 완성 단계로 가는 최종 단계임을 밝히고 있다.

5. 명상요가의 수행 결과

1) 명상요가의 수행이 완성되었을 경우

명상요가는 몸의 동작으로부터 시작한다. 명상은 몸의 동작 하나하나

84 tad evārtha–mātra–nirbhāsaṃ svarūpa–śūnyam iva samādhiḥ.

85 jitātmanaḥ praśāntasya paramātmā samāhitaḥ, śītoṣṇasukhaduḥkheṣu tathā mānāpamānayoḥ.

86 yadā viniyataṁ cittam ātmany evā'vatiṣṭhate, niḥspṛhaḥ sarvakāmebhyo yukta ity ucyate tadā.

87 śrutivipratipannā te yadā sthāsyati niścalā, samādhāv acalā buddhis tadā yogam avāpsyasi.

에 의식을 집중시킴으로써 시작된다. 이렇게 몸의 동작에 집중하는 힘이 잘 훈련되면 그 다음에는 호흡을 내쉬고 들이마시고 멈추는 것에 의식을 집중시켜야 한다. 이렇게 명상이 점점 절정에 이르게 되면 행위 자체로부터 자유로워져야 한다. 그러나 이렇게 되기는 결코 쉬운 일이 아니다. 생각하는 차원을 초월한다는 것은 쉬운 일이 아니기 때문이다. 그러므로 생각하는 차원을 초월하기 전에 먼저 생각을 하나의 대상에 집중해야 한다. 이것이 진정한 의미의 명상이다.

명상요가의 궁극적 목표는 행위를 통해 이루어진다. 그러나 명상요가의 수행이 다 이루어진 자에게는 그 행위마저 초월한다(6.3). 그런데 감각의 대상이나 행위에 더 이상 집착하지 않을 때, 그리고 자기 자신의 생각에 더 이상 휘말리지 않고 포기했을 때 비로소 진정한 명상요가의 상태에 도달하게 된다. 그러므로 자기의 진정한 자신을 존귀하게 생각하고 업신여기지 말아야 한다. 우리는 일상생활에서 자신의 가치를 너무 과장해서 추켜세우는 경우도 있지만, 그보다도 자신의 가치를 너무 과소평가하고 깎아내려 스스로 자신을 낮추는 경우가 많다. 자신이 자신을 친절하게 대하면 친구가 될 수 있지만, 그와 반대라면 바로 자신이 자기 자신의 적이 될 수 있기 때문이다. 자신을 파멸시키는 자는 바로 자기 자신이고, 또한 자기 자신을 성공시키는 자도 자기 자신이다. 그러므로 자기 자신을 잘 다스릴 때 자신의 마음에 고요함, 평화 그리고 조화가 찾아온다. 그리고 다른 사람들이 서로 다른 평가를 하더라도 그것에 좌우되어 흔들리지 않게 된다. 그것은 어떤 행위를 하든 그 행위의 결과에 관계없이 자신에게 주어진 행위 그 자체를 위해 행위를 하면 다른 사람이 자신에 대한 어떠한 평가를 하든 즐거워하거나 기뻐하지도 않고, 또한 슬퍼하거나 괴로워하지 않기 때문이다(2.48). 그렇게 될 때 어떤 상황에 부딪히더라도 자신의 마음과 감각을 잘 다스려 모든 상대적인 것들을 차별하지 않는 너그러운 마음이 우러나오게 된다(6.4-9).

그러나 보통 사람들에게는 자신을 위하거나, 또는 자신과 친한 사람에게 마음이 기울어지게 되면 그때부터 마음에 병이 생기게 된다. 이렇게 되도록 하는 근본 원인은 욕망이다. 마음은 욕망이라는 병이 생겨나는 자리이다. 이 욕망은 우리를 현혹시키고 우리의 순수의식, 참된 자아를 가리는 장애이다(3.40).

그런데 욕망은 감각에서 나온다. 감각은 우리의 생명 에너지가 분출되는 곳이다. 우리의 마음, 또는 의식이 감각의 대상에 집중되면 그로부터 집착이 생기고, 이 집착으로부터 욕망이 일어나고, 그런 욕망으로부터 증오와 분노의 마음이 생기기 때문에(2.62) 감각을 무턱대고 억누르면 생명의 에너지를 억압하는 꼴이 된다. 억압하는 것이란 무조건 강제로 짓누르는 것이다. 그렇기 때문에 무조건 짓눌러서도 안 되지만, 제멋대로 날뛰도록 놓아두어서도 안 된다. 만약 감각이 너무 짓눌러져 있다면 조금씩 풀어주어야 하고, 너무 방치되어 있다면 조여주어야 한다. 이렇게 하면 집착과 증오의 감정으로부터 벗어나 어디에도 구속되지 않을 것이기 때문이다(2.64). 그러므로 욕망으로부터 자유로워진다는 것, 곧 이욕(niṣkāma-karma)이란 욕망이 유한적인 것으로부터 무한적인 것으로 대상을 옮겨간다는 것을 뜻한다. 다시 말해, 마음이 감각적인 욕망에 머물렀던 것을 우리의 참된 자아로 옮겨가는 것이다.

그렇지만 우리 인생은 욕망 없이 살 수 없다. 우리의 몸 자체가 욕망의 덩어리이기 때문에 욕망을 버린다는 것은 있을 수 없다. 또한 욕망은 버린다고 버려지는 것이 아니다. 욕망은 그 대상을 바꾸어야 한다. 욕망을 물질적인 재화나 재물 등과 같은 유한한 대상으로부터 사랑이나 자비 등과 같은 무한한 대상으로 욕망의 질을 바꾸면, 욕망의 대상이 유한한 의식이나 '나의 것'과 같은 소유 관념이 사라진다. 잘못된 소유관념이 사라지면 더 이상 감각의 유한한 대상에 집착하는 마음도 일어나지 않는다. 마치 폭풍이 사라지면 온 세상이 조용해지듯이, 소유 관념이나 집착을 자연스럽게 흘러 보내면 마음은 평온해져 우리를 괴롭히는 대상도 그에 따라 사라진다(2.71).

자기 자신을 잘 다스려 진실한 자기 자신 안에 머무는 사람이 되면 모든 괴로움으로부터 벗어날 수 있다. 마치 바람이 불지 않는 곳의 촛불이 흔들리지 않듯이, 자기 자신 안에서 언제나 깊이 명상에 잠길 때 마음은 그 어느 것에도 흔들리지 않게 된다(6.18-19). 이처럼 모든 괴로움으로부터 벗어날 수 있는 방법은 알맞게 먹고, 알맞게 휴식하고, 알맞게 일하고, 알맞게 잠자며, 명상요가를 끊임없이 수행하면 된다(6.17; 6.20; 6.23). 또한 현상적 경험적인 자아인 마음을 진정한 자기로 착각하는 것으로부터 벗어나 참된 자아에만 마음을 집중하게 되면 마음은 평온하고 모든 번뇌는 고요하게 되어 최상의 행복이 찾아든다(6.27).

이렇게 명상요가를 통해 마음이 하나의 대상에 몰입되면 모든 존재 속에서 자기 자신을 보게 되고, 또 자기 자신 안에서 모든 존재를 보게 된다. 곧 모든 곳에서 나를 보고, 내 안에서 모든 존재를 보며, 내 안에 있는 존재가 곧 자기 자신임을 알게 된다. 그리고 언제 어디서나 내 자신 안에 머물게 될 때 모든 존재를 똑같은 마음으로 보고, 그들의 기쁨과 괴로움을 내 자신의 것으로 아는 사람은 명상요가가 완성된 자이다(6.28-32). 자기 자신의 흔들리는 마음을 잘 다스린 사람은 칭찬과 비난에도 흔들리지 않고 삼매상태로 들어가는 명상요가 수행자이다(6.7). 명상요가 수행자는 행위의 결과를 추구하지 않고 해야 할 행위를 하는 사람이면서 이기적인 욕망에서 비롯된 것을 모두 내려놓은 사람이다(6.1-2).

이렇게 명상요가 수행이 완성되었을 경우에는 우리 마음에 있는 심리적인 병은 완전히 치유될 수 있지만, 명상요가를 수행하였으나 아직 완성되지 못한 경우도 있다. 그때는 어떨까? 그동안 수행하던 명상요가는 아무런 결과나 효과가 없을까, 아니면 한 만큼은 효과가 있을까? 이제는 그것에 대해서 논의하기로 하자.

2) 명상요가 수행이 완성되지 않았을 경우

『기따』의 주인공 아르주나가 '들떠 있는 마음을 다스린다는 것은 거센 바람을 잠재우는 것보다 어렵다'(6.34)고 한 것에 대해, 끄리슈나는 마음을 다스린다는 것은 참으로 어려운 일이라고 하며, 마음은 다스리기 어렵지만 끊임없는 명상요가를 하거나 어디에도 집착하지 않는 마음인 이욕을 통해 다스릴 수 있다고 말한다. 또한 자기 자신을 잘 다스리지 못하는 자에게는 명상요가는 완성하기 어렵지만, 자기 자신을 잘 다스리면 명상요가의 완성은 머지않아 이루어진다(6.35-36)고 한다.

아르주나는 끄리슈나에게 명상요가를 하고 싶으나 절제하는 능력이 모자라 명상요가를 하다가 중간에 다 마치지 못하고 죽게 되면 이전에 해왔던 명상요가는 모두 아무런 효과가 없는 것이 아닌가? 라고 다시 묻는다. 다시 말해 많은 노력의 대가는 모두 물거품처럼 아무 소용이 없게 되는 것이 아닌가?(6.38) 이 물음에 대한 대답은 "삼 일 동안 명상요가를 하면 마음은 천 년을 쓸 보배를 얻지만, 백 년 동안 욕심내어 재물을 모으더라도 하루아침에 먼지처럼 쓸모없게 된다"[88]라고 하는 자경문(自警文)에 나온 문구로 대신할 수 있다. 인도사상에서 인과론은 어떤 행위를 하게 되면 그 결과는 반드시 그만큼 거둬들인다. 예컨대 밭에 콩을 심어 노력한 것이 그 결과로 증명하듯이, 명상요가도 어떤 강도, 또는 얼마나 지속적으로 열심히 했느냐에 따라 그 결과가 달라진다. 좋은 씨앗을 뿌리면 튼

---

88 三日修心千載寶 百年貪物一朝塵.

실한 결과가 나오듯이 명상도 그와 마찬가지이다.

위의 자경문에 나오는 인용구에서 보더라도 '삼 일 동안 마음을 닦기만 해도 천 년 동안 쓸 수 있는 보배를 얻는다는 것', 곧 잠깐 동안만 명상을 하더라도 그 효과는 크고 많다는 것을 강조하고 있는 것으로 이해할 수 있다. 『기따』에서도 명상요가의 수행자로는 명상을 실패를 했을지 모르지만, 선한 행위를 한 자는 선한 공덕을 쌓은 자가 가는 천상세계로 가서 오랜 시간을 머문 뒤, 이 세상에 돌아와서는 고결하고 부귀한 자의 집안에 다시 태어난다고 한다. 그렇지 않으면 아무나 태어나기 힘든 지혜로운 수행자의 집안에 태어나게 된다고 한다. 더 나아가 이렇게 태어난 자는 전생에 닦았던 명상요가가 무엇인지 모르면서도 자기도 모르게 명상의 길로 접어들게 되고, 그는 모든 심리적인 장애로부터 벗어나게 되며, 궁극에는 명상요가 수행의 궁극적 목표에 도달하여 마음이 완전히 평화롭게 된다고 한다(6.41–45). 명상요가의 완성을 이룬 자이든 그렇지 못한 자이든 궁극에는 모두 명상요가의 완성에 도달할 수 있기 때문에 중간에 그만두었다고 해서 실망하거나 포기하지 말아야 한다고 끄리슈나는 아르주나의 용기를 북돋아준다.

지금까지 논의해온 것에서 볼 수 있듯이, 『기따』에서 본 명상요가는 단순한 절제도, 남을 배려하지 않는 메마른 철학도 아니고, 멋모르고 원칙에 벗어나 날뛰는 행동주의도 아니다. 그것은 절제와 철학과 맹목적 행위의 차원을 넘어선 것이다. 그것은 진정한 자기 자신 안에 머무는 법이다(6.46). 그렇기 때문에 가장 위대한 명상요가의 수행자는 진정한 자기 자신에 전념하고, 자기 자신에 의지하는 자이다. 명상을 가장 잘 수행한 사람은 자기의 근원으로 돌아가는 사람이라고 말하고 있다(6.47).

원전 및 번역

Chandra Vasu, Rai Bahadur Srisa(trans, 2004), *The Śiva Saṁhitā*, New Delhi: Munshiram Manoharlal Publishers Pvt. Ltd.

———(trans, 2007), *The Geraṇḍa Saṁhitā*, New delhi: Munshiram Manoharlal Publishers Pvt. Ltd.

Digambaraji, Swami and Kokaji, Pt. Raghunatha Shastri(ed, 1970), *Haṭhapradīpikā of Svātmārāma*, Pune, Kaivalyadhama, S.M.Y.M.Samiti.

Gandhi, M. K, *The Bhagavadgītā*, Delhi, Orient Paperbacks.

———(1926), *Discouses on the Gītā*, CW, XXXII(1969).

Hill, W. Douglas(1928, 1973), *The Bhagavd-gītā*, Madras, Oxford University Press.

Leggett, Trevor(1992), *Śaṅkara on the Yoga Sūtra*, Delhi, Motilal Banarsidass Publishers.

Majumdar, Sachidra Kumar(trans, 1991), *The Bhagavadgītā: A Scripture for the Future*, California: Asian Humanities Press.

Malinar, Angelika(2009), *The Bhagavadgītā: Doctrines and Contexts*, Cambridge, Cambridge University Press.

Māṇḍukya-kārikā.

Minor, Robert N.(ed, 1991), *Modern Interpreters of the Bhagavadgītā*, Delhi, SriSatguru Publications.

Nataraja Guru & Nitya Chaitanya Yati(1981), *The Bhagavad Gita: A Sublime Hymn of Yoga Composed by the Ancient Sear Vyāsa*, New Delhi, Vikas Publishing House Pvt Ltd.

Radhakrishnan, S.(1923; 2nd, 1968), *The Principal Upaniṣads*, London, George Allen & Unwin Ltd.

———(1948, 11th 1976), *The Bhagavadgītā with an Introductory Essay Sanskrit Text*, English Translation and Notes, London, George Allen & Unwin Ltd.

Sampatkumaran, M. R(trans, 1985), *The Gītābhāṣya*, Ananthacharya Indological Research Instute Series No. XIV, Bombay: Ananthacharya Indological Research Instute.

Sharma, Priyavrat(2004), *Caraka-Saṁhitā*, Vol. 1, Varanasi, Chaukhambha Orientalia.

Sukthankar, Vishnu. S.(1948), *Mahābhārata* VII, XIV, Poona, Bhandarkar Oriental Research.

Tilak, Bal Gandhar(1935), *Sri Bhagavadgita-Rahasya*, Poona, Tilk Bros.

———(B. S. Sukthankar, tr. 11th ed. 2004), *OM-TAT-SAT Srimad Bhagavadgītā-Rahasya or Karma-yoga-Sastra*, Poona, Kesari Press.

Upadhyaya, Kashi Nath(1971), *Early Buddhism and The Bhagavadgītā*, Delhi, Motilal Banarsidass.

Warrier, A. G. Krishna(trans, 1983), *Srīmad Bhagavad Gītā Bhāṣya of Sri Saṁākarācārya*, Madras: Sri Ramakrishna math.

Yardi, M. R.(1991), *The Bhagavadgītā as a Synthesis*, Bhandarkar Oriental Series No. 25, Poona, Bhandarkar Oriental Research Institute.

Zaehner, R. C(1976), *The Bhagavd-Gītā with a Commentary Based on Original Sources*, London, Oxford, New York, Oxford University Press.

『근본설일체유부비나야파승사』, 大正新修大藏經 24.

『나선비구경』, 大正新修大藏經 32.

『대지도론』, 大正新修大藏經 25.

『현양성교론』, 大正新修大藏經 31.

『화엄경』, 大正新修大藏經 10.

길희성 역(1988), 『바가바드기타』, 서울, 현음사.

———(2010), 『범한대역 바가바드기타』, 동서양의 고전 13, 서울대학교출판문화원.

비야사 지음(정승석 역주, 2010), 『요가수트라 주석』, 파주, 소명출판.

三浦關造 譯(1978), 『至高者の歌』, 東京, 龍王文庫.
샹까라(이종철 옮김, 2006), 『천 가지 가르침』, 서울, 소명출판.
석지현(1995), 『바가바드 기타: 세속에서 깨닫는 길』, 일지사.
辻直四郎(1980), 『バガヴァドギーター』, 東京, 講談社.
이재숙 · 이광수 옮김(1999), 『마누법전』, 서울, 한길사.
임승택(1998), 『바가바드기타』, 서울, 경서원.
정태혁(1999), 『카마수트라』, 문예신서 93, 서울, 동문선.
크리슈나 다르마(박종인 옮김, 2008), 『마하바라타』, 서울, 나들목.
함석헌 주석(1996), 『바가바드 기타』, 서울, 한길사.

2차 문헌(서양)

Agarwal, Satya P.(1997), *The Social Role of the Gītā*, How & Why, Delhi, Motilal Banarsidass.

Aurobindo Gosh, Sri(1922, 10th 1976), *Eassys on Gītā, India(Pondicherry)*, Sri Aurobindo Ashram.

Bhandarkar, R. G(reprint, 1982), *Vaiṣṇavism, Śaivism, and Minor Religious Systems*, Poona, Bhandarkar Oriental Research Institute.

Bhatta, Ratna Gopala(ed., 1910), *Yogasiddhāntacandrikā*, Berares, Chowkhamba Sanskrit series 154.

Bhave, Vinoba(1960), *Talks on the Gītā*, London.

Damodaran, K(1967), *Indian Thought, A Critical Survey*, Bombay, Asia Publishing House.

Dasgupta, Surama(2nd ed., 1994), *Development of Moral Philosophy in India*, New Delhi, Munshiram Manoharlal Publishers.

Dasgupta, Surendranath(1952, 1973), *A History of Indian Philosophy* Vol. 2, London(Delhi), Cambridge University press.

———(1969, 1975), *History of Indian Philosophy* Vol. 1, London(Delhi), Cambridge University Press.

Edgerton, Franklin(trans. 1944, fifth 1978), *The Bhagavad Gītā*, Massachusetts and

London, Harvard University Press.

———(trans. 1965), *The Beginnings of Indian Philosophy*, Cambridge, Massachusetts, Havrvad University Press.

Farquar, J. N(1920, 1984), *Outline of the Religious Literature of India*, Delhi, Motilal Banarsidass.

Jha, Ganga Nath(trans. 2004), *Yogasārasaṅgaraha of Vijñānavikṣu: Sanskrit Text and English Translation*, Delhi, Palmal Publications.

Larson, G. J(1979), *Classical Sāṃkhya: An Interpretation of its History and Meaning*, Delhi, Motilal Banarsidas.

Macdonell, A. A. (1965), *A Vedic Reader*, London: Oxford University Press.

Matilal, Bimal Krishna(2002), *Ethics and Epics*, (ed.) Jonardon Ganeri, New Delhi, Oxford University Press.

Narang, Sudesh(ed, 1988), *Dharmaśāstra in Contemporary Times*, Delhi, Nag Publishers.

Puligandla, R.(1975), *Fundamentals of Indian Philosophy*, New York, University Press of America.

Radhakrishnan, S.(1953; 10th, 1977), *Indian Philosophy*, Vol. I, London, George Allen & Unwin Ltd.

Raychaudri, H. C(reprint, 1936), *The Early History of Vaiṣṇava Sect*, Calcutta.

Robinson, Catherine A(2006), *Interpretations of the Bhagavad-gītā and Images of the Hindu Tradition*, London and New York, Routldge.

Shankarananda, Swami(2006), *The Yoga of Kashmir Shaivism*, Delhi, Motilal Banarsidass Publishers Private Limited.

Sharma, Chandradar(1960, reprint 2009), *A Critical Survey of Indian Philosophy*, Delhi, MOtilal Banarsidass Publishers Private Limited.

Sinha, Phulgenda(1997), *The Gita as It Was: Rediscover in a the Original Bhagavadgita*, New Delhi, Rupa & Co.

Sorensen, S.(1904), *Index to the Names in the Mahābhārata*, London, Williams and Norgate.

Tapasyānanda, Svāmī, *Bhakti Schools of Vedānta: Lives and Philosophie of Rāmānuja*, Nimbārka, Madhva, Vallabha and Caitanya, Madras, Sri Ramakrishna Math Printing Press.

Thomas, P. M.(1987), *20th Indian Interpretations of Bhagavadgita: Tilak, Gandhi and Aurobindo*, Delhi, I.S.P.C.K. for the Christian Institute for the Study of Religion and Society.

Zaehner, R. C.(1966), *Hinduism, Oxford*, New York, Oxford University Press.

2차 문헌(동양)

R. 뿔리간들라(이지수 옮김, 1993), 『인도철학』, 서울, 민족사.

간디 해설(이현주 옮김, 2003), 『평범한 사람들을 위한 간디가 해설한 바가바드 기따』 서울, 당대.

길희성(1984), 『인도철학사』, 서울, 민음사.

김선근(2005), 『정통철학과 대승불교』, 서울, 동국대학교 출판부.

박효엽(2011), 『불온한 신화읽기』, 파주, 글항아리.

달라이 라마(진현종 옮김, 1994), 『달라이 라마, 삶을 이야기하다』, 서울: 북로드 출판사.

라다크리슈난(이거룡 옮김, 1966), 『인도철학사』 II, 서울, 한길사.

문을식(2001), 『인도의 사상과 문화』, 서울, 도서출판 여래.

松本照敬(1991), 『ラーマーヌジャの研究/』, 東京, 春秋社.

스가누마 아키라(문을식 역, 2003), 『힌두교』, 서울, 도서출판 여래.

안넬리제, 페터 카일아우어(전재성 옮김, 1994), 『힌두교의 그림언어: 인도 신들의 세계와 그들의 상징체계』, 서울, 동문선.

심재룡(1990), 『동양의 지혜와 선』, 서울, 세계사.

이태영(2000), 『요가: 하타요가에서 쿤달리니탄트라까지』, 서울, 도서출판 여래.

———(2003), 『요가철학』, 서울, 도서출판 여래.

인경스님(2011), 『현재, 이 순간에 머물기』, 서울, 명상상담연구원.

정승석(1984), 『리그베다』, 서울, 김영사.

———(1999), 『윤회의 자아와 무아』, 서울, 장경각.

정태혁(1984), 『인도철학』, 서울, 학연사.

———(1987), 『명상의 세계』, 서울, 정신세계사.

제이콥슨, 레너드(김상환 · 김윤 옮김, 2010), 『현존』, 경기, 침묵의 향기.

曺吉泰(1994), 『인도사』, 서울, 민음사.

존. M. 콜러 지음(허우성 옮김, 1995), 『인도인의 길』, 서울, 세계사.

中村了昭(1982), 『サーンクヤ哲學の研究: インドの二元論』, 東京, 大同出版社.

카나쿠라 엔쇼(문을식 역, 1994), 『인도철학의 자아사상』, 서울, 도서출판 여래.

황필호 편역(1990), 「비폭력은 강자의 무기이다」, 『비폭력이란 무엇인가』, 서울, 종로서적.

연구논문

高木健翁(1996), 「シャンカラ著『バガウァーッド・ギーター註』におけるniṣṭhāについて」, 『印度學佛教學研究』 第45卷 1號, pp. 428~430.

高木訷元(1960), 「ヨーガ疏と數論說との關係: 疏II-19にあらわれる轉變說にちいて」, 『印度學佛教學研究』 제15권, pp. 303~306.

吉田健翁(1994), 「Śaṅkaraにおける bhaktiのupāsana的 解釋」, 『印度學佛教學研究』 제42-2호, 日本印度學佛教學研究會.

길희성(1989), 「『바가바드 기타』에 나타난 힌두교의 사회윤리」, 『인도학인도철학』 제1집(창간호), 인도철학회.

김호성(1992), 「『바가바드기타』에 나타난 까르마 요가의 윤리적 조명」, 『인도철학』 제2집, 인도철학회, pp. 127~147.

———(2000), 「『바가바드기타』의 윤리적 입장에 대한 비판적 고찰: "Arjuna의 회의와 Kṛṣṇa의 응답"을 중심으로」, 『종교연구』 제19집, 서울, 한국종교학회, pp. 83~103.

———(2003a), 「'정의의 전쟁'論은 정의로운가」, 『동서철학연구』 제28집, 서울, 한국동서철학회, pp. 5~35.

———(2003b), 「Arjunaの懷疑に見られる意味」, 『印度學佛教學研究』 제52권 1, 東京, 일본인도학불교학회, pp. 465~470.

———(2004), 「『바가바드 기타』를 읽는 틸락의 분석적 독서법」, 『종교연구』 제35집, 서

울, 한국종교학회, pp. 195~221.

———(2006a), 「『바가바드기따』에 보이는 지혜와 행위의 관련성: 간디의 sthitaprajña 개념을 중심으로」, 『인도연구』 11권 2호, 서울, 인도학회, pp. 199~143.

———(2006b), 「아르쥬나의 懷疑와 그 불교적 의미」, 『종교연구』 제42집, 서울, 한국종교학회, pp. 103~123.

———(2006c), 「『기타』에 대한 샹카라의 주제 파악과 틸락의 비판」, 『인도철학』 제20집, 인도철학회, pp. 153~190.

———(2007), 「『바가바드기타』에 대한 틸락의 행동주의적 해석」, 『인도철학』 제22집, 인도철학회, pp. 275~311.

문을식(1986), 「Śvetaśvatara-Upaniṣad에 나타난 yoga사상」, 『동국사상』, 제19집, 동국대학교 불교대학, pp. 95~108.

———(1995), 「가우다빠다의 무논쟁 사상」, 『동국사상』 제26집, 서울, 동국대학교 불교대학, pp. 37~59.

———(2011a), 「Bhagavdgītā에서 초월적인 행위의 실현(Naiṣkarmya-siddhi)에 대한 고찰」, 『불교연구』 제34집, 서울, 한국불교연구원, pp. 227~262.

———(2011b), 「요가명상을 통한 마음 치유 가능성: 『바가바드기따』 제6장을 중심으로」, 『남아시아연구』 제17권 2호, 서울, 남아시아연구소, pp. 119~154.

박광수(1993), 「힌두교에서의 사랑의 의미: 박띠(bhakti)와 고대 인도 사회와의 관계를 중심으로」, 『石堂論叢』 제19집, 동아대학교 석당학술원, pp. 223~241.

박효엽(2009), 「『바가와드기따』에 나타난 끄르슈나의 논증과 그 평가」, 『인도철학』 제27집, 인도철학회, pp. 125~159.

遠藤康(1997), 「最高のヨーガ: ヨーガ文獻における Rāja-yogaについて」, 『印度佛教學印度學研究』 제43권 제2호, 日本印度學佛教學會, pp. 90~97.

이거룡(1995), 「업설과 은총의 양립 문제: 라마누자의 박띠(bbhakti, 信愛)를 중심으로」, 『인도철학』 제5집, 인도철학회, pp. 235~257.

이지수(1998), 「빠딴잘리 『요가 수-뜨라』(Samādhi-pāda)의 思想(1)」, 『인도철학』 제8집, 인도철학회, pp. 123~152.

임근동(2006), 「『바가바드기타』의 우주론과 요가」, 『남아시아연구』, 제12권 1호, 남아시아연구소, pp. 73~98.

임승택(2009), 「『바가바드기따』의 유신론적 업(karma) 해석에 대한 고찰」, 『哲學研究』 제109집, 대한철학회.

정승석(1991), 「짜라까상히따에서 설하는 상캬哲學의 초기적 성격」, 『伽山學報』 창간호, 가산불교문화진흥원.

———(1992), 「佛教가 언급하는 僧佉經에 대한 文獻學的 考察」, 『韓國佛教文化思想史』 卷下. 伽山李智冠스님華甲紀念論叢刊行委員會.

———(2001), 「요가철학에서 잠재업과 훈습의 관계」, 『인도철학』 제11집 제1호, 인도철학회, pp. 45~65.

———(2004), 「고전 요가 坐法의 다의성」, 『인도철학』 제16집, 인도철학회, pp. 247~281.

———(2007), 「고전 요가의 호흡법의 원리」, 『인도철학』 제22집, 인도철학회, pp. 97~131.

사전류

Eliade, Mircea(ed. 1987), *The Encyclopedia of Religion*, vol. 2, 4, New York, Macmillan Publishing Company.

Fuerstein, Georg(2000), *The Shambala Encyclopedia of Yoga*, Boston & London, Sambala.

Monier-Williams, Monier(ed. 1899, 1988), *A Sanskrit-English Dictionary*, Oxford, Oxford University Press.

Vidyalankar, Bharat Bhushan etc(1999), *Basic Sanskrit-English-Japanese Dictionary*.

鈴木學術財團 編(1986), 『漢譯對照 梵和大辭典』, 東京, 講談社.

찾아보기

ㄴ

ㄷ

ㄹ

ㅁ

ㅂ

ㅅ

ㅇ

ㅈ

ㅊ

ㅋ